W0177977

VIER TAGE, DIE DIE WELT VERÄNDERTEN

Im Herbst 1813 entscheidet sich vor den Toren Leipzigs in der bis dahin größten Schlacht der Menschheitsgeschichte das Schicksal des Kontinents: Napoleons Truppen treffen auf die Koalition aus Preußen, Russland, Österreich, England und Schweden. Sechshunderttausend Soldaten aus über einem Dutzend Nationen stehen sich gegenüber, neunzigtausend Tote und ungezählte zivile Opfer werden später betrauert. Andreas Platthaus entwirft ein eindringliches Panorama jener Tage zwischen Verheerung und Freudentaumel, dem Untergang der alten Welt und der Dämmerung einer neuen. Er zeigt, wie Herrscher und Strategen planten und agierten, aber auch, was Soldaten, Bauern und Leipziger Bürger erlebten, erlitten, erhofften. Das atmosphärisch dichte Bild der Geburtsstunde der modernen europäischen Staatenordnung.

▼

Andreas Platthaus, geboren 1966 in Aachen, hat Philosophie, Rhetorik und Geschichte studiert und ist Redakteur im Feuilleton der «Frankfurter Allgemeinen Zeitung». Er lebt in Leipzig und Frankfurt am Main.

ANDREAS PLATTHAUS

1813

DIE VÖLKERSCHLACHT UND DAS ENDE DER ALTEN WELT

▼

Rowohlt Taschenbuch Verlag

Veröffentlicht im Rowohlt Taschenbuch Verlag,
Reinbek bei Hamburg, April 2015
Copyright © 2013 by Rowohlt · Berlin Verlag GmbH, Berlin
Umschlaggestaltung ZERO Werbeagentur,
München, nach einem Entwurf von Frank Ortmann
Umschlagabbildung akg-images
Satz aus der Abril PostScript
bei Dörlemann Satz, Lemförde
Druck und Bindung CPI books GmbH, Leck, Germany
ISBN 978 3 499 62922 8

INHALT

▼

1. DIE ANKUNFT DES KRIEGSGOTTES: NAPOLEON IN LEIPZIG

▼

Wo Napoleon war, war der Krieg. Einen «Kriegsgott» hat ihn Clausewitz genannt, und einer seiner erbittertsten Gegner, der österreichische Erzherzog Carl, notierte rückblickend: «Bonaparte war seinen Zeitgenossen, was unseren Vorfahren der Teufel, und allen Völkern das böse Grundwesen: das Außerordentliche in Kraft, Geist und Verruchtheit.»[1] Der Kaiser der Franzosen war weit mehr als ein Herrscher, er war auch der Feldherr seines Landes und aller mit diesem verbündeten Truppen. Deshalb stand er selbst ständig im Zentrum der militärischen Auseinandersetzungen, mit denen er seit mehr als anderthalb Jahrzehnten den europäischen Kontinent in Atem hielt. Sein Stiefsohn Eugène de Beauharnais, der Vizekönig von Italien, erzählte Herzog Carl August von Sachsen-Weimar, dass Napoleon ihm einmal gesagt habe: «Es ennuyirt mich alles, und es ist mir nirgends wohl als wie im Kriege.» Das entsprach im Tenor einem Gespräch, das der Herzog selbst noch im April 1813 mit dem Kaiser der Franzosen in Eckartsberga geführt hatte. Darüber berichtete Carl August: «Als wir zusammen im Amthause in Eckbrg. angelangt waren, so nöthigte Er mich mit ihm in das für ihn bereitete zimmer zu gehen, wo 4 Spieltische mit Wachslichtern besezt standen; die tische stießen an einander. Er sezte sich an die eine breite Seite mit dem huth auf dem Kopfe u. hieß mir, ihm gegenüber, einen stuhl zu nehmen. Auf einmal fing Er an, à present je suis à mon aise, me voila dans mon ancienne existence! (Gegenwärtig fühle ich mich wohl, hier geht es mir wie früher!) ich besahe mir die vier weissen Wände, u. lächelte! Er frug mich warum? ich sagte, von da wo Ew. MM. her kommen ists doch hübscher! croyez moi, je ne suis bien que lorsque je me retrouve comme soldat, j'y suis accoutumé de ma jeunesse, a Paris chez moi, je m'ennuie.»[2] (Glauben Sie mir, ich fühle mich nur als Soldat wohl, hier werde ich an meine Jugend erinnert, zu Hause in Paris langweile ich mich.)

Dieser Soldatenkaiser kommandierte seine Armeen natürlich höchstpersönlich. Und wenn Napoleon am 8. Februar 1807 nach seinem Sieg bei Preußisch Eylau über Preußen und Russen angesichts der Leichenberge gesagt hatte: «Solch ein Anblick sollte jeden Herrscher dazu bewegen, den Frieden zu lieben und den Krieg zu hassen»[3], so vergaß er diese Erkenntnis bald wieder, wie ernst gemeint sie auch immer gewesen sein mag. Fünfzigtausend Mann hatten bei Preußisch Eylau den Tod gefunden, das größte einzelne Gemetzel in Napoleons Laufbahn als Feldherr – bis sechs Jahre später die Völkerschlacht kam und diese Zahl verdoppelte. Nie hat es in Deutschland mehr Tote in so kurzer Zeit gegeben, nicht in der Varusschlacht, nicht bei der Erstürmung Magdeburgs im Dreißigjährigen Krieg, nicht bei den Bombenangriffen auf Hamburg oder Dresden im Zweiten Weltkrieg. Die hunderttausend Toten, die nach den vier Tagen von Leipzig gezählt wurden, sind bis heute unerreicht geblieben.

Diesen Preis an Leben konnten die Bewohner von Leipzig noch nicht ahnen, aber dass ihnen eine beispiellose Schlacht bevorstand, das wussten sie, als Napoleon kurz vor Mittag des 14. Oktober 1813, einem Donnerstag, vor ihrer Stadt ankam. «So wenig wir von den Ereignissen wussten, die in unsrer Nähe vorfielen, so überzeugte uns doch seit Anfang dieses Monats die Unterbrechung der Communication von allen Seiten, und der Kanonendonner, den wir fast täglich nach mehreren Richtungen hin hörten, daß beträchtliche Armeecorps in unserer Nähe waren», berichtete die «Leipziger Zeitung» rückblickend in ihrer ersten Ausgabe nach der Völkerschlacht, die am 21. Oktober erschien.[4] Die Ankunft Napoleons fiel

auf den Jahrestag der Schlacht von Jena und Auerstedt, den gro-
ßen Triumph des Kaisers der Franzosen über die Preußen und
Sachsen im Jahr 1806, und da man Napoleons Liebe zu historischen
Bezügen kannte, fürchteten die Leipziger schon für diesen Tag das
Schlimmste.

Seit Wochen war ihre Stadt zu einem Hauptstützpunkt der
französischen Truppen ausgebaut geworden; die Größe Leipzigs
erlaubte eine leichtere Versorgung großer Heermassen, zudem
kreuzten sich hier wichtige Straßen, die als Aufmarsch- und Transportwege bedeutsam waren. Denn mehr noch als auf dem Nimbus
des Kaisers, der in offener Schlacht unbesiegbar schien, oder dem
innovativen Einsatz von Kavallerie und Artillerie sowie den legendären kaiserlichen Garden beruhte die napoleonische Kriegsführung auf der Geschwindigkeit der militärischen Operationen – ein
Prinzip, das der General Bonaparte im italienischen Feldzug von
1796 / 97 erstmals vorgeführt hatte. Seine österreichischen Gegner
konnten den Bewegungen dieser Armee kaum folgen, weil deren
Anführer mit der alten Regel gebrochen hatte, den Nachschub im
Tross mitzuführen, was das Vorankommen der Truppen extrem
verlangsamte. Bonaparte organisierte die Versorgung seiner Armee völlig neu, indem er die benötigten Güter in den Gebieten requirieren ließ, die sie durchschritt. Das war zeitsparend und kostete auch weniger Geld. Zwar sollte eigentlich jede Zwangsabliefe-
rung kompensiert werden, aber die Bevölkerung bekam im Gegenzug nur Papiergeld der jungen französischen Republik, das einem
schnellen Wertverfall unterlag, oder Schuldscheine, die gegen solches Geld einzulösen waren – wenn es nach dem Durchzug der
Armee überhaupt noch die Möglichkeit dafür gab. Faktisch war
das napoleonische Armeeversorgungssystem eine kaschierte Plün-
derung.

Dazu aber brauchte es ein möglichst dichtbesiedeltes Gebiet,
und es ist kein Zufall, dass Bonaparte dieses Erfolgsrezept ausgerechnet im wohlhabenden und fruchtbaren Norditalien entwickelt

hatte. In Spanien und Russland dagegen, beides Länder mit weit verstreuter Bevölkerung und klimatisch schwierigen Bedingungen für den Nahrungsanbau, war dieses Prinzip 1808 und 1812 kläglich gescheitert.[5] Napoleon hatte daraus gelernt und wollte nicht noch einmal in die Lage geraten, seine Armee nicht mehr versorgt zu sehen. Sachsen, eines der wirtschaftlich prosperierendsten Länder in Deutschland, und speziell die reiche Handelsstadt Leipzig waren deshalb das ideale Terrain für seine Kriegsführung. Hier schien es sogar möglich, die fast zweihunderttausend Soldaten, die er im Oktober 1813 zusammenzog, für mehrere Tage zu verköstigen und auf diese Weise den idealen Moment für den Beginn der Schlacht abzuwarten. Leipzig war in den Wochen zuvor zu einer improvisierten Festung umgebaut worden, mit Schanzen und Gräben vor den äußeren Stadttoren und mit Lazaretten, in die Tausende Verwundete gebracht wurden – die Opfer der seit Mitte August in Sachsen tobenden Kämpfe. Sie waren bislang nicht in der Nähe der Stadt ausgefochten worden. Nun signalisierte die Ankunft des Kaisers, dass es damit vorbei sein würde. Wo er war, war das Schlachtfeld.

Es war sein Lebensraum, vor allem aber sein Überlebensraum als Herrscher. Keine Abstammung und keine höhere Bestimmung, die den Verfügungen der Menschen entzogen waren, hatten ihm den Thron eingebracht – die französische Kaiserwürde war durch ein Plebiszit eingeführt worden, und Napoleon nannte sich deshalb auch nicht Kaiser von Frankreich, sondern Kaiser der Franzosen. Sie hatten ihm den Titel auf demokratische Weise (wie propagandistisch manipuliert die Abstimmung auch immer war) angetragen, wie es sich für eine Republik gehörte, die bizarrerweise auch unter dem neuen Monarchen formal aufrechterhalten werden sollte. Damit aber lebte Napoleon bei aller Selbstherrlichkeit unter dem Damoklesschwert der Volksgunst, und er war sich dessen bewusst. Als er am 26. Juni 1813 in Dresden den österreichischen Außenminister Metternich empfangen hatte, um in letzter Sekunde

Kaiser comme il faut: Napoleon im Krönungsornat, gemalt um 1810 von François Gérard.

den Wechsel des Habsburgerreichs auf die Seite der Alliierten zu verhindern, war ihm mit Blick auf die gegen ihn verbündeten Monarchen ein Eingeständnis herausgerutscht, das in vier kurzen Sätzen das erzwungene Programm seiner Herrschaft enthielt: «Eure Majestäten, die auf dem Thron geboren sind, halten es aus, zwanzigmal geschlagen zu werden. Jedesmal kehren sie zurück in ihre Hauptstadt. Ich bin nur der Sohn des Glücks. Ich würde von dem Tag an nicht mehr regieren, an dem ich aufhörte, stark zu sein, an dem ich aufhörte, Respekt zu erheischen.»[6] Napoleon brauchte militärische Triumphe, um damit den Makel des Parvenüs auf dem Thron zu kaschieren. Tilgen konnte er ihn nicht in einer Zeit, die durchaus noch das Gottesgeschick akzeptierte, das die etablierten alten Monarchien zur Rechtfertigung ihrer Führungsrolle für sich in Anspruch nahmen. Also war der Kaiser der Franzosen zum Siegen verdammt, und zum Sieg braucht es den Krieg.

Doch zum Krieg gehören zwei. In den Wochen zuvor, seit der gewonnenen Schlacht von Dresden am 26. und 27. August, hatte Napoleon selbst nicht mehr im Feuer gestanden, obwohl es immer wieder blutige Gefechte gegeben hatte: im Erzgebirge, bei Dennewitz, bei Wartenberg. Sie alle gingen für die Franzosen verloren, nicht zuletzt, weil deren Heerführer nicht gewohnt waren, eigenständig das Kommando zu führen. Der Kaiser suchte deshalb eine Möglichkeit, endlich selbst wieder eine Schlacht zu kommandieren, während er an seinen Generalen zu verzweifeln begann. Er wusste um seinen Ruf als genialer Stratege, den auch der gescheiterte Russlandfeldzug vom vergangenen Jahr nicht zu zerstören vermocht hatte, schließlich war er selbst in keiner einzigen Feldschlacht unterlegen. Zudem konnte er zur Überraschung ganz Europas seitdem längst wieder neue Kräfte versammeln und war weniger als ein Vierteljahr nach dem verlustreichen Rückzug abermals zur Offensive übergegangen.

Dem Frühjahrsfeldzug, der in den Schlachten bei Großgörschen und Bautzen im Mai neue Siege der napoleonischen Armee über die verbündeten Russen und Preußen gebracht hatte, folgte ein zweieinhalbmonatiger Waffenstillstand vom 4. Juni bis zum 16. August 1813, während dessen beide Seiten ihre Kräfte neu sammelten und die Gegner Frankreichs durch den Kriegseintritt von Österreich verstärkt wurden. Doch nach dem Ende der Waffenruhe und der ersten großen Schlacht bei Dresden, die Napoleon für sich entscheiden konnte, wichen seine Gegner lieber aus, sobald ihnen der Kaiser persönlich an der Spitze seiner Truppen gegenüberstand, und so war er vor der Völkerschlacht wochenlang mit dem französischen Haupttheer durch Sachsen gezogen, ohne zu kämpfen. Der preußische Major Adolf von Thile schrieb am 6. September aus dem böhmischen Teplitz an seine Frau: «Napoleon ist diesmal genötigt, einen Krieg zu führen, an den er nicht gewöhnt ist, man vermeidet Hauptschlachten, in denen er ein großes Übergewicht hat; einzelne Korps werden ihm aufgerieben, und in dem ausgehungerten Sachsen marschiert er mit seinen Massen hin und her, ohne zu einem andern Resultat zu kommen, als das ihm der Mangel an Lebensmitteln bereitet. Auf diese Art kommen wir langsam, aber gewiß zum Ziel.»[7] Währenddessen sammelten die Alliierten im gut geschützten, aber direkt an Sachsen grenzenden Böhmen ihre Hauptstreitmacht.

Ende September zog von dort dann eine große Armee aus Russen, Preußen und Österreichern los. Sie nahm sich Zeit, um auf Leipzig vorzurücken, siebzehn Tage, sodass Napoleon unsicher war, ob die Stadt auch wirklich das Ziel ihres Vormarschs sein würde. Vorsorglich ließ er in der Handelsmetropole das Thomäsche Haus, üblicherweise das Domizil seines Verbündeten, des sächsischen Königs Friedrich August, für sich herrichten; seit September standen französische Soldaten dort permanent Wache. Doch am 4. Oktober waren sie abgezogen worden, «auch die hier schon eingetroffenen kaiserlichen Equipagen gingen wieder ab und nach der Gegend von Düben, wohin der Kaiser geeilt war. Man glaubte jetzt an Absichten auf Berlin und die Odergegenden und hielt die Elbfestungen für Stützpunkte der Franzosen im Rücken der Operationslinie.»[8] Die Bewohner Leipzigs glaubten, die akute Gefahr wäre vorbei. Die seit einigen Tagen in der Stadt stationierten französischen Truppen des Marschalls Marmont, den Napoleon zum Herzog von Ragusa erhoben hatte, zogen gleichfalls am 4. Oktober in Richtung Norden ab, und so hoffte man immer mehr, dass sich das Kriegsgeschehen tatsächlich dorthin verlagern würde, denn zwischen Leipzig und Berlin operierten zwei weitere feindliche Heeresgruppen, deren Bewegungen es für die Franzosen zu beobachten galt: die von Gebhard Leberecht von Blücher kommandierte Schlesische Armee und die unter Führung des schwedischen Kronprinzen Karl Johann stehende Nordarmee. Aber es gab vorerst keine größeren Kämpfe.

In den letzten Tagen vor der Völkerschlacht, vom 10. bis 14. Oktober, hatte Napoleon im Schloss von Düben, auf halber Strecke zwischen Leipzig und Wittenberg, Quartier genommen, um sich zu entscheiden, ob er weiterhin wie in den letzten Wochen versuchen sollte, die nördlich operierenden Gegner, die ihm konsequent aus dem Wege gingen, zu stellen oder eine Entscheidungsschlacht gegen die aus dem Süden anrückende Hauptmacht der Aliierten zu suchen. Die war am 12. Oktober auf der Höhe von Altenburg angelangt, nur noch einen Tagesmarsch von Leipzig entfernt. Napoleon entschied sich in der folgenden Nacht dafür, das Katz-und-Maus-Spiel zu beenden und alle seine Kräfte in und um Leipzig zusammenzuführen. Sein um sechs Uhr morgens am 13. Oktober in Düben an den Marschall Jacques Macdonald ausgegebener Armeebefehl, in dem er die bevorstehende Entscheidungsschlacht ankündigte, stellte lapidar fest: «Je crois que la bataille aura lieu le 15 ou le 16», die Schlacht werde vermutlich am 15. oder 16. stattfinden. Und nicht nur der voraussichtliche Tag der Schlacht, auch ihr Ort war bestimmt: «Le roi de Naples, avec 90.000 hommes course Leipsick contre l'armée autrechienne.» Napoleon interessierte sich weder dafür, dass der König von Neapel die neunzigtausend Mann gar

14

nicht hatte, mit denen dieser Leipzig umringen sollte, um gegen die österreichische Armee Stellung zu nehmen, noch für die richtige Schreibweise einer Stadt, in der er sich auf seinen Feldzügen immerhin schon viermal aufgehalten hatte, zuletzt gleich zweimal im Juli 1813 während des Waffenstillstands. Ihn interessierte die Eignung dieser Stadt als Schlachtfeld.

Der Kaiser der Franzosen und die Bürger der Stadt kannten sich seit 1807, als Napoleon zum ersten Mal in Leipzig vorbeigekommen war. Das war am 23. Juli, auf der Rückreise aus Tilsit, wo Frankreich und Russland einen Vertrag abgeschlossen hatten, der Napoleon auf den Gipfel seiner Macht brachte. Mit dem Zaren streckte der letzte große kontinentale Gegenspieler seine Waffen; nur noch England verblieb im dauernden Kriegszustand mit Frankreich. Das seit der Schlacht bei Jena und Auerstedt durch die Anwesenheit französischer Truppen schwer belastete Sachsen versprach sich vom Tilsiter Frieden den Abzug der neuen Verbündeten, schließlich musste nun nicht mehr gegen Russland aufmarschiert werden. Entsprechend aufwendig bereitete sich Leipzig auf den Empfang jenes Mannes vor, der jetzt als Wunder seiner Zeit galt. Vor dem östlichen Zugang zur Stadt, dem Grimmaischen Tor, war ihm ein Triumphbogen errichtet worden, der Napoleon als «Wiederbringer des Glücks» willkommen hieß. Doch die schon für den Vorabend erwartete Ankunft fiel aus, das Empfangskomitee und die neugierigen Bürger wurden auf den frühen Morgen des 23. Juli vertröstet; dass der Kaiser dann allerdings bereits gegen fünf Uhr eintreffen würde, erwartete niemand. Immerhin war die französische Stadtbesatzung aufmerksam und empfing ihren Monarchen mit Salutschüssen, die zuverlässig die ganze Stadt weckten. Napoleon ließ dennoch nicht in Leipzig haltmachen, sondern nahm nach den bescheidenen Honneurs durch die eigenen Soldaten sein Frühstück lieber im nahen Markranstädt ein, wo er keinen Trubel befürchten musste. Die meisten Leipziger sahen sich somit nicht nur um das

Objekt ihrer Neugierde gebracht, sondern auch um das Geld für den Triumphbogen und die vorbereitete Empfangszeremonie. Auf diese Weise konnte keine herzliche Beziehung zwischen Kaiser und Handelsstadt gestiftet werden. Und die nächste Visite erfolgte erst im Dezember 1812, als Napoleon noch vor den kläglichen Überresten der Grande Armée aus Russland kommend hier eine Pause machte. Da gab es keinen Grund zum Jubeln.

Erst beim dritten Aufenthalt des Kaisers in Leipzig am 14. Juli 1813, der ersten von zwei sommerlichen Visiten dieses Jahres, hatten die Leipziger Bürger dem Kaiser endlich einmal huldigen können (der nächste Besuch sollte schon elf Tage später erfolgen, diesmal aber inkognito, als Napoleon während des Waffenstillstands für einige Tage zu seiner Familie in Richtung Frankreich eilte, ehe er pünktlich zur Wiederaufnahme der Feindseligkeiten nach Sachsen zurückkehrte – «das war Napoleons berühmte Reise von Dresden bis Mainz, welche dieser Thierquäler in 36 Stunden zurücklegte, um dort eine Zusammenkunft mit seiner Gemahlin zu haben», wie sich ein offenbar tierliebender Pfarrer aus Großzschocher erregte[9]). Diese Ehrbezeugung entsprang freilich weniger der Bewunderung für Napoleon, vielmehr erhofften sich die Leipziger, auf diese Weise das ramponierte Verhältnis zu den französischen Truppen zu verbessern und insbesondere den Kaiser zur Aufhebung des seit knapp einem Monat geltenden Belagerungszustands bewegen zu können. Der in Leipzig als Stadtkommandant eingesetzte General Antoine-Joseph Bertrand hatte im Juni 1813 die seit drei Monaten geltenden Einschränkungen noch verschärft, obwohl kurz zuvor zwischen Frankreich, Russland und Preußen ein Waffenstillstand geschlossen worden war – und dieser Schritt wurde auf die Verärgerung Napoleons über die Handelsstadt zurückgeführt, die wiederholt gegen den Boykott englischer Waren verstoßen haben sollte: «Den Leipzigern ist des Kaisers Unwille angekündigt, eine Kontribution ausgeschrieben, alle Colonialwaren aufgezeichnet und die Stadt in Belagerungszustand erklärt», schrieb Major Otto

August Rühle von Lilienstern damals an August Neidhardt von Gneisenau, den Generalquartiermeister der preußischen Armee.[10] Die entscheidende Passage in der Proklamation, die der Stadtrat auf Geheiß Bertrands am 20. Juni aushängen ließ, lautete: «Die Polizey in der Stadt und den Vorstädten wird militairisch, und ohne Concurrenz der Landesbehörden gehandhabt.» Also stand Leipzig unter Kriegsrecht.

Eine Delegation der Stadt, die am 3. Juli 1813 den Kaiser der Franzosen in seinem Dresdner Domizil, dem Palais Marcolini, aufgesucht hatte, war in der Tat noch auf einen ungnädigen Napoleon gestoßen. Das Leipziger Magistratsmitglied Johann Carl Gross wurde vom Kaiser angefahren: «Sie excerciren gar keine Polizei in Ihrer Stadt. Ich bin sehr unzufrieden mit Ihnen. Man beleidigt mich bei Ihnen, man beleidigt meine Soldaten; man sieht meine Truppen missgünstig an. Denkt, was Ihr wollt; sagt es ganz laut, wenn der Feind dort ist; aber jetzt, wo meine Truppen im Lande sind, sich aufzuführen, das ist zu dumm, das ist zu dumm.»[11]

Napoleon wusste um die Bedeutung der Stadt als wichtiges Handelszentrum und deshalb auch als Basis aller Kriegsführung in Sachsen, weshalb er seine Truppen nach dem Sieg von Großgörschen am 2. Mai als Erstes nach Leipzig geführt hatte, um die Stadt wieder in Besitz zu nehmen. Dort hatte es zuvor ein fünfwöchiges alliiertes Intermezzo gegeben, denn die Truppen des französischen Stadtkommandanten Bertrand waren am 31. März 1813 abgezogen, als der Vormarsch der verbündeten Russen und Preußen durch Sachsen nicht mehr zu stoppen schien und Napoleon in Frankreich noch mit dem Wiederaufbau seiner im Russlandfeldzug vernichteten Armee beschäftigt war. Die damalige Begrüßung der feindlichen Soldaten als Befreier hatte den Kaiser der Franzosen nachhaltig verärgert, als er davon erfuhr. In Leipzig erwartete man begierig das baldige Einrücken der alliierten Truppen, weil das ein Ende der mittlerweile seit sieben Jahren herrschenden Kontrolle der Handelsgeschäfte durch die Franzosen verhieß. Allerdings freute man sich in Leipzig weniger auf die Soldaten des alten innerdeutschen Rivalen Preußen als auf die Russen, «und die schon seit dem Anfange des Jahres in den Zeitungen einzeln erschienenen Anzeigen von russischen Sprachlehrern, russischen Wörterbüchern und Anerbietungen zur Unterweisung in der russischen Sprache vermehrten sich mit jedem Tage (in der Zeitung vom 30. März befinden sich 15 Anzeigen von russischen Wörterbüchern und Sprachlehrern, Heiligenbildern und Portraits)».[12] Tatsächlich waren bereits am Abend des 31. März die ersten Kosaken vor Leipzig gesichtet worden, ein kleiner Trupp von zwanzig Mann, dem aber im Laufe der nächsten Tage immer mehr Kosaken und schließlich auch das Hauptquartier der alliierten Armee gefolgt waren, wobei deren Soldaten sich überwiegend in den Dörfern im Süden von Leipzig aufgehalten hatten und ihr Kommandeur Peter Graf zu Sayn-Wittgenstein mit seinem Stab nicht in Leipzig selbst, sondern in den benachbarten Dörfern Lindenau und Gohlis untergekommen war.[13]

Aber am 2. Mai waren die Alliierten schon wieder aus Leipzig vertrieben worden, am Tag von Napoleons Sieg bei Großgörschen. «Das Scharmuzieren rückte der Stadt immer näher. Die vereinigten Russen und Preußen vertheidigten sich nur in so weit, als es nöthig war, um ihren Rückzug nicht in eine wilde Flucht ausarten zu lassen. Hecken, Gräben und Bäume des Chausseedammes von Lindenau nach Leipzig boten dazu die beste Gelegenheit. Endlich ward das rannstädter Thor noch einige Zeit vertheidigt. Doch die Franzosen krochen auf dem Bauche näher, oder schlichen sich dicht an den Häusern weg, und in kurzer Zeit verließen die Combinirten die Stadt durch das grimma'sche Thor, von den Franzosen bis Paunsdorf verfolgt.»[14] Es entbehrt nicht der Ironie, dass kaum ein halbes Jahr später im Verlauf der Völkerschlacht das militärische Geschehen genau den entgegengesetzten Verlauf nehmen sollte: Nach dem verlorenen Kampf um Paunsdorf zogen die Franzosen über Lindenau wieder ab. Die Herrschaft über Leipzig wechselte im Laufe des Jahres 1813 also insgesamt viermal.

Und fast wäre es noch ein fünftes Mal passiert, denn am Pfingstmontag, dem 7. Juni 1813, war zur Überraschung der seit fünf Tagen wieder eingesetzten französischen Kommandantur unter General Bertrand morgens Alarm geschlagen worden, weil sich Kosaken der Stadt näherten. Gemäß dem erst wenige Tage zuvor abgeschlossenen Waffenstillstand zwischen Napoleon und den Alliierten war damit nicht zu rechnen gewesen, aber die häufig auf eigene Faust in Feindesland agierenden russischen Reitertrupps waren immer noch aktiv. «Es waren wirklich die Kosaken, die von dem Waffenstillstande noch keine Kunde erhalten hatten und nach ihrer Weise durch diesen Streifzug sich zu bereichern gedachten. Die Franzosen wurden gerettet durch Parlamentaire, die den Waffenstillstand den Kosaken kund thaten; aber namentlich bei Taucha und Schönefeld war hitzig gefochten worden und den Franzosen mancher Abbruch geschehen.»[15]

Solche russischen Einheiten, die den flüchtenden napoleonischen Truppen im Winter und Frühjahr bis nach Zentraleuropa gefolgt waren, operierten weiterhin im ganzen sächsischen Königreich und sorgten für Unruhe auch weit jenseits der eigentlichen Kriegsschauplätze. Aber gegen die meist beschränkte Zahl dieser Reitertupps genügte eine überschaubar große feste Besatzung in der leicht zu kontrollierenden Stadt. Es blieb den ganzen Sommer über friedlich in und um Leipzig, auch nachdem die Kampfhandlungen zwischen Napoleon und seinen Gegnern am 16. August wiederaufgenommen worden waren.

Umso überraschender für die an starke militärische Präsenz nicht mehr gewohnten Bürger war am 29. September die Ankunft eines fast zwanzigtausend Soldaten umfassenden französischen Korps gewesen, das Marschall Auguste-Frédéric-Louis Marmont von Meißen herangeführt hatte. Es wurde vollständig in der Innenstadt untergebracht, wodurch dort auf jeden Einwohner mehr als ein fremder Soldat kam. Ein so großes Truppenkontingent hatte Leipzig nicht mehr gesehen, seit vor sieben Jahren, am 18. Oktober

Preußen und Sachsen erlebten ihr Waterloo bei Auerstedt und Jena:
Napoleon auf dem Schlachtfeld am 14. Oktober 1806.

1806, nach Napoleons Sieg von Jena und Auerstedt der französische
Marschall Davoust mit damals zweiundvierzigtausend Soldaten die
Stadt besetzt hatte.[16]

Die Marmontsche Streitmacht, die vor allem dazu gedacht war,
gegen die bei der Verteidigung Berlins siegreich gebliebene Nordarmee der Alliierten Stellung zu beziehen, die sich in Richtung
Sachsen bewegte, wurde in den folgenden Tagen noch durch württembergische Kavalleristen unter General Karl von Normann-Ehrenfels und französische Infanterie verstärkt. Der Pfarrer Ludwig
Schlosser aus Großzschocher, einem Dorf von etwa tausend Einwohnern zwei Stunden südwestlich von Leipzig, berichtete über
die Ankunft dieser Verstärkung: «Das härteste aber, was uns bis da-

her betroffen hat, war unstreitig das Feldlager, welches am Sonnabend gegen Abend, von dem 16ten Sonnt. p. trin. (der 3. Oktober 1813) vor unserem Dorfe, an 600 württemb. Reitern und 600 franz Fusknechte und viele Sannbauern, am Wällnerischen und Cichoriussischen Haus geschlagen wurde. Heu und Stroh, Holz und Säkke, Töpfe und Schüsseln, Schubkarren und Eimer, wurden genommen, wo sie waren.»[17] Großzschocher hatte allein am 6. Oktober tausendachthundert Pfund Brot, einen Ochsen, achthundert Rationen Hafer und vier Wagen Heu an die dort lagernden Truppe abzuliefern, am Folgetag kamen weitere Lieferungsverpflichtungen an die im nahegelegenen Dorf Lindenau lagernden Franzosen dazu, und so ging es bis zum 13. Oktober weiter, als sich Napoleons Truppen aus Großzschocher in Richtung Leipzig zurückzogen und das Dorf den anrückenden alliierten Streitkräften überließen, die dort kaum noch Verpflegung finden konnten. Die französische Armee hatte bewusst die Umgebung von Leipzig als Versorgungsbasis genutzt, um dann in der Stadt noch Vorräte zu haben.

Das Schema von Großzschocher wiederholte sich überall: «Die Anzahl der Truppen», schreibt Johann Adam Bergk in seiner im Jahr nach der Völkerschlacht durchgeführten Bestandsaufnahme der Dörfer um Leipzig, «nahm nunmehro von Tage zu Tage zu und seit dem 10. Oct. wurde sie immer größer. An Magazine war nicht zu denken; die Soldaten lebten von den Dörfern, wo sie bivouakierten oder vor denen sie vorbeizogen, und das Schicksal, das nunmehro diese traf, war über alle Beschreibung schrecklich. Die Einwohner wurden anfänglich bedrückt, dann gemißhandelt und endlich zur Flucht genöthigt. Zuerst holte man Lebensmittel und das Futter aus den Dörfern, dann trieb man das Vieh fort und trug alles Holzwerk in die Bivouaks, brach die Treppen ab, hob die Thüren aus und riß die Balken heraus; hierauf raubte man den Einwohnern ihre Kleider ihr Geld und alle Sachen von Werth, und endlich plünderte man sie gänzlich aus und ließ den Unglücklichen nichts weiter als die Augen zum Weinen.»[18]

Ähnlich weit entfernt von Leipzig wie Großzschocher war die südlich der Stadt gelegene Ortschaft Markkleeberg. Dort war bereits am 2. Oktober das von Napoleon zuvor in Spanien eingesetzte Armeekorps von Marschall Charles Pierre Augereau mit zehntausend Mann eingetroffen, und in den nächsten Tagen kamen weitere Truppen unter dem polnischen General Józef Poniatowski sowie dem König von Neapel im Süden von Leipzig an. Noch ehe der Kaiser der Franzosen von Düben kommend mit der Hauptstreitmacht dazustieß, standen die im Armeebefehl vom 13. Oktober erwähnten (allerdings deutlich weniger zahlreichen) Soldaten rund um Leipzig bereit, erkundeten tagelang das Gelände und sandten Depeschen mit ihren dabei gewonnenen Erkenntnissen zum Kaiser, der seinen Schlachtplan ausarbeitete. Napoleon schien mit der reichen Stadt als Versorgungszentrum, die seinen Truppen das Warten auf den Gegner leichtmachen würde, und dem von zahlreichen Wasserläufen geprägten Umland, das der anrückenden feindlichen Streitmacht den Vormarsch schwermachen würde, ein ideales Schlachtfeld gefunden zu haben.

Le roi de Naples, jener König von Neapel, dem Napoleons Anweisung aus Düben gegolten hatte, das war Marschall Joachim Murat, der 1767 geborene Mann von Napoleons Schwester Caroline Bonaparte, den der Kaiser wie alle seine engeren Familienangehörigen an die Spitze eines der französischen Satellitenstaaten gesetzt hatte. Seit 1808 amtierte Murat als König von Neapel, was allerdings für ihn nur ein Trostpreis war, nachdem die spanische Krone, die er sich durch die von ihm geleitete Einnahme Madrids erhofft hatte, an einen noch näheren kaiserlichen Verwandten, Napoleons älteren Bruder Joseph Bonaparte, gegangen war, der bis dahin in Neapel auf dem Thron gesessen hatte. Murat besaß aber als Heerführer das besondere Vertrauen Napoleons, und deshalb kommandierte er bis zur Ankunft des Kaisers die französischen Truppen südlich von Leipzig. Am 11. Oktober hatte er in der winzigen Ortschaft Wachau, die strategisch günstig auf einem der wenigen sanften

Höhenzüge im Süden von Leipzig lag, sein Hauptquartier eingerichtet, um hier dem aus Böhmen anrückenden Gegner Paroli zu
bieten. Dass dieses Heer jedoch zu schwach war, um es auf sich
allein gestellt mit den mehr als hundertdreißigtausend alliierten
Soldaten aufzunehmen, wusste Napoleon, deshalb brach er selbst
mit seinen Truppen am frühen Morgen des 14. Oktober aus Düben
nach Leipzig auf. Der amtliche Stadtgeschichtsschreiber Carl Große
sammelte in den Jahrzehnten nach der Völkerschlacht Erinnerungen an die Ereignisse vom Oktober 1813 und hielt zu Napoleons Abmarsch gen Leipzig fest: «Es begann also von jetzt an ein rastloser
Zug aller Truppen durch das Städtchen Düben gegen Leipzig, und
die dortige Gegend wurde im eigentlichen Sinne des Wortes gänzlich zertreten. Nur auf der Straße von Eilenburg über Taucha
währte der gewaltige Truppenzug des 14. Oct. vom Anbruche des
Tages bis in die 4. Stunde des Nachmittags, obgleich Regiment an
Regiment in der Breite der Heerstraße marschierte. Der Artillerie-
park war ungeheuer zu nennen. Der Kaiser selbst verfolgte den
Weg nach Leipzig auf der berliner Straße, gedrückt in die Ecke seines Wagens, wie immer, wenn ihn der Unmuth befallen hatte.»[19]
Immerhin aber hatte Napoleon durch die massive Truppenbewe-
gung die zahlenmäßige Unterlegenheit gegenüber den im Süden
aufmarschierenden Verbündeten nun mehr als ausgeglichen. Und
außerdem stand ihnen jetzt nicht länger nur Murat als Feldherr gegenüber, sondern der Kaiser der Franzosen selbst.

Trotzdem konnten die Leipziger am 14. Oktober noch hoffen, dass
Napoleon weiterziehen und die Schlacht nicht unmittelbar vor oder
gar in ihrer Stadt ausgetragen werden würde, denn der Kaiser
nahm trotz des stürmischen Regenwetters an diesem Donnerstag
zunächst kein festes Quartier, nachdem er mit seiner Garde
schließlich am Morgen selbst in Düben aufgebrochen war und das
vorausziehende Heer überholt hatte, um vor dem Gros der Armee
am späten Vormittag in Leipzig anzukommen. Nach einer raschen

Durchquerung der Stadt ließ er östlich von ihr an der Landstraße, die von Leipzig nach Dresden führte, ein provisorisches Lager errichten. In gebührendem (und vom Karree der Garde auch erzwungenem) Abstand sammelte sich eine stattliche Anzahl von Leipzigern, die trotz des nasskalten Wetters den berühmtesten Mann ihres Zeitalters bestaunten. Die Neugier der Stadtbewohner angesichts des sich nähernden Krieges hatte schon vier Tage zuvor einen Appell des königlich-sächsischen Polizei-Amts in Leipzig provoziert: «So wenig auch zu verkennen gewesen, daß der größere Theil des hiesigen Publicums bisher den zur Einhaltung der öffentlichen Ordnung getroffenen Anordnungen williges Gehör geliehen, so hat man doch wahrzunehmen gehabt, daß mehrere hiesige Einwohner unvorsichtig genug gewesen sind, bey der Annäherung kriegerischer Ereignisse sich außerhalb der Stadt und sogar in die Nähe der Truppen-Bewegungen zu begeben. Man findet sich daher veranlasst, nochmals daran zu erinnern, daß nur Ruhe und bescheidene Zurückgezogenheit bey allen dergleichen Vorfällen den Charakter eines friedlichen und vernünftigen Bürgers bezeichnen und ihm die Achtung des Militairs, sowie persönlich Sicherheit allein zu gewähren vermögen.»[20] Doch die Anwesenheit Napoleons setzte jeden Effekt eines solchen Aufrufs natürlich außer Kraft.

In den Tagen zuvor hatte unter den französischen Truppen noch häufiger das Gerücht die Runde gemacht, man sammele sich bei Leipzig lediglich, um dann in Richtung Südwesten nach Lützen vorzustoßen, in die Nähe des schon einmal mit Erfolg gewählten Schlachtfelds bei Großgörschen. Diese Annahme schien Napoleons um zwölf Uhr improvisierter Befehlsstand zu bestätigen. Es war zwar nicht unbedingt eine anheimelnde Umgebung – direkt gegenüber auf der anderen Seite der Chaussee befand sich das Hochgericht, also die Hinrichtungsstätte, die allerdings nicht mehr unmittelbar als Exekutionsplatz zu erkennen war, weil die französischen Soldaten das Galgengerüst in den Vortagen verfeuert hatten –, doch war dieser Standort ideal für den Fall, dass Napoleon weiterziehen wollte, weil er dann die Innenstadt gar nicht mehr hätte betreten müssen.

Zur gleichen Zeit, als der Kaiser sich den Reisestuhl neben der Straße aufstellen und die zur Planung seiner bevorstehenden Operationen dienenden Landkarten mit Nadeln auf einem Tisch feststecken ließ, war allerdings von Südosten her der Beginn einer heftigen Kanonade zu hören: Bei dem anderthalb Stunden entfernten Dorf Liebertwolkwitz waren Alliierte der Böhmischen Armee und Franzosen unter Murats Führung in ein erstes großes Gefecht eingetreten. Fortan konnte es wirklich keinen Zweifel mehr daran geben, dass Leipzig zum Schlachtfeld auserkoren war, vor allem, nachdem Karl Philipp Fürst zu Schwarzenberg, der Oberbefehlshaber der alliierten Truppen, in seinem Hauptquartier in Altenburg schon zwei Stunden nach Napoleons Ankunft in Leipzig darüber informiert war.[21] Und auch der Kaiser der Franzosen wünschte endlich die Schlacht. Er ließ sich vom örtlichen Postmeister einen von dessen Postillionen schicken, um einen besonders Ortskundigen zu haben, der ihn während der bevorstehenden Kämpfe durch die Umgebung von Leipzig führen sollte. Dieser Postillion hieß Johann Gottfried Gabler. Er würde bis zum letzten Tag der Völkerschlacht in unmittelbarer Nähe Napoleons bleiben und seine Dienste so gut erledigen, dass Napoleon ihm noch nach seinem Rückzug aus Leipzig eine Belohnung schicken ließ. Gablers mehr als drei Jahrzehnte später aufgezeichneten Erinnerungen an die Zeit mit dem Kaiser machen dessen Bewegungen während der Kämpfe genau nachvollziehbar.

Der rasch etablierte provisorische Befehlsstand an der Dresdner Chaussee lag unmittelbar hinter der Einmündung der Landstraße von Grimma, die über Liebertwolkwitz führte. Hier kamen nun die Boten vom Ort des ersten Gefechts an, und es wäre auch die schnellste Verbindung gewesen, wenn Napoleon selbst noch in die dort entbrannten Kampfhandlungen hätte eingreifen wollen. Aber beide Seiten wussten, dass die jeweils gegnerischen Armeen noch nicht in voller Stärke eingetroffen waren, und Napoleon hatte sich bis zuletzt auch noch die Option offenhalten wollen, erst einmal die beiden aus dem Norden anrückenden alliierten Heeresteile anzugreifen, falls seine Gegner im Süden weiterhin mit dem Vorrücken gezögert hätten. Auch dafür war ein Verweilen des Kaisers am Rand der Stadt besser geeignet als ein Quartier in ihren Mauern. Deshalb ließ er gleichfalls seinen Offizieren durch eine Bekanntmachung des Stadtkommandanten Bertrand verbieten, während des Aufenthalts in Leipzig selbst zu wohnen.[22]

Und schließlich erwartete Napoleon ein Ereignis, von dem niemand sonst in der Stadt bislang wusste: die Ankunft des sächsischen Königs Friedrich August in Leipzig, den er samt dessen Frau Maria Amalie Auguste und Tochter Maria Augusta herbeibeordert hatte. Genau eine Woche zuvor waren beide Monarchen am selben Tag in der sächsischen Hauptstadt Dresden aufgebrochen, aber Napoleon, der keine Rücksicht auf die umständliche Reisedurchführung des zweiundsechzigjährigen Königs nahm, war diesem immer wieder vorausgeeilt und hatte Friedrich August schließlich am 10. Oktober kurzerhand in Eilenburg festes Quartier nehmen lassen, weil verstreute Kosakentrupps die Gegend durchstreiften und der Kaiser hoffte, etwas weiter nördlich Blüchers Schlesische Armee endlich angreifen zu können. Doch in Düben wartete er umsonst auf die Gelegenheit dazu, und als er dann Leipzig als Ort der Entscheidung bestimmte, sorgte er dafür, dass Friedrich August auch dort sein würde, um sich im Kampf der Loyalität der sächsischen Bevölkerung gewiss sein zu können. Im Frühjahr 1813, als Sachsens König vor den anrückenden Russen und Preußen (und nicht zuletzt auch vor dem Kaiser der Franzosen, wie dieser nur zu gut wusste) über Plauen, Regensburg und Linz nach Prag ins damals noch neutrale Österreich geflohen war, hatte Napoleon gesehen, wie verheerend sich die Abwesenheit des Königs auf die Moral in dessen Hauptstadt ausgewirkt hatte.

Die Bezauberung durch den dank seiner ununterbrochenen Siegeskette in ganz Europa bewunderten Kaiser war in Sachsen, mit dem Napoleon seit Dezember 1806 verbündet war, angesichts der ständigen Kontributionen schon bald der Ernüchterung gewichen. Das von ihm zum Königreich aufgewertete Land wurde ebenso systematisch als Waren- und Menschenlieferant für die Ambitionen des Kaisers der Franzosen benutzt wie alle anderen Länder in seinem Einflussbereich. In Sachsen war das vor allem 1809 spürbar gewesen, als das benachbarte Österreich wieder den Krieg gegen Frankreich probiert hatte (und gescheitert war), dann abermals 1812, als Napoleon den Feldzug gegen Russland vorbereitete, und schließlich im Frühjahr und Sommer 1813, als der Kaiser der Franzosen mehrere Monate in Dresden residierte, um den Krieg gegen die seit dem Februar verbündeten Russen und Preußen zu führen, denen sich später Österreich und Schweden anschlossen. Die 1807 nach Napoleons Willen erneuerte sächsisch-polnische Personalunion, die König Friedrich August den Titel eines Herzogs von Warschau beschert hatte, war im Februar 1813 zerbrochen, als russische Truppen in Polens Hauptstadt eingezogen waren und die dortige Regierung aufgelöst hatten. Damit war auch ein Pufferstaat weg, der Sachsen hätte beschützen sollen: Die noch folgenden Kampfhandlungen spielten sich in entscheidendem Maße dort ab; neben den insgesamt zwei Millionen Menschen, die 1813 in Friedrich Augusts Königreich lebten, hielten sich in jenem Jahr eine Million fremder Soldaten im Land auf. Das war nicht dazu geeignet, die Unterstützung der sächsischen Bevölkerung für die französische Sache weiter aufrechtzuerhalten. Die Beifallsbekundungen für die kurzfristig am 24. April in Dresden eingezogenen russischen und preußischen Monarchen hatten das bereits früh gezeigt, und als die französischen Truppen am 8. Mai wieder dorthin zurückgekehrt waren, hatte Napoleon schleunigst den sächsischen König aus dem neutralen Böhmen in die Hauptstadt zurückgerufen, um die Moral seiner Untertanen zu festigen. Nun sollte dasselbe Rezept auch in Leipzig helfen. Wichtig war aber nur die Anwesenheit, nicht die Mitwirkung des Monarchen.

Friedrich Augusts Kutsche traf vor Leipzig gegen drei Uhr nachmittags ein, und Napoleon, der in den Stunden des Wartens im stürmischen Wetter zahlreiche Botschaften empfangen und seinerseits diktiert, dauernd die Landkarten studiert und Gespräche mit seinem Stab geführt hatte, ging dem Gefährt ein Stück entgegen, um den König und die Königin zu begrüßen. Das war ein höflicher symbolischer Akt, um jenen Verbündeten zu ehren, auf dessen Herrschaftsgebiet sich seit zwei Monaten der Krieg hauptsächlich abspielte und dessen Untertanen den Großteil der Kosten dieses Konflikts tragen mussten. In der Stadt hatte Napoleon wieder das direkt am Marktplatz gelegene Thomäsche Haus als Unterkunft herrichten lassen, in dessen Beletage nun Friedrich August mit den Seinen einzog, während der Kaiser seine um vier Uhr nachmittags aus Düben eingetroffene Infanterie empfing. Sie war durchs nördliche Gerbertor in die Hallesche Vorstadt eingezogen und am Rand der Innenstadt entlangmarschiert, um Leipzig durchs Äußere Grimmaische Tor im Osten wieder zu verlassen, wo Napoleon auf sie wartete und das Defilee der Truppen abnahm. Am Abend endlich bezog er ganz in der Nähe seines ersten Haltepunkts, in der Vorstadt Reudnitz, ein festes Domizil im Sommerhaus einer Leipziger Bankiersfamilie, einem in seinen Ausmaßen vergleichsweise bescheidenen Gebäude, «die größten Marschälle des Kaiserreichs mußten hier, um den Kaiser zusammengedrängt, mit dem kleinsten Winkel zur Schlafstätte vorlieb nehmen».[23]

Napoleon selbst ließ auch das auf den Feldzügen eigens mitgeführte Mobiliar für längere kaiserliche Einquartierungen gar nicht erst aufstellen, sondern begnügte sich mit seinem Feldbett. Ihm stand keine ruhige Nacht bevor, denn der schon den ganzen Tag heftige Nordwestwind hatte sich am Abend zu einem Orkan entwickelt. Und noch weniger Ruhe fanden die Leipziger, die nun Gewissheit über ihr Schicksal hatten. Trotzdem glaubten nicht wenige immer noch an die Unüberwindbarkeit Napoleons und hielten der französischen Seite die Treue. Einer dieser nur wenige Tage später als «Napoleonsjünger» geschmähten Leipziger war der Spitalarzt Gottfried Wilhelm Becker, der ein einträgliches Bruchbandagengeschäft in der Innenstadt betrieb und sich daneben auch noch als literarischer und medizinischer Autor betätigte. Ihm verdanken wir das erste Buch über die Völkerschlacht, das er unter dem Pseudonym «*r, ein Augenzeuge» nur zehn Tage nach dem Ende der Kämpfe publizierte.[24] Darin ist von der Begeisterung für die französische Sache bereits nichts mehr zu spüren – Becker war ein routinierter Autor und wusste, was die Stunde geschlagen hatte. Bezeichnenderweise trug seine schmale Schrift aber keinen heroischen Titel, sondern sie hieß «Leipzigs Schreckensszenen im September und Oktober 1813». Becker schrieb darin: «Was wir indessen am Ende des Septembers fürchteten – daß Leipzigs Gegend der Tummelplatz furchtbarer Heere seyn würde, daß sie die schrecklichsten Gefahren laufen könne – es sollte eintreffen, in vollem Maaße sollte uns das Elend zu Theil werden. Was wir wünschten – daß ein gütiger Gott diese Gefahren abwehren möchte! – ach es mußte uns versagt bleiben!»[25] Auf einen gütigen Gott war in der Tat nicht zu hoffen. Der Kriegsgott Mars schlief vor der Stadt.

2. VIER GEGEN EINEN:
DIE VERBÜNDETEN MONARCHEN

▼

Wer in den Jahren der ersten französischen Republik einen europäischen Thron bestieg, der erbte den Krieg, denn Frankreich galt als Feind aller Throne. Von den vier alliierten Mächten, deren Heere in der Völkerschlacht gegen Napoleon kämpfen sollten, wurden drei von Monarchen regiert, für die diese Regel galt: Kaiser Franz I. von Österreich war 1792 als Franz II. zum deutschen Kaiser gekrönt worden, König Friedrich Wilhelm III. kam 1797 auf den preußischen Thron, und Zar Alexander I. von Russland folgte 1801 seinem ermordeten Vater nach. Nur Karl XIII. von Schweden erhielt die Königswürde nach einem Putsch gegen seinen Bruder Gustav IV. Adolf erst 1809, als Napoleon sein Land schon als Kaiser von eigenen Gnaden regierte. Aber Karl war in Schweden auch nicht die treibende Kraft gegen Frankreich. Das war pikanterweise ein Franzose, der Kronprinz Karl Johann, und er hatte eine Rechnung mit seiner alten Heimat und vor allem deren Kaiser offen, als er 1810 von Karl XIII. adoptiert wurde.

Mit dem Kronprinzen von Schweden die Reihe der verbündeten Monarchen zu beginnen, ist ungewöhnlich, denn obwohl er die Politik der nordischen Macht bestimmte, war er 1813 doch noch kein regierender Fürst. Aber er führte das schwedische Expeditionsheer an, das in diesem März zur Unterstützung von Russland und Preußen im zu Schweden gehörenden Vorpommern gelandet war, und ihm wurde wenig später auch das Kommando über die Nordarmee zugesprochen, die aus seinen eigenen Soldaten sowie einem russischen und zwei preußischen Korps gebildet wurde. Sie sollte dafür sorgen, dass Napoleons Truppen nicht Berlin einnähmen, während der preußische König mit dem Hauptteil seiner Armee in Sachsen agierte. Mehr als dieser oder der Zar, geschweige denn Kaiser Franz, war Karl Johann damit tatsächlich Oberbefehlshaber einer Armee, denn auch wenn diese drei Monarchen formell an der Spitze ihrer Truppen standen, hatten sie ihre Befehlsgewalt doch aufgegeben; im Frühjahr 1813 war das Oberkommando von Zar und König zunächst dem russischen Generalfeldmarschall Kutusow, dem Helden des russischen Widerstands gegen Napoleon im Jahr zuvor, und nach dessen Tod im April dem russischen Generalleutnant Graf zu Sayn-Wittgenstein übertragen worden. Als die Frage des Kommandos der Alliierten durch den Beitritt Österreichs zum Bündnis im August neu geregelt werden musste, fiel die Wahl der nun drei Herrscher auf Fürst Schwarzenberg. Weil dieser jedoch zusammen mit den Monarchen bei der Hauptarmee blieb, hatten die beiden getrennt davon agierenden alliierten Armeeführer, Karl Johann und der preußische Feldmarschall Blücher, der die im Winter neu formierte Schlesische Armee befehligte, militärisch weitgehend freie Hand. Dadurch lag die Führung der alliierten Heere jeweils in den Händen von erfahrenen Militärs, und auf der Gegenseite stand ein Monarch an der Spitze der Armee, der den Kaisertitel vor allem seinem Feldherrngenie verdankte; die traditionelle Führungsrolle der regierenden Fürsten in der praktischen Kriegsführung hatte ausgespielt.

Der schwedische Kronprinz war eine der interessantesten und umstrittensten Persönlichkeiten nicht nur der Völkerschlacht, sondern der ganzen napoleonischen Epoche. Geboren wurde er am 26. Januar 1763 in der Auvergne als Graf Jean-Baptiste-Jules Bernadotte, und er war ein Adeliger, der sich als Soldat auf die Seite der Revolution schlug. In deren Armee wurde er zum Kriegshelden, hatte mit Napoleon in Italien gekämpft und machte noch früher als dieser politische Karriere, bewies dabei aber weniger Geschick. Als

Der Rivale Napoleons: Aus dem französischen Marschall Bernadotte wurde 1810 der schwedische Kronprinz Karl Johann.

Botschafter Frankreichs in Wien etwa hatte er 1798 die dortige Bevölkerung durch das Hissen der Trikolore auf der Gesandtschaft
so sehr gegen sich aufgebracht, dass er gegen alle diplomatischen
Regelungen aus der österreichischen Hauptstadt verjagt wurde; im
Jahr danach ernannte ihn das in Paris regierende Direktorium zum
Kriegsminister, was seinen Talenten eher entsprach, doch auch das
blieb eine Episode. Bernadotte fühlte sich am wohlsten als Armeeführer, zeichnete sich mehrfach in den erfolgreichen Feldzügen
der Franzosen aus, bekam 1804 den Marschallstab verliehen und
wurde Gouverneur des französisch besetzten Herzogtums Hannover.

Das brachte ihn zum ersten Mal in unmittelbaren Konflikt mit
dem preußischen König, dessen Truppen 1801 mit französischer
und russischer Billigung als Erste in dieses Stammland des englischen Königs Georg III. einmarschiert waren. Preußen hatte 1795
im Frieden von Basel alle linksrheinischen Gebiete an Frankreich

abtreten müssen, von der Republik im Gegenzug aber in Aussicht gestellt bekommen, seine Gebietsverluste bald mit rechtsrheinischen Territorien kompensieren zu können. Der König spekulierte nun darauf, das hannoversche Gebiet annektieren zu dürfen, das zwischen seinen verbliebenen westdeutschen Besitzungen und Kernpreußen lag. Frankreich förderte diese Ambitionen, um Preußen in Konflikt mit England zu bringen, das sich gerade erst mit Russland überworfen hatte. Paris wie Petersburg streuten das Gerücht, eine Besetzung Hannovers vorzubereiten, um die deutsche Küstenlinie an der Nordsee für die Engländer zu sperren, und aus Angst, am Ende mit leeren Händen dazustehen, befahl Friedrich Wilhelm III. Ende März 1801 den Einmarsch. Sein Pech wollte es, dass unmittelbar zuvor Zar Paul I. ermordet worden war – inwieweit sich dessen Sohn und Thronfolger Alexander an der Tat beteiligte, ist bis heute unklar – und sich der neue Zar rasch wieder England zuwandte. Schon im November gab Friedrich Wilhelm die Besetzung Hannovers wieder auf. Zwei Jahre später marschierten dort stattdessen die Franzosen ein und machten damit die von Preußen erhoffte norddeutsche Neutralität gegenstandslos. Wenn Hannover französisch besetzt war, bestand keine Hoffnung darauf, die Nordhälfte des Reichs aus dem Krieg herauszuhalten, wie Preußen es versuchte. Aus der diplomatischen Blamage von 1801 war 1803 ein außenpolitisches Fiasko geworden.

Bernadotte als hannoverscher Gouverneur war fortan ein Stachel im Fleisch Preußens, und er exekutierte die Provokationsstrategie des Ersten Konsuls Bonaparte gegenüber England, indem er am 24. Oktober 1804 den englischen Geschäftsträger beim niedersächsischen Reichskreis aus dessen Residenz in der neutralen Hansestadt Hamburg entführen ließ. Nach der Kaiserkrönung Napoleons im Dezember 1804 erwartete man in Frankreich allgemein, dass Bernadotte, der als Gatte einer Schwägerin von Napoleons Bruder Joseph auch zur erweiterten Familie des neuen Alleinherrschers zählte, nun in die engste Führungsschicht aufrücken würde, doch seine Frau war früher mit Napoleon liiert gewesen[1], was für gewisse persönliche Spannungen zwischen Bernadotte und dem Kaiser sorgte. Wichtiger aber noch war die alte Rivalität zwischen beiden Männern auf militärischem Gebiet: Bernadotte hatte sich mit der diesbezüglichen Überlegenheit des sechs Jahre jüngeren Bonaparte schon während der gemeinsamen Feldzüge schwergetan. 1806 sollte er vom Kaiser auch nur mit dem Titel eines Fürsten von Pontecorvo ausgestattet werden, was in der Reihe der phantasievollen, hochtrabenden Ehrungen für die französischen Armeeführer wie eine Degradierung wirken musste.

Trotzdem hatte Bernadotte in den mit Frankreich verbündeten Rheinbundstaaten wichtige Kommandoaufgaben inne, gerade auch als Heerführer. Nachdem sich am 11. April 1805 Russland und England zur Dritten Koalition gegen Frankreich zusammengefunden hatten und der Krieg ausgebrochen war, war die von Bernadotte kommandierte Armee im Oktober durch das preußische Territorium Ansbach marschiert. Damit hatte der französische Befehlshaber die Neutralität Preußens verletzt, und das sah Friedrich Wilhelm III. als persönlichen Affront. Noch zwei Jahre später, dann als geschlagener und gedemütigter Gegner Frankreichs, sprach er in den Friedensverhandlungen von Tilsit Napoleon immer wieder auf Bernadottes Verhalten an, um das Unrecht zu beklagen, das ihm damals angetan worden war.[2] 1813, als sich Bernadotte längst vom französischen Feind zum schwedischen Verbündeten gewandelt hatte, durfte er daher weder vom preußischen König noch von der preußischen Armee große Sympathien erwarten. Das zeigt sich in den Berichten preußischer Teilnehmer an der Völkerschlacht überdeutlich.

Bernadotte galt als einer der erfahrensten Feldherrn seiner Zeit und genoss nicht zuletzt wegen seines Muts zu dreisten Aktionen, wenn sie strategisch notwendig waren, auch den entsprechenden Ruf. Im Februar 1808 befehligte er ein dänisch-französisches Heer im Krieg des damals mit Napoleon verbündeten Russlands gegen

Schweden, als Zar Alexander I. das seit Jahrhunderten von Schweden beherrschte Finnland erobern und zugleich den letzten Verbündeten schwächen wollte, den England im Kampf gegen Frankreich in Nordeuropa noch besaß. Beides gelang, und angesichts dieser Niederlage stürzte das schwedische Militär am 13. März 1809 seinen König Gustav IV. Adolf. Nachfolger wurde dessen mit sechzig Jahren bereits betagter und kranker Onkel, der als Karl XIII. den Thron bestieg, aber kinderlos war. Auf Beschluss der schwedischen Reichsstände adoptierte er einen dänischen Prinzen, also ausgerechnet einen Exponenten der alten Rivalen um die Macht im Ostseeraum und überdies auch noch einen Mann, der im jüngsten Krieg auf der Gegenseite wichtige Kommandoaufgaben innegehabt hatte. Als der neue Kronprinz aber schon nach wenigen Monaten starb, trug das schwedische Militär ohne Absprache mit Reichsständen und König die vakante Würde einem weiteren früheren Kriegsgegner an: dem Grafen Bernadotte. Man hoffte dadurch auf französische Unterstützung im Bemühen um eine diplomatische Rückgewinnung Finnlands von Russland, und da Bernadottes verwandtschaftliche Beziehungen zu Napoleon bekannt waren, schickten sich Karl XIII. und die eigentlich zuständigen Reichsstände in die von ihnen unerwünschte Lösung – mit der Familie des Kaisers der Franzosen durfte man es sich nicht verderben. Bernadotte trat im Oktober 1810 zum lutherischen Glaubensbekenntnis über, nahm den Namen Karl Johann an und wurde wenige Wochen später vom König adoptiert.

Damit schien ein weiterer europäischer Staat ins französische Bündnissystem eingegliedert zu sein, doch zur Überraschung aller Beteiligten nahm der neue Kronprinz angesichts seines schwachen Adoptivvaters nicht nur mit Billigung der Armee sofort die politischen Geschicke seines Landes in die Hand, sondern sorgte auch für einen Ausgleich mit Russland, indem er keine Initiativen zur Rückgabe Finnlands unternahm, sondern stattdessen sein Auge auf Norwegen warf. Karl Johann begann nun jene Außenpolitik, die ihm in Europa den Ruf eines äußerst wankelmütigen Mannes einbringen sollte, die aber in der napoleonischen Ära gar nichts Besonderes war: Von 1810 an verhandelte er parallel mit Alexander I. und Napoleon, deren 1807 in Tilsit geschlossenes Bündnis bröckelte. Pro forma trat Schweden in den französischen Dauerkrieg mit England ein, hielt aber seine daraus resultierenden Zusagen nicht ein und erwarb sich so in London Freunde. Anfang 1812 hatte Napoleon die Geduld mit dem vermeintlichen Verbündeten verloren und ließ Vorpommern besetzen, den schwedischen Besitz in Deutschland, um die Durchsetzung der Kontinentalsperre zu garantieren, die hier immer wieder verletzt worden war. Die Empörung in Schweden war groß, und der Kronprinz schloss nun einen Bündnisvertrag mit dem Zaren ab – einen Monat vor dem Beginn von Napoleons Feldzug gegen Russland. Den nie aktiv geführten Krieg mit England beendete Schweden im Juli 1812, und damit stand das von einem gebürtigen Franzosen geführte Land endgültig gegen Napoleons Kaiserreich.[3] Zwar trat Schweden erst im Juni 1813 offiziell in den Krieg ein, als es sich der Allianz aus Russland, Preußen und England gegen Frankreich anschloss, doch ein erstes Armeekorps war schon am 26. März im vorpommerschen Stralsund gelandet und hatte von dort aus den Kampf der Alliierten auf deutschem Boden unterstützt.

Die dreißigtausend schwedischen Soldaten, die in Stralsund an Land gingen, erwiesen sich als keineswegs wankelmütig, ihrem Oberbefehlshaber jedoch hing dieser Vorwurf weiter an. Als sehr analytischer Staatsmann und Heerführer wirkte er auf seine preußischen und russischen Mitstreiter zögerlich, und manche unterstellten ihm Sympathien für die französische Heimat, die sich auf seine Kriegsführung ausgewirkt hätten. Doch Karl Johann witterte vor allem die Möglichkeit, als nunmehr adoptierter Angehöriger einer bedeutenden europäischen Königsfamilie und prominentester Franzose im Lager von Napoleons Gegnern nach dessen Niederlage selbst die französische Krone zu erlangen.[4] Der ehemalige Revolutionsgeneral rechnete indes nicht damit, dass die mit ihm nun verbündeten Monarchen es nach dem Sturz des Usurpators Napoleon bevorzugen würden, einen Vertreter des Hauses Bourbon auf den Thron zurückkehren zu lassen, anstatt ihm die Macht in Frankreich zu überlassen. Für sie war Bernadotte bloß ein weiterer Emporkömmling. Eine Krone bekam Karl Johann dennoch, wenn auch nur die schwedische. 1818 starb Karl XIII., und sein Adoptivsohn bestieg als Karl XIV. Johann den Thron. Bis heute wird Schweden von seinen Nachkommen regiert.

Während der Völkerschlacht spekulierte er aber noch auf den französischen Thron, und deshalb sollte er während der Kampfhandlungen eigene diplomatische Initiativen ergreifen, um sich als Vermittler zwischen beiden Seiten ins Spiel zu bringen. Seiner Entschlossenheit auf dem Schlachtfeld tat das entgegen allen späteren Gerüchten und Berichten keinen Abbruch. Karl Johann war lediglich bedächtig in seinem Vorgehen. Eine Niederlage im Feld hätte die Hoffnung auf die Macht in Frankreich zerstört, genauso wenig durfte er sich umgekehrt allzu sehr im unmittelbaren Kampf mit den Franzosen hervortun, weil ihm das in seiner ehemaligen Heimat verübelt worden wäre, die er regieren wollte. Die Nordarmee sollte dennoch eine wichtige Rolle in der Völkerschlacht spielen, als sie endlich vor Leipzig eingetroffen war, und die im Vergleich mit den anderen Alliierten niedrigen Opferzahlen in den Reihen der von Karl Johann befehligten Truppen sprechen eher für großes militärisches Geschick als für Feigheit, wie sie immer wieder kolportiert wurde.

Die von ihm selbst verkörperte Alternative zu Napoleons Politik hatte der Kronprinz im März 1813 vorgestellt, als er dem Kaiser in einem offenen Brief dessen Verstöße gegen das Völkerrecht und den Verrat an den französischen Idealen vorhielt, der unter den Alliierten natürlich sofort Furore machte und unzählige Male zu Propagandazwecken publiziert wurde. Dadurch wurde Karl Johann zu einem Hoffnungsträger, noch bevor er selbst überhaupt aus Schweden übergesetzt hatte. Als er dann eingetroffen war, wurde kurz danach der sommerliche Waffenstillstand mit Napoleon verabredet, sodass sein Feldherrnruhm noch nicht auf die Probe gestellt werden konnte. Im Schloss der Grafen von Hatzfeld im schlesischen Trachenberg traf er mit Zar Alexander und König Friedrich Wilhelm zusammen, um die künftige Strategie abzusprechen. Der Kronprinz drängte auf die Zusammenführung der russischen und preußischen Truppen mit den seinen, um von Berlin aus gegen Napoleon vorzugehen; der Oberbefehl über dieses vereinigte Heer sollte ihm zufallen. Seine Verhandlungspartner indes setzten auf den Beitritt Österreichs zur Allianz und plädierten für die Versammlung der Hauptstreitmacht in Böhmen, wodurch man den Krieg aus Preußen fernhalten und weiterhin auf Sachsen konzentrieren konnte. Da man Berlin aber nicht ohne Schutz lassen konnte, wurden ein russisches und zwei preußische Korps Karl Johanns Kommando unterstellt; damit war die Nordarmee geboren und zugleich der Anspruch des Kronprinzen auf die militärische Führungsrolle der Gesamtoperationen elegant vermieden. Denn Zar und König würden nun getrennt von ihm agieren, weil sie sich der Hauptarmee anschlossen, die gemeinsam mit den Österreichern gebildet wurde, nachdem Kaiser Franz I. tatsächlich in den Kampf gegen Napoleon eingetreten war. Auch wenn die Armeen selbständig operieren sollten, lag fortan das faktische Oberkommando in Böhmen: Drei Monarchen zählten mehr als ein Kronprinz.

Bernadotte war mit fünfzig Jahren der Älteste im alliierten Führungsquartett und auch erst in reiferem Alter an die Staatsspitze aufgestiegen. Dagegen wiesen der 1768 geborene Franz I., der mit vierundzwanzig den deutschen Kaiserthron bestiegen hatte, der zwei Jahre jüngere Friedrich Wilhelm III., der die preußische Krone mit siebenundzwanzig erlangt hatte, und der erst 1777 geborene Alexander I., der mit vierundzwanzig Zar geworden war, ähnliche Lebenswege auf. Alle drei waren sie in zweiter Generation Nachfolger der überragenden Herrscherpersönlichkeiten ihrer Dynastien im achtzehnten Jahrhundert, die sie auch jeweils als Kinder noch erlebt hatten: der Erzherzogin Maria Theresia von Österreich als Großmutter von Franz, Friedrichs des Großen von Preußen als Großonkel von Friedrich Wilhelm und der Zarin Katharina der Großen als Großmutter von Alexander. Alle drei beriefen sich auch auf das Vorbild dieser schon zu Lebzeiten legendären Monarchen und setzten sich bewusst von ihren Vätern ab, die jeweils keine langen Herrschaftsperioden erlebt hatten: Leopold II. war nach dem Tod seines älteren Bruders Joseph nur zwei Jahre lang deutscher Kaiser, Friedrich Wilhelm II. regierte immerhin zehn Jahre lang Preußen, Paul I. nicht einmal vier Jahre in Russland. Die Bemühungen, für ihre Staaten wieder an den alten Glanz von vor zwei Generationen anzuknüpfen, prägten das Handeln der drei alliierten Monarchen, während Bernadotte die Interessen eines Aufsteigers vertrat.

Die Lebenswege von Friedrich Wilhelm III. und Alexander I. kann man guten Gewissens zusammen resümieren, denn sie verband seit ihrer ersten Begegnung ein intensives Freundschaftsverhältnis, das im frühen neunzehnten Jahrhundert unter europäischen Fürsten keine Parallele kannte. Alexanders erste Auslandsreise als Zar hatte ihn Mitte Juni 1802, etwas mehr als ein Jahr nach seiner Inthronisierung, ins ostpreußische Memel zu dem sieben Jahre älteren preußischen König geführt, der damals noch keine fünf Jahre regierte. Eine Woche lang verbrachten die beiden jungen Herrscher in dieser Stadt zusammen, und nicht zuletzt Alexanders Bewunderung für Friedrich Wilhelms Frau Luise stiftete die Freundschaft zwischen den beiden Monarchen, die insofern überraschend leicht zustande kam, als man ja im Vorjahr noch ernste Konflikte über die preußische Besetzung Hannovers gehabt hatte. Aber für persönliche Nähe sorgten auch die Gemeinsamkeiten, die zwischen ihren beiden Ländern seit 1762 bestanden, dem vorletzten Jahr des Siebenjährigen Kriegs, als Russland nach dem Machtantritt von Katharina der Großen im entscheidenden Moment aus der Koalition gegen das schon fast besiegte Preußen Friedrichs II. ausgeschert war. So wie die beiden bewunderten Vorgänger schon gemeinsame Sache gemacht hatten, wollten es deren ehrgeizige Nachfolger nun wieder halten: «Jeden Morgen ritt der Zar neben dem König von Preußen aus; beide im Gespräch vertieft, auf der einen Seite der Enkel Katharinas II., auf der anderen der Großneffe Friedrichs II. Sie besprachen, während sie so im Sattel saßen, militärische und politische Fragen, die das Schicksal des Kontinents bestimmten. Sie taten, als wären sie die wahren Herrscher über die Weiten Mitteleuropas und nicht Bonaparte.»[5] Dazu kam die Bewunderung des Protestanten Friedrich Wilhelm für die tiefe Gläubigkeit des russischen Volks[6] und des streng religiösen Alexander. Diese auf Gottesvertrauen gründende Freundschaft zweier schwärmerischer Geister auf dem Thron hatte sich bis 1813 weiter gefestigt. Kurz vor der Völkerschlacht, am 11. Oktober, schrieb der Zar aus Chemnitz an den preußischen König, der noch unterwegs in den Westen von Sachsen war: «Ich erwarte mit größter Ungeduld den Augenblick, der mich mit Eurer Majestät wieder vereinigt, die bloße Freude, in ihrer Nähe zu sein, ist zu einer süßen Gewohnheit geworden.»[7]

In den Jahren seit 1802 aber hatte die Freundschaft einige Prüfungen zu überstehen gehabt. Nach dem ersten Treffen war man noch ganz einig im Wunsch, gemeinsam im Osten Europas Frieden zu halten. Für das gemeinsame Interesse daran sorgten nicht zuletzt die in den drei polnischen Teilungen gewonnenen Gebiete. Erst 1795 war Polen endgültig zerschlagen worden, insbesondere in den zuletzt annektierten Territorien regte sich mitunter noch heftiger Widerstand gegen die neuen Verhältnisse – und in den französischen Revolutionären hatten die Polen vehemente Unterstützer ihres Strebens nach Wiedererlangung ihrer staatlichen Eigenständigkeit gefunden.

Die verteilten polnischen Gebiete schienen zwar zehn Jahre lang

Vor 1813 galt er als der Zauderer unter den europäischen Herrschern: König Friedrich Wilhelm III. von Preußen.

Der Draufgänger unter den Alliierten: Zar Alexander I. von Russland.

außerhalb der französischen Interessensphäre zu liegen, weshalb sich Russland und Preußen einigermaßen sicher fühlten, zumal für ganz Norddeutschland im Interesse Preußens 1795 Neutralität ausgehandelt worden war. Doch die war nun durch die napoleonische Besetzung Hannovers obsolet, und in den Folgejahren, vor allem 1805/06, als Österreich und Russland mit englischer Unterstützung gegen Frankreich Krieg führten, ließ sich Preußen auf immer neue Bündnisse mit beiden Seiten ein. So bestanden im Winter 1805/06 gleichzeitig Vereinbarungen mit Frankreich wie mit Russland über gegenseitigen Beistand: Am 5. November hatten sich Alexander, der auf dem Weg in den Krieg war, und Friedrich Wilhelm in Erneuerung ihrer alten Freundschaft am Grab von Friedrich dem Großen in der Potsdamer Garnisonkirche auf ein gemeinsames Vorgehen geeinigt, und so verpflichtete sich Preußen nun, Frankreich in Norddeutschland militärisch entgegenzutreten. Anfang Dezember rückte die Garnison in Berlin dann tatsächlich aus.

Pech nur, dass zwei Tage danach einige hundert Kilometer weiter südlich in Mähren die Schlacht von Austerlitz stattfand, in der Alexander mit seinen russischen Truppen besiegt wurde. Im Bemühen, den gerade erst aufs Spiel gesetzten Frieden mit Frankreich noch zu retten, ließ Friedrich Wilhelm Mitte Dezember 1805 seinen Außenminister Christian von Haugwitz in Schloss Schönbrunn in Wien mit Napoleon verhandeln. Resultat war ein Vertragsangebot, das die bisherige Neutralität Preußens in eine Allianz mit Frankreich verwandeln sollte. Die Belohnung bestand in Hannover, das Preußen nun dauerhaft und offiziell versprochen wurde, dafür sollte Friedrich Wilhelm das von Frankreich bereits 1795 de facto annektierte Herzogtum Kleve aufgeben.[8] Bei Unterzeichnung des Vertrags von Schönbrunn hätte der König gültige Bündnisse mit den Kriegsgegnern Russland und Frankreich gehabt, weshalb er zögerte, die Vereinbarung mit Napoleon abzuschließen. Er bat um Modifikationen der preußisch-französischen

Allianzbedingungen, um Russland gegenüber nicht als Vertragsbrüchiger dazustehen. Doch Napoleon nutzte diese Verzögerung, um kurzerhand eine neue Vereinbarung aufzusetzen, den Vertrag von Paris vom 15. Februar 1806, in dem Preußen nicht nur zur Allianz mit Frankreich verpflichtet wurde, sondern auch noch seine Häfen für den englischen Handel zu sperren hatte. Ohne Hoffnung auf militärischen Beistand durch die geschlagenen Russen musste Friedrich Wilhelm annehmen – eine persönliche Demütigung, die es ihm im weiteren Verlauf des Jahres leichtmachen sollte, den aufgezwungenen Vertrag wieder zu brechen.

Zunächst aber betrieb er sein diplomatisches Ränkespiel weiter und ließ dem Zaren schon im März mitteilen, dass Preußens Allianz mit Frankreich sich nicht gegen Russland richten werde, und unterzeichnete am 1. Juli 1806 ein Geheimabkommen, in dem er Preußens Neutralität gegenüber Russland versicherte. Dieses Doppelspiel hätte sogar aufgehen können, wenn Napoleon und Alexander damals Frieden geschlossen hätten. Doch die entsprechenden Verhandlungen scheiterten, und so musste sich Preußen schließlich für eine der beiden Seiten entscheiden. Als Gerüchte laut wurden, der französische Kaiser befürworte eine Rückgabe Hannovers an die englische Krone, um die Dritte Koalition aufzusprengen, machte Preußen am 8. August 1806 mobil, und der König schrieb seinem Freund, dem Zaren, dass es keine faire Allianz mit dem treulosen Napoleon geben könne.

Allerdings dachten weder Russland noch Österreich daran, in dieser Situation den Preußen beizustehen, weil man ja nicht wusste, wie es umgekehrt um die Treue Friedrich Wilhelms bestellt war. Also zog der König am 18. September mit seiner Armee ohne mächtige Verbündete gegen Napoleons Truppen aus, nachdem man sich immerhin der sächsischen Unterstützung versichert hatte. Die Doppelschlacht bei Jena und Auerstedt sollte dieses Abenteuer nicht einmal einen Monat später, am 14. Oktober, bereits wieder beenden. Preußen und Sachsen gingen trotz großer numerischer Überlegenheit ihrer Armeen gegenüber den französischen Truppen gemeinsam unter, wurden aber in der Folge unterschiedlich von Napoleon behandelt: Den sächsischen Herrscher Friedrich August machte er zu seinem engen Verbündeten und zum König, dem preußischen Monarchen hingegen nahm er einen Großteil seiner Territorien ab. Darunter befanden sich auch die meisten der polnischen Besitztümer, die nun das neu geschaffene Herzogtum Warschau bildeten, über das Friedrich August herrschen sollte, sowie Teile Südpreußens, die direkt an das neue Königreich Sachsen gingen. So wurden die preußischen und sächsischen Alliierten von 1806 zu Gegnern im Jahr 1813.

Die unterschiedliche Behandlung der beiden kurzzeitig Verbündeten entsprang nicht bloßer Willkür: Sachsen hatte im Gegensatz zu Preußen sofort nach dem 14. Oktober 1806 die Waffen gestreckt, während Friedrich Wilhelm noch immer hofffte, im Verbund mit dem Zaren gegen Napoleon bestehen zu können. Seine Hauptstadt Berlin gab der König preis und folgte dem bereits geflohenen Hof immer weiter nach Osten, bis er Anfang Januar 1807 im äußersten nördlichen Zipfel seines Herrschaftsgebiets ankam, in Memel, wo die Freundschaft mit Alexander begründet worden war. Tatsächlich zogen die Truppen der beiden Verbündeten nun noch einmal gemeinsam in den Kampf gegen die nach Ostpreußen vorrückenden Franzosen, doch in der Schlacht von Preußisch Eylau am 8. Februar wurde der bereits sicher geglaubte Sieg verspielt. Um seinen Freund bei der Stange zu halten, reiste Alexander Anfang April nach Memel, blieb acht Tage mit Friedrich Wilhelm zusammen und beschwor bei einem gemeinsamen Truppenbesuch öffentlich die persönliche Treue im Kampf gegen den Feind: «Nicht wahr, keiner von uns beiden fällt allein? Entweder beide zusammen oder keiner von beiden!»[9] Die Schlacht von Friedland am 14. Juni 1807 aber brachte die Entscheidung für Napoleon; im Gegensatz zum Kaiser der Franzosen hatte der in der Etappe noch so großsprecherische Zar nicht daran teilgenommen. Zwei Tage später bereits gab er Befehl, einen Waffenstillstand mit Frankreich auszuhandeln. Preußens Interessen spielten in den rasch abgeschlossenen Verhandlungen kaum eine Rolle.

Napoleon bestimmte ein prunkvoll geschmücktes Floß, das vor der ostpreußischen Stadt Tilsit mitten in der Memel befestigt wurde, zum Treffpunkt der drei Parteien, und an diesem aufsehenerregenden Ort trafen er und Friedrich Wilhelm III. am 26. Juni 1807 erstmals persönlich aufeinander – ein beschämendes Erlebnis für den preußischen König, der vom Kaiser gegenüber dem Zaren als zweitrangiger Monarch behandelt wurde. Fast zwei Wochen lang blieben die drei Herrscher in Tilsit, ehe am 7. Juli ein umfassender Friedensvertrag zwischen Frankreich und Russland unterschrieben wurde, der den Zaren an die Seite Napoleons brachte. Über Preußens Schicksal wurde gleich mit entschieden, indem im Vertragstext explizit festgehalten wurde, dass der König nur aus Rücksicht auf den Zaren seinen Thron behielt. Tatsächlich hatte sich Alexander in den Verhandlungen vehement dafür eingesetzt, während Napoleon mit dem Gedanken gespielt hatte, alle preußischen Gebiete rechts der Weichsel an Russland abzutreten und den Rest des Landes an seinen Bruder Jérôme zu geben, der dann Friedrich Wilhelm als König abgelöst hätte.

Preußen unterschrieb mit Frankreich am 9. Juli einen eigenen Friedensvertrag, der das Land jeweils fast die Hälfte seiner Fläche und Einwohner kostete. Zudem würden die französischen Truppen mehrere Festungen besetzt halten, bis die hohen Kontributionen für die bisherige Kriegsführung bezahlt wären. So war die preußische Politik auf Gedeih und Verderb an Napoleon gebunden. Friedrich Wilhelm III. vergaß dem Kaiser der Franzosen die Behandlung von Tilsit nie; dem Erfurter Fürstentag im folgenden Jahr, auf dem die Allianz zwischen Frankreich und Russland mit großem Pomp vertieft wurde, blieb er fern. Noch einmal wollte er sich einem napoleonischen Vertragsspektakel nicht aussetzen. Alexander dagegen hatte durchaus Vergnügen an diesen Inszenierungen, aber er wurde von Napoleon ja auch als gleichrangig behandelt.

Dabei hatte der Zar ebenfalls Aversionen gegenüber Napoleon, die vor allem auf einem persönlichen Affront beruhten, den Alexander nicht verwinden konnte: Als Voraussetzung für das Bündnis Frankreichs mit Baden hatte der Kaiser 1806 den Rücktritt des badischen Markgrafen erzwungen, obwohl der Zar ihn zuvor hatte wissen lassen, dass er einen schonenden Umgang mit dem südwestdeutschen Land erwarte. Alexanders Frau Elisabeth Alexejewna war eine badische Prinzessin. Die Missachtung dieses Wunsches betrachtete der Zar als persönliche Beleidigung[10], doch die Niederlagen von Austerlitz und Friedland hatten diese Kränkung in den Hintergrund treten lassen. Das Schicksal der badischen Verwandtschaft stand der Aussöhnung mit dem Kaiser der Franzosen plötzlich nicht mehr im Wege.

Dass sich Russland und Frankreich trotzdem wieder entzweiten, lag vor allem an der Kontinentalsperre gegen England, auf die alle Bündnispartner Napoleons verpflichtet wurden. Alexander ließ sie lax überwachen, und so blieb der europäische Markt über den Umweg des äußersten Ostens für englische Kaufleute zugänglich. Die Bewahrung eines eigenständigen preußischen Staates bewährte sich für den Zaren ebenfalls, denn so gab es einen Puffer zwischen dem unmittelbaren französischen Einflussgebiet in Form der Rheinbundstaaten und Russland. Napoleon hatte keine militärische Handhabe gegen das Zarenreich, zumal die von ihm besetzten preußischen Festungen nicht in Ostpreußen lagen. Dieses Territorium unterlag als Einziges noch der unmittelbaren Herrschaft von Friedrich Wilhelm, der nicht ins französisch besetzte Berlin zurückkehren wollte, sondern in Königsberg blieb, wo er auch hoffte, am besten die Freundschaft mit Alexander pflegen zu können. Erst der Abschluss einer Militärkonvention zwischen Preußen und Frankreich im September 1808 entspannte die Lage, und als mit Österreich der letzte kontinentale Gegner Napoleons

1809 von den Franzosen besiegt wurde und somit Ruhe einzukehren schien, kehrte Friedrich Wilhelm im Dezember nach dreijähriger Abwesenheit in seine Hauptstadt zurück.

Das Vertrauen seiner Militärs aber hatte der König weitgehend verspielt. Deshalb ging der Umschwung der preußischen Politik drei Jahre später auch nicht von ihm aus, sondern von einem seiner Generale. Angesichts des gescheiterten Russlandfeldzugs Napoleons und des Vorrückens der Truppen des Zaren nach Westen ergriff am 30. Dezember 1812 Johann Graf Yorck von Wartenburg, der Kommandeur eines preußischen Korps, das unter dem französischen Marschall Macdonald in den Krieg gezogen und nach dem Rückzug wieder im äußersten Osten Preußens angekommen war, die Initiative und schloss mit der russischen Armee die Konvention von Tauroggen. Yorck erklärte sein Korps entgegen den preußischen Bündnispflichten gegenüber Frankreich für neutral und schrieb am 3. Januar 1813 an seinen König: «Ich erwarte nun sehnsuchtsvoll den Ausspruch Ew. Maj., ob ich gegen den wirklichen Feind vorrücke, oder ob die politischen Verhältnisse erheischen, daß Ew. Maj. mich verurteilen. Beides werde ich mit treuer Hingebung erwarten, und ich schwöre Ew. Königl. Majestät, daß ich auf dem Sandhaufen ebenso ruhig wie auf dem Schlachtfelde, auf dem ich grau geworden bin, die Kugel erwarten werde.»[11] Friedrich Wilhelm war empört über diese Eigenmächtigkeit, verweigerte seine in der Konvention für erforderlich erklärte Zustimmung und erklärte mit einem in der Zeitung veröffentlichten Edikt Yorcks Absetzung. In Ostpreußen stieß das Abkommen jedoch auf so große Sympathie, dass der General sich darum nicht scherte und weiter das Kommando führte, weil er Befehle nur direkt vom König, nicht aber per Zeitung entgegennehme.

Das Jahr 1813 begann also katastrophal für Friedrich Wilhelm: Seine Autorität lag in Scherben, die Franzosen hatten noch Besatzungen in fünf preußischen Festungsstädten, die Russen rückten vor, und Teile der eigenen Armee handelten eigenmächtig. Wollte er das Bündnis mit dem verabscheuten Napoleon brechen, dann musste er den Augenblick nutzen, solange der Kaiser der Franzosen in Paris noch damit beschäftigt war, eine neue Armee aufzustellen. Diesen Zeitpunkt verpasste Friedrich Wilhelm, aber auch Zar Alexander vermochte seinen Befehlshaber Kutusow anfangs nicht davon zu überzeugen, schnell nach Mitteleuropa vorzurücken.

Immerhin hatte der Zar den früheren preußischen Minister Freiherr vom Stein, der auf Napoleons Drängen 1808 von Friedrich Wilhelm entlassen worden und daraufhin nach Russland geflohen war, als Emissär nach Ostpreußen geschickt, um den dort aufflackernden Widerstand gegen die Franzosen zu unterstützen. Die russische Armee hatte die Provinz faktisch besetzt. Der eigens einberufene ostpreußische Landtag stimmte im Februar 1813 Yorcks Vorschlag zu, eine Landwehr einzurichten und damit das Prinzip der revolutionären levée en masse zu übernehmen. Binnen kurzem standen in Ostpreußen mehr als dreißigtausend Mann unter Waffen. Das entsprach den Erwartungen der Russen, die sich nicht auf die Verteidigung Preußens gegen Napoleon beschränken, sondern ihre Kräfte im Süden massieren wollten, um die Elblinie gegen die neue französische Armee zu halten. Yorck wurde mit seinen frischen Kräften nach Westen an die Oder geschickt.

Friedrich Wilhelm hatte in der Zwischenzeit Berlin wieder verlassen und war am 25. Januar in Breslau angekommen – weit entfernt von den französischen Festungsbesatzungen und auf der Heeresroute der russischen Armee. Deren Hauptquartier lag mittlerweile in Kalisch, einer Stadt im Herzogtum Warschau nahe der Grenze zum preußischen Schlesien. Alexander und Friedrich Wilhelm handelten über Boten einen neuen Bündnisvertrag aus, und am 16. März trafen sie sich in Kalisch nach mehreren Jahren zum ersten Mal wieder.

Friedrich Wilhelm kündigte tags darauf das Bündnis mit Frankreich auf und erließ zugleich den Aufruf «An mein Volk», in dem er zum Kampf gegen Napoleon aufforderte: «Es ist der letzte entscheidende Kampf, den wir bestehen für unsere Existenz, unsere Unabhängigkeit, unsern Wohlstand; keinen andern Ausweg giebt es, als einen ehrenvollen Frieden oder einen ruhmvollen Untergang.»[12] Das Pathos der zweiten Memeler Begegnung mit Alexander sechs Jahre zuvor war zurückgekehrt, aber der König rettete mit diesem Seitenwechsel vor allem sich selbst. Überall in Preußen hatten sich schon Freiwilligenverbände gebildet, die ohne staatliche Direktive auszogen. Nun wurde die letzte Möglichkeit genutzt, alle Kräfte zu bündeln und gemeinsam mit der russischen Armee den heranmarschierenden napoleonischen Truppen entgegenzutreten. Fortan begleiteten die befreundeten Monarchen ihre Truppen auf dem Weg durch Sachsen. Über Dresden ging es im April 1813 zunächst in die Nähe von Leipzig.

Die Verbündeten wussten zu diesem Zeitpunkt, dass sich Napoleon mit seiner neu ausgehobenen Grande Armée näherte, doch inzwischen hatten auch sie Verstärkung erhalten. England hatte endlich seine schon seit Monaten angekündigten Waffenlieferungen aufgenommen, und es floss nun auch Geld aus London, ohne das die alliierte Kriegsführung nicht mehr lange zu finanzieren gewesen wäre. Doch die Sachlieferungen waren wichtiger, weil die russischen und preußischen Manufakturen gar nicht in der Lage waren, Munition oder auch nur Uniformen in einer Menge bereitzustellen, wie sie die Massenkriegsführung erforderte.[13] Deshalb war die Bildung von Freikorps aus deutschen Kämpfern ein so probates Mittel, denn sie mussten nicht vom preußischen Staat ausgestattet werden, und die Uniformen konnten je nach Geschmack der Anführer gestaltet werden. Berühmt waren dabei die schwarzen Uniformen des Lützowschen Korps geworden, dessen Ruhm sich allerdings mehr den Kriegsgedichten des ihm angehörigen Theodor Körner verdankt als wirklichen Leistungen im Kampf. Das Schwarz hatte der ehemalige preußische Major Ludwig Adolf Wilhelm von Lützow in Erinnerung an die Widerstandstruppe des ehemaligen

Herzogs von Braunschweig gewählt. Dessen Herrschaftsgebiet war 1807 im Vertrag von Tilsit aufgelöst und von Napoleon zusammen mit Hannover, preußischen und hessischen Gebieten dem neuen Königreich Westphalen zugeschlagen worden, das Jérôme Bonaparte von Kassel aus regierte. Herzog Friedrich Wilhelm I. betrieb gegen den Kaiser der Franzosen fortan eine Art Privatkrieg, der ihn 1809 mit seinen Freischärlern auch mehrfach nach Leipzig geführt hatte. Man nannte ihn nach deren Uniformen «den schwarzen Herzog», doch schon bei ihm hatte eine ganz simple Tatsache den Ausschlag für diese düstere Farbwahl gegeben: dass man jedes beliebige Kleidungsstück, das ein Freiwilliger mitbrachte, problemlos schwarz einfärben und damit eben uniform machen konnte. Schon wieder war einiges Geld gespart.

Doch an Geld mangelte es seit Englands Hilfeleistungen nicht mehr. Entsprechend optimistisch waren die Alliierten gestimmt, die während des ganzen Frühjahrs noch keinen Rückschlag hatten erdulden müssen. Die erste große Schlacht zwischen Frankreich und der neuen Koalition aber wurde erst am 2. Mai bei Großgörschen in der Nähe von Lützen geschlagen, dem Ort, an dem Gustav Adolf von Schweden im Dreißigjährigen Krieg gefallen war. Napoleon kommandierte persönlich, während Friedrich Wilhelm und Alexander das ihren Oberbefehlshabern Blücher und Sayn-Wittgenstein überließen. Beide Seiten proklamierten den Sieg für sich, aber der Zar beschloss in der Nacht danach den Rückzug zur Elbe. Damit hätte Napoleon der Weg nach Berlin offen gestanden, doch er verfolgte die zurückweichenden preußischen und russischen Truppen und bezog sein Hauptquartier in Dresden. Nach der für ihn erfolgreichen Schlacht bei Bautzen bot der Kaiser den Alliierten einen Waffenstillstand an, der am 4. Juni für zunächst sechs Wochen angenommen und dann noch einmal bis Mitte August verlängert wurde. Beide Seiten sammelten in dieser Atempause Kräfte für die Entscheidung. Napoleon verstärkte sein Heer, und die Alliierten, die mittlerweile durch die schwedische Armee von Kronprinz Karl Johann verstärkt worden waren, bemühten sich darum, Österreich zum Eintritt in den Krieg zu bewegen.

Der elf Jahre zuvor in Memel bereits dokumentierte Hang zur Selbstüberschätzung des Zaren war auch 1813 noch spürbar, als Alexander während dieses sommerlichen Waffenstillstands in den Verhandlungen mit dem Grafen Metternich um einen Beitritt Österreichs zur Allianz gegen Napoleon für sich selbst den Oberbefehl über die vereinigten Streitkräfte verlangte, obwohl die einzige Schlacht, an der er bis dahin persönlich teilgenommen hatte, Austerlitz gewesen war, die 1805 mit einem Desaster für die von ihm geführten Truppen geendet hatte. Für den österreichischen Kaiser Franz I. war die russische Forderung schon deshalb unannehmbar, und Metternich ging so weit, mit dem Abbruch der Gespräche und abermaliger österreichischer Neutralität zu drohen, ehe Alexander nachgab und daraufhin Fürst Schwarzenberg zum Oberbefehlshaber bestimmt wurde.[14]

Das erschien auf den ersten Blick als ein großes Zugeständnis der Russen, denn Schwarzenberg hatte noch im Vorjahr den österreichischen Truppenteil befehligt, der auf Napoleons Seite als Teil der Grande Armée gegen Russland ins Feld gezogen war. Aber da seinerzeit ganz Westeuropa vom Kaiser der Franzosen zur Unterstützung seiner Eroberungspläne gezwungen worden war, hatten alle preußischen und österreichischen Verbündeten des Zaren damals noch auf der feindlichen Seite gestanden. Schwarzenberg wiederum hatte zu akzeptieren, dass er über die russischen und preußischen Garden und Reserven nur nach vorheriger Einwilligung Alexanders beziehungsweise Friedrich Wilhelms verfügen durfte.[15] Diese Regelung hätte sich später in den Kämpfen der Völkerschlacht als ernstes Problem für die alliierte Kriegsführung erweisen können. Um die Abstimmung nicht unnötig zu verzögern, verbrachten die drei Männer daher den größten Teil der Völkerschlacht gemeinsam im alliierten Befehlsstand, während Kaiser Franz sich nach Belieben vom Schauplatz der Kämpfe fernhielt.

Je länger die Schlacht um Leipzig tobte, desto mehr war der Zar jedoch geneigt, wieder selbst den Oberbefehl zu übernehmen. «Schwarzenberg», fasste es ein österreichischer Militärhistoriker des neunzehnten Jahrhunderts prägnant zusammen, «hatte die dornenvollste Aufgabe, die vielleicht je einem Oberfeldherrn zufiel. Er hatte in seinem Kriegszelt drei gekrönte Häupter, deren oft widersprechender Meinung nur mit Ehrfurcht gegenübergetreten werden konnte. Er hatte um sich sechs bis sieben fremdländische Feldherren, eifersüchtig auf die Stellung, die er einnahm, und auf den Ruhm, den sie ihm bringen konnte. Er hatte endlich einen kleinen Senat von Diplomaten aller bundesgenössischen Mächte in seiner Nähe, von denen manche selbst in militärischen Dingen, wovon sie doch nichts verstanden, ihre Stimme nicht überhört wissen wollten.»[16]

Die Wiener Skepsis gegenüber dem Feldherrntalent Alexanders war nur zu berechtigt. Gleich in der ersten Schlacht nach Wiederaufnahme der Kämpfe im August 1813 zeigte sich sein Übereifer. Am Morgen des 26. August schrieb Alexander aus dem Dorf Nöthnitz im Süden von Dresden, wo er im dortigen Schloss übernachtet hatte, an seinen königlichen preußischen Freund: «Unsere ganze Armee ist gestern Abend vor Dresden angelangt. Man hatte vor, die Stadt einzunehmen, aber das schlechte Wetter der letzten Tage ist die Ursache dafür, dass die Heere so spät eingetroffen sind, ... und hat Abstand von dieser Idee nehmen lassen.» Dennoch verwies der Zar auf das günstige Terrain, das die Alliierten im Falle eines Angriffs Napoleons, der seit dem Frühjahr in Dresden sein Hauptquartier hatte, begünstigen würde – und täuschte sich, wie dieser und der nächste Tag erweisen sollten, damit fürchterlich. Der Brief endet mit einer frivolen Formulierung: «Man sagt, der König von Sachsen sei noch in Dresden; wir werden ihn heute mit einer Kanonade etwas unterhalten.»[17] Die unterhaltsame Kanonade ging rasch in eine offene Schlacht über, die Napoleons Truppen für sich entschieden. Der ins Erzgebirge fliehenden alliierten Armee drohte der

Untergang, doch ihr gelang beim Rückzug aufs böhmische Teplitz, die französischen Verfolger bei Kulm einzukesseln, wodurch sich am 30. August das Kriegsglück wendete. Sonst wäre die neue Allianz mit Österreich wohl schon nach wenigen Wochen wieder zerbrochen.

Während der Kämpfe um Dresden hatten Alexander und Friedrich Wilhelm gemeinsam das Geschehen beobachtet, und nach der Niederlage war es erstmals zu Verstimmungen zwischen beiden gekommen.[18] Dass die Gespräche über die Vorbereitungen der Entscheidungsschlacht bei Leipzig auf alliierter Seite ohne den preußischen König stattfanden, war eine Folge davon. Friedrich Wilhelm hatte sich Ende September von der Hauptstreitmacht entfernt, die von Teplitz aus übers Erzgebirge nach Chemnitz vorrückte, um mit der Polnischen Armee unter dem russischen General Levin August von Bennigsen die Möglichkeit eines abermaligen Angriffs auf das von einer französischen Besatzung gehaltene Dresden zu erkunden und die Scharte vom August auszuwetzen. So machten Schwarzenberg und der Zar im Hinblick auf Leipzig die Sache unter sich aus, und als Friedrich Wilhelm am 15. Oktober in Altenburg eintraf, blieb ihm tags darauf nur noch der unmittelbare Weg an die Front, wohin Alexander schon am Freitag und Franz I. früher am Morgen dieses Samstags aufgebrochen waren. Zum Auftakt der Völkerschlacht trafen die drei Herrscher mit den so ähnlichen Lebensläufen dann erstmals auf einem Schlachtfeld zusammen.

Und dort zeigte sich ihr unterschiedlicher militärischer Ehrgeiz. Für Franz war es keine Frage, dass er seinem Oberbefehlshaber Schwarzenberg alle Entscheidungen der Kriegsführung überließ, zumal an dessen Seite als Generalstabschef Josef Graf Radetzky wirkte, ein gleichfalls sehr erfahrener Offizier und bereits namhafter Militärtheoretiker.[19] Die österreichische Armee konnte sich immerhin rühmen, am 21. und 22. Mai 1809 eine siegreiche Schlacht gegen Napoleon geführt zu haben, als Erzherzog Carl, der jüngere Bruder von Kaiser Franz, bei Aspern über die Franzosen gesiegt und Napoleon damit die einzige Niederlage in offener Feldschlacht vor Leipzig beigebracht hatte. Bei Zar Alexander sah die persönliche Erfolgsbilanz als Feldherr sehr viel schlechter aus – schließlich wäre es nach den Schlachten von Austerlitz und Friedland unter seinem Kommando beinahe auch vor Dresden im August 1813 zum Debakel gekommen. Umso mehr brannte er jedoch auf eine neue Chance. Friedrich Wilhelm wiederum war ein zögerlicher Mann bei der Vorbereitung eines Kriegs, wie das Jahrzehnt zuvor gezeigt hatte, aber durchaus entschieden, wenn er selbst an der Schlacht teilnahm. Das bereitete ihm in den Tagen von Leipzig ein Problem, da er sich in dieser Schlacht Schwarzenberg unterzuordnen hatte und auch noch dem als Kaiser ranghöheren Zaren nachgeordnet war. Die Selbständigkeit Friedrichs des Großen als Heerführer hat dessen Großneffe Friedrich Wilhelm zum eigenen Leidwesen selbst nie erreichen können. Dabei hatte er als Kind nach den rigiden militärischen Erziehungsidealen seines Großonkels leben müssen. Auch Alexander war in jungen Jahren von seiner Großmutter Katharina bewusst in jenem Flügel des Zarenpalastes untergebracht worden, der am nächsten zum Petersburger Kriegshafen lag, um den Knaben ans Geräusch von Kanonenschüssen zu gewöhnen.[20]

Die Kindheit von Kaiser Franz war dagegen weniger von militärischem Drill geprägt als vom Wiener Hofzeremoniell, das allgemein als das strengste aller europäischen Herrscherhäuser galt. Zugleich betrachteten sich die Habsburger als die traditionsreichste aller Dynastien, weshalb sich der österreichische Kaiser besonders schwertat, den Emporkömmling Napoleon Bonaparte als gleichberechtigten Throninhaber zu akzeptieren. Franz verstand die Kaiserwürde als Gottesgabe und entsprechend sich selbst als auserwählt. Mit den umfassenden Reformen, die sein Onkel Joseph im Habsburgerreich durchgesetzt und der Vater, Leopold II., fortgesetzt hatte, machte der junge Franz II. nach seinem Herrschaftsantritt 1792 Schluss – auch als Reaktion auf die Französische Revolution. Ganz bewusst ließ er sich am 14. Juli 1792 in Frankfurt zum römischen Kaiser krönen, dem dritten Jahrestag des Bastillesturms. Seine Herrschaft stand fast ein Vierteljahrhundert im Zeichen des Kampfs gegen Frankreich, doch der Kriegseifer von Franz galt nicht dem fremden Land als solchem, sondern nur den Errungenschaften der Revolution. Nachdem die Bourbonen den Thron zurückerhalten hatten, sollte sich Österreich daher sehr schnell als engster Verbündeter des Frankreichs der Restauration erweisen.

Das Haus Habsburg war neben Russland und Preußen der dritte Profiteur der polnischen Teilungen gewesen und hatte somit mit diesen beiden Staaten gemeinsame Interessen, doch das Ausscheiden Preußens aus der Ersten Koalition gegen Frankreich im Jahr 1795 hatte den großen innerdeutschen Machtkonflikt des achtzehnten Jahrhunderts noch einmal neu belebt. Die Stellung des jungen Kaisers Franz II. war durch die Erfolge der französischen Revolutionstruppen geschwächt worden, weil die neben Österreich wichtigsten süddeutschen Staaten – Bayern, Württemberg und Baden – auf die Seite Frankreichs zu wechseln drohten und Preußen als der große Rivale im Norden Deutschlands sich für neutral erklärt hatte. Folglich stand nunmehr nur noch Österreich als nennenswerte deutsche Macht gegen die Französische Republik. Das Heilige Römische Reich Deutscher Nation war damit faktisch schon Geschichte. Als mit dem Reichsdeputationshauptschluss von 1803 die kirchlichen Herrschaftsgebiete beseitigt wurden und die meisten Freien Reichsstädte ihre Selbständigkeit verloren, um die Gebietsverluste der deutschen Fürsten in den vorhergehenden Kriegen mit Frankreich zu kompensieren, büßte das mühsam zusammengehaltene Staatenbündnis seine Balance ein. Fortan triumphierten die Egoismen der großen Mitglieder.

Für zwei Jahre, von 1804 bis 1806, war Franz dann Doppelkaiser, der einzige in der Weltgeschichte. Im Juni 1804 verkündete er den deutschen Fürsten als römischer Kaiser Franz II., dass er in seinen

Der einzige Doppelkaiser der Geschichte: Franz I. von Österreich, vordem als Franz II. auf dem deutschen Thron.

habsburgischen Erblanden ein Kaiserreich Österreich begründe, das er fortan als Franz I. regieren werde – auf den ersten Blick ein selbstherrlicher Schritt, im Grunde aber nur der Versuch, Napoleon etwas entgegenzusetzen, der sich im Vormonat zum künftigen Kaiser der Franzosen erklärt hatte. Franz fürchtete, dass der Emporkömmling eine Erneuerung des karolingischen Reichs anstrebte, also ein gemeinsames Kaisertum über Frankreich und Deutschland. Der einsame Entschluss des neuen und alten Kaisers Franz konnte das Blatt jedoch nicht zu seinen Gunsten wenden; er machte die anderen Mitgliedsstaaten des Römischen Reichs Deutscher Nation vielmehr ratlos – würde der Kaiser etwa selbst gegenüber dem Reich fahnenflüchtig? – und trug zu dessen weiterem Zerfall bei. Napoleon verwendete in seinen Korrespondenzen fortan auch gar nicht mehr die Bezeichnung «Reich». Als er im Dezember 1805 Bündnisverträge mit Bayern, Württemberg und Baden abschloss, betrachtete er sie nur noch als Mitglieder eines «deutschen Bundes»[21] und stärkte seine neuen süddeutschen Verbündeten gegenüber ihrem Kaiser, indem er Bayern und Württemberg zu Königreichen und Baden zum Großherzogtum erhob. Damit war nun das Machtgefüge im Reich endgültig erschüttert, und als Napoleon am 12. Juli 1806 einen eigenen deutschen Staatenverband, den Rheinbund (Conféderation du Rhin), ins Leben rief, bedeutete das die konkurrierende Mitgliedschaft von sechzehn Reichsständen mit insgesamt neun Millionen Einwohnern, die pro forma nun dem alten Reich und dem neuen Bund gleichzeitig angehörten. Am 1. August 1806 ließ der Kaiser der Franzosen vor dem Reichstag in Regensburg erklären, dass er die Reichsverfassung nicht mehr anerkenne, und die Staaten des Rheinbunds folgten diesem Beschluss. Fünf Tage später legte Franz II. die deutsche Kaiserwürde ab. Im April 1809, als sein langjähriger Verbündeter Russland schon längst auf die Seite Frankreichs gewechselt war, unternahm er einen letzten Versuch, die Demütigung dieses erzwungenen Verzichts auf die Krone durch einen militärischen Sieg über Napoleon wettzumachen – und scheiterte damit schon drei Monate später kläglich.

Nun stand zu befürchten, dass nach dem Heiligen Römischen Reich auch noch das junge Kaiserreich Österreich in Trümmer gehen würde. Wie zwei Jahre zuvor der preußische König und der Zar sah der österreichische Kaiser ebenfalls das Damoklesschwert der Wiederherstellung Polens über sich schweben: Der Besitz des in den Teilungen des achtzehnten Jahrhunderts gewonnenen Galiziens war bedroht. Preußen hatte seinen Beuteanteil bereits ans neue Herzogtum Warschau und damit an den sächsischen König verloren; Russland dagegen war im Frieden von Tilsit glimpflich davongekommen. In dieser Lage wurde ein Mann in Wien zum Außenminister berufen, der auf politischem Feld das war, was Schwarzenberg dann 1812 militärisch werden sollte: eine wahre Führungspersönlichkeit. Nicht der Monarch, sondern Clemens Graf von Metternich führte jetzt die diplomatischen Geschicke des Kaiserreichs. Er war Botschafter in Dresden, Berlin und Paris gewesen, ehe er nun nach der Niederlage gegen Frankreich sein neues Amt erhielt, kannte also bis auf Russland die wichtigsten Staaten aus eigener Anschauung. Metternich wusste auch, wie begrenzt die Handlungsmöglichkeiten seines Herrschers waren, und versuchte zu retten, was zu retten war, indem er die Gebietsverluste auf ein gerade noch verträgliches Maß herunterhandelte. Frankreich ließ sich Illyrien abtreten, womit das Habsburgerreich seinen Meereszugang an der Adria verlor, und das Herzogtum Warschau wuchs nun um die österreichischen Teile Polens aus der letzten Teilung. Insgesamt musste Franz I. im Frieden von Schönbrunn vom Oktober 1809 zwei Fünftel seiner Länder abtreten, doch blieb sein Reich immerhin eine Großmacht mit einer Bevölkerung von vierundzwanzig Millionen Menschen.

Nach seiner Niederlage erschien Franz zunächst wie ein Kaiser von Napoleons Gnaden, ganz so asymmetrisch war das Machtverhältnis jedoch nicht. Denn in seinen Pariser Botschafterjahren von 1806 bis 1809 hatte Metternich den Kaiser der Franzosen auf dem Höhepunkt seiner Macht erlebt und erkannt, dass diesem noch ein wichtiges Element zur Vollendung seines Herrschaftsanspruchs fehlte: ein Thronerbe. Dafür aber brauchte Napoleon eine neue Frau, denn seine Gattin Joséphine hatte zwar zwei Kinder mit in die Ehe gebracht, die Napoleon adoptiert hatte, wurde aber im Gegensatz zu einigen Geliebten ihres Mannes nicht schwanger. Eine Scheidung stand bevor, vor allem aber die Wiederverheiratung des mächtigsten Mannes der Welt. Und dafür würde er eine standesgemäße Braut suchen, um den Makel seiner Herkunft zu mildern.

Darauf hatte zwar auch der sächsische König Friedrich August spekuliert, als er bei seinem Besuch in Paris im Dezember 1809 seine Tochter Maria-Augusta als Heiratskandidatin für Napoleon ins Spiel brachte.[22] Unter tatkräftiger Vermittlung Metternichs nahm der Kaiser der Franzosen am 1. April 1810 jedoch stattdessen eine der Töchter des österreichischen Monarchen zur Frau, die neunzehnjährige österreichische Erzherzogin Marie-Louise.

Durch diese vehement von Metternich betriebene Heirat schien der mehr als ein Jahrzehnt während Gegensatz zwischen Franz und Napoleon überwunden, der mit dem italienischen Feldzug der Revolutionstruppen 1797 begann, den Bonaparte angeführt und auf Kosten Österreichs gewonnen hatte. Die so sehnlich erwartete Geburt von Napoleons Sohn sicherte dessen familiäre Erbfolge, die er sich am 18. Mai 1804 bei der Annahme der Kaiserwürde hatte festschreiben lassen, und machte Franz I. zum Schwiegervater des gegenwärtigen und zum Großvater des künftigen französischen Herrschers.

In Europa aber wurde die Eheschließung allgemein als die wahre Kapitulation des Hauses Habsburg betrachtet. Tatsächlich nahm Napoleon in der Folge nicht viel Rücksicht auf das Reich seines Schwiegervaters. Dass er seinen Sohn sofort nach der Geburt am 20. März 1811 zum König von Rom ernannte, darf man angesichts des Interessenkonflikts von Frankreich und Österreich in Italien als genüssliche Brüskierung des Großvaters betrachten. Ein Jahr später schloss er dann mit dem habsburgischen Kaiser einen Bündnisvertrag ab, der vor allem der französischen Kriegsvorbereitung half: Für den Russlandfeldzug von 1812 musste Österreich ein Kontingent von dreißigtausend Mann stellen. Allerdings wurden die Truppen unter Führung von Schwarzenberg nur als Hilfskorps deklariert, marschierten deshalb nicht mit der Grande Armée in Russland ein und kamen darum auch weitgehend ungeschoren aus dem Desaster heraus. Für das preußische Kontingent unter Yorck mit seinen zwanzigtausend Soldaten galt das Gleiche, während die Truppen der Rheinbundstaaten an vorderster Front marschierten und nahezu aufgerieben wurden. Das Misstrauen des Kaisers der Franzosen gegen zwei Verbündete, die nicht in gleicher Weise seiner Kontrolle unterstanden wie der Rheinbund, sollte sich rächen: Yorcks Truppen wurden der Auslöser der preußischen Erhebung gegen Frankreich, Schwarzenbergs österreichisches Hilfskorps bildete den Kern der österreichischen Armee, die nach dem Bündniswechsel vom Juni 1813 nunmehr auf der Gegenseite stand.

Bis es allerdings so weit kam, entfaltete Metternich ein höchst subtiles Vabanquespiel, denn formell war man ja noch mit Napoleon verbündet. Schon das Abkommen mit Sachsen vom April 1813 war ein Verstoß dagegen, weil es sich gegen Frankreich richtete, und als Napoleon nach seinem Einmarsch in Dresden am 8. Mai davon Kenntnis bekam, wusste er, dass auf Österreich nicht mehr zu rechnen war. Seine einzige Hoffnung war Kaiser Franz, der als höchst skrupulös galt, was die Einhaltung von Verträgen anging. Und ein wenig dürfte der Kaiser der Franzosen wohl auch auf die familiäre Bindung ans Haus Habsburg gesetzt haben, zumal er Marie-Louise als Regentin eingesetzt hatte, als er Paris im April 1813 verlassen hatte, um nach Sachsen zu ziehen. Aber er hoffte umsonst, denn Franz I. betrachtete seine Tochter in bester monarchischer Tradition als diplomatische Verfügungsmasse, deren etwaige persönliche Interessen hinter denen des väterlichen Kaiserreichs zurückzustehen hatten. Viel näher stand ihm seine dritte Frau, die Kaiserin Maria Ludovica, die als Angehörige der oberitalienischen Fürstenfamilie der Este eine geschworene Feindin Napoleons war, in dessen Königreich Italien die Besitzungen ihres Hauses aufgegangen waren.[23] Und da Maria Ludovica ja nicht die Mutter von Marie-Louise war, gab es für sie erst recht keinen Grund zur Mäßigung ihres Hasses auf den korsischen Parvenü.

Durch diese Rückendeckung aus dem Kaiserhaus konnte ausgerechnet Metternich, der doch das Bündnis mit Frankreich forciert hatte, nun die Revision seiner Politik der vergangenen dreieinhalb Jahre vollziehen. Es gelang ihm mit einem Trick: Kaum war das ganze Ausmaß des französischen Scheiterns im Russlandfeldzug im Dezember 1812 bekanntgeworden, bot Österreich seine Vermittlungsdienste an, um einen Frieden zwischen Napoleon und Russland abzuschließen. Dazu beharrte es auf eine möglichst neutrale Position, ließ sich also nicht auf die Bündnisverpflichtungen gegenüber Frankreich festlegen, und Metternich überbrachte zudem eigene Vorstellungen über einen möglichen Friedensschluss, die für Napoleon unannehmbar waren. Doch der Kaiser der Franzosen hatte genug damit zu tun, seine neue Armee auszuheben, also gewann Österreich Zeit, um die Entwicklung der Dinge abzuwarten. Nachdem die preußische Armee dem eigenen König das Heft aus der Hand genommen und das Bündnis mit Russland eigenmächtig eingeleitet hatte, billigte Metternich eine ähnliche Verhandlungsinitiative Schwarzenbergs, der mit seinem immer noch weitgehend vollständigen Hilfskorps eigentlich das Großherzogtum Warschau gegen die anrückenden Russen hätte verteidigen sollen. Auch hier wurde wie in Tauroggen gegen die bestehende Bündnisverpflichtung ein Waffenstillstand ausgehandelt. Er ließ die Österreicher ungeschoren und machte den Russen den Weg frei.

Am 30. Januar 1813 wurde damit der Seitenwechsel eingeleitet. Abgeschlossen werden sollte er genau fünf Monate später, als Napoleon auf Drängen Metternichs in Dresden den Bündnisvertrag mit Österreich auflöste. Wieder war dessen angebliche Vermittlungstätigkeit der Vorwand dafür, aber tatsächlich hatte Metternich schon eine Woche zuvor mit Preußen und Russland vereinbart, dass Österreich ihrer antinapoleonischen Allianz beitreten würde; am 27. Juni, noch immer vor der Beendigung des Bündnisses mit Frankreich, wurde der Vertrag von Reichenbach geschlossen, der den skrupulösen Franz I. an die Seite des draufgängerischen Alexander I., des wankelmütigen Friedrich Wilhelm III. und des machthungrigen Kronprinzen Karl Johann brachte. Das Monarchenquartett war komplett. Der seit dem 4. Juni geltende Waffenstillstand wurde noch einmal verlängert, um die angeblich von Österreich geleiteten Verhandlungen zu ermöglichen, aber beide Seiten nahmen den dazu nach Prag einberufenen Friedenskongress nicht mehr ernst. Der Weg führte nun auf verschlungenen Pfaden binnen acht Wochen nach Leipzig.

Die Allianz, die in der Völkerschlacht siegen sollte, war durch Intrigen geschmiedet worden, die mehrfach schlichtweg Verrat bedeuteten. Es ist bezeichnend für das traditionelle Verständnis ausgerechnet des durch die Revolution so mächtig gewordenen Frankreichs, dass in seiner Historiographie der Schlacht von Leipzig ein militärischer Verrat, das Überlaufen der sächsischen Truppen am 18. Oktober zu den Alliierten, als wichtigster Grund für die Niederlage herhalten muss, während die diplomatischen Winkelzüge Preußens, Österreichs und Russlands keine Rolle spielen. Der Glaube Napoleons, dass sich das Schicksal ausschließlich auf dem Schlachtfeld entscheide, führte noch den Geschichtsschreibern seiner Nation die Feder.

3. DER GUTE MENSCH DER VÖLKERSCHLACHT?
KÖNIG FRIEDRICH AUGUST VON SACHSEN

▼

Als Napoleon nach seiner bis dahin schwersten Schlappe am frühen Morgen des 14. Dezember 1812 aus Russland kommend in Dresden eintraf, von seiner abziehenden, weitgehend vernichteten Armee getrennt und mit nur wenigen Getreuen als Begleitung seit Tagen im Schlitten unterwegs, bestellte er sofort den sächsischen König Friedrich August in sein Quartier in der französischen Botschaft. Um fünf Uhr früh kam der Verbündete. Man sprach etwa eine Stunde miteinander, dann ließ Friedrich August für Napoleon eine Kutsche auf Kufen montieren, und in diesem komfortableren Gefährt setzte der Kaiser der Franzosen bei Tagesanbruch seine Flucht in die Heimat fort.

Der sächsische König sah den Kaiser also im Moment von dessen größter Schwäche: Napoleon war müde, reiste ohne Pomp und ohne Truppen. Und doch spricht aus der eigenhändigen Aufzeichnung, die Friedrich August noch am gleichen Tag angefertigt hat, nicht der Hauch eines Zweifels. «Mein Vertrauen in das Genie, die Begabung und die Weisheit Napoleons und in den Ruf seiner Vorsehung genügte, um mich dem weiteren Geschehen ruhig entgegensehen zu lassen – solange er nur an der Spitze seiner Armeen stand.»[1] Konsequenterweise blieb Sachsens König zehn Monate später in der Völkerschlacht seinem Verbündeten Napoleon treu – bis in die Niederlage hinein und darüber hinaus, weil Napoleon den Oberbefehl nie jemand anderem überließ und somit immer noch der Umschwung in letzter Sekunde möglich schien. Zumal genau

Opiz del.   Bötzschick sc.

*N., der bei seiner Rückkunft aus Russland nach Dresden nach
dem Hotel seines Gesandten fragt, erhält von Doctor N.N. zur Antwort: Bei 25 Gr: Kälte zeigt man Niemanden um Mitternacht den Weg."*

In Russland geschlagen, nach Sachsen zurückgekehrt: Napoleons
Ankunft in Dresden in der Nacht auf den 14. Dezember 1812.

dieser Fall schon einmal eingetreten war: im Mai 1813, nachdem Napoleon bei Großgörschen gesiegt hatte, auf sächsischem Territorium, gegen die Russen und Preußen.

Vor dieser Schlacht hatte Friedrich August in seinem Vertrauen auf den Kaiser der Franzosen jedoch für einige Zeit geschwankt und war dem Bündnis bereits untreu geworden: Als die alliierten Russen und Preußen im Februar 1813 auf Dresden vorrückten und Napoleon noch damit beschäftigt war, in Frankreich neue Truppen auszuheben, hielt es der König für ratsam, erst seine Hauptstadt zu verlassen, dann außer Landes zu fliehen und schließlich vorsichtshalber mit Österreich ein konkurrierendes Bündnis einzugehen. Der Rückzug des sächsischen Monarchen aus der Residenz war für den Kaiser keine Überraschung, denn Friedrich August hatte ihm wenige Tage zuvor ganz im pathetischen Tonfall seiner Aufzeichnung vom 14. Dezember 1812, aber deutlich sorgenvoller geschrieben: «Die Epoche, die sich infolge der großen Möglichkeiten entwickelt, die das Genie Euer Kaiserlichen & Königlichen Majestät zum Schutz der Staaten Ihrer Verbündeten vorbereitet, nähert sich immer mehr, und der Moment einer ernsten Gefahr, dass wie auch immer, er Sachsen und meine Hauptstadt berührt, lässt sich nicht bestreiten. Man kann sich denken, dass die Gefahr unmittelbar besteht, mich von hier entfernen zu müssen, um mich in die Staaten des Königs von Bayern zu begeben.»[2] Dieser Fluchtplan war nachvollziehbar. Das Königreich Bayern grenzte an Sachsen, war als Mitglied des Rheinbunds auch mit Frankreich verbündet, und doch war der von Friedrich August angekündigte Rückzug ein Misstrauensvotum gegen Napoleon. Mit seiner Umsetzung würde das starke Zeichen gesetzt sein, dass einer der Rheinbundfürsten dem Schutzherren dieses Staatenbundes – Napoleon firmierte seit dessen Gründung im Jahr 1806 als «Protecteur de la confédération du Rhin» – die Erfüllung seiner Aufgabe nicht mehr zutraute.

Entsprechend zurückhaltend klang Napoleons Antwort an Friedrich August, für die er sich bis zum 2. März 1813 Zeit ließ:

«Mein Minister hat mich davon unterrichtet, dass Eure Majestät sich nach Bayreuth begeben wollte. Ich muss Ihnen nicht erst sagen, dass alles in Frankreich zu Ihrer Verfügung steht. Ich habe in Mainz ein Haus in gutem Zustand; ich habe ferner in Straßburg ein Haus, wo die Familie Eurer Majestät gut untergebracht sein würde.»[3] Napoleon versuchte gar nicht erst, dem König die Flucht auszureden; aber er wollte ihn nicht seinem unmittelbaren Einfluss entzogen sehen, deshalb schlug er ein Domizil auf französischem Boden vor. Friedrich August war unschlüssig, wie er sich in dieser Lage verhalten sollte, und machte deshalb erst einmal in Plauen halt, kurz vor der bayerischen Grenze, doch noch in Sachsen. Von dort beobachtete er nun einen Monat lang, wie sich die Dinge entwickelten. Ihm war klar, dass Napoleon seinen Rückzug als Abfall von der gemeinsamen Sache bewerten musste, doch einen offenen Bruch scheuten beide Monarchen. Immerhin wurde der Kaiser so deutlich, wie es im Rahmen einer Korrespondenz zwischen zwei auch über den diplomatischen Comment hinaus befreundeten Herrschern möglich war. Am 6. März schrieb er nach Plauen: «Ich wünsche, dass Eure Majestät so lange, wie es möglich sein wird, dort verbleibt. Es wäre sehr nützlich, wenn Eure Majestät Ihre Staaten nicht verließe.»[4] Ein Wunsch Napoleons im Umgang mit seinen Verbündeten war immer zugleich Befehl.

Solche Wünsche hatte Friedrich August im Laufe seines bis dahin mehr als sechsjährigen Bündnisses mit Frankreich etliche empfangen, und nie hatte er gezögert, sie zu erfüllen. Man nehme nur den «Wunsch» Napoleons, Friedrich August möge in Sachsen eine neue Festung errichten. Das war 1810 und das erste Zeichen für den sächsischen Verbündeten, dass ein Krieg zwischen Frankreich und Russland bevorstand, wenn auch Napoleon am 4. August ihm gegenüber beteuerte: «Allerdings wird Eure Majestät bemerken, dass dies nur eine reine Vorsichtsmaßnahme ist, denn meine Beziehungen mit Russland sind weiterhin sehr gut.»[5] Der König säumte nicht und ließ die Landesfestung Torgau ausbauen, die ihm und Napoleon kaum drei Jahre später im Frühjahr 1813 viel Ärger einbringen sollte, als sich der dortige Kommandeur Johann Adolf von Thielmann wochenlang weigerte, Torgau für die französischen Truppen zu öffnen. Da artikulierte sich in Sachsen erstmals Widerstand gegen die napoleonische Gewohnheit, die Territorien seiner Verbündeten nach Lust und Laune als Aufmarschgebiete zu benutzen.

Bei seinem Volk war Sachsens König ungeachtet des Bündnisses mit dem Kaiser der Franzosen sehr beliebt; man nannte ihn «den Gerechten». Er war in höchst prekärer Lage seines Landes auf den Thron gekommen: 1763, unmittelbar nach dem Ende des Siebenjährigen Kriegs, in dem Sachsen nicht nur ständig Schlachtfeld, sondern auch Hauptopfer der preußischen Kriegsführung gewesen war. Friedrich der Große hatte nach dem Einfall seines Heers in das benachbarte Kurfürstentum, dessen Herrscher in Personalunion auch als polnischer König August III. amtierte, das Land während des ganzen Krieges besetzt gehalten, seine Armee dort durch systematische Plünderungen versorgt und die sächsische Hauptstadt Dresden belagern und schwer zerstören lassen. Beim Abschluss des Friedens von Hubertusburg, der am 15. Februar 1763 den Siebenjährigen Krieg beendete und, als wäre nichts geschehen, den politischen Status quo des Jahres 1756 wiederherstellte, war das zuvor reiche Sachsen ökonomisch ausgeblutet. Im Oktober 1763 starb August III. nach dreißigjähriger Regierungszeit, sein Sohn und Nachfolger Friedrich Christian aber sollte nur für zweieinhalb Monate herrschen, ehe er am 17. Dezember den Pocken erlag. Dessen ältester Sohn, Friedrich August, war da erst dreizehn Jahre alt.

Doch die zweieinhalb Monate der Regentschaft von Friedrich Christian hatten einen entscheidenden Umschwung in der sächsischen Politik gebracht: Der Kurfürst entschied sich für Preußen als Bündnispartner, um den alten Antagonismus zwischen beiden Staaten zu beenden. Er ahnte nicht, dass Friedrich der Große schon im Jahr 1752 ein Politisches Testament aufgesetzt hatte, das seine etwaigen Nachfolger auf eine Politik verpflichtete, Sachsen bei einer passenden Gelegenheit zu annektieren.[6] Der König selbst hatte dies 1756 mit dem Einfall in das Kurfürstentum versucht, aber nach dem Siebenjährigen Krieg waren die Konstellationen nicht günstig genug, um die Beute auch zu behalten. Doch selbst wenn Friedrich Christian von diesen Absichten gewusst hätte: Für Sachsen schien es damals sowieso keine andere Möglichkeit zu geben, als sich mit dem bisherigen Feind zu verbünden. Der preußische Nachbar war übermächtig geworden, doch einen Bündnispartner, so hoffte Sachsen, annektiert man nicht.

Der minderjährige neue Kurfürst Friedrich August wurde bis zu seiner Volljährigkeit 1768 von der Mutter und einem Bruder seines Vaters in der Regentschaft vertreten. Der Onkel war es auch, der dann 1765 den förmlichen Verzicht seines Neffen auf die polnische Königskrone erklärte. Dieser Titel hatte die Wettiner von 1696 an zwar in die erste Reihe der europäischen Herrscherhäuser geführt und Sachsen zum Mitspieler im Konzert der Großmächte gemacht, aber diese neuen Ambitionen hatten das Land schließlich auch ruiniert.

Dennoch wog der Verzicht auf die Königswürde schwer, und mit diesem Wissen sollte Napoleon vierzig Jahre später den Kurfürsten Friedrich August locken, als er 1806 um deutsche Verbündete im Krieg warb und Sachsen die Etablierung als Königreich im Rahmen des von ihm gegründeten Rheinbundes versprach. Am Beispiel Bayerns und Württembergs konnte Friedrich August sehen, dass es sich um keine leeren Ankündigungen handelte: Sie waren auf Betreiben Napoleons zu Königreichen erklärt worden, Baden immerhin zum Großherzogtum, «das Streben nach Erhöhung lag in der Luft».[7] Damit belohnte der Kaiser der Franzosen seine frühesten Verbündeten in Deutschland und arbeitete zugleich an der Zerstörung der Kräftebalance im Heiligen Römischen Reich, das dann auch rasch zerfiel. Der Rheinbund als konkurrierende Staatengemeinschaft verhieß lohnendere Mitgliedschaft.

Aber Sachsen trat ihm nicht bei. Friedrich August lehnte Napoleons Angebot ab und hielt weiterhin Preußen die Bündnistreue, das nach dem französischen Sieg über Russland und Österreich in der Schlacht von Austerlitz am 2. Dezember 1805 als einziger derzeit aktiver Gegner Napoleons auf dem europäischen Festland übrig geblieben war, der noch militärisches Renommee besaß. Die preußischen Truppen allerdings zehrten längst nur noch vom Feldherrnruhm Friedrichs II. und waren seit seinem Tod nie mehr ernsthaft auf die Probe gestellt worden. Der Bayerische Erbfolgekrieg von 1778 / 79 war eher eine Art «drôle de guerre» gewesen, in der es nicht recht zu Kämpfen gekommen war. Und die Erste Koalition gegen das revolutionäre Frankreich hatte Preußen nach bescheidenem Engagement 1795 wieder verlassen, als es im Frieden von Basel als erster deutscher Staat die Überlegenheit der Revolutionstruppen anerkannte und seine linksrheinischen Besitzungen, die ohnehin schon französisch besetzt waren, abtrat.

Zehn Jahre später war die Zeit des Friedens zwischen Frankreich und Preußen vorbei. Und Sachsen war zunächst kurzsichtig genug, die Überlegenheit Napoleons zu unterschätzen – als Angehöriger einer der ältesten Dynastien verachtete auch Friedrich August diesen Parvenü in Paris. Als die Eroberungspolitik des Kaisers der Franzosen dem Kurfürsten dann die tatsächlichen Kräfteverhältnisse auf dem Kontinent vor Augen führte, sah er in einem Bündnis mit Preußen die einzige Alternative zur Kapitulation vor Napoleon. Außerdem herrschte zwischen sächsischem Fürstenhaus und den Hohenzollern seit 1791 ausnahmsweise ein besonders gutes Einvernehmen. Der Sejm, das Adelsparlament Polens, hatte Friedrich August damals zum Nachfolger von König Stanislaus II. gewählt, doch der sächsische Kurfürst nahm diese ihm angetragene Würde nicht an. 1772 hatten Russland, Österreich und Preußen begonnen, das Land Stück für Stück unter sich aufzuteilen und sollten es 1795 schließlich zur Gänze auflösen. Aus diesem Konflikt hielt man sich besser heraus. Die Zurückhaltung Friedrich Augusts war also nicht ganz freiwillig, sie wurde in Wien, Sankt Petersburg und eben vor allem in Berlin dennoch gewürdigt – ein Problem weniger. Zudem hatte sich der Kurfürst für den Erhalt der Bourbonen-Monarchie im revolutionären Frankreich engagiert; nach dem Debakel des Siebenjährigen Kriegs durfte Sachsen deshalb wieder ins europäische Machtspiel zurückkehren, ohne allerdings selbst irgendwelche Gebietsgewinne erzielt zu haben.

1793, nach der Hinrichtung des französischen Königs Ludwig XVI. in Paris, eskalierte der Krieg zwischen der jungen Republik und den etablierten europäischen Monarchien. Mit dem Heiligen Römischen Reich befand sich Frankreich bereits seit April 1792 im Kriegszustand, und daran hatte gemäß dem Reichsstatut Sachsen ebenfalls teilzunehmen. Doch das Staatenbündnis der deutschen Länder konnte den neuen militärischen Strukturen des Volksheers und der allgemeinen Mobilmachung, die Frankreich im Sommer 1793 etabliert hatte und die Napoleon sich später für sein strategisches Genie zunutze machen sollte, nichts entgegensetzen; seit 1794 war eine Niederlage der anderen gefolgt, 1795 der Austritt Preußens aus der Koalition. Die militärische Entscheidung über das deutsche Schicksal fiel aber erst 1806, nach der durch Napoleons Politik erzwungenen Auflösung des alten Reichs, die auch Friedrich Augusts Kurfürstenwürde gegenstandslos machte, und der Etablierung des Rheinbundes als französisches Satellitenstaatenbündnis, als das mit Sachsen verbündete Preußen am 14. Oktober bei Jena und Auerstedt vernichtend geschlagen wurde. Am Jenaer Teil der Doppelschlacht waren auf der Verliererseite mehr als zwanzigtausend sächsische Soldaten beteiligt, der größte Teil der Streitkräfte von Friedrich August. Sein Land war danach plötzlich schutzlos den Franzosen ausgeliefert, weil die ihm verbliebenen Truppen viel zu schwach waren, um der französischen Armee noch Paroli bieten zu können. Diese marschierte in Sachsen ein, doch Napoleon verkündete, er betrachte das Kurfürstentum nicht als Gegner, sondern als Opfer preußischen Zwangs, und ließ an den

Grenzen entsprechende Anschläge in französischer Sprache aufhängen, um den französischen Soldaten zu signalisieren, dass sie nicht auf Feindesland trafen. Kurfürst Friedrich August erklärte sein Herrschaftsgebiet daraufhin kurzerhand für neutral. Dadurch ließ sich die angesichts der traumatischen Erfahrungen des Siebenjährigen Kriegs befürchtete abermalige Ausplünderung Sachsens durch fremde Truppen vermeiden, wenn auch Frankreich durch die Etablierung von Militärkommandanten und strenge Requirierungsregeln die vollständige Kontrolle über die sächsischen Ressourcen gewann.

Im Friedensschluss von Posen trat Friedrich August am 11. Dezember 1806 dann doch noch dem Rheinbund bei, und Napoleon belohnte ihn dafür, indem er ihn neun Tage später zum König von Sachsen erhob. Die entsprechende Proklamation, die erst am 2. Januar 1807 öffentlich im Land ausgehängt wurde, kaschierte das französische Geschenk durch die klassische Formulierung «von Gottes Gnaden» im Titel des neuen Monarchen und den ersten Satz: «Nach den Fügungen der allwissenden Fügung Gottes, sind Unsere bisherigen Churfürstlichen Lande zu einem Königreiche erhoben worden, und Wir haben in deßen Verfolg die Königliche Würde angenommen.» Man war wieder wer, das Streben nach Erhöhung hatte nun auch in Sachsen Früchte getragen. Allerdings regierte der neue König über das gleiche kleine Land; das, was allein als Ausweis realen Machtzuwachses galt, Gebietsgewinn, blieb Sachsen wieder einmal verwehrt.

Für die Abtretung kleinerer in Thüringen gelegener sächsischer Enklaven an das neu gebildete Königreich Westphalen, das Napoleons Bruder Jérôme regierte, wurde Friedrich August immerhin mit preußischen Gebieten in der Lausitz entschädigt; allerdings hatte Sachsen auch fünfundzwanzig Millionen Francs Kriegsentschädigung an Frankreich zu zahlen, eine seinerzeit riesige Summe, die vor allem durch das Leipziger Bankhaus Frege aufgebracht wurde.[8] Im Vergleich mit Preußen, das den Krieg gegen Frankreich noch bis

Eine Generation älter als die anderen Monarchen der Völkerschlacht: König Friedrich August I. von Sachsen.

1807 erfolglos fortsetzte und dann die Hälfte seines Territoriums mit fast fünf Millionen Einwohnern verlor und noch ungleich höhere Kontributionen zu leisten hatte, war Sachsen somit zwar glimpflich davongekommen. Es büßte allerdings seine militärische Autonomie ein, denn der Frieden von Posen verlangte ihm ein Kontingent von zwanzigtausend Soldaten ab, das Napoleon im Kriegsfall zur Verfügung zu stellen war. Diese Truppen mussten nach der weitgehenden Vernichtung der sächsischen Streitkräfte bei Jena erst einmal neu aufgebaut werden. Billig kam der neue Königstitel Friedrich August also nicht.

Doch Napoleon sprach seinem neuen Verbündeten im folgenden Jahr einen weiteren Titel zu, der frühere Enttäuschungen kompensieren sollte: König Friedrich August wurde 1807 nach dem Friedensschluss von Tilsit, der den Krieg Frankreichs mit Russland und Preußen beendete, erblicher Herzog von Warschau, also Herrscher in einem neu geschaffenen Staat von Napoleons Gnaden, der aus jenen Gebieten bestand, die Preußen in den Polnischen Teilungen annektiert hatte. Der neue Titel brachte zwar endlich den fürs Ansehen des frischgebackenen Königs so wichtigen Gebietszuwachs (wenn auch seine beiden Herrschaftsgebiete strikt getrennte Staaten waren), aber nicht an der Stelle, die Friedrich August erhofft hatte; sein Ziel war eigentlich eine Erweiterung Sachsens nach Westen, vor allem um das Territorium von Erfurt. Doch das hatte sich Napoleon bereits als eine Art persönliche Domäne gesichert: Die Festungsstadt bot den Franzosen eine ideale Operationsbasis, um gegen Preußen und sämtliche noch weiter östlich gelegenen Staaten vorzugehen – oder notfalls auch gegen Sachsen. Also wurden in Paris die immer wieder geäußerten Hoffnungen des neuen Verbündeten auf den Erwerb dieses Gebiets geflissentlich überhört.

Polen in Form des Herzogtums Warschau dagegen war ein Danaergeschenk an Friedrich August. Nicht nur, dass das Land durch Bündnispflichten gegenüber Napoleon in seiner Autonomie noch viel stärker eingeschränkt war als etwa die Rheinbundstaaten, es musste den sächsischen König auch ständig an seine eigenen Bedenken erinnern, die ihn 1791 zum Verzicht auf die ihm angetragene polnische Krone bewogen hatten. Schon 1787 hatte er als Kurfürst ein Politisches Testament für seinen Bruder Anton, den sächsischen Thronfolger (Friedrich August besaß keine männlichen Nachkommen), verfasst, in dem er diesen davor warnte, Ehrgeiz bezüglich Polens zu entwickeln: «Das Beyspiel meiner Vorfahren könnte Sie verleiten, Sich um die Pohlnische Crone zu bewerben. Die Summen aber, so sie darauf verschwendet haben und die Mühseligkeiten, die sie gelitten haben, sollten Sie billig davon abschrecken. Nach der jetzigen Verfassung von Pohlen ist diese Crone nicht einmal anzunehmen.» 1807 hatte sich die Situation jedoch entscheidend geändert. Das Bündnis mit Frankreich stärkte Sachsen gegenüber den drei Teilungsmächten Preußen, Österreich und Russland, und Polen war nun kein Wahlkönigreich mehr, sondern als Herzogtum Warschau eine Art Morgengabe Frankreichs an Friedrich August. Der hatte seinem Bruder 1787 auch noch ein Türchen offen gelassen: «Da man alle künftig mögliche Veränderungen nicht voraus sehen kann, so würde ich Ihnen rathen, keine unumschränkte Abneigung gegen diese Krone zu zeigen.»[9] Danach handelte er zwanzig Jahre später schließlich selbst und nahm die Herzogwürde an.

Napoleons Angebot gehörte allerdings zu der Sorte von Offerten, die man besser nicht ablehnt. Der Brief, in dem der Kaiser der Franzosen ihn am 7. Juli 1807 davon in Kenntnis setzte, war in dieser Beziehung eindeutig: «Mein Bruder, gemäß den Friedensverhandlungen, die ich mit Russland und Preußen abgeschlossen habe, ist das Herzogtum Warschau Eurer Majestät zugeteilt, mit den gleichen Besitzrechten, die auch für das Königreich Sachsen gelten, und mit einer Verfassung, die die Ruhe und Freiheit dieses Volkes sichert.»[10] Es war also alles bereitet; für etwaige Verhandlungen über die Ausstattung des Geschenks gab es keine Möglichkeit.

Persönlich getroffen hatten sich Kaiser und König bis zu diesem Zeitpunkt übrigens noch nie, doch das wurde jetzt nachgeholt: Vom 17. Juli 1807 an machte Napoleon auf der Rückreise aus Tilsit für fünf Tage in Dresden Station. Hier wurden die für die Übernahme des Herzogtums Warschau notwendigen Verträge unterzeichnet, und die beiden Monarchen verstanden sich prächtig. Eine größere Verbindlichkeit war durch einen Wechsel in der Anrede bei der wechselseitigen Korrespondenz bereits im Februar angedeutet worden: Napoleon hatte in seinen Schreiben an Friedrich August von Beginn an das unter gleichrangigen Herrschern übliche «Mein Bruder» als Begrüßungsfloskel gewählt, während sein Korrespondenzpartner zunächst beim unterwürfigen «Sire» blieb, das 1807 nach der Erhebung zum König zu «Mein Herr Bruder» wurde. Der Rangunterschied zwischen Kaiser und König blieb in den eigentlichen Brieftexten gleichwohl bis zum Schluss sichtbar, wenn Napoleon von «Eurer Majestät» schrieb, während Friedrich August ihn stets als «Eure Kaiserliche & Königliche Majestät» anredete. So viel Genauigkeit musste schon sein in einer Korrespondenz, die stets hochpolitisch war.

Das war sie auch in den Momenten, die privat anmuten, etwa dem Glückwunschschreiben Friedrich Augusts zu Napoleons bevorstehender Heirat mit Marie-Louise von Österreich, das der König am 12. März aus Dresden absandte. «Allein dem Impuls meines Herzens folgend»[11], wie er es formuliert, war da allerdings gar nichts, denn Friedrich August hatte bei seinem erst wenige Monate zuvor, im November und Dezember 1809, erfolgten ersten Paris-Besuch gerade zu Napoleons erster Frau Joséphine ein gutes Verhältnis entwickelt, das nun wieder wertlos war. Dabei wusste er, dass Napoleon seine kinderlos gebliebene Ehe mit Joséphine beenden wollte, und wie es der Zufall wollte, hatte der sächsische König selbst eine Tochter, Maria Augusta, genannt Auguste, sein einziges Kind, das dementsprechend geschickt verehelicht werden musste, wenn man schon nicht das Glück zahlreicher Nachkommen hatte, mit denen man dynastische Heiratspolitik betreiben konnte. Sie war allerdings schon siebenundzwanzig Jahre alt und somit gewissermaßen das Mauerblümchen des europäischen Hochadels, und Napoleon wusste, dass sich ihr Vater bereits zwei Jahre zuvor einen mächtigen Bräutigam erhofft hatte. Am 8. Juli 1807 hatte Friedrich August dem Kaiser der Franzosen geschrieben: «Meine Liebe zu meinem einzigen Kind veranlasst mich, eine angemessene Entscheidung zu treffen, um ihr Schicksal zu präsentieren, das bislang ihrem Alter gemäß mir vielversprechend erschien. Ihre Majestät der Kaiser von Österreich erwartet, wie zu erfahren ist, nur meine väterliche Zustimmung, um formell um die Hand meiner Tochter anzuhalten.»[12] Es wurde aber nichts daraus; der seit April 1807 verwitwete Kaiser Franz entschied sich im Folgejahr für jene Cousine aus der italienischen Fürstenfamilie der Este, die einen so leidenschaftlichen Hass gegen Napoleon hegte. Die Verbindung des Habsburgers mit der sächsischen Prinzessin wäre für den Kaiser der Franzosen somit vorteilhafter gewesen, doch da er wenige Tage nachdem ihn Friedrich August über diese Heiratsidee informiert hatte, in Dresden weilte, darf man vermuten, dass er das Veto einlegte, das ihm der König in seinem Schreiben ausdrücklich eingeräumt hatte: «Ich warte also nur auf die Antwort Eurer Kaiserlichen und Königlichen Majestät, vor der es mir gut tut, mein Herz zu öffnen, sie bestimmt meine Erklärung, die ich nicht weiter hinauszögern werde.»[13]

Als Napoleon dann Ende 1809 bekannt gab, sich von Joséphine scheiden zu lassen, entwickelte Friedrich August neue Heiratspläne für Auguste, doch auch sie blieben erfolglos: Der französische Kaiser wollte nicht jene Prinzessin heiraten, die für seinen österreichischen Rivalen bestimmt gewesen war. Die Nachricht von Napoleons Eheschließung mit der Tochter von Kaiser Franz I., die neun Jahre jünger war als die Tochter des sächsischen Königs, traf diesen unerwartet, und damit war Augustes letzte Aussicht auf Verheiratung dahin. Wer als Gattin von zwei Kaisern im Gespräch gewesen war, konnte schlecht die Frau eines minderen Fürsten werden.

Der Briefwechsel zwischen dem Kaiser der Franzosen und dem sächsischen König umfasst auf den Tag genau sieben Jahre, denn das erste Schreiben fasste Friedrich August am 19. Oktober 1806 nach der Niederlage seiner Truppen bei Jena ab, nachdem er Nachricht über eine Ansprache Napoleons vor dabei gefangengenommenen sächsischen Offizieren erhalten hatte, in der der Kaiser Schonung für ihr Land angekündigt hatte. Schon dieser erste Brief des Kurfürsten stimmt einen Cantus firmus an, der bis 1813 nicht mehr verklingen sollte: «Erfüllt von einem vollen Vertrauen in diese Versprechungen, bin ich bislang nunmehr entschlossen, niemals mein Land zu verlassen, und gemäß den Absichten, die Eure Kais. und Kön. Majestät mir mitgeteilt haben, werde ich auch Dresden nicht verlassen.»[14] Sieben Jahre später, am letzten Tag der Völkerschlacht, galt dieses Vertrauen trotz der Irritation vom Frühjahr 1813 immer noch; Friedrich August verließ sein Land nicht, und Napoleon sandte ihm am frühen Morgen des 19. Oktobers 1813 einen Brief, um den Aufzug der Sächsischen Garde vor dem Thomäschen Haus in Leipzig anzukündigen, die er vom Schlachtgeschehen freigestellt hatte, um den König zu beschützen. Friedrich August bedankte sich dafür seinerseits in einem Brief vom selben Vormittag: «Wie misslich meine Lage auch sein mag und wie viel Unannehmlichkeiten sich für mich auch daraus ergeben mögen, bin ich doch äußerst empfänglich für die großherzige Vorgehensweise Eurer Kaiserlichen & Königlichen Majestät in diesem großen Augenblick & erfüllt mich mit sanftem Trost.»[15] Das letzte Wort in der Korrespondenz aber sollte Napoleon haben, der seinen Außenminister Hugues-Bernard Maret, mithin einen prominenten Staatsmann, als Postillion einsetzte, um noch am gleichen Vormittag des 19. Oktober seine Botschaft zu überbringen: «Der Kaiser meint, dass der König weder auf die Konföderation noch auf das Herzogtum Warschau verzichten solle und bei allen Fragen auf den allgemeinen Frieden verweisen solle.»[16]

Die letzte Nachricht des Kaisers der Franzosen galt also Warschau, dem Besitz, der die Freundschaft zwischen Napoleon und Friedrich August gestiftet hatte. Abgesehen davon, dass das Herzogtum sich für den sächsischen König als Fass ohne Boden erwiesen hatte, weil das Land von Napoleon vor allem als Aufmarschfeld gegen Russland und Ressource für Truppen betrachtet wurde, weshalb dort ein ständiges Staatsdefizit bestand, schien es eine Zeitlang so, als würde sich die Entscheidung von 1807 für die neue sächsisch-polnische Personalunion zumindest machtpolitisch auszahlen. 1809, als auch Österreich ein weiteres Mal im Krieg gegen Frankreich verloren hatte, wurden dem Herzogtum Warschau von Napoleon nach bewährtem Muster auch noch jene polnischen Gebiete zugeschlagen, die sich die Habsburger 1795 aus der polnischen Teilungsmasse gesichert hatten.

Nun hielt nur noch Russland seinen Teil an der Beute, und deshalb fürchtete fortan auch Zar Alexander I. um seine polnischen Besitzungen – trotz seines in Tilsit geschlossenen Bündnisses mit Napoleon. Der wusste das nur zu gut. An Friedrich August schrieb er am 6. Oktober 1810, als wieder einmal «Wünsche» betreffs einer besseren militärischen Ausstattung der Länder des Verbündeten geäußert wurden: «Ich stehe gut mit Österreich und Russland, doch diese letztere Macht hat einen so starken Hass gegen das Großherzogtum Warschau, dass man sich bereit halten muss.»[17] Das Warschauer Herzogtum sollte historisch bewusst ans aufgelöste Königreich Polen anknüpfen, und das war dem Zaren ein Dorn im Auge. Deshalb besaß auch die Wiederbelebung der früheren Personalunion zwischen Sachsen und Polen so große symbolische Kraft – im Ausland diplomatische, in Sachsen selbst psychologische. Angesichts der Aufwertung ihres beliebten Landesherrn, der gleichzeitig damit verbundenen Demütigung des ungeachtet des bisherigen Bündnisses nach wie vor bei den Sachsen verhassten Preußens und der Aussicht auf die Rückkehr zu den prosperierenden Zeiten vor 1756 wurde die sächsische Bevölkerung zu begeisterten Anhängern Napoleons.

Die Symbolpolitik des Kaisers knüpfte aber nicht nur an die Verbundenheit Sachsens mit Polen an, sondern wählte auch ein sehr eigentümliches Motiv als Vorbild für die Inszenierung des eigenen Bündnisses mit Friedrich August. Napoleon stellte sich gern als neuer Karl der Große dar, und besonders in seinem Verhältnis zu Deutschland war das natürlich programmatisch zu sehen, weil Karl bis zu seinem Tod 814 der letzte unumschränkte Herrscher über ein Reich gewesen war, das jene Gebiete umfasste, die nun Frankreich und den größten Teil des Rheinbunds bildeten. Nachdem Sachsen diesem beigetreten und darin zum Königreich erhoben worden war, ließ sich Napoleon in der sächsischen Presse als «großmütigen Wiederhersteller des Sächsischen Königtums»[18] feiern. Einen sächsischen König hatte es vorher noch nie gegeben. Die Formulierung nahm aber eine verbreitete Einschätzung auf, die dem Sachsenherzog Widukind, der zu Zeiten Karls des Großen regierte, den Rang eines Königs zusprach.

Ein Mittel der Staatspropaganda, das Napoleon liebte, war die Prägung von Medaillen zu besonderen Anlässen. So erschien mit einiger Verspätung im Februar 1808 eine solche zur Feier des Friedensvertrags mit Sachsen vom 11. Dezember 1806. Auf der Vorderseite zeigt sie Profilansichten von Napoleon und Karl dem Großen, beide in der Inschrift als «Emp.» (Empereur, Kaiser) gekennzeichnet, auf der Rückseite findet man Friedrich August und Widukind dargestellt, die jeweils als «R. S.» (Roi Saxon, sächsischer König) firmieren.[19] Der Unterschied zwischen Sieger und Besiegtem, die nun Partner sein sollten, wird nicht nur durch die Verteilung auf Vorder- und Rückseite deutlich gemacht, sondern auch durch ihr jeweiliges Verhältnis zu den historischen Begleitern. Napoleon ist in unbekleideter, lorbeergekrönter Profildarstellung, also im Stil eines römischen Imperators, vor Karl dem Großen plaziert – der moderne Kaiser genießt also den Vorrang gegenüber dem frühmittelalterlichen. Dagegen wird König Friedrich August hinter Widukind gezeigt, und dieses Leben im Schatten des größeren Vorgängers wird noch dadurch gemindert, dass Widukind von Karl unterworfen worden war. Die Hierarchie der vier Dargestellten rückt Napoleon also so weit wie möglich von Friedrich August ab und lässt keine Zweifel daran zu, wie sich das Herrschaftsverhältnis zwischen beiden gestaltet. Dieselbe Rangfolge wird auch durch die gleichfalls 1808 geprägte Medaille zur Begründung des Herzogtums Warschau bekräftigt, die auf der Vorderseite wieder das antike Profil des Kaisers der Franzosen zeigt, während auf der Rückseite ein Thronsessel zu sehen ist, auf dem eine Krone liegt und neben dem ein Schwert und ein Zepter stehen. Die Inschrift dazu lautet: «Otho III, Boleslao, A. MI / Neapolio, Friderico Aug / A. MCDDCVII» (Otto III., Boleslaw, im Jahr 1001 / Napoleon, Friedrich August / im Jahr 1807). Damit verweist die Medaille auf die Einsetzung des polnischen Herzogs Boleslaw durch den deutschen Kaiser Otto III., die allerdings schon 992 erfolgte, während das Jahr 1001 den – programmatisch für Napoleon wichtigeren – Zeitpunkt bezeichnet, als Otto Polen direkt dem Reich unterstellte. Die Gestaltung der Krönungsinsignien orientierte sich an Zeichnungen, die jene Objekte zeigten, die als Boleslaws Besitz galten.[20] Da der Herzog 1025 erster polnischer König geworden war, wurden sie fortan auch bei den Krönungen seiner Nachfolger verwendet. Mit ihrer Darstellung wird betont, dass Friedrich August als nunmehr aktuellster Nachfolger Boleslaws wie dieser ganz auf die Gnade des Kaisers angewiesen sein würde. Allerdings ist im historischen Programm der Medaille auch die Verheißung angelegt, dass Friedrich August wie Boleslaw vom Herzog zum polnischen König aufsteigen könnte.

Die beiden Medaillen mit unmittelbarem Bezug zum Bündnis mit Sachsen und seinem Monarchen fallen in die Endphase jenes Abschnitts der napoleonischen Herrschaft, die Werner Tschacher die «karolingische Phase» nennt und auf die Jahre 1803 bis 1808 datiert.[21] In ihr nahm der Erste Konsul und spätere Kaiser der Franzosen immer wieder Bezug auf Karl den Großen, um die Ausdehnung seiner Einflusssphäre von Frankreich auf das deutsche Kaiserreich historisch zu legitimieren: Als neuer Karl oblag ihm die Aufgabe der Zusammenführung jenes Frankenreichs, das beide heutigen Länder umfasste. Nach 1808 war sein Ehrgeiz dann längst über die Grenzen der karolingischen Herrschaft hinausgewachsen; Napoleons Symbolpolitik trat in die «Phase des Grand Empire»[22] ein. Doch in Deutschlands Öffentlichkeit blieb der frühere Anspruch haften, und so schrieb der russische Generalleutnant Peter Graf zu Sayn-Wittgenstein in einem «An die Sachsen» betitelten Aufruf vom 23. März 1813: «Hat (Euer König) Euch doch selbst ermahnt, Ihr möchtet den alten Ruhm der Sachsen behaupten. Worin bestand denn dieser alte Ruhm? Leset in Euren Chroniken; da werdet Ihr finden: es gab auch einmal einen herrschsüchtigen Kaiser der Franken, man nannte ihn Carl den Großen, der hat dreißig Jahre lang gegen Euch Krieg führen müssen, um Euch zu unterjochen.» Und in geschickter Umdrehung der napoleonischen Propaganda fuhr die Proklamation fort: «Damals hattet Ihr auch einen König, er hieß Wittekind, der verließ Euch nicht in der Noth, und rief Euch nicht zu: Ihr solltet ruhig seyn; sondern er führte Euch selbst in den blutigen Kampf für Eure Freiheit! Sehet da, das ist Euer alter Ruhm, an den müßt Ihr halten!»[23]

Der Text des Aufrufs verwies mit der Bemerkung über Widukinds mutiges Verhalten in der Not spöttisch auf Friedrich Augusts Flucht aus Dresden vom 24. Februar 1813, die immerhin so gut geplant durchgeführt wurde, dass der König den Staatsschatz mit sich führte. Sein weiterer Weg bis zur Wiederkehr in die Hauptstadt am 12. Mai verlief in Etappen, die ein immer größerer Affront für Napoleon sein mussten: Nach dem Aufenthalt im grenznahen Plauen begab sich Friedrich August Anfang April nach Regensburg und somit ins Königreich Bayern, das zwar mit Frankreich verbündet, aber innerhalb des Rheinbunds am unzufriedensten war; schließlich am 20. April ins österreichische Linz, also ins Reich von Napoleons Schwiegervater Franz, der aber bereits die Möglichkeiten sondierte, sich den Alliierten anzuschließen, und derweil als Mittler zwischen beiden Seiten auftrat, um das Beste für Österreich herauszuholen. Gleiches strebte auch der sächsische König für sein Land an, als er mit dem Habsburgerreich am 20. April eine geheime Konvention abschloss und seine Truppen und Festungen sowohl in Sachsen als auch im Herzogtum Warschau österreichischem Befehl unterwarf. Das widersprach den Verpflichtungen gegenüber Napoleon, doch Kaiser Franz hatte den sächsischen Monarchen erfolgreich gelockt: Für den Fall eines Bündnisses mit Österreich garantiere er die Integrität Sachsens, und im Übrigen gehe der sächsische Monarch kein Risiko ein, da er gegenüber Napoleon nur Neutralität zu wahren habe. Selbst das bedeutete zwar einen Bruch des Vertrags von Posen aus dem Jahr 1806, der sächsischen Beistand für Frankreich vorsah, doch hatte Friedrich August mit seiner Flucht nach Bayern den Rubikon ohnehin bereits überschritten. Zudem erhoffte sich Friedrich August von dem Bündnis mit dem Habsburgerreich, das ihm noch während seines Aufenthalts in Regensburg am 16. April angeboten worden war, die Ansprüche des preußischen Königs kontern zu können. Denn Friedrich Wilhelm III. hatte ihn seinerseits eine Woche zuvor aufgefordert, die Seiten zu wechseln, zugleich aber die sächsischen Grenzen in Frage gestellt: «Ew. Majestät wird es übrigens nicht befremden, daß ich die Landestheile (den kottbuser Kreis) wieder in Besitz nehme, die ein ungerechter, gegen mich nicht einmal gehaltner Friedenstractat mir abzwang und Ihnen zuwendete.»[24]

Das forsche Selbstbewusstsein Friedrich Wilhelms verdankte sich dem Ende Februar zwischen ihm und Zar Alexander I. geschlossenen Vertrag von Kalisch, der Preußen mit Russland zur Allianz gegen Napoleon verband und einen geheimen Artikel enthielt, der dem preußischen König garantierte, dass die in Tilsit vereinbarten Verluste kompensiert werden würden: «Da die völlige Sicherheit und Unabhängigkeit Preußens nur dadurch dauerhaft wiederhergestellt werden kann, dass man ihm die Stärke, welche es vor dem Kriege von 1806 wirklich hatte, wiedergibt, so verpflichtet sich Se. Majestät der Kaiser aller Reußen ... durch gegenwärtigen geheimen und besondern Artikel, die Waffen so lange nicht niederzulegen, als Preußen nicht in einer Weise wiederhergestellt ist, die seinen statistischen, geographischen und finanziellen Verhältnissen vor dem angeführten Zeitpunkte entspricht. Zur Bewerkstelligung dessen verspricht Se. Majestät der Kaiser aller Reußen auf die feierlichste Weise, alle diejenigen Erwerbungen, welche durch Waffengewalt und Unterhandlung in Norddeutschland gemacht werden können, mit Ausnahme jedoch der alten Besitzungen des Hauses Hannover, zu den Aequivalenten zu verwenden, die im Interesse beider Staaten und zur Vergrößerung Preußens von den Umständen erfordert werden sollten.»[25] Das hieß im Klartext, dass nur das derzeit im Königreich Westphalen aufgegangene ehemalige Staatsgebiet Hannovers unantastbar war, weil Russland und Preußen auf den Beitritt Englands zur Allianz setzten, das in Personalunion mit Hannover verbunden war. Alle anderen Staaten Norddeutschlands (und das umfasste Sachsen) hatten dagegen damit zu rechnen, Gebiete an Preußen abtreten zu müssen. Denn der Zar dachte nicht daran, dem Verbündeten jene polnischen Gebiete zurückzugeben, die seit Tilsit zum russischen Herrschaftsbereich gehörten; die sollten Teil eines neuen pseudoselbständigen Königreichs Polen und weiterhin von Petersburg aus regiert werden.

Die Geheimklausel im Vertrag von Kalisch kannte Friedrich August nicht, aber der Brief von Friedrich Wilhelm III. zeigte bereits deutlich genug, was Sachsen von Preußen und Russland zu erwarten hatte. Napoleon wiederum schien im April 1813 der sichere Verlierer des Krieges zu sein. Noch war keine Schlacht des Frühjahrsfeldzugs geschlagen, und die alliierten Truppen waren Ende März in Dresden eingerückt, nachdem der französische Marschall Louis Davoust, der von Napoleon zum Fürsten von Eckmühl gemacht worden war, die Stadt am 26. März mit seinen Soldaten verlassen hatte. Eine Woche zuvor war die Dresdner Elbbrücke auf Befehl von Davoust gesprengt worden – ein Ereignis, das Sachsen ins Mark traf, denn die vielbogige Brücke galt nicht nur als architektonisches Meisterwerk, sondern auch als Symbol der wettinischen Herrschaftsansprüche, nachdem August der Starke sie hundert Jahre zuvor aufwendig hatte umbauen lassen. Die Erschütterung des damals noch in Plauen befindlichen Königs wird in einem Brief deutlich, den er am 20. März, also nur einen Tag nach der Sprengung, an Napoleon schrieb und in dem er gleich nach der gewohnten Anrede «Mein Herr Bruder» zur Sache kam: «Eure Kaiserliche & Königliche Majestät wird zweifelsohne mit Schmerz von der Zerstörung der Dresdner Brücke erfahren, die auf Befehl des Marschalls Fürst von Eckmühl zu einem Zeitpunkt erfolgte, als die Anwesenheit nicht eines einzigen feindlichen Korps deren Notwendigkeit rechtfertigte. Mein Gesandter in Paris wird den Minister Eurer Kaiserlichen & Königlichen Majestät über alles unterrichten, was ich getan habe, um mich diesem Gewaltakt gegen mein Königreich zu widersetzen, & den ich für ebenso sinnlos wie unheilvoll für meine Hauptstadt halte. Die Gerechtigkeit Eurer Kaiserlichen & Königlichen Majestät & die Freundschaft, die Sie mir immer entgegenbrachten, lassen mich vertrauensvoll hoffen, dass Sie mir nicht verwehren werden, das Verhalten des Marschalls Fürst von Eckmühl zu missbilligen & ihm jedes Kommando zu entziehen, das ihn in Kontakt mit meinen Truppen & meinen Staaten bringen würde.»[26]

Das war stark gegenüber Napoleon von einem Verbündeten, der sich gerade gegen den Wunsch des Kaisers aus der eigenen Hauptstadt entfernt hatte und dieses Verhalten am 27. Februar in einem anderen Brief nachträglich damit erklärt hatte, dass «Dresden aufgrund seiner Lage beim Durchzug des Feindes, der plant, an die Elbe vorzurücken, in der Schusslinie ist & ein Kommandant des russischen Vortrupps in einer Äußerung gegenüber dem Chef meines Generalstabs die Absicht bekundet hat, in mein Königreich auf einem Weg einzuziehen, der über diesen Punkt führt & der derzeit keinerlei Hindernis darstellt».[27] Nahm man diese Begründung für die Flucht ernst, war die französische Sprengung der Elbbrücke strategisch geradezu zwingend. Aber das änderte nichts daran, dass Friedrich August nun hatte sehen müssen, dass die Souveränität seines Königreiches für Napoleon nichts galt. Also stand er vor der Wahl zwischen einem schwächer werdenden und dennoch rücksichtslosen Verbündeten und einer Allianz, die ihm nichts anzubieten hatte. Da kam das österreichische Bündnisangebot vom 16. April gerade recht.

Es sollte überdies nicht nur die Integrität des Königreichs Sachsen garantieren, sondern versprach auch, einen etwaigen Verlust des Herzogtums Warschau dadurch zu kompensieren, dass Friedrich August das lang ersehnte Erfurt, Reuß, Schwarzenburg,

Anhalt und die sächsischen Herzogtümer erhalten würde. Damit verteilte Österreich eine Beute, die Napoleons Niederlage voraussetzte, denn es handelte sich ausschließlich um Rheinbund-Territorien. Dass sich der König darauf einließ, obwohl er in den Briefen an den Kaiser der Franzosen in jenen Wochen seine unerschütterliche Treue beschwor, beweist sein geradezu verzweifeltes Vabanquespiel im Frühjahr 1813. Der aus Frankreich mit seiner Armee anrückende Napoleon erkannte die Doppelzüngigkeit seines Verbündeten, als der ihm die dringend angeforderten Truppen vorenthielt (weil der König sonst gegen die kurz vor dem Abschluss stehende Konvention mit Österreich verstoßen hätte), und war daraufhin so verärgert, dass er nun im Gegenzug Herzog Carl August von Sachsen-Weimar-Eisenach Hoffnung auf die sächsische Krone machte.

Als Friedrich August davon erfuhr[28], schien ihm die geheime Konvention mit Österreich nachträglich umso mehr gerechtfertigt, weil nun auch der französische Bündnispartner der gemeinsamen Sache untreu zu werden schien. Deshalb fiel es dem sächsischen König leicht, Anfang Mai nach Prag aufzubrechen, wie es die frische Vereinbarung mit Kaiser Franz bestimmte. Dort war Friedrich August nicht mehr weit von der sächsischen Grenze und zugleich in einer Stadt, die stark befestigt war und neben Wien das Zentrum der Habsburger-Macht darstellte. Doch kaum war der König in der böhmischen Metropole eingetroffen, erreichte ihn die Kunde vom Sieg Napoleons in der Schlacht von Großgörschen, nach dem sich die Alliierten eiligst in Richtung Osten zurückzogen. Der sächsische Monarch hatte lange mit sich gehadert und taktiert – und offensichtlich doch auf das falsche Pferd gesetzt.

Friedrich August beeilte sich, diesen Fehler wiedergutzumachen, und versuchte, mit einem Brief vom 8. Mai an den am gleichen Tag wieder in Dresden eingezogenen Napoleon gut Wetter zu machen: «Eure Kaiserliche & Königliche Majestät, gewöhnt zu siegen, übertraf mit der Schnelligkeit Eurer letzten Erfolge alle vorangehenden Beispiele. Mögen Sie mit Ihrer wohlbekannten Güte meine allerherzlichsten Glückwünsche entgegennehmen, die von einem Herzen kommen, das mit Zuneigung zu Ihnen angefüllt ist!» Der König unterwarf sein Schicksal nun wieder ganz dem Urteil des Kaisers: «Ich entsende mit vollständiger Selbstaufgabe selbige langmütige Freundschaft, um die Meinung Eurer Kaiserlichen & Königlichen Majestät bezüglich meines gesamten Vorgehens zu erfahren.»[29] Zur Verärgerung seiner neuen österreichischen Verbündeten brach der König von Sachsen sofort die gemeinsame Vereinbarung und gab Befehl, Napoleon die von diesem schon lange angeforderten Kavalleristen nun zur Verfügung zu stellen und die Festung Torgau für die französischen Truppen zu öffnen. Zwei Tage später schickte Friedrich August eine faustdicke Lüge hinterher, als er Napoleon versicherte, «dass ich mit keiner Macht einen Vertrag habe, der den Grundsätzen der Konföderation zuwiderläuft».[30] Damit war der Rheinbund gemeint, den der sächsische König in seinen Planspielen mit Österreich eben noch munter aufgeteilt hatte, zu dem er aber nun unverbrüchliche Treue versicherte. Am 11. Mai verließ Friedrich August Prag und traf tags darauf in Dresden ein, wo Napoleon ihn durch ein Spalier französischer Truppen einreiten ließ und wieder in Gnade aufnahm.

Die Entscheidung des sächsischen Königs, sich abermals Napoleon anzuschließen, nachdem seine Flucht aus dem eigenen Land allgemein als Beweis eines endgültigen Bruchs gewertet worden war, schockierte die Alliierten. Der preußische Major Adolf von Thile schrieb am 11. Mai aus Großenhain in der Nähe von Meißen an seine Frau: «Unsere Sache nimmt eine ungünstige Wendung: Der König von Sachsen ist treulos an der guten Sache geworden und hat sich Napoleon in die Arme geworfen. Folgt Österreich diesem Beispiel, so ist nichts zu hoffen. In Berlin dürft ihr nicht bleiben, denn die Franzosen möchten dort etwas ungestüm sein, wenn sie hinkommen.»[31] Die Alliierten hatten das Verhalten Friedrich Augusts aber schon in den Monaten zuvor mit höchstem Misstrauen

beobachtet, ein russischer Offizier, der vor der Schlacht von Großgörschen im Pfarrhaus von Großzschocher bei Leipzig zwangsein-
quartiert worden war, sagte zur Entschuldigung: «Daran ist Ihr König schuld, denn diesem Herrn ist Alles gesagt und geboten worden,
was man ihm nur immer sagen und bieten konnte, daß er zu uns
treten möchte, und er hat nicht gewollt. Sonst wäre der Kriegsschauplatz an die Elbe gekommen, und Sie hätten, was sich begeben wird, aus der Zeitung erfahren.»[32] Nun kam der Krieg also nach
Sachsen, und er sollte das Land bis zum Ende der Völkerschlacht
nicht mehr verlassen.

Friedrich August gilt unter den Teilnehmern der Völkerschlacht als
der Monarch ohne Gestaltungsfreiheit, als ein bloßer Vasall Napoleons. Politisch trifft das für den Herbst 1813 zu, doch im Frühjahr
lavierte er wie kein anderer europäischer Herrscher in dieser
an Wechselspielen aller Art so reichen Zeit. Seine passive Rolle
während der Tage von Leipzig verschaffte ihm den Nimbus eines
«guten Menschen der Völkerschlacht», denn er besaß keine Truppen, denen er hätte befehlen können, und seine Entscheidung, das
Angebot Napoleons, gemeinsam mit ihm nach Westen abzuziehen,
auszuschlagen und in Leipzig abzuwarten, welches Schicksal ihm
die Alliierten zugedacht haben mochten, ließ ihn in den Augen seiner Untertanen als herrlichen Dulder erscheinen. Es war die einzige Heldenrolle, die Friedrich August in seinem Leben zu spielen
vermochte, und sie rettete ihm den Thron, denn das auch in Sachsen 1813 erblühende deutsche Nationalgefühl wurde nach dem
19. Oktober konterkariert durch die Empörung über die Gefangennahme des Königs und dessen Abtransport nach Schloss Friedrichsfelde bei Berlin. Fortan boten die Preußen wieder das alte
Feindbild, und nach den Beschlüssen des Wiener Kongresses vom
Juni 1815, die Sachsen die Hälfte seines Territoriums kosten sollten, war der wieder in Freiheit entlassene und nach fast zweijähri-
ger Abwesenheit an den Hof in Dresden zurückgekehrte Friedrich

August eine Identifikationsfigur, die das geschlagene Sachsen dringend brauchte. Die Konsequenzen, die man in seinem Land nach der Völkerschlacht als so ungerecht wahrgenommen hatte – der eigene König gefangen, der Kaiser der Franzosen dagegen nach seinem Sturz mit einem Fürstentum auf Elba abgefunden und somit in Freiheit –, verkehrten sich im Sommer 1815. Nun war der König zurück auf dem Thron und der ehemalige Kaiser der Franzosen, der noch einmal kurz die Macht errungen hatte, unterwegs in die Gefangenschaft auf einem weit abgelegenen Eiland. Friedrich August der Gerechte, wie der König in Sachsen heißt, aber wäre besser «der Selbstgerechte» genannt worden.

4. DIE VÖLKER DER SCHLACHT

▼

In seinem Standardwerk zur deutschen Geschichte des neunzehnten Jahrhunderts nennt Thomas Nipperdey die Völkerschlacht nur
ein einziges Mal, und er setzt sie in Anführungszeichen.[1] Das ist nur
zu berechtigt, denn die Bezeichnung «Völkerschlacht» ist politisch
instrumentalisiert worden und hat sich erst rund zehn Jahre nach
dem Ereignis durchgesetzt, obwohl sie von Ludwig Hußell schon in
seinem 1814 verlegten Erlebnisbericht über die Ereignisse des Oktobers 1813 verwendet worden war.[2] Doch zunächst wurde das Ereignis schlicht als «die Leipziger Schlacht» bekannt, und so hat
auch Ernst Moritz Arndt sie 1815 in seinem gleichnamigen Gedicht
verherrlicht. In dessen Schlussstrophe findet sich aber der Weg zur
heute gängigen Benennung schon vorgezeichnet: «O Leipzig, gast-
lich versammelst du / Aus allen Enden der Völker Schaar; / Auf,
ruf's dem Osten und Westen zu, / Daß Gott der Helfer der Freiheit
war, / Daß Gott des Tyrannen Gewalt zerstoben, / Damit sie im Osten und Westen loben / Die Leipziger Schlacht.» Man mag über die
Gastlichkeit, die Leipzig den mehr als eine halbe Million Kombattanten bot, anderer Meinung sein als der pathetische Troubadour
der Befreiungskriege, aber was in diesem und anderen von Arndts
patriotischen Gedichten zum Ausdruck kommt, ist vor allem der
Gegensatz zwischen dem Tyrannen und den Völkern, die gegen ihn
in Stellung gebracht werden, von Herr und Knechten, von Napoleon
und dem Rest der Welt.

Denn das ist die programmatische Botschaft der Bezeichnung

«Völkerschlacht»: Dort kämpften die Völker gegen einen Fürsten, und der Kampf war somit nicht weniger als eine Art Revolution, eine Fortschrittsetappe auf dem Weg von der Autokratie zur Demokratie – zumindest in den Augen Arndts. Der Begriff setzte sich aber erst durch, als ein Nachgefecht verloren war – das um die deutsche Einheit. Arndt und seine nationalistischen Gesinnungsgenossen hofften, im Kampf gegen die französische Hegemonie werde auch die deutsche Kleinstaaterei überwunden, und dieses Ziel schien die Opfer der Leipziger Schlacht zu rechtfertigen. Mit reichlich Blut hatte man dafür gezahlt, doch dann war man betrogen worden: Der Wiener Kongress hatte nicht die erhoffte Wiederherstellung des Deutschen Reiches gebracht, sondern einen lockeren Staatenbund, in dem die alten Rivalitäten erhalten blieben. Die Schuld dafür sahen Arndt und andere Patrioten in der Willkür der Fürsten – der deutschen wie der europäischen –, die nicht von ihren angestammten Rechten lassen mochten, obwohl sie im Krieg gegen Napoleon noch unablässig die Einheit der Nation beschworen hatten. Also sollte die Bezeichnung «Völkerschlacht» in der Publizistik der zwanziger Jahre des neunzehnten Jahrhunderts wie ein Stachel wirken – der größte Sieg gegen Napoleon war erfochten worden durch die Völker, also die Soldaten, nicht durch die adligen Heerführer oder gar die Könige.

Dabei war die Völkerschlacht die letzte große kriegerische Auseinandersetzung, in der die alte Feudalwelt noch fortlebte, deren Kennzeichen der Oberbefehl von Monarchen gewesen war, die tatsächlich selbst im Feld standen. Schon Waterloo zwei Jahre danach sah nur noch Napoleon im Kampfgeschehen, während das Heer der Alliierten von Wellington und Blücher angeführt wurde, deren Könige – Georg III. von England und Friedrich Wilhelm III. von Preußen – in ihren Hauptstädten blieben und so das Terrain für ihre Heerführer freigaben. Die napoleonischen Kriege markieren in allen beteiligten Staaten den Durchbruch des Generalstabs als einer Versammlung von Kriegsexperten, die professionelle Rationalität einbringen sollte, wo vorher tatsächlich feudale Willkür herrschte.

Wie in fast allen Bereichen der Kriegsführung machte auch hier das französische Beispiel Schule. Zwar war gerade Napoleon der letzte europäische Kriegerkönig, doch war er dazu auf untypische Weise geworden: Vom Militär stieg er zum Herrscher auf, in der Art der römischen Soldatenkaiser, nicht umgekehrt wie seine Kollegen, die aus dynastischen Gründen an die Oberbefehlsgewalt gekommen waren. Auch der schwedische Kronprinz, der ehemalige Marschall Bernadotte, verdankte seine Stellung letztlich seinen Fähigkeiten als Feldherr. Nomineller Heerführer der Alliierten in der Völkerschlacht aber war Schwarzenberg, und das zeigte schon, wie stark sich das Rollenbild in jener Zeit wandelte. Franz I. war nur aus Pflichtgefühl anwesend. Ohne seine kaiserliche Autorität hätte der von ihm durchgesetzte Oberbefehlshaber allerdings einen schweren Stand gehabt – Zar Alexander mischte sich noch mit Verve in die Kriegsführung ein, und auch für König Friedrich Wilhelm III., der wie der Zar seit dem Frühjahr an der alliierten Kampagne teilnahm, blieb es eine Herzenssache, selbst der Entscheidungsschlacht beizuwohnen, wie es Herrscher seit Jahrtausenden getan hatten. Die Völkerschlacht war in Wahrheit also beides: die erste kriegerische Auseinandersetzung mit den strategischen Mitteln der Moderne und die letzte Königsschlacht.

Die Rede von den Völkern als kriegsentscheidenden Faktoren war 1808 populär geworden, als Wien gerade zu einem neuen Krieg gegen Napoleon rüstete, wofür der österreichische Premierminister Philipp Graf von Stadion die Bevölkerung des ganzen früheren Reichs mobilisieren wollte und die Völker als potenzielle «Bundesgenossen» der Habsburgermonarchie bezeichnete. Auf die Unterstützung der deutschen Fürsten durfte der Kaiser in Wien nämlich nicht hoffen, denn bis auf Österreich selbst, Preußen und jene Territorien, die fremden Herrschern unterstanden (Holstein und Schwedisch-Pommern sowie die bereits französischer Militärverwaltung unterworfenen Hansestädte Bremen, Hamburg und Lübeck, außerdem das besetzte Hannover und Erfurt), gehörten alle deutschen Staaten mittlerweile dem Rheinbund an. Also blieb nur der Appell an die Untertanen, um deren Herrscher unter Druck zu setzen, sich gegen Frankreich zu erheben. Nach der schnellen Niederlage Österreichs im Jahr darauf erledigte sich diese Strategie zwar bereits wieder. Doch eines setzte sich fort: die Beschwörung des Volksgeistes gegen Napoleon. Aber bis 1813 hatte dieses Volk keine Führung, und so konnte es nicht das sein, was Napoleon unter seiner Führung aus den Franzosen gemacht hatte: eine Nation.

«Battle of Nations» lautet der Name der Völkerschlacht im Englischen, und diese Bezeichnung trägt der eigentlichen revolutionären Leistung der Französischen Revolution Rechnung, die die Nation als Glaubensersatz konstituierte und damit eine säkulare Herrschaft schuf, die in Europa etwas völlig Neues war. Sie «hatte die Nation in den Rang des Sakralen erhoben – man lebt und stirbt für das Vaterland und weiht ihm Altäre –, dem antwortete der Gegen-Nationalismus im Kampf gegen fremde Unterdrückung», schreibt Nipperdey.[3] In diesem Sinne ist der englische Begriff für die Schlacht bei Leipzig passender, denn er verdeutlicht, dass hier Nationen gegeneinander antraten, die sich als Einheit aus Untertanen und Monarchen verstanden, während die exklusive Betonung der Völker in der deutschen Schlachtbenennung just dieses Einverständnis abstreitet: «Völkerschlacht» ist ein Kampfbegriff in der Auseinandersetzung um politische Teilhabe. Im Herbst 1813 hätte indes niemand gedacht, dass es auf deutscher Seite zu einem Konflikt zwischen den Herrschern und ihren Untertanen kommen könnte, denn im Rausch des Sieges schienen alle deutschen Gegensätze überwunden.

Deren größter war die Existenz des Rheinbunds, in dem Napoleon seit 1806 seine deutschen Verbündeten zusammengeschlossen hatte. 1808, als dieser Staatenbund unter dem Protektorat des

Kaisers der Franzosen seine endgültige Gestalt gefunden hatte, umfasste er 14,6 Millionen Menschen und war verpflichtet, Napoleon knapp hundertzwanzigtausend Soldaten zu stellen. Dies entsprach in etwa der Rekrutierungsquote in Frankreich selbst, das bei einer Bevölkerungszahl von rund dreißig Millionen eine Armee von zweihunderttausend Mann unterhielt. Dennoch übertrafen die im Bündnisvertrag festgelegten jeweiligen Truppenkontingente die früheren Heeresstärken der einzelnen Länder meist deutlich. Die deutschen Staaten wurden also nicht nur mit französischen Waren überschwemmt, weil die Zölle für Produkte aus dem Kaiserreich wegfielen, während jene für den innerdeutschen Handel erhöht wurden – sie sollten sich nach Napoleons Vorstellung zu Exporteuren von Soldaten und Waffentechnik entwickeln, um seine Eroberungszüge mit Nachschub zu versorgen. Die neu geschaffenen Satellitenstaaten wie das Großherzogtum Berg, das Königreich Westphalen oder das Großherzogtum Frankfurt wurden besonders strikt auf militärische Dienstleistungen hin ausgerichtet. Dort siedelte sich jeweils ein französischer Militäradel an, der die Armeen dieser Kunstgebilde schlagkräftiger machen sollte und dafür mit großzügigen Ländereien entlohnt wurde. So empfand die bergische, westfälische oder Frankfurter Bevölkerung die neue Situation als Unterdrückungsregiment. Da stellte die entstehende deutsche Nationalbewegung ein verlockendes Identifikationsangebot dar.

Am Russlandfeldzug der Grande Armée mit ihren sechshunderttausend Soldaten waren im Sommer 1812 die vollständigen Truppenkontingente der Rheinbundstaaten beteiligt, als sich Napoleon im Dezember zurückzog, waren sie nahezu aufgerieben. Dem sächsischen König etwa verblieb lediglich seine Infanterie, die im Herzogtum Warschau stationiert worden war, während seine polnischen Truppen in voller Stärke mit Napoleon gegen die Russen auszogen. Gleiches galt für die sächsische Kavallerie. Weder sie noch seine polnischen Einheiten sah ihr nomineller Oberbefehlshaber Friedrich August je wieder, und sein Unglück wollte es, dass auch Sachsens Infanterie im Winter 1812/13 noch in Rückzugsgefechte verwickelt wurde.

Der fast vollständige Verlust ihrer Einheiten bewahrte die Fürsten aber nicht davor, von Napoleon aufgefordert zu werden, die in den Rheinbundverträgen festgelegten Truppenkontingente abermals aufzubieten. Und so fochten in Leipzig tatsächlich Soldaten aus achtunddreißig der neununddreißig Mitgliedstaaten des Bundes. Nur die Bayern fehlten, weil ihr Land am 8. Oktober 1813 ein Separatbündnis mit Österreich geschlossen und sich somit auf die Seite der Alliierten geschlagen hatte. Dafür waren vor allem Württemberger und Badener stark vertreten, deren Einheiten zuvor für Napoleon in Spanien gekämpft hatten und somit dem russischen Verhängnis entgangen waren. Dazu kamen auf französischer Seite neben den eigenen Soldaten noch solche aus dem Königreich Italien, dem Königreich Neapel, der Helvetischen Republik, den Illyrischen Provinzen und Spanien. Die neu aufgestellte Grande Armée brachte zwar nicht mehr die Truppenstärke des Vorjahrs zusammen, aber Napoleon gelang es im August 1813, als der sommerliche Waffenstillstand endete, der beiden Seiten noch einmal zur Aushebung von Truppen gedient hatte, mit immerhin vierhundertdreizehntausend Soldaten in Deutschland zu stehen.

Auf der Gegenseite, die im Spätsommer über eine halbe Million Männer zusammengebracht hatte, stellte Russland mit fast hundertachtzigtausend Soldaten das größte Kontingent, das sich aus sämtlichen Völkerschaften des riesigen Zarenreichs zusammensetzte – einer der Erinnerungssteine hinter der Russischen Gedächtniskirche gilt etwa den hier eingesetzten Baschkiren. Gerade die orientalischen Krieger erregten Aufsehen durch ihr Aussehen und ihre Reittiere (Kamele kannte man in Mitteleuropa nur von Jahrmärkten). Außerdem fanden sich im Heer des Zaren neben russischen Soldaten auch noch Tataren, Polen, Kosaken, Ukrainer, Weißrussen, Balten, Kalmücken, Kirgisen und Finnen. Unter den

Russlands stärkste Waffe waren die Kosaken, hier die ersten, die am 31. März 1813 nach Leipzig vorstießen.

dreiundzwanzigtausend Schweden befanden sich gleichfalls etliche Finnen, unter den gut hundertfünfzigtausend Soldaten Preußens gab es Balten und Polen, und die rund zehntausend Mann des englischen Königs waren nahezu ausschließlich Hannoveraner, die nach der französischen Besetzung ihres Landes im Jahr 1805 nach Großbritannien abgezogen worden waren. Die knapp hundertdreißigtausend Soldaten zählende österreichische Streitmacht wiederum umfasste alle Volksgruppen der Habsburgermonarchie: Ungarn, Böhmen, Kroaten, Slowenen, Italiener, Polen, Slowaken und Deutsche. Sie trafen bei Leipzig nicht selten auf Landsleute, die für Napoleon kämpften, der ja nicht nur die Armeen der Rheinbundstaaten herangezogen hatte, sondern auch Truppenteile aus Landstrichen, die wenige Jahre zuvor noch von Wien aus regiert worden waren. Ganz Europa und russische Völkerschaften weit über den Ural hinaus versammelten sich somit schließlich im Oktober 1813 vor Leipzig.

Allerdings waren nicht alle genannten mehr als neunhundertzwanzigtausend Soldaten an der Völkerschlacht beteiligt. In den Auftaktkämpfen des Herbstfeldzugs waren schon viele Tausend gefallen, verwundet worden oder in Gefangenschaft geraten. Der Militärhistoriker Hans Delbrück führt zudem die hohe Zahl an Deserteuren auf französischer Seite an.[4] Ein großes französisches Kontingent hielt zum Zeitpunkt der Völkerschlacht noch Dresden besetzt, die abgetretenen Festungen in Sachsen und Preußen verlangten gleichfalls starke Besatzungen. Die Alliierten ließen ihrerseits ein Korps zum Schutz von Berlin und Entsatz der preußischen Festungen zurück, als sie sich vor Leipzig konzentrierten, der Rest der Nordarmee kam langsamer voran als geplant, und auch die Polnische Armee unter Bennigsen zog erst heran. Am ersten Tag der Völkerschlacht wurden dennoch schon fast vierhunderttausend Soldaten rund um die Stadt in die Kämpfe verwickelt; gut einhundertneunzigtausend hatte Napoleon zusammengezogen, über zweihunderttausend standen ihm zu Beginn auf Seiten der Russen, Österreicher und Preußen gegenüber. Durch Verstärkungen während der nächsten Tage wuchs die Zahl der alliierten Truppen durch die Ankunft von Nordarmee und Bennigsens Reserven noch einmal um mehr als hunderttausend, während auf französischer Seite nur ein Armeekorps mit weniger als zwanzigtausend Soldaten dazustieß.

In den beiden Heeren kämpften Katholiken, Protestanten, Orthodoxe, Anglikaner und Muslime, doch es war kein Konfessionskrieg, sondern erstmals ein modernes Schlachten unter den Bedingungen einer Militärpolitik, die alle Kräfte der beteiligten Völker für die Kriegsführung nutzbar machte, auch und vor allem das Nationalgefühl. Auf die Einführung der allgemeinen Wehrpflicht durch das revolutionäre Frankreich, die levée en masse im August 1793, hatte Preußen als erster Staat der Gegenseite mit der gleichen Maßnahme reagiert, allerdings erst zwanzig Jahre später, als im Februar 1813 in Ostpreußen eine Landwehr einberufen wurde, die gleichfalls alle jungen waffenfähigen Männer erfasste. Damit zog man die Konsequenz aus der Erkenntnis, die Clausewitz ein Jahrzehnt später in die Worte fasste, die Kriegsmacht sei «eine Potenz der ganzen Nationalkraft geworden».[5] Doch diese Potenz bemaß sich nicht allein am Zuwachs an Kämpfern: Der Furor des revolutionären Elans beziehungsweise der nationalen Erhebung gegen Napoleon, der die jeweiligen Wehrpflichtigen antrieb, führte eine Begeisterung in die Kriegsführung ein, wie sie zuvor unbekannt gewesen war. Entsprechend erbittert waren die Kämpfe des Jahres 1813 und speziell der vier Tage von Leipzig: Mehr als neunzigtausend der rund einer halben Million in der Völkerschlacht eingesetzten Soldaten wurden unmittelbar in den Kämpfen getötet, die Gesamtzahl der Opfer vermehrte sich in den Folgetagen und -wochen noch um etliche Tausende, die an ihren Verwundungen oder den ausbrechenden Seuchen starben.

Das war ein ungewöhnlich hoher Blutzoll in einer Zeit, als Soldaten vor allem auf dem Marsch starben, wie Napoleons Russlandfeldzug im Vorjahr aufs fürchterlichste bewiesen hatte. Die neue Forderung nach extremer Beweglichkeit der Truppen, die der Kaiser der Franzosen zum Ideal der Militärführung gemacht hatte, belastete vor allem die Infanterie, deren Reihen durch mangelhafte Verpflegung, schlechtes Wetter, Erschöpfung, Krankheiten sowie Unfälle zuletzt weitaus zuverlässiger dezimiert worden waren als durch die Schlachten selbst.[6]

Jeder Fußsoldat war im Kampf mit Tornister und Patronentasche versehen, in denen die notwendigen Utensilien des Tötens und die Tagesration für sich selbst untergebracht waren. Auf dem Heerzug selbst aber hatte ein Infanterist ein Gepäck von rund dreißig Kilogramm Gewicht zu tragen, das auf den durchschnittlich dreißig Kilometern, die in den meist sechs Stunden Tagesmarsch zurückgelegt werden konnten (Napoleon verlangte seiner Armee bisweilen sogar Tagesstrecken von fünfzig Kilometern ab), besonders im Sommer zur grässlichen Last wurde. Auf zurückgebliebene

Soldaten nahm kein Heer Rücksicht; sie hatten sich dann im Feindesland selbst durchzuschlagen.

Die Versorgung war das grundlegende Problem der ausgedehnten napoleonischen Kriegsführung, die um der Geschwindigkeit willen auf einen Begleittross mit Verpflegung verzichtete, und ein Grund für den Optimismus des Kaisers vor dem Herbstfeldzug von 1813 war die zu erwartende Kartoffelernte in Sachsen. Delbrück sieht in der Verfügbarkeit dieses Nahrungsmittels einen weiteren Grund für die militärischen Modifikationen unter Bonaparte: «Kein zeitgenössischer Schriftsteller erwähnt, so weit ich gesehen habe, wie sehr die unmittelbare Verpflegung von Heeresmassen ... durch die Verbreitung und Zunahme des Anbaus der Kartoffeln in der zweiten Hälfte des achtzehnten Jahrhunderts erleichtert worden ist.»[7] Nur konnten auch die reichhaltigsten Ackerflächen nicht solche Menschenmassen ernähren, wie sie sich über Tage hinweg in und um Leipzig versammelten. Und spätestens als die Grande Armée in der Stadt eingekesselt war, rächte sich der Verzicht auf eigene Vorräte, denn Hunger war der größte Feind militärischer Disziplin; schon im Frühjahr hatte General Lauriston sich in einem Brief an seine Vorgesetzten beklagt, dass seine Soldaten mangels Unterstützung durch einen Begleittross, wie sie früher üblich war, ihre Versorgung selbst in die Hand nehmen müssten und darauf dann das größte Augenmerk richteten. Sobald man sich einer Ortschaft nähere, gehe jede Ordnung verloren, weil alle nur noch ans Requirieren von Lebensmitteln dächten.[8]

Ein weiteres Problem waren die Unterkünfte. In früheren Zeiten waren Zelte für die Soldaten mitgeführt worden, aber das war durch die immer größeren Entfernungen der Kriegszüge in napoleonischer Zeit von fast allen Armeen aufgegeben worden. Also verlegte man sich darauf, die Soldaten in den Häusern der Umgebung einzuquartieren. Doch wie sollte man eine Armee mit ihrer als ideal betrachteten Größe von vierzig- bis fünfzigtausend Mann unterbringen, wo es im neunzehnten Jahrhundert kaum Städte gab, die ähnlich viele Bewohner hatten? Man war daher meist gezwungen, improvisierte Lager anzulegen, mit notdürftig errichteten Hütten, die aus leicht am Ort der Übernachtung verfügbarem Material wie Ästen, Stroh oder gefällten Bäumen bestanden. In den kälteren oder feuchten Jahreszeiten stieg der Holzbedarf in der Umgebung einer marschierenden Armee noch einmal deutlich an, weil lebenswichtige Feuer unterhalten werden mussten, was oft dazu führte, dass die mühsam zusammengetragenen Behelfshütten schon des Nachts wieder verheizt wurden. Wenn Zehntausende von Soldaten an einem Ort lagerten, hinterließen sie im buchstäblichen Sinne verbrannte Erde. Die Kriege waren zu groß für die Welt geworden, sie waren ihrer Zeit voraus. Erst die Industrialisierung mit ihren verbesserten Transport- und Produktionsmitteln sollte es in den Folgejahrzehnten ermöglichen, jene Form der Kriegsführung, die Napoleon erzwungen hatte, über eine längere Spanne hinweg durchzuhalten.

Am stärksten wurden Truppen in Bewegung damals jedoch durch Krankheiten gefährdet. Die anstrengenden Märsche schwächten die Abwehrkräfte der Soldaten und begünstigten so indirekt Erkältungen, die hygienisch meist katastrophalen Umstände des Lagerns wiederum die Ansteckung bei Kameraden. Außerdem wurde den Soldaten von ihren Vorgesetzten nur selten gestattet, Uniform, Ausrüstung und Waffen abzulegen, weil man bei deren etwaigem Verlust keinen Ersatz heranschaffen konnte. Entsprechend wund waren die Körper, und in den Kleidungsstücken machten sich Läuse breit, die das Infektionsrisiko weiter vergrößerten.[9] Dass an Schlaf kaum zu denken war, wenn man sich dauernd darum kümmern musste, warm und trocken zu bleiben, kam noch dazu. So stieg die Erschöpfung und damit wieder die Anfälligkeit für Erkrankungen.

Derartige Ausfälle trafen beide Seiten gleichermaßen, und die Mühen eines solchen Feldzugs wollte man auch nur denen aufbürden, die schon über ein gewisses Maß an Ausbildung und Erfahrung verfügten. Deshalb entspricht die Zahl der ausgehobenen Soldaten nicht notwendig auch der Stärke der jeweiligen Armeen. Die preußischen Streitkräfte etwa wiesen nach dem sommerlichen Waffenstillstand dank der nun etablierten allgemeinen Wehrpflicht offiziell eine Stärke von insgesamt mehr als dreihunderttausend Soldaten auf, davon ein Zehntel Kavallerie und mit über hundertdreißigtausend Mann fast die Hälfte Landwehr.[10] Allerdings wurde nur die Hälfte, nämlich jene bereits genannten gut hundertfünfzigtausend Soldaten, auch tatsächlich im Kampf gegen Napoleon eingesetzt. Von den insgesamt vier preußischen Armeekorps war eines unter dem Befehl von General Tauentzien in der Heimat zurückgeblieben, wo es nun jene Festungen belagerte, die man zuvor an französische Truppen hatte abtreten müssen, während die anderen drei Korps auf die drei alliierten Armeen aufgeteilt wurden: Das von Kleist kommandierte gehörte zur Böhmischen Armee, die unter Schwarzenbergs Leitung im Süden agieren sollte, Bülows Heer schloss sich der vom schwedischen Kronprinzen Karl Johann befehligten Nordarmee an, Yorcks Truppen bildeten den preußischen Teil der Schlesischen Armee, die unter dem Kommando von Blücher stand.

Nur diese alliierte Armee, zu Beginn des Feldzugs mit knapp mehr als hunderttausend Mann (davon sechsundsechzigtausend Russen) die kleinste, hatte also auch einen preußischen Oberbefehlshaber. Der bereits siebzigjährige Blücher war eine Symbolfigur des Kampfs gegen Napoleon, seit er 1812 auf französisches Drängen von König Friedrich Wilhelm III. entlassen werden musste, weil man ihm die heimliche Ausbildung von Truppen vorwarf, die von ihm ohne Genehmigung des damals noch mit Preußen verbündeten Frankreichs ausgehoben worden waren. Sofort nach dem Bündniswechsel auf Russlands Seite holte Friedrich Wilhelm seinen erfahrensten Heerführer zurück in den aktiven Dienst und vertraute ihm die Führung der neu formierten Schlesischen Armee an, die im Herbstfeldzug von 1813 zunächst sehr beweglich separat im östlichen Sachsen agierte, um Napoleons Aufmerksamkeit zu binden, während von Süden her die Hauptarmee auf Dresden zumarschierte.

Diese Beweglichkeit sollte zum Markenzeichen von Blüchers Truppen während der nächsten Wochen werden. Sie wagten es am 3. Oktober als Erste auf Seiten der Alliierten, aufs linke Ufer der Elbe überzugehen, und begannen damit einen Heereszug, der sie von Nordwesten her nach Leipzig bringen sollte, auf das gleichzeitig die Böhmische Armee von Süden her vorstieß. Auch Karl Johanns Nordarmee, die Blüchers Soldaten tags darauf über die Elbe gefolgt war, sollte dazustoßen, um die geballte alliierte Heeresmacht gegen Napoleon ins Feld zu führen, doch entschloss sich der schwedische Kronprinz, obwohl er nun schon die Saale überquert hatte, wieder zum Rückzug, weil mit Blücher, der gar nicht daran dachte, seine Armee plötzlich nach den Vorstellungen eines

Preußische Soldaten im
Krieg von 1813: Grenadier
und Füselier.

anderen handeln zu lassen, keine Einigung über das weitere Vorgehen zu erzielen war. Dessen Schlesische Armee blieb bei Halle stehen, während Karl Johann lieber wieder zurück aufs rechte Elbufer gezogen wäre. Da kam am 15. Oktober die Nachricht, dass Napoleon selbst am Vortag in Leipzig eingetroffen war. Blüchers Truppen rückten sofort von Halle nach Schkeuditz ab, und Karl Johanns mittlerweile weiter entfernt agierende Nordarmee wandte sich wieder um und marschierte auf Landsberg zu.

Die Schlesische Armee profitierte von ihrem hohen Anteil russischer Soldaten, die mehr als Preußen, Österreicher oder Schweden an die Überwindung großer Distanzen gewohnt waren und seit dem Vorjahr in permanenter Bewegung waren. Die Taktik des Ausweichens, Umgehens und überraschenden Angriffs hatten sie im eigenen Land beim Krieg gegen Napoleon perfektioniert, und so war Blüchers Vorgehen ihnen vertraut. Damit wurde ein militärisches Verfahren wieder in sein Recht gesetzt, das durch Napoleon überwunden schien: das Ausmanövrieren. Bonaparte hatte seinen Kriegsruhm durch die bedingungslose Suche nach der Entscheidungsschlacht begründet. Mit allen ihm zur Verfügung stehenden Kräften attackierte er seine Gegner und strebte dabei die Vernichtung der feindlichen Armee an. Diese Kriegsführung war unerhört und extrem verlustreich. Aus den Erfahrungen des Russlandfeldzugs, wo der Kaiser der Franzosen zwar die Schlachten gewonnen, den Krieg aber trotzdem verloren hatte, war er nicht klüger geworden, während Blüchers Soldaten das russische Vorgehen übernahmen. Damit waren sie erfolgreicher als die Hauptarmee, die sich Ende August bei Dresden zu Napoleons Bedingungen zum Kampf gestellt hatte und nur von Glück reden konnte, dass sie in den Gefechten während ihres Rückzugs in Richtung Böhmen gegenüber der französischen Streitmacht wieder die Oberhand gewinnen konnte.

Die neue Grande Armée büßte bei diesem unerwarteten Rückschlag ihren gerade erst zurückgewonnenen Nimbus der Unbesiegbarkeit ein. Doch jene Einheiten, die am meisten bewundert und am stärksten gefürchtet wurden, hatten bei der Verfolgung der geschlagenen Alliierten, die dann im Erzgebirge das Geschick wendeten, nicht mitgemacht: die kaiserliche Garde. Die Schaffung dieser Einheiten war Napoleons Meisterstück bei der Neuorganisation der französischen Armee. Garden gab es zwar in jeder Armee, und sie waren auch überall Elitetruppen, weil sie, wie der Name schon sagt, dem speziellen Schutz des jeweiligen Monarchen dienten. Aber weil es keinen Herrscher gab, der sich so sehr als Heerführer verstand wie Napoleon, hat auch kein anderer die ihm persönlich zugeordneten Truppen in vergleichbarer Weise zum Dreh- und Angelpunkt seines Militärkonzepts gemacht. Napoleons Garde stellte die Reserve, die erst im richtigen Augenblick auf sein Signal hin ins Geschehen eingriff, um die notwendige Übermacht herzustellen und die Schlacht zu entscheiden. Dafür brauchte es extrem disziplinierte Soldaten, die nur eine Loyalität kannten: die zu ihrem Befehlshaber. Deshalb wurde die frühere Konsulargarde nach der Thronbesteigung Napoleons 1804 zur kaiserlichen Truppe ausgebaut, die bedingungslos auf den Herrscher eingeschworen war. Der Sold lag doppelt so hoch wie in der regulären Armee, die Ausrüstung war besser, die Proviantierung reichhaltiger. Am Beginn des Russlandfeldzugs verfügte Napoleon über zweiundfünfzigtausend Gardisten, doch dessen Verlauf kostete auch die meisten von ihnen das Leben. In der Völkerschlacht gehörten trotzdem von den etwas mehr als zweihunderttausend eingesetzten napoleonischen Soldaten schon wieder vierunddreißigtausend der Garde an. Allerdings zählten nur noch viertausend dieser Elitesoldaten zur «Alten Garde», jener kriegserfahrenen Truppe also, die Napoleon seit Jahren auf seinen Feldzügen begleitete und in Europa dementsprechend höchsten Respekt genoss. Die «Junge Garde» in einer Stärke von vierundzwanzigtausend

Mann bestand aus den besten der neu ausgehobenen Rekruten. Die restlichen sechstausend Gardisten entfielen auf die Garde-Reiterei.[11]

Hans Delbrück stellt im letzten Band seiner «Geschichte der Kriegskunst» lapidar fest: «Um die neue Taktik zu schaffen, dazu gehörte der neue Staat.»[12] Gemeint war damit natürlich die Republik, die zu einer der Bürgerpflichten den Dienst mit der Waffe erklärte und damit die Heeresmassen ermöglichte, die der Bewegungskrieg brauchte. Die Wehrpflicht, die seit dem 23. August 1793 für sämtliche Achtzehn- bis Fünfundzwanzigjährigen galt, hatte dem Revolutionsheer sofort ein zusätzliches Reservoir von vierhundertfünfzigtausend Mann zugeführt, und zudem standen Frankreich als dem seinerzeit bevölkerungsreichsten europäischen Land nun jährlich fast zweihunderttausend neue Wehrpflichtige zur Verfügung – mehr, als man brauchte. Deshalb beschränkte sich die Republik auf Unverheiratete und behielt trotzdem im Vergleich mit den gegnerischen Staaten und deren Söldnerheeren die klare Übermacht.

Das Jahr 1793 bedeutete den Wendepunkt für die französische Armee; auf dem europäischen Kontinent stand sie fortan konkurrenzlos dar. Im gleichen Jahr zeichnete sich auch erstmals der junge Napoleon Bonaparte als Artilleriechef aus: bei der Belagerung von Toulon, das von konterrevolutionären Kräften gehalten wurde, die mit den Engländern verbündet waren. Bonapartes Karriere erfolgte fortan im Gleichschritt mit dem Siegeszug der französischen Truppen. Das riesige Bevölkerungspotenzial Frankreichs begünstigte das verlustreiche Konzept der Entscheidungsschlachten, weil es die Lücken in seinen Reihen viel schneller zu füllen vermochte als alle anderen Länder. Deshalb wurde schon bald das Eintrittsalter in die Armee auf zwanzig Jahre hochgesetzt, und 1800 nahm man bereits wieder so weit Abschied von der revolutionären Maxime der Égalité, dass Wehrpflichtige aus wohlhabenden Familien einen Ersatzmann für sich stellen konnten. Napoleon als Erster

Konsul und späterer Kaiser konnte es sich außerdem leisten, nur solche Soldaten in den Krieg zu schicken, die schon eine Dienstzeit von mehr als einem Jahr und eine entsprechende Ausbildung aufwiesen. Erst im Vorfeld des Russlandfeldzugs griff er auch auf frische Rekruten zurück, und im Jahr 1813 nahm der Kaiser dann jeden Mann, den er bekommen konnte, was prompt die Schlagkraft seiner Truppen in der Völkerschlacht minderte und die Neigung zur Desertion verstärkte.

Während die Wehrpflicht schon in die Moderne wies, baute die Schlachtordnung noch weitgehend auf den Traditionen früherer Jahrhunderte auf, und das änderte sich auch in den Jahren bis zur Völkerschlacht nicht. Vorherrschend blieb das Linienfeuer der in breiter Reihe hintereinander aufgestellten Schützen, die dem Feind Gewehrsalven entgegenschickten. Dabei galt allein das Kommando der Offiziere, die Soldaten hatten also in ihren Linien abzuwarten, bis der Schießbefehl kam, und waren bis dahin dem Feuer

Französische Soldaten im napoleonischen Heer: Capitain, Adjutant, Fähnrich und kommandierender Offizier.

von der Gegenseite ausgesetzt, vor allem seitens deren Artillerie. Schutz zu suchen oder gar wegzulaufen, war undenkbar, denn die Schlachtordnung stand über allem, also wartete man ab, ob man getroffen wurde. «So auszuhalten, muß ich gestehen», schrieb der sächsische Infanterist Christian Friedrich Frenzel, der vierzehn Jahre lang einfacher Soldat geblieben war und in der Völkerschlacht seinen letzten Einsatz hatte, «das ist der schwerste Dienst im Kriege, und (man) kann weiter nichts darbei thun, als eine Zielscheibe zu sein.»[13] Die meisten Treffer beruhten allerdings auf Zufall, weil die Gewehre im frühen neunzehnten Jahrhundert nur auf etwa siebzig Meter gezieltes Schießen gestatteten und nach wenigen Minuten einer Schlacht zwischen den Linien ohnehin alles durch den Pulverdampf verhüllt war.

Bei Angriffen gegnerischer Kavallerie schlossen sich die Infanteristen zur klassischen Figur des Karrees zusammen, einem meist aus drei hintereinander aufgestellten Reihen gebildeten Quader, der mit aufgepflanzten Bajonetten verteidigt wurde und für die feindliche Reiterei nur dadurch aufzubrechen war, dass sich einzelne Kavalleristen opferten und ihre Tiere mitten in die waffenstarrende Masse trieben. Erst dann nämlich konnte die seit dem siebzehnten Jahrhundert übliche Hiebwaffe der Kavallerie, der Pallasch, eingesetzt werden, mit dem Kürassiere und Dragoner bewaffnet waren, während die leichte Reiterei, also Husaren und Jäger, mit Säbeln ausgerüstet wurden. Schusswaffen trugen alle Kavalleristen, Karabiner die schwere Reiterei, Pistolen die leichte, aber die Zielgenauigkeit ließ bei der Attacke zu wünschen übrig, sodass das Niederreiten des Gegners und der anschließende Nahkampf die gängige Taktik der Kavallerie blieb. Erst die von Napoleon forcierte reitende Artillerie bot ein neues Mittel, die Blöcke disziplinierter Fußsoldaten zu sprengen.

Aber auch die Infanterie entwickelte sich fort. Zur Erhöhung der Durchschlagskraft der Heere in der Schlacht hatte sich allmählich die Kolonnentaktik durchgesetzt. In schmalen, dafür aber tiefgestaffelten geschlossenen Verbänden boten Angreifer ein weniger leicht zu treffendes Ziel für die gegnerischen Schützen. Fielen die vorderen Soldaten, rückten sofort die hinteren nach. Das war nunmehr das probate Mittel der Infanterie, um die feindlichen Linien zu durchbrechen. Im Nahkampf wurde dann vor allem das Bajonett eingesetzt, weil ein Nachladen der Gewehre viel zu lange gedauert hätte. Mürbe gemacht wurden die gegnerischen Kolonnen und Linien durch weitgehend einzeln oder in kleinen Gruppen agierende Schützen, die sogenannten Plänkler oder Tirailleure, die sich aus dem festen Heeresverbund lösten und aus sicherer Deckung heraus Schüsse abgaben. Allerdings mussten sie auch näher an die Gegenseite herankommen, um überhaupt Wirkung zu erzielen, während bei gleichzeitig abgegebenem Linienfeuer immer wieder irgendein Schuss traf. Das Risiko für Plänkler, im Verlauf einer Schlacht den Kontakt zu den eigenen Leuten und damit jede Rückzugsmöglichkeit zu verlieren, war deshalb ungleich größer. Waren sie einmal abgeschnitten, mussten sie sich allein durchschlagen, und der individuelle Patronenvorrat reichte bei solchen Einzelaktionen nicht lange, vom fehlenden Proviant ganz zu schweigen. Im ständig wechselnden Kriegsgeschehen der Völkerschlacht sollten besonders viele Plänkler isoliert werden, und das sorgte für zusätzliche Schreckensmomente bei der Zivilbevölkerung, denn noch Tage nach Beendigung der Kämpfe tauchten versprengte napoleonische Soldaten plötzlich auf, die sich irgendwie durchzuschlagen versuchten und verzweifelt nach Essen suchten.

Beim Vormarsch seiner Armee legte Napoleon besondere Aufmerksamkeit auf die Wahl strategisch günstiger Lagerplätze, und mancher Halt diente vor allem der Erprobung im Hinblick auf dessen zukünftigen Gebrauch als Verteidigungsstellung. Als im September 1813 weitere französische Truppen nach Sachsen geführt wurden, war Gotha eine bevorzugte Station. Der Direktor der auf dem nahegelegenen Seeberg errichteten Sternwarte, Bernhard August von Lindenau, beobachtete das lebhafte Interesse des Offizierskorps an seinem Tätigkeitsort mit Sorge. An seinen Korrespondenzpartner Carl Friedrich Gauß schrieb er: «Kriegsgetümmel herrscht in meiner Nähe. Employés, Garde, Adjutanten von Neufchatel, polnische Lanciers etc., alles liegt in und um Gotha bunt durcheinander; mein Berg steht voll französischer Vedetten; meine astronomischen Beschäftigungen sind null, denn von Morgen bis Abend wird es nicht leer bei mir. Was mich etwas bedenklich macht, ist die Äußerung vieler Offiziere, que le Seeberg est une belle position militaire, qu'il faut defendre (dass der Seeberg eine schöne Gefechtsposition sei, die es zu verteidigen gelte). Verhüte nur der Himmel, daß keine Batterie hier errichtet wird, denn da könnte es wohl um meinen lieben Seeberg geschehen sein.»[14] Diese Sorgfalt bei der Auskundschaftung geeigneter Lagerplätze und Stellungen sollte sich nach der Völkerschlacht auszahlen, als die bziehende französische Armee weitaus schneller vorankam, als die Alliierten es vermutet hatten. Dieses Vorgehen entsprach Napoleons Einschätzung, dass es nur drei wichtige Elemente der Kriegsführung gebe: zehn Meilen am Tag zurückzulegen, zu kämpfen und sich im Lager erholen zu können.[15]

Davon profitierten auch die Truppen seiner Verbündeten – bis auf diejenigen, in deren Heimatland sich der Krieg abspielte. Die Unzufriedenheit in der sächsischen Armee hatte darin ihren entscheidenden Grund. Zwar war es dem König im ersten Halbjahr 1813 gelungen, insgesamt über achtzehntausend Mann neu auszuheben[16], womit das Napoleon vertraglich zugesicherte Kontingent von zwanzigtausend sächsischen Soldaten fast schon wieder erreicht war. Bis zum Herbst sank die Truppenstärke dann allerdings auf fünfzehntausend Mann, weil viele der jungen und unerfahrenen Soldaten desertierten oder sich selbst verstümmelten. Die verbliebenen, in zwei Divisionen des VII. französischen Armeekorps unter General Jean-Louis-Ébénézer Reynier zusammengefassten sächsischen Verbände trafen schließlich erst am 17. Oktober ein, dem zweiten Tag der Kämpfe. So kam es, dass die Völkerschlacht auf sächsischem Boden geführt, aber zunächst ohne Truppen aus Sachsen bestritten wurde. Trotzdem hat kein anderes Volk unter ihr so gelitten, denn im Mittelpunkt des Geschehens waren ja auch mehr als dreißigtausend sächsische Zivilisten eingekesselt.

5. TAG 1 DER SCHLACHT:
SAMSTAG, DER 16. OKTOBER

▼

Es regnete ausnahmsweise einmal nicht, als gegen sechs Uhr morgens der Tag anbrach, an dem die Völkerschlacht begann. Das war ungewöhnlich, denn die letzten Wochen hatten kaum etwas anderes als ununterbrochen kalten Niederschlag geboten, und auch dieser Morgen sollte schon bald wieder verregnet und neblig werden, ehe es gegen zehn Uhr aufklarte und mit Ausnahme einiger Schauer am Nachmittag für den Rest des Tages trocken blieb. «Es schien», schrieb Gottfried Wilhelm Becker in den Tagen nach den Kämpfen, «als ob die Sonne Tausenden, die auf dem Schlachtfelde den letzten Tag sahn, freundlich noch einmal lächeln und ihren Heimgang in eine bessere Welt, wo nicht das Geschütz über Recht und Unrecht entscheidet, recht heiter machen wollte.»[1] Dieser Samstag sah einen zehnstündigen Kampf, der sich rund um ganz Leipzig erstreckte, womit die Schlachtfelder eine Ausdehnung erreichten, die es zuvor noch nie gegeben hatte.

Schlechtes Wetter war ein Charakteristikum des Herbstes 1813, für die preußischen Truppen aber ein gutes Vorzeichen. Seitdem sie am 23. August bei Großbeeren unmittelbar vor den Toren von Berlin bei solchen Bedingungen über ein französisches Heer von siebzigtausend Mann gesiegt hatten, mit dem Napoleon die drohende Umklammerung durch die alliierten Truppen aufbrechen wollte, schätzten die Preußen Regen auf dem Schlachtfeld. Die Parole «Das ist die Sonne von Beeren!» (ein spöttischer Kommentar zu Napoleons berühmt gewordenem Bonmot von der «Sonne von

Austerlitz», die über der von ihm gewonnenen Schlacht vom 2. Dezember 1805 geschienen hatte) sollte fortan beim Herbstfeldzug zum bevorzugten Kampfruf der preußischen Truppen werden, und sie hatten häufig Grund, ihn anzustimmen.

Auf anderem Terrain als der Leipziger Ebene wäre der ständige Niederschlag zwar auch unangenehm gewesen, für den Kampf selbst aber ansonsten weitgehend folgenlos geblieben, wenn man von den üblichen Schwierigkeiten absieht, das Pulver für Gewehre und Artillerie trocken zu halten. Die unmittelbare Umgebung von Leipzig bot jedoch besondere Probleme. So breitete sich westlich der Stadt, hinter einigen prachtvollen Gärten, die vermögende Kaufleute in der Barockzeit außerhalb der Befestigungsmauern angelegt hatten, eine waldreiche Auenlandschaft aus. Ihre Reste bestimmen noch heute den ausgedehnten Grüngürtel, der sich vom Auensee im Nordwesten Leipzigs am Elsterflutbecken entlang durch den Clara-Zetkin-Park bis in die mit Seen renaturierten ehemaligen Braunkohletagebauflächen im Süden der Stadt zieht.

Die Elster gehörte mit der Pleiße zu den beiden Flüssen, die im Jahr 1813 für das Schlachtgeschehen große Bedeutung bekommen sollten. Sie waren normalerweise keine tiefen Gewässer, doch der wochenlange Dauerregen hatte sie anschwellen lassen und die von ihnen durchflossenen Landstriche mit ihren Lehmböden zu morastigem Gelände gemacht, in dem man sich nur schwer fortbewegen konnte. Elster und Pleiße liefen von Süden kommend in geringem Abstand nahezu parallel auf Leipzig zu, ehe sich die Pleiße genau neben dem die Stadt umgebenden Promenadenring weiter nach Norden zog, während sich die wasserreichere Elster in einigen Schleifen nach Westen bewegte, ehe sie wieder nach Nordosten auf die Pleiße zufloss, wodurch das erwähnte Gartenareal abgegrenzt wurde. Heute ist von dieser Situation kaum noch etwas zu ahnen: Die Gärten sind überbaut, nur einige Straßennamen lassen noch etwas von der Topographie des frühen neunzehnten Jahrhunderts ahnen. Die Pleiße wurde sogar weitgehend kanalisiert und in den Untergrund verbannt, aus dem sie erst nach 1990 im Zuge der Erneuerung der Leipziger Innenstadt teilweise wieder befreit wurde. Und vom mäandernden Verlauf der Elster ist gar nichts mehr zu sehen, weil sie seit dem Bau ihres Flutbeckens schnurgerade durch den Leipziger Grüngürtel fließt.

Im Jahr 1813 jedoch waren beide Flüsse noch weitgehend unreguliert und entsprechend bei Hochwasser schwer zu passieren, zumal es neben zwei winzigen Brücken im Südwesten und einigen Furten nahe der Stadt nur einen einzigen gut ausgebauten Weg gab, auf dem sich die Elsterniederung durchqueren ließ: die Chaussee nach Lindenau, die am Ranstädter Tor an der Nordwestecke der Innenstadt begann, wo sich Elster und Pleiße bis auf wenige Meter nahe kamen, ehe sich die zwei Flüsse noch einmal trennten. Am Ranstädter Tor führte eine steinerne Brücke über die Pleiße, und danach lief die Ausfallstraße durch die dortige Vorstadt ein paar hundert Meter lang parallel zur hier bereits als Mühlgraben kanalisierten Elster entlang, ehe sie dann eine Brücke über diesen Fluss erreichte, der dort eine Breite von mehr als zehn Metern besaß und durch die Regenfälle stark angestiegen war. Dieser Weg sollte drei Tage später Tausenden französischen Soldaten zum Verhängnis werden, als die Elsterbrücke nicht mehr passierbar war. Denn die dahinter beginnende befestigte Landstraße – eine Rarität im frühen neunzehnten Jahrhundert –, die als Straßendamm quer durch die Auenlandschaft und dann via Lützen nach Merseburg und Weißenfels führte, stellte die einzige Rückzugsstrecke dar, die mit schwerem Armeegerät noch ohne Schwierigkeiten befahrbar war; andere Wege aus der Stadt Richtung Westen waren durch Aufweichung unbrauchbar. Und im Norden, Osten und Süden von Leipzig standen die Truppen der Alliierten.

In diesen drei Himmelsrichtungen war das Gelände topographisch jeweils weniger heikel, weil nur im Norden und Nordosten mit der Parthe ein nennenswerter Fluss zu berücksichtigen war, der im Vergleich mit Elster und Pleiße aber deutlich weniger Wasser führte. Die Parthe schlängelte sich von Taucha, einer zwei Wegstunden nordöstlich von Leipzig gelegenen ratseigenen Ortschaft, durch die Ebene in Richtung Stadt und bildete dabei mit einigen Anhöhen an ihrem Rand das einzige natürliche Hindernis in dieser Gegend. Allerdings existierten zwischen Leipzig und Taucha keine befestigten Brücken über das Flüsschen.

Im Osten und Süden der Stadt gab es gar keine landschaftliche Beeinträchtigung für die anrückenden Truppen. Die wenigen Erhebungen und Wäldchen, aber auch die kleinen Dörfer auf dieser Seite der Stadt waren darum umso wichtiger für die dort kämpfenden Heere – sie boten den einzigen Schutz. Und auch hier erwiesen sich die Straßen als unentbehrliche Aufmarschstrecken, weil sie vor allem der Artillerie überhaupt erst Bewegung gestatteten. In den aufgeweichten Feldern und Wiesen, die sich in diesem Bereich erstreckten, ließen sich die schweren Geschütze kaum transportieren.

In der Völkerschlacht sollten auf beiden Seiten zahlreiche Kanonen zum Einsatz kommen; die Franzosen brachten es auf knapp siebenhundert Geschütze, die alliierten Truppen auf etwas über neunhundert. Obwohl diese Zahlen in späteren Berichten immer weiter hochgeschraubt wurden – Auguste Vater etwa sprach 1843 beim Diktat ihrer Erinnerungen an die Tage der Völkerschlacht fälschlicherweise von insgesamt dreitausendfünfhundert eingesetzten Kanonen[2] –, war nie zuvor an einem Ort eine solche Feuerkraft versammelt gewesen. Die französische Artillerie gab während der viertägigen Kampfhandlungen rund eine Viertelmillion Schuss ab, und die Alliierten werden dem nicht nachgestanden haben, weil ihre Versorgungslage beim Munitionsnachschub besser war als die der isolierten napoleonischen Truppen. Allerdings legte der Kaiser der Franzosen, der seine militärische Karriere als Artillerieoffizier begonnen hatte, auch besonderen Wert auf diese Waffengattung und hatte ihr im Laufe der vergangenen anderthalb Jahrzehnte eine neue Bedeutung verschafft: Durch beweglichere Artilleriewagen, von denen die Geschütze binnen kurzer Zeit abgeprotzt werden konnten, war der früher übliche umständliche Transport der mit Rädern versehenen Kanonen, die sich kaum manövrieren ließen, obsolet geworden. Außerdem wurden auf dem Artilleriewagen nun auch gleich die notwendige Munition und das Pulver mitgeführt. Trotzdem war es weiterhin dieser Truppenteil, der das Tempo für ein bewegliches Heer vorgab, und bei Bodenverhältnissen, wie sie um Leipzig herrschten, war es sowieso unmöglich, Artilleriestellungen schnell zu verlegen. Dementsprechend hart umkämpft waren die einmal eingenommenen Positionen. Die Eroberung feindlicher Geschütze galt als größte Tat während der Völkerschlacht, zumal zwar noch nie so viele Kanonen zugleich eingesetzt worden waren, es aber doch längst nicht genug gab, um damit alle geeigneten Stellungen bestücken zu können. Napoleon verlegte den Großteil seiner Geschütze auf das südliche Schlachtfeld weit vor der Stadt, wo er den Angriff des russisch-österreichischen Hauptheeres unter dem Kommando des Feldmarschalls Fürst Schwarzenberg erwartete.

Gleichfalls hier im Süden von Leipzig versammelten sich mit Franz I., Alexander I. und Friedrich Wilhelm III. die verbündeten Monarchen. Der ungeduldige Zar war bis dahin seinen beiden Kollegen immer einen Schritt voraus gewesen: Er hatte bereits am 14. Oktober das Armeehauptquartier in Altenburg erreicht, und noch bevor Franz und Friedrich Wilhelm dort am 15. zusammentrafen, war Alexander schon ins näher an Leipzig gelegene Pegau weitergezogen, wo er die Nacht vor der Schlacht verbrachte; erst der 16. Oktober führte Zar, Kaiser und König dann zueinander, und abends waren sie schon wieder getrennt, weil König Friedrich Wilhelm in Borna unterkam, die beiden Kaiser Alexander und Franz aber in Rötha Quartier bezogen, einem Adelsgut, das etwas mehr als drei Wegstunden südlich vor Leipzig lag. Der preußische Monarch, das zeigte sich hier erneut, wurde nicht als gleichrangig angesehen, daran konnte auch seine Freundschaft mit dem Zaren nichts ändern. Doch während Kaiser Franz auf den Standesunterschied zwischen Kaisern und Königen großen Wert legte, war Alexander die bevorstehende Schlacht wichtiger, weshalb der tatendurstige Zar im Feld bevorzugt mit seinem preußischen Freund Friedrich Wilhelm zusammen agieren sollte, der sich aus den militärischen Entscheidungen allerdings weitgehend heraushielt und somit keinen Anlass für Konflikte bot.[3]

Eine der schönsten Legenden, die sich nach der Völkerschlacht bildeten, dürfte ihre Wurzeln in diesem Draufgängertum des Zaren und seiner Freundschaft zu Friedrich Wilhelm III. haben. Sie betrifft eine angebliche gemeinsame Erkundung der beiden Herrscher: Am frühen Morgen des 16. Oktober, noch vor Tagesanbruch, sollen Alexander und Friedrich Wilhelm ausgeritten sein. Zur gleichen Stunde war auch Marcellin de Marbot bereits wach. Der 1782 geborene französische Offizier hatte sich in Spanien und während des Russlandfeldzugs Napoleons bewährt, weshalb ihm am Vorabend des 16. Oktober das Kommando über einen berittenen Truppenteil übertragen worden war, der am äußersten linken Flügel der Hauptmacht der französischen Armee im Süden der Stadt Stellung bezogen hatte. Von dort aus sollte Marbot den etwa zwei Kilometer östlich des Dorfes Liebertwolkwitz gelegenen Kolmberg auskundschaften, eine strategisch wichtige Anhöhe, die einen guten Aussichtspunkt und vor allem eine der besten Artilleriestellungen der Umgebung bot, vor Beginn der Schlacht allerdings den Alliierten überlassen worden war. In seinen Memoiren über die napoleonischen Kriege schrieb der spätere General: «Die Aufgabe war insofern nicht angenehm, als ich zur Ausführung derselben bis dicht an den Fuß des Berges herangehen musste und dadurch fast eine Stunde weit (soldatentypische Übertreibung; A. P.) von allen anderen Truppen abkam. Es war leicht möglich, daß ich im Laufe der Nacht von stärkeren feindlichen Abteilungen auf beiden Seiten umgangen und abgeschnitten wurde. Der Himmel war klar, und das Licht der Sterne ließ die Kuppe des Berges deutlich erkennen. Da man nun immer bei solcher Beleuchtung von unten gut wahrnehmen kann, was sich auf der Höhe zeigt, während der Blick von oben nach unten ins Finstere fällt, so suchte ich am Fuße der Höhe eine geeignete Stelle, an welcher meine Reiter vollständig im Schatten der Kuppe standen und schärfte denselben ein, lautlose Stille zu beobachten. Indem ich mit dem Regiment so den Anbruch des Tages erwartete, ereignete sich etwas, das, wenn mir mein Gesicht nicht einen bösen Streich gespielt hätte, den Kaiser und Frankreich gerettet hätte und meinen Namen für ewige Zeiten berühmt gemacht haben würde. Es war eine halbe Stunde vor Tagesgrauen, als plötzlich drei Reiter auf der Kuppe des Hügels erschienen. Wir vermochten ihre Umrisse deutlich zu erkennen und bei der herrschenden nächtlichen Stimme jedes ihrer Worte zu verstehen. Sie sprachen Französisch; der eine war ein Russe, die beiden anderen schienen Preußen zu sein. Der Erstere stand offenbar in einem Vorgesetztenverhältnis zu den beiden Letzteren, denn er befahl dem einen: ‹Reiten Sie zu den Majestäten und melden Sie, dass hier alles frei wäre und sie heraufkommen könnten; in wenigen Minuten würde es hell genug sein, um einen Umblick zu haben, doch müsste der Augenblick wahrgenommen werden, weil gegenwärtig eine Störung durch den Feind nicht zu erwarten sei.› Der Offizier, an den diese Worte gerichtet waren, bemerkte, ob es sich nicht empfehlen würde, erst das Eintreffen der Leibwache abzuwarten, die noch ziemlich weit zurück wäre, worauf die Erwiderung erfolgte: ‹Wozu denn? Tun Sie nur, wie ich Ihnen sagte, es ist vorderhand hier gar nichts zu befürchten.› Wir wagten kaum zu atmen, als wir das hörten. Man hätte ein Blatt fallen hören können, so still verhielten wir uns. Nach kurzer Zeit erschienen etwa zwanzig Reiter auf der Höhe, von denen einer abstieg. Obgleich, als ich meine Aufstellung nahm, ich mit keinem Gedanken daran gedacht hatte, möglicherweise einen Fang tun zu können, so hatte ich doch für alle Fälle zwei Eskadrons bestimmt, die auf ein von mir mit dem Taschentuch gegebenes Zeichen sogleich rechts und links um den Hügel herumreiten und ihn einschließen sollten, um diejenigen abzufangen, die sich etwa auf die Höhe heraufgewagt haben würden. Ich war also voller Hoffnung und wollte eben das verabredete Zeichen geben, als in der Aufregung des Augenblicks ein Mann aus einer der beiden von mir bestimmten Schwadronen seinen Säbel fallen lässt und in der Befürchtung, dass das Geklirr bis nach oben gedrungen und mein Zeichen zu spät kommen könnte, den Karabiner ergreift und sofort mitten in den Haufen auf der Höhe hineinfeuert und einen preußischen Major tötet. Natürlich war die ganze Kavalkade in demselben Moment wie weggeblasen, und wenn auch ich mit einem Teil meiner Leute auf der Stelle hinterherjagte, so sah ich bei dem Vorsprung, den die feindlichen Reiter schon gewonnen hatten, die Nutzlosigkeit der weiteren Verfolgung bald ein und kehrte, ganz außer mir über den vereitelten Fang, um, als ich die Leibwache herankommen hörte. Später erfuhr ich von meinem Freunde, dem in der Garde des Großherzogs von Darmstadt stehenden Obersten von Stosch, dass mir der Kaiser von Russland und der König von Preußen entgangen waren.»[4]

Der Wahrheitsgehalt von Marbots Schilderung ist leicht zu überprüfen, weil man weiß, dass sich Alexander I. mit dem Hauptquartier der Böhmischen Armee seit dem Vortag in der Ortschaft Pegau aufgehalten hatte, von der aus er in der Tat einen Ausritt zum Kolmberg hätte machen können. Aber Friedrich Wilhelm III. war zum von Marbot angegebenen Zeitpunkt noch in Altenburg, wo er erst im Laufe des frühen Samstagvormittags aufbrach, um aufs Schlachtfeld zu gelangen.[5] Die Schilderung des französischen Offiziers ist also eine bloße Anekdote, um die eigene Bedeutung zu steigern und den unglücklichen Schlachtenverlauf für die Franzosen zu betonen.

Sie passt aber zu den Mythen, die sich um die Völkerschlacht ranken. Vieles, was diese einmalige Konstellation von vier unmittelbar an einer Schlacht beteiligten Herrschern betrifft, ist von Legenden umgeben, und ganz besonders viele ranken sich um die Freunde Friedrich Wilhelm und Alexander. So berichtete der Sohn des preußischen Offiziers Heinrich von Diest von einem angeblichen Erlebnis seines Vaters, das eher den Erzählungen aus «Tausendundeiner Nacht» entsprungen sein könnte: «Vor der Schlacht von Leipzig ritt mein Vater auf eigene Faust zur Rekognoszierung der feindlichen Stellungen aus. Spät abends, ermüdet, suchte er Unterkommen in einem unbedeutenden Hause, auch um Lebensmittel zu erhalten. Vergebens pochte er an die Fensterladen, es ward nicht aufgetan. Endlich, nachdem er mit Poltern nicht aufgehört, wurde aufgemacht, aber zu seinem Erstaunen findet er dort den Kaiser und König einquartiert. Seine neuesten Nachrichten über die Stellung des Feindes bereiteten ihm gute Aufnahme und Zuziehung zur Tafel. Andren Morgens fragte er die Hauswirte, ob sie wohl wüßten, wen sie beherbergt, sie antworteten: ‹Vornehme Offiziere!› Auf die Entgegnung, sie hätten den Kaiser und den König im Hause logiert, nahmen sie sogleich die Gläser, Teller usw., die die Majestäten zum Gebrauch gehabt, beiseite, um sie als Andenken aufzuheben.»[6]

Solch ein anonymer Aufenthalt in der Umgebung Leipzigs war schon deshalb unmöglich, weil sich beide Monarchen vor der Völkerschlacht nicht in der näheren Umgebung Leipzigs aufhielten und niemand ein Geheimnis um derart prominente Gäste gemacht hätte – wie auch, wo sie doch mit großem Tross unterwegs waren? Was allerdings die Anekdote sehr schön thematisiert, ist die kommerzielle Nutzung von Erinnerungsstücken an die Anwesenheit der Monarchen während der Völkerschlacht. Es sind mehrere Geschirrstücke überliefert, die Napoleon in den Tagen der Völkerschlacht benutzt haben soll, und solche Devotionalien versprachen ihren Eigentümern viele Neugierige, weshalb sie bevorzugt in Gasthäusern aufbewahrt wurden.

Wenn es also auch nicht Zar Alexander I. und König Friedrich Wilhelm III. gewesen sein können, die sich am 16. Oktober vor Tagesanbruch, also deutlich vor sechs Uhr morgens, so nahe bei den französischen Stellungen umgesehen haben sollen, so mag Marbot durchaus einen anderen alliierten Spähtrupp gesehen haben, denn es gab einige Gründe, an diesem Morgen auf Erkundung auszugehen. Zunächst einmal war allen Beteiligten klar, dass an diesem Tag die entscheidende Schlacht beginnen würde. Aber wer würde die Initiative zum Angriff übernehmen? Das wurde allgemein von Napoleon erwartet, dessen strategischer Genius ungeachtet des im Vorjahr gescheiterten Feldzugs nach Russland als unübertrefflich galt. Und man bewunderte ihn vor allem als den Meister des Angriffs. Wenn er diesem Ruf auch in Leipzig gerecht werden sollte, dann durften die Alliierten nicht erst am frühen Morgen auf der Hut ein. Denn kaum weniger berühmt als Napoleons Feldherrnfähigkeiten war seine Neigung, mitten in der Nacht aufzustehen. Ein Mitglied seines Stabs im Herbstfeldzug von 1813, der sächsische Major Otto von Odeleben, schildert, wie der Kaiser der Franzosen mit dem von seinem Leibdiener Rustan weitergetragenen Befehl «Que tout le monde s'éveille!» die Vertrauten wecken ließ. Der Zeitpunkt, zu dem sich die ganze Welt zu erheben hatte, war meist schon ein oder zwei Stunden nach Mitternacht, wenn Napoleon vier bis fünf Stunden geruht hatte, «denn er pflegte während des Feldzugs sehr zeitig, nach 8 Uhr oder um 9 Uhr, sobald er gespeist hatte, sich niederzulegen».[7] Nicht, dass seine Gegner mit nächtlichen Angriffen hätten rechnen müssen – Krieg wurde zu jener Zeit bei Tageslicht geführt –, aber Truppenbewegungen im Schutze der Dunkelheit, die die am Vortag vom Gegner ausgespähten Positionen entscheidend veränderten, waren keineswegs ausgeschlossen. Welcher Zeitpunkt für eine entsprechende Erkundung wäre also besser gewesen als der Moment des Tagesanbruchs an einem der wenigen herausgehobenen Standorte an der Front? Diese Überlegung hatte zweifellos alliierte Beobachter auch auf den Kolmberg geführt, wo österreichische Truppen wenige Stunden später eine Artilleriestellung einrichteten, die im Laufe des Tages hart umkämpft sein sollte.

Napoleon nutzte die Nacht jedoch im Regelfall eher für Beratungen und die Erledigung seiner Korrespondenz. Odeleben beschrieb diese Routine des Kaisers: «Oft widmete er auch ganze Nächte der Arbeit. Rustan mußte dann Kaffee bringen, und er spazierte in dem hell erleuchteten Kabinett, in einem weißen Nachtüberrock, ein buntseidenes Tuch, gleich einem Turban, um das Haupt gewunden, sprechend und diktierend herum. Offiziere und Generale empfingen hier ihre Weisungen, und war die Zeit zur Ruhe verflossen, so nahm er vielleicht, gegen Morgen, zur Stärkung ein Bad. Dies waren jedoch seltene Fälle; gewöhnlich arbeitete er früh von 2 bis 4 Uhr und ruhte oder meditierte dann noch ein paar Stunden im Bett.» Am Mittwoch, den 13. Oktober 1813, als der Kaiser der Franzosen sich noch in der Kleinstadt Düben an der Mulde aufhielt, also dreißig Kilometer nordöstlich von Leipzig, hatte er auf diese Weise frühmorgens an seinen Befehlshaber, den Marschall Macdonald, seinen Armeebefehl ausgegeben, in dem er anordnete, dass sich neunzigtausend Mann unter Führung des Königs von Neapel, Napoleons Schwager Murat, vor Leipzig den Österreichern stellen sollten. Beide Seiten waren mittlerweile seit Wochen im grässlichen Herbstregen unterwegs und sehnten die Entscheidungsschlacht herbei.

Bis zum 14. Oktober hatten die Alliierten keine Ahnung gehabt, wo sich Napoleon mit seiner Hauptarmee genau aufhielt; unmittelbare Fühlung bestand nur zu dem vor Leipzig wartenden Truppenteil unter Murat, der ungeachtet des Befehls Napoleons allerdings nur fünfundvierzigtausend Mann stark war. Mehr Soldaten waren noch nicht im Süden der Stadt eingetroffen. Dieses Heer, zu dem achttausend Reiter und 156 Geschütze gehörten, hatte sich von Süden kommend langsam in Richtung Leipzig zurückdrängen lassen,

Das Reitergefecht bei Liebertwolkwitz vom 14. Oktober 1813.

ohne dass es bislang zu größeren Kämpfen gekommen wäre. Nun jedoch, zwei Tage vor Beginn der Völkerschlacht, trafen die beiden Seiten in der Umgebung von Liebertwolkwitz, wo später auch Marbot seinen Posten beziehen sollte, bei einem ersten erbitterten Reitergefecht aufeinander, das schnell zu einem großen Gemetzel ausartete, als die achttausend Kavalleristen der französischen Streitmacht von insgesamt siebentausend russischen Husaren und preußischen Kavalleristen angegriffen wurden. Während der ganzen späteren Völkerschlacht sollte sich kein größeres Reitergefecht mehr ereignen.

Insgesamt standen sich am 14. Oktober im Süden von Leipzig bereits fünfundachtzigtausend Mann kampfbereit gegenüber. Murat hatte seine Infanterie westlich von Liebertwolkwitz auf die beiden Ortschaften Markkleeberg und Wachau verteilt, von denen aus sich ein sanfter Höhenzug bis zum Kolmberg erstreckt, und somit einen Riegel gegen die von Schwarzenberg angeführte Böhmische Armee gebildet, die mit mehr als hundertdreißigtausend Soldaten anrückte. Murats fünfundvierzigtausend Mann hatte am Morgen des 14. Oktober nur eine Vorhut dieses Heers gegenübergestanden, die aus insgesamt vierzigtausend Russen, Preußen und Österreichern bestand und vom russischen Generalleutnant Sayn-Wittgenstein befehligt wurde. Er hatte von Schwarzenberg den Auftrag bekommen, ein Erkundungsgefecht zu führen, um die Bereitschaft des Feindes auszutesten, sich überhaupt auf einen Kampf einzulassen. An der Vehemenz der französischen Gegenangriffe konnten die Alliierten dann tatsächlich erkennen, dass für die Franzosen die Zeit der taktischen Rückzüge vorbei war und sie Leipzig um jeden Preis verteidigen wollten. Sie vermuteten richtig, dass mittlerweile auch Napoleon mit seiner Hauptstreitmacht dort angekommen sein musste und Murats plötzliche Kampfbereitschaft auch durch das Vertrauen auf die Feldherrnkünste seines Kaisers befeuert wurde.

Kurz nachdem die beiden Kavallerien am Morgen begonnen hatten, sich heftige Gefechte zu liefern, griffen auch die jeweiligen Infanterie- und Artillerieabteilungen in die Kampfhandlungen ein. Die konzentrierten sich schließlich vor allem auf das Dorf Liebertwolkwitz selbst, das erstmals kurz vor Mittag durch die Infanteristen des österreichischen Generals Johann Graf von Klenau angegriffen wurde, nachdem die eilig herangezogene alliierte Artillerie eingetroffen war und den im Laufschritt angreifenden Soldaten Feuerschutz geben konnte. Wie die meisten anderen Dörfer rund um Leipzig bestand auch Liebertwolkwitz aus mehreren dicht beieinanderstehenden steinernen – und damit feuerfesten – Häusern und Gehöften, die im Gegensatz zum überwiegend flachen Gelände ringsum gute Deckungsmöglichkeiten boten. Deshalb tobte die Auseinandersetzung besonders heftig, und einer ersten Eroberung von Liebertwolkwitz durch Klenaus Männer gegen zwei Uhr nachmittags folgte rasch die Rückgewinnung der Ortschaft durch französische Truppen, ehe den Österreichern um vier Uhr noch einmal der Einzug ins Dorf gelang. Doch sie wurden sofort wieder durch starke französische Gegenwehr vertrieben, und am Ende des Gefechts, das Schwarzenberg gegen sechs Uhr wegen der Dunkelheit abbrechen ließ, hatte sich an den Stellungen der feindlichen Heere nichts verändert.

Solche hart und blutig erkämpften ständigen Besitzwechsel der Dörfer um Leipzig sollten in den nächsten Tagen zu einem Kennzeichen der Völkerschlacht werden. In ihr wurde bei den gegenseitigen Angriffs- und Verteidigungsbemühungen in kleinem Maßstab immer wieder das exerziert, was in späteren Kriegen Häuserkampf genannt werden sollte. Über die Opferzahlen dieses Gefechts vor der großen Schlacht gibt es nur von einer Seite genaue Aufzeichnungen – von den französischen Truppen sind während des rund zehnstündigen Kampfes bei Liebertwolkwitz von achttausend beteiligten Kavalleristen sechshundert gefallen und tausend Pferde getötet worden, außerdem nahm man tausend alliierte Soldaten gefangen. Die Grande Armée zeichnete sich damals durch ihre moderne Organisation aus, zu der auch eine akribische Buchführung über die Verluste an Menschen und Material zählte.

Am Tag nach dem Gefecht von Liebertwolkwitz, dem 15. Oktober, hatte Schwarzenberg sein Heer im Süden bis auf eine Linie heranrücken lassen, die eine runde halbe Wegstunde von den französischen Stellungen entfernt lag. Gleichzeitig waren aus dem Norden zwei weitere Armeen der Alliierten auf Leipzig zumarschiert: die sechsundfünfzigtausend Mann starke Schlesische Armee unter Führung Blüchers, mit ihren preußischen und russischen Truppen, und die Nordarmee, die aus knapp siebzigtausend schwedischen, russischen und preußischen Soldaten unter dem Kommando des schwedischen Kronprinzen Karl Johann bestand. Aber nur Blüchers Truppen, die sich im Nordosten von Leipzig bei

Schkeuditz befanden, waren schon am 16. Oktober in der Lage, ins Kampfgeschehen einzugreifen; die Nordarmee war zu langsam vorgerückt und sollte erst am 18. Oktober der alliierten Kriegsführung in der Völkerschlacht zur Verfügung stehen.

Dieser Teil der alliierten Streitkräfte sollte ursprünglich einen französischen Angriff auf Berlin verhindern, der auch schon kurz darauf erfolgte, in der Schlacht von Großbeeren am 23. August aber abgewehrt werden konnte. Napoleon war daraufhin gezwungen, seine Strategie zu ändern, und die Konsequenzen daraus sollten ihn nach Leipzig bringen. Vor seinem Versuch, Berlin zu erobern und damit Preußen aus der gegnerischen Koalition zu lösen, hatte er zu Beginn des neuen Feldzugs in einem Operationsplan festgehalten: «Wenn ich auf Berlin marschiere, habe ich alsbald einen großen Erfolg: ich decke meine Linie Hamburg – Dresden; ich bin im Zentrum. In fünf Tagen kann ich an den äußersten Punkten meiner Linien sein; ich entsetze Stettin und Küstrin; ich kann rasch den Erfolg haben, die Russen und Österreicher zu trennen ... Die Preußen werden nicht gerade Wert darauf legen, in Böhmen zu bleiben, wenn ihre Hauptstadt genommen ist, und die Russen werden für Polen besorgt sein, wenn sie die Polen an der Oder versammelt sehen. Eins von beiden müsste dann eintreten. Die Russen und die Preußen in Böhmen werden Österreich zwingen, wieder die Offensive zu ergreifen, wieder nach Dresden zu kommen; das kann erst in vierzehn Tagen geschehen! Dann habe ich Berlin genommen, Stettin verproviantiert, die preußischen Befestigungsarbeiten zerstört und die Landwehr aufgelöst. Wenn Österreich dann seine Dummheiten wieder beginnt, werde ich mich in Dresden mit einer vereinigten Armee einfinden; große Ereignisse, eine große Schlacht würden den Feldzug oder den Krieg überhaupt beenden.»[8]

Das Scheitern des französischen Angriffs auf Berlin machte diesen Plan eigentlich obsolet, doch nachdem Napoleon am 26. und 27. August die Schlacht bei Dresden, seinem deutschen Hauptquartier im Jahr 1813, gegen die Böhmische Armee triumphal gewonnen hatte, schien das Kriegsglück wieder auf seiner Seite zu sein. Mit dem Desaster im Erzgebirge allerdings, als das dreißigtausend Soldaten starke französische Korps bei der Verfolgung der sich zurückziehenden Alliierten von diesen in eine Falle gelockt und am 30. August vollständig aufgerieben wurde, geriet Napoleon abermals in die Defensive – zumal Blüchers Schlesische Armee zeitgleich zur Schlacht bei Dresden die in der Lausitz agierenden feindlichen Truppen besiegt und damit das preußische Schlesien vollständig befreit hatte. Die drei großen alliierten Heere – unter Karl Johann von Norden aus, unter Blücher von Osten aus, unter Schwarzenberg von Süden aus – begannen nun langsam, Napoleon in Sachsen einzukreisen. Die einzige offene Himmelsrichtung war Westen und der Knotenpunkt aller Wege dorthin Leipzig.

Am 16. Oktober kam diese Bewegung vor den Toren der Stadt an, wobei Blücher in den vergangenen Wochen am geschicktesten agiert und seine Truppen schließlich über die Elbe und in einem Schwenk nach Halle geführt hatte, was sie in den Nordwesten von Leipzig brachte. Napoleon drohte dadurch der Rückzugsweg nach Westen abgeschnitten zu werden, aber solange die Nordarmee noch nicht eingetroffen war, fehlte der Schlesischen Armee dazu die Bewegungsfreiheit, weil sie stets gewärtigen musste, dass sich die feindlichen Kräfte gegen sie vereinigten. Doch die Entscheidung erwarteten beide Seiten ohnehin im Süden von Leipzig, wo die jeweiligen Hauptkräfte einander gegenüberstanden. Aus den Kampfhandlungen zwei Tage zuvor wusste man auf alliierter Seite um die Schwierigkeiten, hier einen entscheidenden Schlag zu führen; man suchte nach Mitteln, die am dichtesten besetzte französische Verteidigungslinie zu umgehen. Dazu hätte die alte Landstraße von Leipzig nach Grimma dienen können, die östlich des Kolmbergs an der linken Flanke der französischen Stellungen vorbeilief, doch sie hatte unter den Regenfällen der letzten Wochen besonders gelitten, zumal sie seit dem Bau der westlich davon nahezu parallel verlaufenden neuen Chaussee nach Grimma nicht mehr sorgfältig unterhalten wurde und deshalb für schwere Gefährte, wie sie die Artillerie benötigte, unbrauchbar geworden war. Die neue Landstraße aber führte durch das von den Franzosen gehaltene Liebertwolkwitz, und wie schwer es war, an dieser Stelle durchzubrechen, hatten die Alliierten festgestellt, als sie am 14. Oktober vergeblich versucht hatten, das Dorf einzunehmen. Auch dies deutet darauf hin, dass Marbot am Kolmberg tatsächlich alliierte Späher beobachtet hatte – allerdings weniger prominente, als von ihm kolportiert. Sie hätten dann von dem exponierten Standpunkt aus Klarheit darüber zu gewinnen versucht, ob sich an den französischen Stellungen in Richtung Liebertwolkwitz seit Donnerstag etwas geändert hatte.

Während Marbot am frühen Morgen sein imaginärer großer Fang durch die Lappen gegangen war, brach gegen sieben Uhr morgens hinter den französischen Linien in der Ortschaft Connewitz ein junger Mann, dessen Name nicht überliefert ist, zu Fuß in die Stadt auf (Pferde unterlagen in Leipzig und Umgebung längst der Fourage, waren also vom Militär beschlagnahmt worden). In Connewitz, das in einer Entfernung von vier Kilometern genau im Süden Leipzigs lag, unterhielten seinerzeit viele vermögende Bürger der Stadt kleine Landsitze, so auch der Vater des jungen Mannes. Das Nachbargrundstück wiederum war im Besitz der Familie von Friedrich Rochlitz, eines reich verheirateten Publizisten, der sich in seinem Connewitzer Häuschen eine veritable Gelehrtenstube eingerichtet, um im Sommer oder an den Wochenenden in Ruhe an seinen musikhistorischen Forschungen arbeiten zu können. Allerdings lag Connewitz während der Völkerschlacht in der Etappe, und die Soldaten des französischen Heeres bedienten sich mit Freude der Vorräte und Annehmlichkeiten der dort gelegenen luxuriös ausgestatteten Landsitze. Deren Eigentümer hatten im Gegensatz zu den gewöhnlichen Dorfbewohnern jedoch immerhin die Möglichkeit, ihre Besitztümer schützen zu lassen, wofür die Leipziger Bürgergarde herangezogen wurde: «Es wurde nämlich zu Beschützung einiger, eng verbundener Gartenhäuser, die dem Eindringen der französischen Reserve-Mannschaft am häufigsten ausgesetzt waren, ein Bürger-National-Garde-Wachposten aufgestellt, der besonders die Holzerpresser ein wenig im Zaume halten sollte, die selbst Meubeln requirirten, um sie im Wachtfeuer glänzen zu lassen.»[9] Das war nicht im Sinne der ursprünglichen Funktion dieser Bürgerwehr, die jeden Abend sechzehn Wächter zu stellen hatte, um Ruhe und Ordnung innerhalb der Stadt aufrechtzuerhalten, aber da sie vom Magistrat aufgestellt worden war, dessen Angehörige selbst über etliche Domizile in der ländlichen Umgebung verfügten, darf man sich über diesen Missbrauch der Truppe wohl nicht wundern.

Der junge Mann aus Connewitz traf gegen acht Uhr morgens bei Rochlitz in dessen Stadtwohnung in der Klostergasse ein. Der Publizist notierte den Bericht des Besuchers in seinem Tagebuch, dessen Einträge und die daraus entstandenen Briefe er schon kurz nach der Völkerschlacht zu dem Buch «Tage der Gefahr» zusammenfassen sollte, der umfangreichsten Schilderung des Geschehens aus der Sicht eines Leipziger Bürgers. Über die Lage außerhalb der Stadt erfuhr Rochlitz von dem Boten aus Connewitz: «Greulich ist es draußen ergangen. An eine Ordnung ist gar nicht mehr zu denken; man lacht jeden Versuchs zum Zureden und mißhandelt bei jedem Widerstreben ... Hunderte, von Ungemach, Hunger, Todesfurcht, Todestrotz und oft vom Trunke wütiger Menschen zu befriedigen, ward endlich geradezu unmöglich. Jetzt nahm man in Rache oder, was ich lieber glauben will, in allgemeinem, innerm Ingrimm, was man auch gar nicht brauchen konnte, oder zerstörte es, ohne irgendeinen Zweck, als diesen seinen Ingrimm auszulassen.»[10] Im Wohngebäude selbst hatten sich Offiziere einquartiert, und im Gartenpavillon des Rochlitzschen Grundstücks war von polnischen Soldaten in französischen Diensten auf den Holzdielen ein Feuer entfacht worden, um die Nachtkälte aus den Gliedern zu vertreiben. Doch die Flammen drohten auf das ganze Gebäude überzugreifen, und wenn der gut hundertfünfzig Mann starke Trupp am frühen Morgen nicht abberufen worden wäre, um in seine Stellungen einzurücken, hätte das Anwesen leicht abbrennen können. So aber hatte der von Rochlitz angestellte Gärtner das Feuer noch rechtzeitig löschen können, wie der Sohn des Nachbarn berichtete.

Dadurch blieb bei Rochlitz die Hoffnung bestehen, dass er seinen Lieblingsort nach dem Ende der Kämpfe vielleicht doch unzerstört vorfinden würde. Und tatsächlich erwies es sich eine Woche nach der Völkerschlacht, als es dem von den Ereignissen erschöpften Musikschriftsteller endlich möglich war, selbst in Connewitz nach dem Rechten zu sehen, dass seine Retraite heiler davongekommen war, als es nach dem ersten Bericht des Nachbarssohns am 16. Oktober zu fürchten gewesen war. In der liebevoll gepflegten Gartenanlage, dem Ort des ersten trauten Stelldicheins zwischen Rochlitz und seiner Frau, hatten die polnischen Soldaten allerdings Standbilder umgeworfen und ins Gebüsch geworfen, eine Lustgrotte war zum Abort entweiht, die dort angebrachte Erinnerungstafel mit einem eigenhändigen Gedicht herausgerissen worden. «Das Bild dessen, was sich mir darbot, zu zeichnen, vermeide ich ... dies Bild, nicht etwa nur des Raubes und Verwüstens, sondern des Mutwilligen, des Höhnenden dabei; das Bild jenes Geflissentlichen, dem Zerstörer ganz Zweck- und Nutzlosen, zugleich äußerst Mühsamen, Schwierigen, Beschimpfenden – mithin des Shakespeareschen ‹Lust an Unlust, das ist Lust!›.»[11]

Die kultivierte Seele des Publizisten hatte das mannigfache menschliche Leid, das er seit Anfang Oktober in Briefen und Aufzeichnungen so akribisch beobachtet und geschildert hatte, aus der Erinnerung bereits verdrängt; nun war Platz für den Ärger über die eigenen Beschwernisse, so harmlos sie im Vergleich auch waren. Um Rochlitz herum war eine ganze Welt in Scherben gefallen, er jedoch sah kurz danach nur noch die nicht einmal gravierende Zerstörung des eigenen Mikrokosmos. Solch eine Rückkehr zur rein privaten Sorge war allerdings auch ein Zeichen der Erleichterung, die zugleich die ersehnte Rückkehr zur Normalität in Leipzig nach dem großen Morden belegte.

Man kann sich kaum vorstellen, wie sehr der Aufmarsch der an der Völkerschlacht beteiligten Armeen in den Wochen zuvor das Erscheinungsbild der sonst so offenen Handelsmetropole verändert hatte. Als sich der Nachbarssohn aus Connewitz morgens am 16. Oktober über die Straße, die von Borna nach Leipzig führte, der Stadt näherte, stieß er auf der Esplanade, einem von mehreren Baumreihen umstandenen Platz unmittelbar vor dem Peterstor, auf eines der größeren Heerlager von Napoleons Armee. Etliche der Zierbäume aus den Grünanlagen, für die Leipzig so berühmt war, dass Stendhal die Schönheit der sächsischen Metropole in seinen Reisetagebüchern weit über die französischer Städte stellte[12], waren bereits gefällt und verfeuert worden, wie es im Laufe der nächsten Tage auch den geschlossenen Lindenreihen widerfahren sollte, die rund um die Stadt angepflanzt worden waren, als man die mächtigen Bastionen durch den repräsentativen Promenadenring ersetzt hatte. Hinter diesen Lindenalleen erstreckten sich bis zu den alten Stadtmauern noch die Gräben der früheren Verteidigungsanlagen, über die steinerne Dämme zu den vier Stadttoren und Holzbrücken zu drei weiteren kleineren Öffnungen im Mauerring, den sogenannten Pförtchen, führten. Ein fünftes Haupttor gehörte zur Pleißenburg, der alten, mittlerweile veralteten Festungsanlage der sächsischen Herzöge im Südwesten der Innenstadt, doch es war nicht für den öffentlichen Verkehr geöffnet und konnte als Teil der Wehranlage gut verschlossen werden, weshalb es im Verlauf der Völkerschlacht keine Rolle spielte – ganz im Gegensatz zu allen anderen Zugängen zur Innenstadt.

Auch die drei Pförtchen waren im Vorfeld der Völkerschlacht

verbarrikadiert worden: «Die Tore, die nicht zu Hauptstraßen führen, sind ganz gesperrt und nun verpalidasiert», notierte Rochlitz,
«die Haupttore sind dies auch, bis auf Öffnungen für die nötigsten
Eingänge, welche zu verrammeln spanische Reiter bereitstehen.»[13]
Damit waren allerdings nur die äußeren Tore gemeint, die an den
nach Leipzig führenden Straßen den Zutritt zu den Vorstädten er-
laubten; die vier großen Tore zur Innenstadt blieben zunächst
noch frei, allerdings wurden in jeden Torflügel zehn Schießscharten für Flinten eingesägt.[14]

Sogar der rege Straßenverkehr, der normalerweise Anfang Oktober während der Herbstmessezeit geherrscht hätte, war in den
Tagen der Schlacht plötzlich wieder da: durch den ständigen Zustrom von Munitions- und Verwundetentransporten. Doch die
sonst in ihrer Bürgerlichkeit so moderne Stadt machte keinen ge-
schäftlich umtriebigen, sondern einen mittelalterlichen Eindruck,
weil die Franzosen sie als Ganze zur Festung umgewidmet hatten.
Mit Ausbruch der Kampfhandlungen wurde das alte Prinzip der
militärischen Vorwerke wiederbelebt, um die Stadt besser verteidigen zu können. Und dabei hatten die Leipziger selbst immer
wieder mitzuhelfen. «Alles, was dazu fähig ist, muß hinaus, um
zu schanzen», beobachtete Rochlitz noch während der Völkerschlacht. «Die Tore und Straßen der Vorstädte, selbst mehrere einzelne Häuser der letztern, werden gewissermaßen befestigt und
vom Militär allein besetzt. Sie sollen bis zum letzten Mann verteidigt werden.»[15]

Am Peterstor, dem einzigen großen Zugang zur Stadt von Süden
her, hatte sich der Nachbarsjunge aus Connewitz bei den Wachposten ausweisen müssen; nur die Einwohner von Leipzig und Angehörige der französischen Armee durften in die Innenstadt hinein.
Immerhin entfiel für die Zeitdauer der militärischen Besetzung
in Leipzig der «Torgroschen», eine vom Rat der Stadt erhobene
Zwangsabgabe, die zu leisten war, wenn man nach der Schließung
der Tore, die im Sommer um neun Uhr abends, im Winter aber

schon um halb fünf nachmittags erfolgte, Leipzigs Innenstadt betreten oder verlassen wollte. Die anderen Haupteingänge neben dem Peterstor waren im Uhrzeigersinn um die Innenstadt herum im Nordwesten das Ranstädter, im Norden das Hallesche und im Osten das Grimmaische Tor. Neun äußere Tore lagen jeweils am Rand der Vorstädte, wodurch sich alle Zufahrtsstraßen aus dem Umland unterbrechen ließen und eine Annäherung an die Innenstadt schon weit im Vorfeld verhindert werden konnte.

Als der Nachbarsjunge aus Connewitz um acht Uhr bei Friedrich Rochlitz eintraf, hatten sich die Alliierten gerade zum Angriff auf die französischen Stellungen südlich von Leipzig entschlossen. Die vor zwei Tagen bereits in die Kampfhandlungen verwickelten und deshalb mit dem Terrain bestens vertrauten Korps rückten auf einer Breite von drei Kilometern gleichzeitig auf Markkleeberg, Wachau und Liebertwolkwitz vor. Markkleeberg wurde sofort eingenommen, wechselte aber im Laufe der Kämpfe des Tages noch viermal den Besitzer, bis es tatsächlich endgültig von den Alliierten besetzt blieb. Liebertwolkwitz wurde dagegen erfolgreich von den Franzosen verteidigt.

Das Zentrum der Kampfhandlungen lag allerdings bei Wachau. Hierhin war Napoleon sofort aufgebrochen, als ihn im Reudnitzer Quartier die Nachricht vom Beginn des Angriffs der Alliierten erreichte. In der Nacht auf den 16. Oktober hatte der Kaiser noch lange mit seinem Stab über den Landkarten der Umgebung von Leipzig gebrütet – es waren dieselben Pläne, die er schon 1806 beim siegreichen Feldzug gegen Preußen und Sachsen benutzt hatte; der Revolutionär der Kriegsführung hielt gern an bewährten Mitteln fest. Der sächsische Major von Odeleben erinnerte sich an die Karte, die Napoleon 1813 bei Leipzig benutzte: «In Sachsen war es die von Petri, weil sich Napoleon im Jahre 1806 an dieselbe gewöhnt hatte und sie vorzüglich schätzte. Es war noch dasselbe Exemplar, gemeiniglich schon vor seinem Eintritt gehörig orientiert, und mit Stecknadeln, die bunte Kuppen hatten, überall bespickt, um die Stellungen der verschiedenen Armeekorps und des Feindes bemerklich zu machen. Lag diese Karte nicht bereit, so mußte sie doch unmittelbar nach seiner Ankunft herbeigeschafft werden, denn sie war seine tragbare Heimat, schien ihm mehr am Herzen zu liegen als andere Bedürfnisse des Lebens, und ward des Nachts mit vielleicht 20 bis 30 Lichtern besetzt, in deren Mitte der Zirkel lag. Stieg er zu Pferde, so trug der Großstallmeister Caulaincourt das nötige Blatt auf der Brust eingeknüpft, weil er Napoleon stets am nächsten war, um sie ihm darreichen zu können, wenn er sagte: *la charte!*»[16]

Die Erkenntnisse für den akribischen Analytiker aus dem vorangegangenen Gefecht von Liebertwolkwitz waren klar: Ziel war, den dortigen niedrigen Höhenzug gegen die Angreifer zu halten, um der eigenen Artillerie den Vorteil der höher gelegenen Stellungen zu erhalten und zugleich Bewegungsfreiheit für Truppenverschiebungen zu behalten, die bei einem Rückzug nach Westen schwieriger werden würden, da man dann die Stadt hätte durchqueren oder umgehen müssen. Weil die Auenlandschaft im Westen den rechten französischen Flügel gegen den Feind abschirmte, galt es, im Süden der Stadt vor allem auf dem linken Flügel wachsam zu sein, also rund um den Kolmberg, wo am ehesten mit einem Umgehungsmanöver der Böhmischen Armee zu rechnen war. Napoleon wählte stattdessen eine Anhöhe zu seinem Befehlsstand, die genau in der Mitte seiner Verteidigungslinie zwischen Markkleeberg und dem Kolmberg lag: den Galgenberg zwischen Wachau und Liebertwolkwitz. Kurz vor neun Uhr morgens ritt er von Reudnitz aus los, nahm kurz vor Leipzig die befestigte Landstraße in Richtung Grimma und traf gegen zehn Uhr am Ort der Kämpfe ein, wo seit einer Stunde ein wildes Artilleriefeuer von beiden Seiten tobte. Napoleon bezog seinen Kommandostand auf dem Galgenberg, während Murat sein Hauptquartier in Wachau beibehielt. Die in Reudnitz zurückgebliebene Entourage des Kaisers betätigte sich während des Tages zur Verblüffung der Leipziger als Schlachtenbummler: «Die fröhlichen Gesichter der Stallbedienten Napoleons, der vielen Employés, etc. die während des fast immer ärger donnernden Geschützes, des fast immer heftiger werdenden Pelotonfeuers im Nordwesten um die Stadt spazieren gingen, setzte alle Gemüther in Erstaunen. Gleich ihnen näherte sich mancher dem Kampfplatz, so weit es ohne persönliche Gefahr geschehen konnte, und sah nun den Szenen zu, die jetzt mit jedem Augenblick herzzerschneidender wurden.»[17]

Aber auch die Leipziger selbst trieb es in die Obergeschosse der Häuser, um das Geschehen außerhalb der Stadt zu beobachten. Der aus Plauen stammende dreiundzwanzigjährige Jurastudent Christian Gottlieb Schneider, der in der Katharinenstraße wohnte und laut dem amtlichen Leipziger Sterbezettel am 20. November 1813, einen Monat nach der Völkerschlacht, starb (wohl am Typhus), schilderte vier Tage nach dem Ende der Kämpfe in einem Brief an seine Familie die eigenen Erlebnisse. Am späten Nachmittag des 16. Oktobers hatte ihn die Neugier übermannt: «Zwei Stunden sah ich nun, von dem Dache eines benachbarten Hauses, wo man 8 Treppen hoch bis unter den Giebel des Daches steigen kann, mit Hilfe eines Tubus diesem furchtbar großen Schauspiel zu. Ich konnte die Schlachtlinie beyder Armeen ganz übersehen, und jeden Kanonenschuß kündigte mir das der Mündung entstürzende Feuer voraus an.»[18]

Ausgerechnet vor dem erhöhten Aussichtspunkt, den der Kaiser der Franzosen eingenommen hatte, waren die vereinigten russischen, österreichischen und preußischen Truppen bislang am besten vorangekommen. Wachau hatten sie nahezu widerstandslos eingenommen, doch das gehörte zu Napoleons Plan. Aus nur wenigen hundert Metern Entfernung begutachtete er mit dem Fernrohr die Situation und zog sich angesichts des heftigen feindlichen Artilleriebeschusses auf diesen exponierten Punkt dann wieder zur Straße zurück, auf der er eingetroffen war – direkt hinter den eige

Alliierter Angriff auf Liebertwolkwitz am 16. Oktober 1813.

nen Linien, in Sichtweite des jetzt von den Alliierten besetzten
Wachau. Von hier aus leitete er den Gegenangriff ein.

Der erfolgte erst um elf Uhr, fiel dafür aber umso heftiger aus.
Mit einem Schlag führte Napoleon bei Wachau vierzigtausend Soldaten gegen die hier nur halb so starken Angreifer ins Feld, die
von dieser plötzlichen Übermacht völlig überrumpelt wurden,
weil sie glaubten, dass die übrigen französischen Einheiten durch
die Kämpfe an den Flügeln gebunden wären. Dabei bewährte sich
noch einmal die gefürchtete Taktik, die Napoleon entwickelt hatte:
Er hielt in den Schlachten immer bedeutende Truppenteile zurück, die dann im entscheidenden Moment als frische Kräfte eingreifen konnten. Allerdings konnte sich der französische Heerführer diesen Luxus in der Völkerschlacht nur einmal erlauben, denn
schon am Ende des ersten Tages sollten die Verluste zu groß geworden sein. Neue Truppen konnten die Franzosen im Gegensatz

zu den Alliierten nicht erwarten, und so blieb die Schlacht bei Wachau, die allen Kampfhandlungen am 16. Oktober im Leipziger Süden den Namen geben sollte, die einzige im Rahmen der viertägigen Völkerschlacht, die in der Summe mit einem Sieg der Franzosen endete.

Napoleon jedoch glaubte gegen zwei Uhr, als seine Soldaten Wachau zurückerobert hatten und die Hauptmacht der alliierten Truppen vor sich her trieben, dass damit bereits die ganze Völkerschlacht gewonnen wäre. Er selbst war schon eine Stunde zuvor im Gefühl des sicheren Sieges bei Wachau nach Liebertwolkwitz geritten, um seine dort stehenden Einheiten gleichermaßen zum Angriff zu führen. Er gelang fulminant, obwohl sich die vor Wachau in die Flucht geschlagenen alliierten Truppen mittlerweile neu gesammelt und eine Widerstandslinie bezogen hatten, die mit der Schäferei Auenhain, dem Dorf Güldengossa und einem von der Landstraße nach Grimma geteilten Waldareal, das Eigentum der Leipziger Universität war und deshalb Universitätsholz genannt wurde, gleich mehrere Stellungen bot, die eine effiziente Verteidigung ermöglichten. Dazwischen klafften allerdings breite Lücken, in die die französische Reiterei unter Murat mit zehntausend Mann hineinstieß, der die alliierte Kavallerie nichts entgegenzusetzen hatte: Zwischen Auenhain und Güldengossa brachen die Franzosen um drei Uhr nachmittags durch und drohten in ihrem Angriffsschwung den südlich von Güldengossa gelegenen Wachtberg zu erreichen, von dessen Höhe herab Fürst Schwarzenberg im Beisein von Franz I., Alexander I. und Friedrich Wilhelm III. die Operationen der Alliierten befehligte. Das große Gefolge, das diesen Platz umgab, zeigte den französischen Angreifern, mit wem sie es hier zu tun hatten; entsprechend verdoppelten sie ihre Anstrengungen. Schwarzenberg schickte die Herrscher zur Sicherheit weiter zurück und stellte sich persönlich zum Kampf. Aber Teile der gegnerischen Reiterei umritten den Wachtberg und verfolgten die sich zurückziehenden Monarchen. Hätte der Zar nicht sein Garde-Kosakenregiment um sich gehabt, das bislang noch nicht in die Kämpfe eingegriffen hatte und deshalb der nach dem rasenden Vorstoß erschöpften Reiterei der Franzosen überlegen war, wäre die Schlacht verloren gewesen. So aber war dieser von Alexander angeordnete Gegenstoß am frühen Nachmittag des 16. Oktober 1813 die willkommene Möglichkeit, die persönliche Scharte von Austerlitz acht Jahre zuvor auszuwetzen. Ein entscheidender Moment war damit zu Ungunsten Napoleons ausgegangen, und die Erfolge der den französischen Kavalleristen folgenden Infanteristen, die die Schäferei Auenhain ebenso stürmten wie die Ortschaft Güldengossa, vermochten keine Entscheidung zu erzwingen.

Dennoch war der Kaiser zunächst zufrieden mit dem Schlachtverlauf, zumal die französischen Truppen gegen ein Uhr auch den als Artilleriestützpunkt so wichtigen Kolmberg gestürmt hatten. Später verbreitete sich in Leipzig das Gerücht, diese Aktion wäre nur geglückt, weil die österreichischen Verteidiger der Anhöhe vier zu ihrer Unterstützung entsandte preußische Schwadronen für französische Kavallerie gehalten und deshalb diese Verstärkung statt der tatsächlichen Gegner beschossen hätten.[19] Napoleon kehrte nach Erhalt der Nachricht von der Eroberung des Kolmbergs um zwei Uhr aus Liebertwolkwitz nach Wachau zurück, um einen Boten nach Leipzig ins Thomäsche Haus zu senden, der dem sächsischen König Friedrich August eine Stunde später die frohe Kunde vom Sieg im Süden überbrachte und zugleich Befehl geben ließ, in ganz Leipzig die Glocken zur Verkündung des nun sicher geglaubten Triumphs läuten zu lassen. Friedrich August eilte nach Eingang dieser Nachricht sofort in die nahe Nikolaikirche, um an einem Dankgottesdienst teilzunehmen.

Um den erwarteten Sieg zu vervollständigen und einen entscheidenden Schlag gegen die Hauptmacht der Böhmischen Armee zu landen, war Napoleon aber auf zusätzliche Soldaten aus dem Norden von Leipzig angewiesen, die er auch längst herbeibeordert hatte. Doch sie kamen nicht. Denn dort hatten sich die Kämpfe ganz anders entwickelt, als erwartet. Bei den nordwestlich vorgelagerten Dörfern Lindenthal und Möckern an den Landstraßen nach Landsberg und Halle hatte sich Marschall Marmont mit insgesamt neunundzwanzigtausend Mann aufgestellt. Da man wusste, dass die Nordarmee der Alliierten unter dem schwedischen Kronprinzen noch jenseits von Halle stand und deshalb an diesem Tag nicht mehr eintreffen konnte, schien das ausreichend. Doch man hatte Blücher aus den Augen verloren, der die Schlesische Armee mit ihren sechsundfünfzigtausend Soldaten in den letzten Tagen in ständiger Bewegung gehalten hatte und von jenseits der Elbe kommend mittlerweile bei Schkeuditz angelangt war und nun in Richtung des noch etwa drei Stunden entfernten Leipzig vorrückte. Napoleons Aufklärung vermutete ihn viel weiter weg, nämlich bei Merseburg, wo aber nur eine einzelne preußische Division stand. Hier zeigte sich die Überlegenheit der Alliierten beim Ausspähen des Gegners: Von den zahlreichen kleinen Kosakentrupps erhielt Schwarzenberg detaillierte Berichte über die Bewegungen des Feindes[20], während Napoleon mit seinen großen zusammenhängenden Heermassen nur deren unmittelbare Umgebung auskundschaften lassen konnte. Am Abend des 15. Oktober hätte er aber wissen können, dass Blücher in der Nähe angekommen war: Als die Böhmische Armee aus ihrem mittlerweile nach Pegau verlagerten Hauptquartier drei weiße Signalraketen abfeuern ließ, wurden sie von Blüchers Schlesischer Armee kurz danach mit drei roten beantwortet[21], um ihre Ankunft bei Schkeuditz anzuzeigen. Erst danach fasste das alliierte Oberkommando den Entschluss, am nächsten Tag anzugreifen.

Obwohl Blüchers Signalraketen nicht zu übersehen gewesen waren, war Napoleon weiterhin von der Zuverlässigkeit seiner Informationen überzeugt: Als Marmont am Samstagmorgen dem Kaiser der Franzosen die Nachricht schickte, er werde von der Schlesischen Armee angegriffen, beruhigte Napoleon seinen Marschall, es könne sich dabei nur um eine einzige feindliche Reiterschwadron handeln. Dieser Irrtum wäre weniger folgenreich geblieben, hätten die Franzosen die eigentlich geplante massive Verstärkung für Marmont aus dem rund zwanzig Kilometer nordöstlich gelegenen Eilenburg heranbringen können: Am Morgen des 16. Oktober war das 3. Armeekorps unter Marschall Ney mit achtzehntausend Mann nach Leipzig aufgebrochen, hatte dann aber die heftigen Kanonaden aus dem Süden der Stadt gehört und war deshalb gegen neun Uhr nach Wachau abgebogen. Als die Soldaten dort am späteren Vormittag eintrafen, war der Kampf inzwischen auch im Norden längst entbrannt, und Ney bekam Befehl, schleunigst umzukehren, um Marmont doch noch beizustehen. Das Hin und Her führte schließlich dazu, dass nur die Nachhut seines Armeekorps, die etwas weniger als ein Drittel dieser Streitkraft ausmachte, am Samstag überhaupt aktiv in die Schlacht eingreifen konnte. Ney hingegen zog mit dem Hauptteil seiner Truppen von einem Schlachtfeld zum anderen, ohne jemals selbst zu kämpfen. Als er am späten Nachmittag endlich in Schönefeld und damit zumindest in der Nähe von Marmonts Stellungen eintraf, waren dessen Truppen schon geschlagen.

Wäre Ney direkt hierhergezogen, hätten seine Soldaten an den Kämpfen von Beginn an teilnehmen können. Denn im Norden waren zwei zögerliche Strategien aufeinandergetroffen. Die Franzosen richteten sich auf einen reinen Abwehrkampf ein, um ihren eigenen Leuten im Süden den Rücken freizuhalten und die Nordarmee, in der man die einzige Bedrohung sah, vom Vorrücken abzuschrecken. Die Schlesische Armee wiederum wusste, dass am 16. Oktober der Angriff der Verbündeten im Süden von Leipzig erfolgen sollte, aber nicht, wie stark die Kräfte der Franzosen im Norden und wo sie dort konzentriert sein würden. Blücher hatte deshalb am frühen Samstagmorgen seine Truppen geteilt: Der kleinere Teil, das einundzwanzigtausend Mann starke preußische

Armeekorps unter Graf Yorck, rückte über die Landstraße nach Halle von Westen her vor, der größere Heeresteil aus russischen Verbänden unter den Generalen Fabian von der Osten-Sacken und des im Dienst des Zaren stehenden Franzosen Graf Alexandre Andrault de Langeron nahm den Umweg über die von Nordwesten aus Landsberg über Lindenthal nach Leipzig führende Landstraße. Um sechs Uhr, nachdem Yorck noch mit seinen Offizieren gemeinsam gefrühstückt hatte, waren die Reiterei und die nach französischem Vorbild gebildete reitende Artillerie vorausgezogen, und mit ihr auch Blücher selbst, der seine Leute vorher noch auf besondere Tapferkeit an diesem Tage eingeschworen hatte. Infanterie und weniger bewegliche Artillerie sollten dann um zehn Uhr folgen.

Zwei Stunden nach seinem Aufbruch erreichte Blücher einen ersten Aussichtspunkt in der Nähe des Gutes Lützschena, das eine Dreiviertelstunde Fußweg vor Möckern lag. Von dort aus konnte Blücher zwar nicht die kompletten Stellungen der feindlichen Truppen ausmachen, weil ihm ein großer Tannenwald die Sicht versperrte, aber er konnte erkennen, dass die vor ihm an der Landstraße liegenden Dörfer stark besetzt und verschanzt waren. Deshalb dirigierte er seine Reiterei nach Norden durch die Felder in Richtung Lindenthal, um dort gemeinsam mit dem anrückenden russischen Kavallerieteil den Gegner in Kämpfe zu verwickeln und so Aufschluss über dessen genaue Verteilung und Stärke zu gewinnen. Bis es dazu kam, war schon die Mittagszeit erreicht, und die alliierten Fußtruppen waren nun gleichfalls eingetroffen. Nur eine Avantgarde des preußischen Korps stieß auf der Landstraße noch weiter auf Leipzig vor, um Marmonts Truppen südlich von Möckern an ihrer linken Flanke zu umgehen und daran zu hindern, die bevorstehenden Kämpfe um das auf der anderen Seite der Elster gelegene Lindenau zu unterstützen.

Die ersten Gefechte an diesem Tag im Norden von Leipzig führten die russischen Soldaten mittags gegen halb eins, als sie einige

Vorposten der Franzosen in den vor Lindenthal gelegenen Weilern angriffen, den Feind auch schnell vertrieben, aber bei der Verfolgung unter Artilleriebeschuss aus dem dichten Tannenwald gerieten, in dessen Schutz sich die feindliche Hauptstreitmacht aufgestellt hatte. Doch auch diese Position räumten die Franzosen angesichts der Unterlegenheit ihrer Kräfte rasch, zumal es General Langeron gelang, sie seinerseits mit Artilleriefeuer belegen zu lassen. Während der andere russische Truppenteil unter Osten-Sacken vorerst stehen blieb, um eine etwaige französische Verstärkung abzufangen, rückte Langeron nun weiter über die Landsberger Landstraße nach Lindenthal ein, wo Yorcks preußische Soldaten gegen ein Uhr zu ihnen hätten stoßen sollen. Doch zu diesem Zeitpunkt war die auf der Halleschen Landstraße verbliebene preußische Avantgarde erstmals unter schweren Beschuss gekommen, weshalb Yorck beschloss, seine Einheiten wieder nach Süden zu führen, auf das Dorf Möckern zu, wo sich dann im Laufe des Nachmittags die härtesten Kämpfe des 16. Oktober abspielen sollten.

Etwa eine Viertelstunde hinter Möckern, bei dem Dorf Gohlis, traf die Landsberger auf die Hallesche Landstraße; deshalb war Möckern der entscheidende Punkt der französischen Verteidigungsstrategie im Norden von Leipzig. Unmittelbar im Süden der Ortschaft floss die durch den Zufluss der Pleiße verstärkte Elster vorbei, die infolge des Regens der vorangegangenen Tage Hochwasser führte und somit jede Annäherung von dort verhinderte, während im Norden einige sanfte Höhen gute Artilleriestellungen boten, die von den Franzosen besetzt worden waren, allerdings über keinerlei Deckung verfügten. Darauf konzentrierte der zurückgekehrte Yorck das eigene Batteriefeuer und die Attacken seiner Truppen, während die Vorhut gegen zwei Uhr einen ersten Infanterieangriff auf Möckern führte. In den folgenden Stunden wurde das Dorf zweimal von den Preußen eingenommen und von den Franzosen, die ihrerseits weitere Truppenteile aus Gohlis heranführten, wieder zurückgewonnen, ohne dass es einer der beiden Seiten gelungen wäre, den Gegner endgültig aus der Ortschaft zu vertreiben. Um die knapp sechzig Häuser tobte ein erbitterter Kampf, der immer wieder auch mit dem Bajonett ausgetragen wurde; zudem brachte das französische Artilleriefeuer von den nördlich gelegenen Höhen zusätzliche Gefahr, allerdings für beide Seiten. Einzelne Häuser gingen in Flammen auf, und am Flussufer, in den Straßengräben und an den Feldrainen lagen Heckenschützen.

Doch der Großteil der Truppen beider Seiten bewegte sich in den üblichen Formationen, auch wenn die Übersicht auf dem Kampfplatz längst verlorengegangen war. Einer von Yorcks litauischen Dragonern, der Oberst Graf Henckel von Donnersmarck, berichtete im Rückblick auf die Schlacht um Möckern: «Ein solches Feuer wie das war, als wir vorgingen, ist mir selten vorgekommen; denn sogar die Russen unter Langeron, die links neben uns während des Gefechts aufmarschiert waren, schossen in der schönsten Ruhe auf uns. Diesem Irrtume wurde aber bald gesteuert. Durch das schnelle Vorgehen waren einige Bataillone eines französischen Garde-Marinierregiments, mit blauen Mänteln, an der Chaussee von Schkeuditz abgeschnitten worden. Es fing schon an, etwas schummrig zu werden; der kommandierende General gab mir den Befehl, sie anzugreifen. Hier muß ich dem lithauischen Dragonerregiment, einschließlich der Jägereskadron, das hochverdiente Lob, welches es sich in der ganzen Kampagne unter seinem stets ausgezeichneten Oberst von Below erworben hat, ganz besonders bezeugen; denn auf dem Exerzierplatz kann man die Bewegungen nicht schöner machen, als die folgenden hier ausgeführt wurden.»[22]

Angesichts der Heftigkeit der Kämpfe um Möckern hatte Yorck Unterstützung bei Blücher erbeten, zumal sich in dessen Abschnitt auf der Landsberger Landstraße kein nennenswerter Widerstand mehr regte. Die Auseinandersetzungen dort hatten sich nach Osten in die Nähe der Ortschaften Groß- und Klein-Wiederitzsch verlagert, wo die frisch aus Eilenburg angekommene französische Nachhut von Neys Truppen in die Kämpfe eingriff. Immer noch wartete das zehntausend Mann starke russische Korps des Generals von Osten-Sacken jenseits von Lindenthal auf seinen Einsatz, doch als Blücher ihm gegen fünf Uhr endlich den Befehl gab, zur Verstärkung von Yorcks Truppen vorzurücken, war es dafür zu spät, weil es bereits dunkel gewesen wäre, ehe diese Soldaten Möckern erreicht hätten.

Zur gleichen Zeit indes war es der preußischen Artillerie geglückt, einige gerade in Möckern eingetroffene Munitionswagen der Franzosen zu beschießen. Sie explodierten in den Reihen der Feinde und schwächten dadurch deren Widerstand. Yorck befahl einen Kavallerieangriff aller verbliebenen Kräfte, den er persönlich leitete, und diesmal gelang die vollständige Einnahme des Dorfes. Bis zum Abend des 16. Oktober waren sechs- von einundzwanzigtausend Mann seiner Einheiten bei dem Kampf um Möckern getötet oder verwundet worden, die russischen Truppenteile der Schlesischen Armee, die fünfunddreißigtausend Soldaten umfassten, verloren am selben Tag lediglich anderhalbtausend Mann. Bei Einbruch der Dunkelheit sandte Blücher je einen Offizier mit der Siegesnachricht zu den verbündeten Monarchen nach Rötha und zum schwedischen Kronprinzen nach Landsberg, wo die Nordarmee im Laufe dieses blutigen Tags aus Halle kommend endlich angelangt war. Ihr Eintreffen am folgenden Tag vor Leipzig war sicher, denn der Weg war nun frei.

Die gute Nachricht aus dem Norden erreichte Franz I., Alexander I. und Friedrich Wilhelm III. allerdings erst am Folgetag – so lange brauchte der Bote, um sich zu ihnen durchzuschlagen. Er wusste weder, wo genau sich die drei Herrscher während des Schlachtgeschehens aufhielten, noch wo die Franzosen standen, deren Posten er auf seinem Weg in den Süden umgehen musste. Die Kommunikation der unterschiedlichen Truppenteile miteinander war während der Völkerschlacht generell ein Vabanque-

Das Dorf Möckern nach der Völkerschlacht, gestochen von Johann Jakob Wagner 1814.

spiel, und ähnliche Verzögerungen wie die der Siegesnachricht von Möckern stellten die Koordination der militärischen Aktivitäten immer wieder vor große Probleme. Die Schlachtfelder rund um Leipzig umfassten ein Gebiet von mehreren Wegstunden Ausdehnung, und niemand konnte die aktuellen Frontverläufe exakt genug bestimmen, um sichere Wegstrecken angeben zu können. Natürlich waren Blüchers Boten beritten, aber in der Nacht mussten sie ihren Weg durch das schwierige Terrain der Auenlandschaft im Westen Leipzigs nehmen und hatten dabei nicht nur Flüsse, sondern auch die beiden Chausseen nach Merseburg und Weißenfels zu überqueren, die ebenso in französischer Hand waren wie die Landstraße nach Eilenburg und Dresden auf der anderen Seite der Stadt. Es war ein besonderes Merkmal der Stellungen am Abend des 16. Oktober, dass die Alliierten die

Stadt zwar nahezu eingeschlossen hatten, die Verbindungen aber, über die sich die Franzosen nach Westen zurückziehen konnten und aus dem Osten Nachschub bezogen, weiter frei blieben. Darauf beruhte Napoleons Hoffnung, sich doch noch aus der Schlinge zu lösen, die sich im Laufe des Tages immer weiter zugezogen hatte.

Zudem hatte ihm der dritte Schauplatz heftiger Kämpfe am Samstag einen Trumpf in die Hand gespielt: den österreichischen General Maximilian Graf von Merveldt, den polnische Soldaten im Dienste der Franzosen am Nachmittag bei Dölitz gefangen genommen hatten. Eigentlich handelte es sich bei den Gefechten, die sich zwischen Markkleeberg und Connewitz entlang der Ufer der Pleiße abspielten, um Flügelkämpfe im Kontext der Schlacht bei Wachau, doch weil die gegnerischen Heere hier durch den Fluss getrennt waren, nahmen sie einen ganz anderen Charakter an als die offene Feldschlacht im Zentrum der Auseinandersetzungen im Süden. Während dort die Frontverläufe ständig wechselten, beschränkten sich die Versuche der Alliierten, den französischen Truppen von Westen her in die Flanke zu fallen, mangels Überquerungsmöglichkeiten der Pleiße auf Schusswechsel aus größerer Entfernung und einige Angriffe, die aber jeweils zurückgeschlagen werden konnten. Schon der Anmarsch des von Merveldt befehligten zweiten österreichischen Armeekorps auf der aufgeweichten Zeitzer Landstraße durch das sumpfige Gelände zwischen Elster und Pleiße hatte sich als Problem erwiesen, weil die Soldaten mit der schweren Artillerie dort kaum vorwärtskamen. In den Tagen vor der Völkerschlacht hatten die Franzosen die zahlreichen kleinen Holzbrücken abgebrochen, die das Begehen der einzigen befestigten Strecke im Auengebiet bei Hochwasser möglich machten; zudem standen Vorposten in den Wäldern links der Pleiße und große Truppenteile in den Dörfern Dölitz, Lößnig und Connewitz am rechten Ufer des Flusses, die sich auf zehntausend Mann addierten. Das waren vor allem polnische Soldaten unter ihrem General Józef Poniatowski, dem 1763 geborenen Neffen des letzten Königs von Polen, Stanislaus II.

Der war auf französischer Seite das Gegenstück zu Graf Bernadotte, dem schwedischen Kronprinzen: Wie dieser hatte auch Poniatowski zuvor auf der anderen Seite gekämpft und dort bereits hohe Positionen innegehabt. 1788 war er für die Österreicher als Oberstleutnant in den Krieg gegen das Osmanische Reich gezogen und dabei schwer verwundet worden, 1792 hatte er die hoffnungslos unterlegenen polnischen Truppen im Krieg gegen Russland angeführt, war nach der Niederlage ins Exil nach Wien gegangen, um nur zwei Jahre später wieder zurückzukehren und sich an den Aufständen seiner Landsleute zu beteiligen, nach deren Niederschlagung Polen 1795 endgültig aufgeteilt wurde. Poniatowski arrangierte sich zunächst mit der neuen Lage und fand vor allem in König Friedrich Wilhelm III. einen Fürsprecher, der ihm seine konfiszierten polnischen Güter zurückgeben ließ und ihn mit hohen militärischen Ehren auszeichnete. Die preußische Niederlage gegen Napoleon im Jahr 1806 ließ den Fürsten jedoch abermals die Seiten wechseln, denn nun wurde das Herzogtum Warschau unter Verwaltung des sächsischen Königs Friedrich August geschaffen – zwar ein Satellitenstaat der Franzosen, dafür aber mit einer eigenen Armee, deren Kommando wieder Poniatowski übernahm, der zugleich auch polnischer Kriegsminister unter Friedrich August wurde.

Für den Kaiser der Franzosen führte er 1809 auf dem Gebiet des Herzogtums Warschau nicht nur erfolgreich Krieg gegen Österreich, sondern zog drei Jahre später auch mit dreißigtausend polnischen Soldaten als Teil der Grande Armée in Richtung Moskau. Trotz des Fiaskos in Russland schlug Poniatowski nach seiner Rückkehr das Angebot der Alliierten aus, mit seinen verbliebenen Truppen zu ihnen überzugehen. Napoleon dankte dem General diese Treue, indem er ihn faktisch mit den französischen Marschällen gleichstellte und ihm in den Kämpfen um Leipzig den Befehl über einen eigenen Armeeteil übertrug. Insofern verwundert es nicht, dass die polnischen Soldaten als die loyalsten Verbündeten im multinationalen Heer der Franzosen galten.

Mit Poniatowski und Merveldt standen sich an der Pleiße zwei gleich alte Generale mit jeweils großer Erfahrung gegenüber. Die österreichischen Anstrengungen richteten sich am Vormittag zunächst auf die Ortschaft Connewitz, denn nur dort gab es eine feste Brücke über die Pleiße. Die Landstraße führte an diesem Punkt aber nicht nur über den Fluss, sondern direkt dahinter auch noch über den künstlich angelegten Mühlgraben, sodass ein Übergang doppelt erkämpft werden musste. Hier hatte Poniatowski seine Artillerie konzentriert, die schon die anrückenden gegnerischen Truppen unter Beschuss genommen hatte und selbst unerreichbar blieb, weil es den Österreichern nicht gelungen war, ihre Geschütze durch die nasse Auenlandschaft zu transportieren.

Merveldt hatte deshalb auch nur eine einzige Brigade in Richtung Connewitz geschickt, um dort zum Schein anzugreifen – ein «Scheingefecht» freilich, das verbissen geführt und sich bis zum Einbruch der Dunkelheit hinziehen sollte –, während er die Hauptmacht seiner Truppen auf der Höhe von Lößnig die Landstraße verlassen ließ und quer durch den Wald zur Pleiße dirigierte, um dort die Überquerung des Flusses zu versuchen. Der Sumpf verhinderte diesen Plan, sodass Merveldt auch hier nur einen Stoßtrupp zurückließ, der an dieser Stelle die gegnerischen Soldaten binden sollte, während sich der General weiter nach Süden wandte, wo es einen unbewaldeten Streifen am linken Ufer gab, auf dem das Rittergut Dölitz den angreifenden Österreichern Schutz für den geplanten Übergang bot. Die polnischen Verteidiger hatten das Anwesen aufgegeben und ihre Kräfte am anderen Ufer im Dorf Dölitz versammelt.

Zur Mittagsstunde entbrannte der Kampf, und es sollte vier Stunden dauern, bis es Merveldt persönlich endlich gelang, mit einem Infanteriebataillon durch eine mit Brettern überbrückte

Furt aufs rechte Ufer der Pleiße zu gelangen. Die Österreicher hatten allerdings das Pech, dort auf eine französische Gardedivision zu treffen, die Napoleon im Gefühl des sicheren Sieges bei Wachau zur Unterstützung von Poniatowski losgeschickt hatte. Gegen diese bis dahin in Reserve gehaltenen Soldaten waren die abgekämpften und durchnässten Leute von Merveldt machtlos; sie wurden wieder über den Fluss zurückgetrieben. Der General aber konnte gefangen genommen werden, nachdem sein Pferd erschossen und er selbst leicht verwundet worden war. Über die Umstände der Gefangennahme sind mehrere Versionen in Umlauf, unter anderem wird vermutet, Merveldt habe im Eifer des Gefechts die sächsischen Leibgrenadiere der französischen Garde mit den eigenen Leuten verwechselt, weil ihre Uniformen denen der österreichischen Soldaten glichen, und sei seinen Gegnern deshalb entgegengeeilt. Der württembergische Oberst Ludwig von Wolzogen, ein Adjutant von Zar Alexander I., schrieb in seinen Memoiren sogar, der österreichische General habe sich überhaupt nur deshalb dazu entschlossen, die Pleiße an dieser Stelle zu überqueren, weil er aufgrund seiner starken Kurzsichtigkeit meinte, auf dem rechten Ufer eigene Truppen zu erblicken, während die rangniedrigeren alliierten Offiziere, darunter Wolzogen selbst, verzweifelt versucht hätten, ihn vom Gegenteil zu überzeugen.[23] So wiederholte sich die Legendenbildung, derzufolge am gleichen Tag auch der Kolmberg nur durch eine solche bedauerliche Verwechslung in die Hände der Franzosen gefallen sei, nicht aber durch militärisches Geschick oder die Überlegenheit des Gegner.

In solchen Beschönigungen steckte jedoch auch das Wissen um die Zusammensetzung beider Armeen aus den unterschiedlichsten Ländern. Keine der beiden Seiten hatte ihre Uniformen vereinheitlicht, und deshalb war es tatsächlich schlecht möglich, im Schlachtengetümmel anhand der Farben Freund und Feind sicher auseinanderzuhalten. Doch vor Dölitz gab es keine Unklarheit: Die Österreicher hatten auf dem rechten Pleißeufer ja nur einen Brückenkopf erobert, weshalb Merveldt kaum erwarten durfte, dort auf eigene Truppen zu stoßen. Daher trug sich die Gefangennahme wahrscheinlich eher so zu, wie sie Lambert de Stuers, ein holländischer Capitaine in Napoleons Armee, beschrieben hat. Er sah die Festnahme als Verdienst französischer Gardeoffiziere und ging mit keinem Wort auf ein mögliches Versehen ein.[24]

Merveldt wurde jedenfalls sofort unter Bewachung zu Napoleon geschickt, der am Nachmittag von Meusdorf aus kommandierte, einem Weiler nördlich von Wachau. Die dortige Offensive des Kaisers war mittlerweile nicht nur steckengeblieben, vielmehr liefen die Franzosen sogar Gefahr, zurückgetrieben zu werden. Die erst kürzlich durch Napoleons Truppen eroberte Schäferei Auenhain wurde von alliierter Artillerie sturmreif geschossen, damit der russische General Rajewsky mit seiner Infanterie einen Angriff unternehmen konnte, den die Soldaten allein mit dem Bajonett ausführten, womit sie bei den davor in Stellung gegangenen Franzosen nacktes Entsetzen auslösten. Diese ließen sich in den Schutz der Gebäude zurückdrängen, konnten aber schließlich auch dort nicht mehr standhalten. Um das einen Kilometer östlich davon gelegene Güldengossa wurde genauso heftig gekämpft, ehe dort eine preußische Brigade die Oberhand behielt und die Franzosen auf dem Rückzug ins Sperrfeuer der russischen Kanonen gerieten, die unmittelbar vor das Dorf gebracht worden waren.

Aber es war nicht so, dass die Franzosen nun die Fähigkeit verloren hätten, selbst in die Offensive zu gehen. Zwar hatte sich der russische Generalleutnant Fürst Gortschakow mit seiner Infanterie im Universitätsholz festgesetzt und die Versuche der Franzosen vereitelt, auf der neuen Chaussee nach Grimma durchzubrechen. Doch keine drei Kilometer weiter nördlich davon gelang es Marschall Macdonald mit seinem Armeekorps um vier Uhr, das an der parallel verlaufenden alten Landstraße gelegene und von seinen Bewohnern weitgehend geräumte Dorf Seifertshain einzunehmen. Die Alliierten hatten diesen Vorstoß erwartet, nachdem Macdonald mittags bereits den Kolmberg erobert hatte, und deshalb die Wege zwischen den Gärten der Häuser mit Baumstümpfen verbarrikadiert, die Straßen mit Leiterwagen und landwirtschaftlichen Geräten blockiert sowie Scharfschützen und fünf Kanonen postiert. Beide Seiten nahmen Seifertshain jeweils zweimal ein, bis es dunkel wurde und die preußischen und russischen Soldaten im Besitz des teilweise brennenden Dorfs blieben. Die dort lebende Pfarrerstochter Auguste Vater berichtet: «Die einbrechende Nacht machte dem heißen Kampf ein Ende, und die zahlreichen Opfer des wiederholten Sturmes, die in und um das Dorf den Boden bedeckten, wurden von den Flammen der brennenden Gehöfte schauerlich beleuchtet. Der Gasthof ward sogleich zu einem Lazarett gemacht, von dem noch späterhin die blutigen Spuren nicht ganz zu vertilgen waren; man hatte in der Wirtsstube so viel amputiert und verbunden, dass später mehrere Tage dazu gehörten, das aufgehäufte Blut nur aufzuweichen.»[25] Die gar nicht oder nur leicht blessierten Soldaten quartierten sich für die Nacht in den verlassenen Häusern ein und nahmen sich von der Einrichtung, was sie nur eben wegtragen konnten.

Der Vorstoß von Macdonalds Korps nach Osten sollte aber die einzige französische Aktion sein, die am Samstagnachmittag noch Geländegewinn brachte, und noch dazu letztlich scheitern. Gravierender für die Franzosen war jedoch, dass sie bis zum Einbruch der Dunkelheit auch sonst nahezu alles an die Alliierten verloren, was sie in der Mittagszeit gewonnen hatten, sodass sich die Heere im Süden Leipzigs am Abend genau dort gegenüberstanden, wo sie am Morgen die Schlacht begonnen hatten. Napoleon beschloss, nahe der Kampflinie in Meusdorf auf einem Ziegeleigelände zu übernachten, das eine halbe Stunde vom Befehlsstand auf dem Galgenberg entfernt direkt an der Chaussee nach Grimma lag und durch eine Anhöhe gute Aussicht bot. Dorthin wurde nun aus Reudnitz das dafür notwendige Inventar gebracht. Für die Kampagnen des

Jahres 1813 hatte Napoleon sich selbst im Februar, kurz bevor er aus Paris nach Sachsen aufbrach, eine gegenüber der des Russlandfeldzugs weniger aufwendige Ausrüstung gewünscht: «Ich habe die Absicht, in diesem Feldzug meine Reiseausstattung ganz anders zu ordnen als im vorigen. Ich will viel weniger Leute, weniger Köche, weniger Tafelgeschirr, gar nicht viel Tafelbesteck, und zwar ebenso wohl um ein Beispiel zu geben, als um jeden Aufenthalt zu verringern. Im Feld und auf dem Marsch sollen die Tafeln, selbst die meinige, nur mit einer Suppe, gekochtem Fleisch, einem Braten und Gemüse bedient sein; kein Nachtisch … Die Zahl der Koffer ist zu vermindern; an Stelle von vier Betten sind nur noch zwei mitzuführen; an Stelle von vier Zelten nur zwei, und Möbel im Verhältnis.»[26] Das war allerdings nur der unmittelbar persönliche Bedarf; insgesamt wurden fünf Zelte bei solchen Gelegenheiten für den Kaiser und seine Entourage aufgeschlagen, um die herum die Garde gelagert und Wachfeuer entzündet wurden.

Für Napoleon wurde ein aufklappbarer Feldstuhl bereitgehalten, weil er es beim Biwakieren schätzte, sich vor dem Schlafengehen noch im Freien unter seinen Soldaten aufzuhalten. Zugleich wurde eines der beiden ihm vorbehaltenen Zelte als spezieller Arbeitsraum genutzt, der in seiner Einrichtung genau jenen Zimmern zu gleichen hatte, die man ihm in festen Häusern einrichtete. Von Odeleben hat festgehalten, wie das aussah: «Blieb Napoleon auf dem Biwak bei den Truppen, so wurde, unmittelbar neben seinem eigenen Zelte, ein anstoßendes für das Kabinett aufgeschlagen, und einmal wie das andere mit der größten Genauigkeit eingerichtet. In der Mitte des Zimmers stand eine große Tafel, auf der die beste Karte des Kriegsschauplatzes ausgebreitet ward … In den vier Ecken dieses Heiligtums wurden, wenn sie zu haben waren, vier Tischchen aufgestellt, an welchem seine Sekretäre arbeiteten; wohl auch er selbst und sein Direktor des Bureau topographique … Sein Feldbette wurde auf Mauleseln mitgeführt, wo keine förmliche Einrichtung stattfand, aufgeschlagen, sobald sein Zimmer eingerichtet war.»[27] Das kaiserliche Nachtlager in Meusdorf wurde von den nach den Kämpfen des Samstags noch rund fünfundzwanzigtausend zählenden Angehörigen der Garde bewacht.

Hierher war auch der gefangene Merveldt gebracht worden, in dem Napoleon einen alten Bekannten erkannte: Sechzehn Jahre zuvor war der General Mitglied der österreichischen Delegation gewesen, mit der Bonaparte als damaliger Oberbefehlshaber der französischen Armee in Italien am 17. Oktober 1797 den Frieden von Campo Formio abgeschlossen hatte – als Abschluss seiner ersten Konfrontation mit Franz I., der damals noch als Franz II. deutscher Kaiser war. Die Möglichkeit, mit Merveldt einen prominenten gegnerischen Offizier bei etwaigen Verhandlungen mit den Alliierten einzusetzen, muss Napoleon willkommen gewesen sein, doch zu mehr als einem kurzen Gespräch mit dem Gefangenen fand er vorerst keine Zeit. Der Kaiser hatte von neun Uhr morgens bis sechs Uhr abends im Feld gestanden und bereitete sich darauf vor, wie gewohnt früh schlafen zu gehen. Außerdem dürfte er zu diesem Zeitpunkt nur wenig Hoffnung gehabt haben, das Kampfgeschick noch zu seinen Gunsten wenden zu können. Zu hoch waren die Verluste, und es gab keine Aussicht auf Verstärkung und Nachschub. Nur eines war an diesem Tag wundersamerweise behauptet worden: die Verbindung nach Westen. Somit blieb der Fluchtweg für die französische Armee offen.

Und das war der unwahrscheinlichste Ausgang der Kämpfe am 16. Oktober gewesen, denn während es im Norden und Süden bei einigermaßen gleichgewichtigen Kräften ein ununterbrochenes zähes Ringen gegeben und im Südwesten die Auenlandschaft dem hier personell unterlegenen Poniatowski gestattet hatte, den überlegenen Österreichern standzuhalten, waren die Franzosen auf dem letzten Kriegsschauplatz dieses Tages nur knapp einer schnellen und schweren Niederlage entgangen. In und um Lindenau, dem eine halbe Stunde vor Leipzig gelegenen Dorf, wo sich die Landstraße nach Westen in die Richtungen nach Merseburg und Lützen gabelte, stand General Henri Gratien Bertrand mit fünfzehntausend Soldaten, und ungefähr die gleiche Truppenstärke führte der ungarische General Graf Ignaz Gyulai, der Feldzeugmeister des österreichischen Heeres, gegen ihn ins Feld. Im Wissen um die zentrale Bedeutung dieses Punktes hatten die Franzosen an den Vortagen Schießscharten in die Mauern des Dorfes brechen lassen und in der Umgebung geschanzt, wozu auch die Bewohner von Leipzig herangezogen worden waren. So waren die vier Zugänge nach Lindenau in einer Viertelstunde Entfernung nun durch breite Erdwälle gesichert, die jeweils mit mindestens zehn Kanonen bestückt waren. Diese mühsam aufgeschüttete Deckung war für die Verteidiger nötig, weil das Vorfeld der Ortschaft nach Süden und Westen hin völlig eben und offen war; nur nördlich von Lindenau boten die Auenwälder entlang der Luppe und des sogenannten Kuhburger Wassers – beides Seitenarme der Elster – guten Schutz gegen Angriffe. Vom Fluss her war angesichts der Schwierigkeit des Terrains auch keine Verstärkung für die Angreifer durch Blüchers Truppen zu erwarten. Diese hätten nur dann eingreifen können, wenn es ihnen gelungen wäre, von Norden her bis unmittelbar vor die Leipziger Stadtmauern vorzustoßen und dann von dort den in Lindenau eingesetzten Franzosen in den Rücken zu fallen. Doch das war angesichts der starken Kräfte, die Marmont gegen die Schlesische Armee in Stellung gebracht hatte, nicht zu befürchten.

Gyulai hatte in der Nacht zum Samstag links der Elster auf vergleichsweise trockenem Gelände biwakieren lassen und war mit seinen Truppen am Morgen über Kleinzschocher direkt auf Lindenau losmarschiert, wo er vor dem Dorf Plagwitz auf die Schanze traf, die hier den Weg blockierte. Deren Besatzung eröffnete auch sofort das Feuer auf die Angreifer. Die Wallbefestigungen zogen sich in einem Bogen von der nahen Elster über die Chaussee nach Weißenfels bis zu der nach Merseburg – ein perfekter Halbkreis im Süden und Westen von Lindenau. Ein Teil der alliierten Truppen umging jedoch diese Verteidigungslinie und griff oberhalb davon die Ortschaft Leutzsch an, die Marmont mit Truppen belegt hatte, um den Weg in die Auenlandschaft im Norden von Lindenau, in der es keine Befestigungen gab, zu blockieren. Zur Mittagszeit war das Gefecht voll entbrannt: Leutzsch fiel rasch in die Hände einer Kolonne, die von Prinz Philipp von Hessen-Homburg angeführt wurde, während sich weitere alliierte Truppenteile darum bemühten, durch den stark von feindlichen Plänklern durchsetzten Auenwald den Kontakt zu Blüchers Armee herzustellen, wofür man einen Übergang über Luppe und Elster finden musste. Die aus Leutzsch vertriebenen französischen Soldaten wurden nach Lindenau hin zurückgedrängt.

Im Süden gestaltete sich der Angriff anfangs ähnlich erfolgversprechend. Hier war Plagwitz besonders stark von den Franzosen besetzt gewesen, doch schon um ein Uhr mittags gaben sie diese Stellung auf, und dadurch hatten die Österreicher freies Feld bis Lindenau, dessen Rand sie unter heftigem Beschuss gegen zwei Uhr erreichten, was Bertrand bewog, sich mit den Verteidigern des Dorfes hinter den letzten dortigen Schutz zurückzuziehen, nämlich Luppe und Kuhturmer Wasser, wo sich die Franzosen auf einem Ziegeleigelände verschanzten. Von dort aus belegten sie das aufgegebene Dorf, aber auch die Wiesen im Nordwesten, über die sich die Truppen des Prinzen von Hessen-Homburg näherten, mit Geschützfeuer. Trotz der intensiven Kanonade gingen in Lindenau insgesamt nur fünf Häuser in Flammen auf. Das war wenig im Vergleich zu Liebertwolkwitz, wo mit neunundzwanzig Häusern das halbe Dorf abbrannte, oder Möckern, wo fünfzehn Gebäude den Kämpfen zum Opfer fielen. Doch der Leidensweg der Dörfer rund um Leipzig fing gerade erst an, und nur selten waren die Kombattanten so höflich wie der französische Marschall Ney, der am Folgetag den Eigentümer des Ritterguts in Schönefeld auf den Kirchturm des Dorfes mitnahm, ihn noch einmal über dessen Besitz blicken ließ und ihm dann beim Herabsteigen erklärte, dass nun leider sofort das Gut in Brand gesteckt werden müsse, um es nicht in die Hände des Feindes fallen zu lassen.[28]

Als Napoleon auf seinem Gefechtsstand am Galgenberg bei Wachau vom Teilrückzug seiner Truppen bei Lindenau Nachricht bekam, gab er Bertrand Befehl, sofort wieder vorzurücken, um diesen neuralgischen Punkt zu sichern. Deshalb gingen die Franzosen am Nachmittag zum Angriff über und eroberten tatsächlich die Ortschaft zurück. Dies wurde ihnen erleichtert, weil Gyulai die Brücken über die Luppe und das Kuhturmer Wasser nicht hatte abreißen lassen: Diese simple Maßnahme war unterblieben, weil der ungarische General gehofft hatte, selbst weiter nach Leipzig vordringen zu können. Stattdessen musste er sich nun mit seinen Soldaten am Abend, bis zu dem das Gefecht rund um Lindenau weiter angedauert hatte, wieder nach Kleinzschocher zurückziehen, an dem er morgens vorbeimarschiert war. Selbst das strategisch wichtige Dorf Plagwitz, das es den Franzosen erlaubte, die Landstraßen nach Westen weiträumig zu verteidigen, überließ er ihnen wieder.

So war, was die Ausgangsstellung an dieser entscheidenden Stelle der Völkerschlacht betrifft, alles wieder weitgehend so wie am Morgen – genau wie im Süden der Stadt. Beide Seiten hatten somit jeweils eine Möglichkeit versäumt, bereits am ersten Tag die gesamte Auseinandersetzung zu entscheiden: Die Franzosen hatten den Durchbruch im Zentrum der Schlacht bei Wachau nicht konsequent zu Ende führen können, der ihnen die wichtigsten gegnerischen Heerführer in die Hände gespielt hätte. Und die Alliierten hatten zwar am Abend mit dem Aufmarsch des vierzigtausend Mann starken Polnischen Heeres unter General von Bennigsen über die Landstraße von Dresden die dortigen Versorgungswege der gegnerischen Truppen blockiert, schafften es jedoch nicht, Lindenau zu halten und Napoleon damit den viel wichtigeren Rückzugsweg in die mit ihm verbündeten Gebiete abzuschneiden. Gyulais Übereifer, der ihn zugunsten der Aussicht auf eigene Erfolge die strategische Gesamtsituation der Völkerschlacht vergessen ließ, hatte die völlige Einschließung der Franzosen verhindert. Die Völkerschlacht hätte also schon am Abend des 16. Oktober entschieden sein können; ob sie allerdings weniger blutig fortgesetzt worden wäre, wenn die französische Armee ganz ohne Hoffnung auf einen Ausweg hätte kämpfen müssen, darf man bezweifeln. Napoleon war nicht der Mann für eine Kapitulation.

6. DIE SIEGE DES HAUSES BROCKHAUS IN DER VÖLKERSCHLACHT

▼

Am Beginn der Erfolgsgeschichte eines der berühmtesten deutschen Verlage steht ein Armeebefehl: «Dem Buchhändler, Herrn Brockhaus, von hier wird hiermit befohlen, alle von Seiten der Hohen Alliirten theils schon erschienene, theils in der Zukunft noch zu erscheinende Nachrichten und officielle Schriften durch den Druck bekannt zu machen, und sie mittelst eines periodischen Blattes, welches jedoch der Censur des jedesmaligen Herrn Platzcommandanten unterliegt, dem Publiko mitzutheilen.»[1] Gezeichnet wurde dieser Befehl am 13. Oktober 1813 im alliierten Hauptquartier in der Stadt Altenburg, vierzig Kilometer südlich von Leipzig, durch Friedrich Karl Gustav Freiherr von Langenau, auf Befehl «Sr. Durchlaucht des k. k. en chef commandirenden Herrn Feldmarschalls Fürsten von Schwarzenberg».

Der Freiherr von Langenau war ursprünglich sächsischer Oberst und beim Heer seines Landes, das Napoleon 1812 auf den Russlandfeldzug begleiten musste, Chef des Generalstabs, mithin einer der höchsten Militärs Sachsens gewesen. Doch nach dem desaströsen Rückzug der Grande Armée sah er Napoleons Stern sinken und verlor deshalb im Frühjahr 1813 das Vertrauen von König Friedrich August und der sächsischen Regierung, worauf er um seinen Abschied nachsuchte. Die damals noch neutrale österreichische Armee nahm den erst einunddreißigjährigen Offizier sofort als Generalmajor auf, und es sollte nur ein Vierteljahr dauern, bis Langenau im Krieg gegen seine alte Heimat stand. Er bewährte sich im

Herbstfeldzug gegen Napoleon so sehr, dass er Generalquartiermeister wurde und 1815 von Kaiser Franz I. den Titel eines Barons erhielt. Beim Marsch der österreichischen Truppen durch sächsische Gebiete war seine Ortskenntnis besonders wichtig, und deshalb war er auch in Altenburg zweiter Mann nach Schwarzenberg im Heer der Alliierten.

Der von ihm unterzeichnete Befehl war natürlich nichts anderes als ein Privileg. Was hätte man sich zu diesem Zeitpunkt als Verleger Besseres wünschen können als die Verpflichtung, alle offiziellen Verlautbarungen einer der beiden am Krieg beteiligten Seiten veröffentlichen zu dürfen? Jedem in Deutschland war klar, dass man einen Schicksalsmoment erlebte, und je zuverlässiger die Informationen waren, die in diesen wirren Wochen mit ihren täglichen Heeresbewegungen und ständig unterbrochenen Kommunikationswegen zu bekommen waren, desto begieriger wurden sie aufgenommen. Entsprechend stolz setzte der so begünstigte Herr Brockhaus Schwarzenbergs und Langenaus Weisung auch gleich an die Spitze der ersten Ausgabe seiner neuen Zeitschrift, in der die alliierten Proklamationen veröffentlicht werden sollten. Sie ging sofort nach Ausfertigung des Befehls in Druck und erschien am 14. Oktober. Ihr programmatischer Titel lautete «Deutsche Blätter», und darunter, noch auf der ersten Seite, erläuterte der Verleger selbst, was er mit diesem Privileg nun zu tun vorhatte: «In Beziehung auf obigen ehrenvollen Auftrag werden von den *deutschen Blättern*, an unbestimmten Tagen, in Nummern von halben oder ganzen Bogen, wöchentlich mehrere erscheinen und durch alle Buchhandlungen, Postämter u. s. w. zu erhalten seyn. Vierzig ganze Bogen bilden einen Band, und erhalten Haupttitel, Inhaltsverzeichniß und Register. Bei Veranlassung werden Karten und Pläne beigefügt werden.» Selbstbewusst unterzeichnete der Verleger diese Ankündigung in gleicher Schriftgröße wie Langenau mit «F. A. Brockhaus».

Dieser Friedrich Arnold Brockhaus betrieb seine Buchhandlung samt einem eigenen Verlag damals noch in Altenburg. Der Firmenname lautete 1813 recht technisch «Kunst- und Industrie-Comptoir»; im Folgejahr aber, als die «Deutschen Blätter» zu einer Institution geworden waren, die dem Verlagsunternehmen zum Durchbruch verholfen hatten, bekam das Haus jene Bezeichnung, mit der die erste Nummer signiert gewesen war: «F. A. Brockhaus». Der Name des Verlegers war über die Publikation seiner Zeitschrift zum Markenzeichen geworden.

Aus seinem Unternehmen sollte der bedeutendste deutsche Lexikonverlag werden, eine Leipziger Institution, die weltweit bekannt war und bis heute existiert – wenn auch seit dem Zweiten Weltkrieg in Mannheim. Im Jahr 1813 bestand das Unternehmen erst seit acht Jahren und war bereits mehrfach beinahe gescheitert. Der 1772 in Dortmund geborene Brockhaus, Sohn eines evangelischen Pastors, war 1801 als Kaufmann mit seiner Familie nach Amsterdam gegangen. Damit kam er in den unmittelbaren Einflussbereich Napoleons, denn die Niederlande waren 1795 durch französische Revolutionstruppen erobert worden, die dort die Batavische Republik gründeten, einen der ersten Satellitenstaaten Frankreichs. Die neue Republik hatte zwar leichten Zugang zum französischen Markt, doch weil schon vor der Kontinentalsperre von 1806 die traditionellen Handelswege über die Meere häufig unterbrochen wurden, durchlebte das Land eine ökonomisch schwierige Zeit; bereits lange bevor Napoleon den europäischen Kontinent in die freiwillige Isolation führte, hatte England immer wieder die Seehäfen im französischen Einflussbereich blockiert. Für Brockhaus bot die Wirtschaftskrise auch eine Chance. Nur auf Wunsch des Vaters hatte er den Kaufmannsberuf ergriffen – und nachdem er in diesem Metier nicht recht hatte Fuß fassen können, gründete er 1805 neben seinen sonstigen geschäftlichen Aktivitäten noch eine Buchhandlung. Von der teilweisen Rückkehr zu seiner literarischen Leidenschaft erhoffte er sich, den bislang ausgebliebenen kommerziellen Erfolg zu erringen.

Brockhaus betrieb sofort beide seinerzeit üblichen Geschäfte eines Buchhändlers: die Bestellung sowie den Vertrieb von Literatur, vornehmlich deutscher und französischer Verlage, und eigene verlegerische Aktivitäten. Dabei kam ihm zugute, dass er das Unternehmen zusammen mit dem niederländischen Drucker J. G. Rohloff gegründet hatte, unter dessen in Amsterdam gut eingeführtem Namen die gemeinschaftliche Buchhandlung sogar zwei Jahre lang firmierte, ehe sie zum «Kunst- und Industrie-Comptoir» wurde. Brockhaus hatte als Deutscher keinen Zugang zur Buchhändlergilde von Amsterdam, weshalb er einen einheimischen Strohmann brauchte. Mit der neuen Bezeichnung seiner Firma trug er dann der Entwicklung des Geschäfts Rechnung: Die von ihm verlegten Bücher umfassten sowohl wissenschaftliche wie belletristische Titel. Ein besonderer Schwerpunkt aber lag auf politischer Literatur, und von Beginn an betrieb Brockhaus journalistische Projekte. Seine erste eigene Publikation war die dreimal wöchentlich auf Holländisch erscheinende Zeitschrift «De Ster» (Der Stern), die neben feuilletonistischen Themen auch politische Aufsätze enthielt.

Für solche Vorhaben waren die ersten Monate von Brockhaus' publizistischen Aktivitäten günstig, denn er genoss die Sympathie von Rutger Jan Schimmelpenninck, dem früheren holländischen Botschafter in Paris, der seit April 1805 den Titel des «Großpensionärs» der Batavischen Republik bekleidete, faktisch also Präsident der niederländischen Republik von französischen Gnaden war. Allerdings währte seine Macht nicht lang, denn schon im Juni 1806 wandelte Napoleon das Land zu einem Königreich um, auf dessen Thron er seinen Bruder Louis setzte. Damit hatte Brockhaus nicht nur seinen wichtigsten Förderer schnell wieder verloren, auch «De Ster» wurde sofort verboten. Die ihr ähnliche, als «Amsterdamsch Avond-Journal» firmierende Nachfolgezeitschrift ging dann allerdings bald ganz ohne Pressionen der Obrigkeit wieder ein.

Deshalb verschob Brockhaus seine verlegerischen Schwerpunkte weg von der politischen Publizistik und vor allem weg von der holländischen Sprache. Zunächst versuchte er sich mit einer deutschsprachigen Zeitschrift, die als Forum für den in Paris lebenden deutschen Jakobiner Carl Friedrich Cramer angelegt war; sie sollte eigentlich monatlich erscheinen, doch es wurden nur vier Ausgaben in viel längeren Abständen produziert, ehe Cramer starb. Die erfolgreichste journalistische Unternehmung von Brockhaus in Amsterdam war die 1807 und 1808 erschienene französische Monatsschrift «Le Conservateur» (Der Bewahrer), eine weitgehend feuilletonistische Publikation, in der 1807 aber auch ein Augenzeugenbericht von der blutigen Einnahme Lübecks durch die französischen Truppen am 6. November 1806 erschien. Der Text erregte so viel Aufmerksamkeit, dass Brockhaus ihn ein Jahr später auf Französisch und Deutsch als Separatdruck herausgab, was ihm in Amsterdam und Paris die ersten Beschlagnahmungen von Büchern bescherte. Weniger heikel als dieser Konflikt mit den napoleonischen Behörden war der Ärger, den er sich 1809 mit der Veröffentlichung der dreibändigen «Memoiren zur Geschichte des preußischen Staates unter den Regierungen Friedrich Wilhelms II. und Friedrich Wilhelms III.» aus der Feder des früheren preußischen Obersten Christian Karl August von Massenbach einhandelte. In Berlin war man erzürnt über dessen kritischen Blick auf den regierenden Monarchen, konnte aber gegen einen im niederländischen Königreich angesiedelten Verlag nichts machen. Also trat man in Verhandlungen mit Brockhaus, und da der um seine Absatzchancen in Preußen bangte – Massenbach hatte noch weitere Bücher bei ihm im Programm –, verzichtete er auf die Veröffentlichung der eigentlich geplanten weiteren drei Bände der «Memoiren», in der die Regierungszeit Friedrich Wilhelms III. im Mittelpunkt stehen sollte. Mit der relativ großen Freiheit war es für die Verleger in den Niederlanden jedoch endgültig vorbei, als das französische Kaiserreich das junge Königreich am 9. Juli 1810 kurzerhand annektierte, um die Kontinentalsperre effizienter durchführen zu können.

Allerdings hatte Brockhaus Amsterdam schon im Mai 1810 verlassen. Im Vorjahr war seine Frau gestorben, und die gemeinsamen sieben Kinder waren bereits im Januar ins heimatliche Dortmund gebracht worden, also ins Großherzogtum Berg, das von Joachim Murat regiert wurde. Den Verleger zog es naturgemäß nach Leipzig, ins deutsche Zentrum seiner Branche. Dort hatte er auf der Herbstmesse von 1808 für den Preis von tausendachthundert Talern die Verlagsrechte und alle noch vorhandenen Exemplare eines bereits erschienenen sechsbändigen «Conversations-Lexicons mit vorzüglicher Rücksicht auf die gegenwärtigen Zeiten» erworben. Da dessen erster Teil schon aus dem Jahr 1796 stammte und also gerade angesichts der rasanten politischen Entwicklung Europas keineswegs mehr die «gegenwärtigen Zeiten» abbildete, ließ Brockhaus zwei Nachtragbände erarbeiten, die aber erst nach Verlassen der Niederlande erscheinen sollten. Mit diesem wichtigsten Projekt seines Verlags im Gepäck kam Brockhaus pünktlich zur Frühjahrsmesse der Buchhändler 1810 in Leipzig an, doch die geschäftliche Ansiedlung in der Stadt misslang ebenso wie die Eheschließung mit einer verwitweten Hofrätin, weshalb er schon nach vier Monaten ins kleinere Altenburg umzog, womit er auch den Staat wechselte: Leipzig lag im albertinischen Königreich Sachsen, das neue Domizil von Brockhaus gehörte zum ernestinischen Sachsen-Gotha-Altenburg, in dem seit 1804 Herzog August regierte. Hier fand Brockhaus auch eine neue Ehefrau, sodass er seine Kinder aus Dortmund zu sich holen konnte.

Schon Anfang 1811 waren die Restbestände des «Conversations-Lexicons» inklusive der beiden Nachtragbände ausverkauft, weshalb nun eine zweite Auflage in Angriff genommen wurde, die aber nach vier Bänden im Herbst 1813 unterbrochen wurde: Der Krieg legte nicht nur die Leipziger Messe als wichtigsten Vertriebsmarkt lahm, es war auch absehbar, dass die aktuellen politischen Entwicklungen bald eine komplette Umarbeitung des Werks nötig machen würden. Brockhaus hatte also im Oktober 1813 Zeit, weil er abwarten musste, wie sich die Dinge entwickeln würden, er hatte mit der derzeit unbeschäftigten Redaktion des «Conversations-Lexicons» qualifizierte Mitarbeiter, und er hatte durch «De Ster» Erfahrung mit der Publikation von Zeitschriften, die in dichtem Rhythmus erschienen. Wollte man den sich überschlagenden Ereignissen gerecht werden, dann kam im Oktober 1813 nur eine tägliche Erscheinungsweise in Frage.

Deshalb hatte Brockhaus auch sofort die Chance des ihm in Schwarzenbergs Namen erteilten «Befehls» genutzt und die erste Ausgabe der «Deutschen Blätter» schon am nächsten Tag herausgebracht. Mit der eigentlich ebenfalls erforderlichen Genehmigung durch die sächsisch-gothaisch-altenburgischen Behörden hielt sich der Verleger nicht auf; der Schwarzenbergsche Befehl stand ja gleich als erster Text in der Debütausgabe, und da das Herzogtum Sachsen-Gotha-Altenburg bislang dem Rheinbund angehört hatte, also de jure mit Frankreich verbündet war, nun aber die mehr als hundertdreißigtausend Mann der Böhmischen Armee beherbergte, die von Altenburg aus den Angriff auf Napoleon vorbereiteten, würde sich Herzog August hüten, die neuen faktischen Herren seines Gebiets (auf deren Seite er sich auch sofort geschlagen hatte) dadurch zu brüskieren, dass er einem Untertan verbieten würde, die gemeinsame Sache publizistisch zu fördern.

Der Titel «Deutsche Blätter» war Programm; Brockhaus gedachte die seit der preußischen Erhebung von Anfang des Jahres entstandene nationale Begeisterung zu nutzen. Das hatte ihm im Frühjahr schon ein anderer Verlag vorgemacht, die Arnoldsche Buchhandlung im kurzzeitig von den Alliierten beherrschten Dresden, die damals eine Heftserie namens «Aktenstücke für die Deutschen oder Sammlung aller officiellen Bekanntmachungen in dem Kriege von 1813»[2] herausbrachte. Damit war es nach der Rückeroberung Dresdens durch die Franzosen am 8. Mai aber schon wieder vorbei gewesen; erst nach der Leipziger Völkerschlacht konnte das vierte Heft der Reihe erscheinen, das dann auch Texte enthielt,

Deutsche Blätter.

No. I.
Den 14. October 1813.

Befehl.

Dem Buchhändler, Herrn Brockhaus, von hier wird hiermit befohlen, alle von Seiten der Hohen Alliirten theils schon erschienene, theils in der Zukunft noch zu erscheinende Nachrichten und officielle Schriften durch den Druck bekannt zu machen, und sie mittelst eines periodischen Blattes, welches jedoch der Censur des jedesmaligen Herrn Platzcommandanten unterliegt, dem Publiko mitzutheilen. Sign. Hauptquartier Altenburg, den 13ten October 1813.

Auf Befehl Sr. Durchlaucht des k. k. en chef commandirenden Herrn Feldmarschalls Fürsten von Schwarzenberg

Langenau.

In Beziehung auf obigen ehrenvollen Auftrag werden von den deutschen Blättern, an unbestimmten Tagen, in Nummern von halben und ganzen Bogen, wöchentlich mehrere erscheinen und durch alle Buchhandlungen, Postämter u. s. w. zu erhalten seyn. Vierzig ganze Bogen bilden einen Band, und erhalten Haupttitel, Inhaltsverzeichniß und Register. Bei Vers

Das Titelblatt der ersten Ausgabe der «Deutschen Blätter», erschienen am 14. Oktober 1813.

die zuvor schon in den «Deutschen Blättern» veröffentlicht worden waren, die nun klar an erster Stelle standen, wenn es um offizielle Verlautbarungen ging. Brockhaus hatte die Gunst der Stunde genutzt, als die Böhmische Armee ausgerechnet in seinem Wohnort ihr Hauptquartier einrichtete, ehe sie am 14. Oktober gen Leipzig weitermarschierte. Er war sowohl vom russischen Zaren als auch vom Oberbefehlshaber Schwarzenberg empfangen worden und hatte sein Anliegen einer patriotischen Zeitschrift vorbringen können.

Dabei erwies es sich als Vorteil, dass der preußische König Friedrich Wilhelm III. noch nicht bei der Hauptarmee angekommen war, sondern sich mit Bennigsens russischer Reservearmee erst von Osten her näherte; bei ihm hätte Brockhaus wegen der früheren Verstimmungen über Massenbachs Bücher keinen guten

Stand gehabt. Es ist auffällig, dass in den ersten Ausgaben keine preußischen Dokumente auftauchen (Blüchers Schilderung seines Sieges bei Möckern war erst einige Tage nach der Völkerschlacht der früheste Beitrag eines Preußen in den «Deutschen Blättern»), während beispielsweise der längst berühmt gewordene offene Brief, mit dem sich der schwedische Kronprinz Karl Johann am 23. März 1813 zu Napoleons Feind erklärte, große Teile der Nummern 2 und 3 vom 16. und 17. Oktober füllte.

Solche Veröffentlichungen schon älterer, aber für die Vorgeschichte der gegenwärtigen Auseinandersetzung wichtiger Schriftstücke waren der eigentliche Kerngedanke bei der Konzeption der «Deutschen Blätter». In der Nummer 15 vom 25. Oktober 1813 findet sich dazu die programmatische Erklärung als Fußnote zum Abdruck eines offiziellen Armeeberichts der Nordarmee vom 6. Oktober: «Da dieser Bericht, obgleich vom 6. October, viele hier noch unbekannte Data enthält, so theilen wir ihn mit, indem es uns überhaupt zu Pflicht gemacht ist, auch die früher erschienenen Bulletins nachzutragen, welches auch in einer gewissen Ordnung späterhin geschehe soll, sobald uns die Materialien dazu sämmtlich eingegangen.»[3] Der Anspruch von Brockhaus, mit den «Deutschen Blättern» nicht nur ein tagesaktuelles Forum, sondern zugleich ein enzyklopädisches Werk über den Krieg im Herbst 1813 zu schaffen, wird hier explizit gemacht, obwohl er auch schon vorher zu erkennen war. So war in der Nummer 3 ein mehrteiliger, bereits im April 1813 verfasster Aufsatz über den Rheinbund begonnen worden, der ursprünglich für die noch nicht erschienenen Bände des Brockhausschen «Conversations-Lexicons» gedacht war. Da aber klar war, dass er nach den gegenwärtigen Ereignissen umgeschrieben werden müsste, verwertete man den Text hier und machte ihn dadurch tagesaktuell, dass als Überschrift die provozierende Formulierung «Was ist (war) der rheinische Bund?» gewählt wurde.[4] Die «Deutschen Blätter» prognostizierten also dessen Zerfall.

Diese Prognose wagten zwar auch andere nationaldeutsche Publikationen des Jahres 1813. Was die «Blätter» jedoch zu einer besonderen Zeitschrift machen sollte, war die örtliche und zeitliche Nähe der Redaktion zu den Ereignissen der Völkerschlacht. Und weil diese siegreich für die Alliierten endete und der Feldzug danach nicht etwa beendet, sondern nach Frankreich hineingetragen wurde, waren die Ereignisse von Leipzig im Oktober 1813 für Brockhaus ein publizistischer Glücksfall, der seinem neuen Projekt ein blendendes Entree in den gebildeten Kreisen ganz Deutschlands verschaffte. Im Jahr 1814 erreichten die «Deutschen Blätter» bereits eine Auflage von viertausend Exemplaren, was sie zur größten damals verlegten deutschsprachigen Zeitschrift machte.

In der ersten Ausgabe vom 14. Oktober 1813 hatte Brockhaus auf der zweiten Seite die Bezugsbedingungen der neuen Publikation genannt: «Der Pränumerationspreis für einen Bund oder vierzig ganze Bogen beträgt 1 Thlr. 8 Gr. sächsisch. Einzelne Nummern von einem Bogen kosten 1 Gr. 6 Pf., und von einem halben Bogen 1 Gr. – Bestellungen, so wie dem Zwecke der Blätter entsprechende Beiträge werden adressiert: an die Expedition der *deutschen Blätter* in Leipzig oder in Altenburg.»[5] Er rechnete also bereits vor der Völkerschlacht mit einem Sieg der Alliierten, der den Vertrieb der «Deutschen Blätter» von Leipzig aus ja erst möglich machen würde. Tatsächlich verlegte Brockhaus den Versand seiner Zeitschrift sofort nach der Einnahme der Stadt nach Leipzig; vom 21. Oktober an wurde sie durch die in der Ritterstraße ansässige Buchhandlung Engelmann verschickt[6]; am 27. Oktober erlangte Brockhaus dann auch mit Genehmigung der neuen alliierten Verwaltung für Sachsen die Mitwirkung der Königlich Sächsischen Zeitungs-Expedition, die ihm erstmals die notwendige Logistik für den landesweiten Vertrieb verschaffte.[7]

Die Anzeige in eigener Sache verdeutlichte auch Brockhaus' Willen, seine neue Publikation für aktuelle Beiträge von außen zu öffnen, was bald nach den ersten Ausgaben, die Mühe hatten, das gesamte vorhandene Material überhaupt unterzubringen, auch geschah. Die «Deutschen Blätter» entwickelten sich vom Mitteilungs- zum Diskussionsforum, wobei die Unterstützung für die deutsch- nationale Sache aber nie in Frage gestellt wurde, was schließlich auch die Preußen mit Brockhaus versöhnte.

Gleich in der ersten Nummer konnte Brockhaus etwas unter- bringen, was man heute einen Scoop nennen würde. Unter der Sammelüberschrift «Officielle Berichte» publizierte er als ersten Text ein am 11. Oktober in Kommotau verfasstes Schreiben, das die drei verbündeten Monarchen über den Seitenwechsel des König- reichs Bayern informierte: «Am 8ten dieses Monats ist zu Ried zwi- schen dem k. k. Feldzeugmeister Fürsten von Reuß und dem königl. Bayerischen General der Cavallerie Grafen von Wrede, im Namen Se. Majestät des Königs von Bayern, ein Freundschafts- und Al- lianztractat unterzeichnet worden, vermöge dessen Bayern den Verhältnissen des rheinischen Bundes entsagt, und seine Ge- sammtkraft mit jener der alliierten Mächte zu gleichem erhabe- nen Zwecke unverzüglich vereinigt.»[8] Diese Nachricht war vor dem 14. Oktober, als sie veröffentlicht wurde, noch keineswegs allge- mein bekannt; Napoleon etwa erfuhr sie erst während der Völker- schlacht von dem gefangengenommenen österreichischen General Merveldt. Die weiteren «Officiellen Berichte» in der ersten Ausgabe der «Deutschen Blätter» bestanden aus einem Bulletin der Nord- armee vom 3. Oktober und einem Lagebericht der Böhmischen Armee, der nach deren Ankunft in Altenburg am 11. Oktober ange- fertigt worden war. Damit war die insgesamt nur acht Seiten und somit einen halben Bogen umfassende erste Nummer gefüllt.

Doch noch etwas machte sie deutlich: Auf der fünften Seite, zwi- schen den Bulletins von Nord- und Böhmischer Armee, fand sich eine weitere aktuelle Meldung eingerückt: «Spätere, so eben aus dem Hauptquartier Sr. königl. Hoheit des Kronprinzen von Schwe- den zu Dessau vom 5ten Oct. eingelaufene Nachrichten bestätigen es vollkommen, daß General Czernitscheff am 28sten vorigen Mo- nats in Cassel eingerückt ist, wo sich 1200 Mann westphälischer

Truppen an ihn angeschlossen haben ... König Hieronymus war, einzig und allein von den Franzosen, die in der Stadt waren, entflohen.»[9] Von diesem Erfolg der russischen Einheiten im Königreich Westphalen und der Flucht Jérômes hatte selbst Zar Alexander I. erst am 11. Oktober 1813 erfahren, als er sich mit seinen Truppen in Chemnitz aufhielt[10]; zusammen mit der Meldung vom Austritt Bayerns aus dem Rheinbund war diese Neuigkeit geeignet, die Moral der gegen Napoleon kämpfenden Truppen zu stärken.

Mit solchen Informationen erlangten die «Deutschen Blätter» zumindest in Teilen den Charakter einer Tageszeitung, allerdings nahmen trotz des engen Kontakts zur alliierten Armeeführung wie der Nähe zum Schlachtfeld von Leipzig die Schilderungen des dortigen Geschehens nur geringen Platz ein. Immerhin aber war Brockhaus die entsprechende aktuelle Berichterstattung so wichtig, dass er die Nummern 11 und 12 vorzog: Sie erschienen am 21. beziehungsweise 22. Oktober 1813, obwohl an den gleichen Tagen bereits die regulären Nummern 7 und 8 publiziert wurden. Da diese aber lediglich vorbereitetes Material enthielten und auch die Ausgaben 9 und 10 schon komplett verplant waren, wurden die ersten noch nicht vorbereiteten Nummern benutzt, um die Aktualitäten zu verbreiten. Also kamen an den beiden Tagen unmittelbar nach Ende der Völkerschlacht jeweils zwei Ausgaben der «Deutschen Blätter» in den Verkauf – eine vorbereitete und eine den neuesten Geschehnissen angepasste.

Von Nummer 2 der «Deutschen Blätter» an, die am 16. Oktober erschien, erhielten die neuesten Nachrichten eine eigene Rubrik unter der Überschrift «Vorläufige Berichte», was signalisieren sollte, dass es sich hier tatsächlich um noch nicht offiziell proklamierte Ereignisse handelte. Als fester Platz etablierte sich dafür die jeweils letzte Seite der Zeitung. Die Käufer der Ausgabe, die am ersten Tag der Völkerschlacht erschien, konnten dort unter anderem lesen: «Altenburg, den 15ten October 1813. Diesen Morgen ist das Hauptquartier der großen alliierten Armee unter dem Commando

Sr. Durchl. des Fürsten von Schwarzenberg von hier nach Pegau verlegt worden. Eben dahin sind Se. Maj. der russische Kaiser abgereist ... Dem Vernehmen nach befindet sich der französische Kaiser in der Nähe von Eilenburg ... – Heut Nachmittag um 4 Uhr sind Se. Maj. der Kaiser von Oesterreich und Se. Maj. der König von Preußen hier eingetroffen. – Wir behalten uns vor, in einer zusammenhängenden Darstellung die Begebenheiten, welche sich seit dem Wiederausbruch der Feindseligkeiten unter unseren Augen zugetragen haben, in den nächsten Blättern nachzuholen.»[11] Mit den Feindseligkeiten war das Reitergefecht von Liebertwolkwitz, die Ouvertüre zur Völkerschlacht, gemeint, doch der Fortgang der Ereignisse ließ die angekündigte ausführlichere Schilderung gar nicht mehr zu. Bemerkenswert an diesen «Vorläufigen Nachrichten» ist auch, dass Napoleon noch am 15. Oktober bei Eilenburg vermutet worden sein soll, obwohl er ja schon am Vortag in Leipzig eingetroffen war. Die Vermutung liegt nahe, dass das alliierte Hauptquartier, das die «Deutschen Blätter», wie in deren erster Ausgabe ja auch angekündigt, der Zensur unterwarf, die Anwesenheit des gefürchteten gegnerischen Feldherrn den eigenen Truppen vorerst noch verschweigen wollte.

Auch die erste journalistische Berichterstattung über die Völkerschlacht selbst erfolgte in den «Deutschen Blättern» in Form dieser kurzen «Vorläufigen Nachrichten». In der Nummer 3 vom 17. Oktober heißt es unter dem Berichtsdatum des 16. Oktober: «Diesen Morgen gegen sieben Uhr sind Se. Maj. der Kaiser von Oesterreich, und einige Stunden später Se. Maj. der König von Preußen von hier nach Pegau abgereist, wo sich dem Vernehmen nach Se. Maj. der russische Kaiser und das große Hauptquartier befindet. – Man hat von früh an bis gegen zwölf Uhr aus der Gegend von Leipzig her eine äußerst heftige Canonade gehört, welche in etwas veränderter Richtung nach ein Uhr wieder angefangen und bis auf den Abend fortgedauert hat.»[12] Wie dieser erste Tag der Völkerschlacht ausgegangen ist, konnten die Leser aus dem denkbar aktuell gehaltenen kurzen Artikel nicht einmal ansatzweise erfahren, aber die Kommunikationswege waren im Chaos der Kämpfe ja so erschwert, dass die Nachricht von Blüchers Durchbruch im Norden von Leipzig selbst die alliierten Befehlshaber erst am nächsten Tag erreichte. Wie sollte da erst der Informationsfluss in die Etappe nach Altenburg gelingen, wo Brockhaus auf Nachrichten wartete? Einer Schilderung in der vierten Ausgabe vom 18. Oktober entnimmt man, dass er und seine Mitautoren von Türmen weit hinter der Front aus das Geschehen zu beobachten versuchten und dabei vor allem «nach dem Blitze der Kanonen» gehen mussten.[13] Es ist somit beeindruckend genug, was Brockhaus bereits am 17. Oktober über die Geschehnisse des Vortags bis in den Abend hinein zu berichten hatte.

Am 18. Oktober bestätigten die «Deutschen Blätter» dann die Anwesenheit Napoleons in Leipzig, aber nur nebenbei in Mutmaßungen über den bisherigen Verlauf der Kämpfe, die am Sonntag, dem 17. Oktober, fast vollständig zum Erliegen gekommen waren, was Anlass bot, über die vermutete Fortdauer der Schlacht zu spekulieren: «Aus der hier herrschenden Ruhe ergiebt sich am besten, daß für die Alliierten der Stand der Sache vortheilhaft sey. Daß die französische Armee, die von allen ihren Communicationen abgeschnitten ist, und weder neue Munition noch Proviant beziehen kann, noch Reserven zu erwarten hat, durch jede Schlacht in eine immer schwierigere Lage kommen müsse, bedarf keiner Ausführung. Übrigens läßt sich gerade dieser Lage wegen auch annehmen, daß eine französische Armee von vielleicht noch 150,000 bis 180,000 Mann, durch Napoleon selbst angeführt, nicht augenblicklich zu besiegen seyn werde.»[14] Die Redaktion der Zeitschrift bedauerte, dass bis zum Zeitpunkt der Drucklegung noch keine offiziellen Armeeberichte zum Verlauf der Völkerschlacht vorlagen.

Umso verblüffender sind die Aktualitäten, die dann in der fünften Ausgabe der «Deutschen Blätter» am 19. Oktober, also dem Tag des entscheidenden Sturms auf Leipzig, zu lesen waren. Zunächst erfuhren die Käufer vom gescheiterten Versuch des Kaisers der Franzosen, für seine Truppen durch Vermittlung des österreichischen Generals von Merveldt einen günstigen Rückzug auszuhandeln: «Napoleon hat den Grafen von Meerveld, der am 16ten October gefangen worden war, mit einem Parlamentär zurückgeschickt, und auf freien Abzug unter der Bedingung angetragen, dass er die Festungen räumen und sich erst zwischen dem Thüringer Wald und dem Harz wieder setzen wolle. Diese Anerbietungen sind aber abgeschlagen worden. Es geht alles vortrefflich. Nahe bei Leipzig ist alles in Feuer.»[15] Direkt nach dieser Passage berichtet mit dem Datum «18. Oktober am Nachmittag» ein Mitarbeiter der «Deutschen Blätter» aus Borna, einer Stadt auf halber Strecke zwischen Altenburg und Leipzig, in einem Schreiben an die Redaktion: «Es geht über alle Erwartungen gut. Neun Regimenter und drei Bataillons Sachsen und Westphalen so wie 3000 Franzosen sind gefangen. General Normann ist mit den Württembergern zu uns übergegangen. Der Kronprinz von Schweden hat sich die Ehre ausgebeten, morgen die Avantgarde zu machen. Stötteritz ist gegen vier Uhr genommen.»[16] Wenn auch Letzteres nicht stimmte – Macdonalds Truppen hielten das Dorf, übernachteten dort und gaben es erst am Morgen des 19. Oktober auf –, so ist doch bemerkenswert, wie offen hier der unmittelbar bevorstehende Angriff auf Leipzig selbst thematisiert wurde, schließlich unterlagen die «Deutschen Blätter» weiterhin der Militärzensur durch die Alliierten.

Die Siegesnachricht von der Völkerschlacht dagegen erhielten die Leser erst am 21. Oktober in Nummer 7: «Leipzig ist in Folge des vollständigsten und glänzendsten Sieges vom 19ten von den Alliierten besetzt worden. Die officiellen und ausführlichen Berichte von den großen Ereignissen der letzten Tage, welche das Schicksal der französischen Armee und die Befreiung Deutschlands entschieden haben, werden unverzüglich folgen.»[17] Mit der Befreiung Deutschlands dauerte es dann doch noch etwas länger, aber die ausführlicheren Berichte kamen wirklich schnell. In einem Extrablatt, das bereits am 21. Oktober erschien und dessen vollständiger Inhalt am 22. Oktober auch in die achte Ausgabe der «Deutschen Blätter» aufgenommen wurde, ließ Brockhaus den bislang bekanntgewordenen Verlauf der Gesamtschlacht zusammenfassen – mangels offizieller Nachrichten wurde dieser eher kursorische Artikel als «zuverlässiger Bericht eines Augenzeugen» angekündigt.

Wirklich umfassend aber war schon zuvor der in der vorgezogenen elften Ausgabe am 21. Oktober veröffentlichte «Brief an I.» gewesen, den ein mit R. S. zeichnender Berichterstatter am 20. Oktober aus dem tags zuvor eroberten Leipzig geschrieben hatte. Schon der erste Satz kündet vom journalistischen Ideal der «Deutschen Blätter»: «Ich bin auf den Flügeln des Windes hierher geeilt, sobald ich in Rötha die Nachricht von der Einnahme Leipzigs erhielt.»[18] Auf sechs Seiten, also fast der gesamten Ausgabe, folgt die Schilderung des Einzugs der alliierten Truppen in die Stadt, der militärischen Resultate der Völkerschlacht und von Berichten über Napoleons Abzug. In einem dem ersten Brief nachgesandten Postskriptum konnte R. S. auch noch vermelden, dass der polnische Heerführer Poniatowski ertrunken aufgefunden wurde (bemerkenswert genug, denn die Leiche war zu diesem Zeitpunkt noch gar nicht entdeckt) und Marschall Augereau sowie General Lauriston als Gefangene in den Händen der Alliierten waren. Außerdem enthält der zweite kurze Bericht einen ersten Eindruck von den Verwüstungen der Umgebung – ein Aspekt, der im offiziellen Armeebericht, den die «Deutschen Blätter» am 22. Oktober in der ebenfalls vorgezogenen Nummer 12 brachten, keine Berücksichtigung fand. Brockhaus ließ es sich auch nicht nehmen, ganz am Schluss dieser Ausgabe, die sonst komplett der offiziellen Schlachtbeschreibung gewidmet war, eine winzige «Nachschrift des Herausgebers dieser Blätter vom 21sten October» einzurücken, in der er das Kommuniqué korrigierte: «Sicheren eingegangenen Nachrichten zu Folge, beträgt die Zahl der gemachten Gefangenen bis heute, mit den Blessierten, bereits über 40,000 zusammen, unter welchen sich an 3000, wir sagen *Dreitausend*, Offiziere befinden; anstatt der im offiz. Bericht angegebenen 10 Generale sind ebenfalls bereits gegen 25 Generale gefangen genommen.»[19] Der Stolz auf die eigenen Informationen ist den knappen Zeilen ebenso anzumerken wie das Gespür für Nachrichten und Zahlen, die das Publikum beeindrucken würden.

Der vom alliierten Hauptquartier in Rötha ausgegebene Armeebericht hatte mit dem Satz geschlossen: «Sämmtliche Armeen sind in Bewegung, um dem Feind auf dem Fuße zu folgen.» Leipzig war nicht mehr länger von Interesse. Damit konnte Brockhaus auch nicht mehr auf seinen Heimvorteil bauen, wenn er die «Deutschen Blätter» zum wichtigsten Organ des alliierten Kampfs gegen Napoleon machen wollte. Die Zeitschrift verfolgte den Fortschritt des Krieges also weiter, fortan mit Korrespondenten, die den Armeen folgten. Allerdings gab es nun nicht mehr tägliche Ausgaben; bis zum 24. Dezember 1813, als Brockhaus den ersten Band der «Deutschen Blätter» für abgeschlossen erklärte, wurden es aber immerhin doch vierundfünfzig Nummern mit insgesamt über sechshundertdreißig Seiten. Der Verleger etablierte in den Folgejahren dann eine Frequenz von drei Ausgaben pro Woche, wie er es bei seinem ersten Zeitschriftenprojekt, «De Ster», schon gehalten hatte. Mit der Beendigung der Freiheitskriege am 20. November 1815 durch den Frieden von Paris hatten die «Deutschen Blätter» in seinen Augen ihre Funktion erfüllt und stellten wenige Monate später, im Frühjahr 1816, ihr Erscheinen ein. Der Verleger aber nutzte die frisch gewonnene nationale wie zeitgeschichtliche Reputation seines Hauses, um 1815 durch die Herausgabe eines Buchs zur «Geschichte Napoleon Buonaparte's», einer 1816 begonnenen mehrbändigen «Allgemeinen Geschichte der neuesten Zeit» und des im gleichen Jahr gestarteten vierteiligen Werks «Russlands und Deutschlands Befreiungskriege von der Franzosenherrschaft unter Napoleon Buonaparte in den Jahren 1812–1815» das Profil von

Brockhaus als deutschnationalem Verlag zu schärfen. Der Ruhm des Unternehmens verdankte sich nach dem Ende der «Deutschen Blätter» jedoch vor allem dem «Conversations-Lexicon», das nach Abschluss der Kriege gegen Napoleon (und damit auch dem Frei-werden redaktioneller Kapazitäten im Verlag) rasch grundlegend überarbeitet wurde und sich in den zwanziger Jahren des 19. Jahr-hunderts als wichtigstes deutschsprachiges Nachschlagewerk etablierte. Für knapp zweihundert Jahre galt die Bezeichnung «Brockhaus» als deutsches Synonym für «Lexikon».

Im Jahr 1818 zog Friedrich Arnold Brockhaus mit Verlag und Fa-milie dann doch noch nach Leipzig um, wo er aber schon fünf Jahre später starb. Davor musste er noch erleben, wie sich seine Hoff-nung auf die nationale Einheit Deutschlands zerschlug, was er vor allem an den Reaktionen auf ein Zeitschriftenprojekt zu spüren be-kam, das als Nachfolgerin der «Deutschen Blätter» geplant war: «Isis oder Encyklopädische Zeitung von Oken». Sie wurde von dem in Jena lehrenden Naturforscher Lorenz Oken herausgegeben und

Der Verleger, der seinen Erfolg auf der Völker-schlacht gründete: Friedrich Arnold Brockhaus.

erschien auch in Jena, wo die vergleichsweise liberale Pressegesetzgebung des Herzogtums Sachsen-Weimar herrschte. Anfangs als unpolitisches Blatt konzipiert, entwickelte sich die «Isis» auf Betreiben des Verlegers Brockhaus schnell zum zentralen Forum des gesamtdeutschen Patriotismus, der zuvor in den «Deutschen Blättern» sein wichtigstes Organ gehabt hatte. Doch weder in Österreich noch in Preußen war das neue Blatt wohlgelitten; der Nutzen, den man in Wien und Berlin von den «Deutschen Blättern» im Krieg gegen Napoleon gehabt hatte, war vergessen, weil es nun um die jeweilige Stellung als selbständige Führungsmächte in Deutschland ging. Noch bevor die am 20. September 1819 verkündeten Karlsbader Beschlüsse die Pressefreiheit in Deutschland beseitigten, hatte der Weimarer Großherzog Carl August seinen Minister Johann Wolfgang von Goethe um ein Gutachten zur umstrittenen «Isis» gebeten, und Goethe empfahl ihm ein Verbot der Zeitschrift, das in Österreich bereits erfolgt war. Carl August indes stellte im Mai 1819 den von ihm als Professor besoldeten Herausgeber Oken nur vor die Wahl, entweder seine Publikation einzustellen oder die Lehrtätigkeit an der Universität von Jena. Oken entschied sich für die Zeitschrift, und so erschien sie bis 1848; allerdings gab sie nach Brockhaus' Tod jedes politische Engagement auf.

7. TAG 2 DER SCHLACHT:
SONNTAG, DER 17. OKTOBER

▼

Es war ein Sonntag, und die Waffen schwiegen, als wollten die größten Heermassen, die bis dahin jemals in Europa aufeinandergetroffen waren, den Tag des Herrn ehren. Allerdings gab es nur eine einzige Kirche in Leipzig, in der noch Messen hätten gefeiert werden können: Sankt Nikolai. Alle anderen Gotteshäuser in der Innenstadt, Sankt Peter, die Neukirche (die später Sankt Matthäi heißen sollte), die Thomaskirche und schließlich auch die Universitätskirche Sankt Pauli sowie Sankt Johannis vor dem Grimmaischen Tor waren nach und nach vom Militär beschlagnahmt worden, um dort Verwundete zu versorgen. Auch die Nikolaikirche war nun dafür vorgesehen, aber die Stadt konnte es an diesem Tag abwenden, indem sie stattdessen den Konzertsaal im Gewandhaus opferte. Seit Beginn des Frühjahrsfeldzugs des Jahres 1813 hatte es ohnehin nur noch vereinzelt Konzerte gegeben, das letzte am 11. April[1], und vor der Völkerschlacht hatte die Stadt im Saal bereits ein Depot eingerichtet. Da fiel der Tausch gegen den Kirchenraum leicht. Gottesdienste gab es in Leipzig an diesem Sonntag trotzdem nicht.[2]

Die Umnutzung der Kirchen im Herbst 1813 erregte den Ärger von Johann Daniel Ahlemann, der seit drei Jahren auf dem direkt hinter der Kirche gelegenen Johannisfriedhof das Amt des städtischen Totengräbers versah: «Es wurden für die vielen Kranken und Bleßierten Lazarethe eingerichtet, wozu auch die St. Johannis Kirche, welche kaum von den ersten mal wieder hergestellt war, um zum zweiten mal wieder hergegeben werden musste. Dadurch

175

verlor der Gottes-Acker bei der Kirche herum sehr viel von seinen Vorzügen, den man sahe um Sonntags nicht mehr fromme Christen mit Andacht das Gotteshaus betreten, statt deßen sah man aber mit Wehmut viele bleßierten Soldaten zu Hunderten in die Kirche bringen, wo sehr viele davon ihren Geist darin aufgegeben haben, andere sehe man nach ihrer Genesung mit verstümmelten Körpern auf dem Gottes-Acker herum schleichen, welche aus Lüsternheit das nicht reif gewordene Obst mit samt den Aesten von den Bäumen herunter rissen.»[3] Diese Beschreibung gab freilich noch den Zustand unmittelbar vor der Völkerschlacht wieder, der eigentliche Ansturm der Verwundeten sollte aber erst noch einsetzen.

Allein am 16. Oktober waren auf französischer Seite mehr als zwanzigtausend Soldaten getötet oder verwundet worden. Die Verluste der Alliierten bewegten sich in ähnlicher Höhe, aber noch während des Samstags hatten sie weitere Truppen heranziehen können, während Napoleon lediglich das Korps aus Eilenburg zur Verstärkung bekam. So standen ihm am 17. Oktober nur jene hundertsechzigtausend Mann zur Verfügung, die nach den Gefechten des Vortags noch einsatzfähig waren, zuzüglich zwölftausend frischer Soldaten, während seine Gegner nun fast dreihunderttausend Mann aufbieten konnten.

Zwei Tage später, als die Schlacht geschlagen war, sollten die Franzosen rund achtunddreißigtausend Tote in ihren Reihen schätzen (eine genaue Zählung verhinderte der Rückzug), die österreichischen Truppen registrierten 14 958 Gefallene, die russischen 22 605, die preußischen 16 533. Fast jeder Fünfte der teilnehmenden Soldaten starb also in der Völkerschlacht. Auch das war eine Zahl, die in der Neuzeit noch nie erreicht worden war. Nur die Schweden kamen glimpflich davon; obwohl sie achtzehntausend Mann auf alliierter Seite stellten, fielen davon nur 178, allerdings hatten die schwedischen Truppen bis zu diesem 17. Oktober ja auch noch gar nicht in die Kämpfe eingegriffen. Gemeinsam mit der von ihrem Kronprinzen Karl Johann kommandierten Nordarmee rückten sie erst noch auf Leipzig vor.

Die Nordarmee war am Sonntag um zwei Uhr morgens von Landsberg aus aufgebrochen – mit gewohnter Langsamkeit. In sechs Stunden gelangte sie über die Chaussee bis nach Breitenfeld, rund sieben Kilometer nordwestlich von Leipzig in der Nähe von Lindenthal gelegen, wo Karl Johann nach Tagesanbruch haltmachen ließ, um sich zunächst mit den Führern der beiden anderen alliierten Heeresmassen abzustimmen. Von Blücher kamen Boten, die ihm vom Erfolg der Schlesischen Armee am Vortag berichteten, die bei Möckern im Nordwesten von Leipzig die französische Verteidigungslinie bis fast vor die Mauern der Stadt zurückgedrängt hatte. Diese Neuigkeit war im Süden, wo sich Zar Alexander I., Kaiser Franz I. und König Friedrich Wilhelm III. aufhielten, noch gar nicht angekommen, sodass der schwedische Kronprinz als sich gleichgewichtig fühlender Repräsentant eines verbündeten Staates erst einmal eigene Entscheidungen traf und Blücher aufforderte, sich samt der Schlesischen Armee seinem Kommando zu unterstellen.

Im klassischen Verständnis der Hierarchie zwischen Königshäusern und Armeeführern war das konsequent, aber nicht nur Napoleon hatte diese Rangfolge ins Wanken gebracht, als er vom General zu einem Monarchen aufstieg, der sich vor allem als Soldatenkaiser und Feldherr definierte. In den vergangenen Wochen hatte Blücher mit seinen Truppen gezwungenermaßen auf eigene Faust agieren müssen, woran sich zeigte, dass es in der aktuellen Kriegsführung weniger auf Weisungen von den Landesherren als vielmehr auf spontane Entschlüsse der Kommandanten ankam, die sich nicht immer an die üblichen Befehlswege halten konnten. Als Blücher am Nachmittag endlich im Hauptquartier des Kronprinzen erschien, brachte er jedoch kurzerhand Prinz Wilhelm mit, den jüngsten Bruder Friedrich Wilhelms III., der in der Schlesischen Armee als Bataillonskommandant fungierte, um seinerseits ein Mitglied des eigenen Königshauses an der Seite zu haben und damit gegen Karl Johann die preußische Autonomie zu behaupten. Der Kronprinz wiederum hatte sein Lager ganz bewusst in Breitenfeld aufgeschlagen, weil der schwedische König Gustav Adolf im Dreißigjährigen Krieg am 17. September 1631 dort eine Schlacht gegen die kaiserlich-katholischen Truppen triumphal gewonnen hatte, und spekulierte nun darauf, dass sich die protestantischen Preußen an die damalige Hilfe aus dem Norden erinnerten. Prinz Wilhelm vermittelte schließlich zwischen den beiden Armeeführern: Blücher würde für die Schlacht am Folgetag das größte seiner Korps, fünfundzwanzigtausend Mann unter Graf Langeron, an den Kronprinzen abgeben. Die Parallelen in den Biographien von Langeron und Karl Johann, die beide als französische Widersacher Napoleons auf Seiten der Alliierten kämpften, begünstigten diesen Entschluss.

Zu diesem Zeitpunkt hatten Blüchers Truppen gegen acht Uhr bereits den einzigen Angriff dieses Tages unternommen, nachdem im Morgengrauen die Stellungen der Franzosen ausgespäht worden waren. Mit den Dörfern Gohlis und Eutritzsch hielten die napoleonischen Truppen nur noch zwei Positionen vor dem schon zu Leipzig selbst gehörenden Vorwerk Pfaffendorf, das eines der vier großen Stadttore, das Hallesche, schützte. Zum Einsatz kamen diesmal nur die russischen Truppen in der Schlesischen Armee, weil das am Vortag beim Kampf um Möckern schwer dezimierte preußische Korps unter Generalleutnant Yorck eine Erholungspause bekam. Aus Eutritzsch zogen sich die Franzosen schon beim Anmarsch der Russen zurück, während Gohlis um zehn Uhr von vier Kosakenregimentern im Sturm genommen wurde. Erstmals wurde derart nahe bei Leipzig selbst gekämpft, dass sich Gewehrkugeln in die Stadt verirrten und vereinzelter Artilleriebeschuss, der zunächst nur bis kurz vors Hallesche Tor reichte, später aber auch die Stadt selbst traf und in der Fleischergasse, der Nikolaistraße und auf dem Brühl für leichte Beschädigungen an einigen

Häusern sorgte, die Bevölkerung schockierte. Das nördliche Umland von Leipzig war nun bis zur Parthe in alliierter Hand, und Blücher wollte seine Truppen gerade über den kleinen Fluss gehen lassen, um dort feindliche Kräfte zu binden, weil er noch an diesem Tag die Wiederaufnahme der großen Schlacht erwartete, als ihn endlich eine Nachricht aus dem Hauptquartier im Süden erreichte, dass dort heute kein Angriff mehr stattfinden werde, weil man das endgültige Eintreffen aller Verstärkungen abwarten wolle. So blieben die Scharmützel um Gohlis die einzigen Kampfhandlungen. Der Rest sollte psychologische Kriegsführung sein.

Schon in der verregneten Nacht auf den Sonntag waren nur noch vereinzelte Schüsse zu hören gewesen, zum Beispiel um zwei Uhr morgens in der Nähe von Albrechtshain, einem kleinen Ort im Südosten von Leipzig, der unweit des Frontverlaufs lag. Hierhin waren die Frau und die sechs Kinder von Carl Gottlieb Vater evakuiert worden, des Pfarrers von Seifertshain, jenem Nachbardorf, das am Tag vorher so hart umkämpft gewesen war. Auguste Vater, mit sechzehn Jahren die jüngere der beiden Töchter, sollte sich genau drei Jahrzehnte später, als der schon 1814 gegründete «Verein zur Feier des 19. Oktober in Leipzig» zum Jubiläum systematisch Zeugenberichte aus der Völkerschlacht sammelte, daran erinnern, dass man nach dem unablässigen Artilleriefeuer des Vortags damit rechnete, nun würden die Feindseligkeiten sogar mitten in der Nacht wieder ausbrechen. Es handelte sich bei dem einzelnen Kanonenschlag aber lediglich um ein Signal, das auf alliierter Seite die Ankunft einer weiteren Verstärkungstruppe ankündigte, die General von Bennigsen von Osten kommend heranführte. Bis seine vierzigtausend Mann zum Angriff auf die französischen Linien bereitstanden, sollte es an diesem Sonntag allerdings noch Abend werden. Solange die Nordarmee das Schlachtfeld nicht ebenfalls erreicht hatte, wollte die alliierte Armeeführung keine weitere Offensive mehr unternehmen.

Neben dem einzelnen Kanonenschuss bei Albrechtshain beschränkten sich die nächtlichen Störungen auf isoliertes Gewehrfeuer, das im Morgengrauen bei militärischen Erkundungsgängen außerhalb der Stadt gefallen war. Und dennoch war den Bewohnern von Leipzig keine Ruhe vergönnt. Friedrich Rochlitz notierte, dass die ganze Nacht hindurch das Rumpeln der Pferde- und Ochsenwagen nicht abriss, auf denen Verwundete in die Stadt gebracht wurden. Und von fünf Uhr morgens an setzte man dann neun städtische Karren ein, die allein dazu dienten, die über Nacht Verstorbenen aus den Spitälern wegzubringen. Obwohl die Fuhrleute den ganzen Sonntag über bis in die Nacht hinein unterwegs waren, kamen sie mit dem Abtransport der nackt ausgezogenen Leichen nicht mehr nach.[4]

Leipzig war im Oktober 1813 keine normale Stadt mehr, sondern das größte Lazarett der Welt. Und daran war schon vor der Völkerschlacht gearbeitet worden, denn hier hatte man ein Zentrum für die medizinische Versorgung der napoleonischen Truppen während der ganzen Kriegsführung des Jahres 1813 auf sächsischem Gebiet aufgebaut. Schon am 29. Juni, noch mitten im Waffenstillstand, hatte der französischen Weisungen unterworfene Stadtrat einen Aushang (von dem sich ein Exemplar im Leipziger Stadtmuseum erhalten hat) anschlagen lassen, der die Zivilbevölkerung zur Abgabe von Verbandsmaterial aufforderte: «Sämmtliche Bewohner hiesiger Stadt werden aufs Neue dringend ersucht, alles was sie an Verband-Leinewand und Charpie zusammen bringen können, auf die Börse zu liefern, indem alles bisher gegebene nicht zureicht, die fortdauernden Bedürfnisse der unglücklichen Verwundeten zu befriedigen.»

Mit der Börse war das noch heute erhaltene, direkt hinter dem Alten Rathaus gelegene elegante Gebäude gemeint, das nunmehr «Alte Handelsbörse» genannt wird. Es war seit seiner Fertigstellung im Jahr 1687 als neutraler Ort für Geschäftsabschlüsse und Auktionen das Zentrum der kommerziellen Aktivitäten der Leipziger Kaufleute und hatte in dieser traditionellen Handelsstadt eine entsprechend große öffentliche Bedeutung. Dass selbst ein solcher

Ort für die Organisation der medizinischen Versorgung geräumt werden musste, zeigt die Verzweiflung angesichts der kaum mehr zu bewältigenden Flut von Verwundeten. Aber das reichte zusammen mit Kirchen, Schulen, Amtsstuben, dem Konzertsaal im Gewandhaus und natürlich den bereits existierenden Krankenhäusern immer noch nicht aus. Obwohl die Innenstadt von Leipzig nur rund siebenhundertfünfzig Häuser umfasste[5] und schon in Friedenszeiten nicht einmal die Hälfte seiner im Jahr 1812 knapp vierzigtausend Bewohner innerhalb des ehemaligen Befestigungsrings Wohnraum fand[6], wurden die meisten der auf französischer Seite verwundeten Soldaten just dorthin gebracht, um sie besser vor den fortgesetzten Kämpfen zu beschützen. Die Hoffnung auf ein Dach über dem Kopf mussten die Verletzten meist begraben, weil die Leipziger Wohnungen überwiegend schon von den Offizieren der französischen Armee requiriert waren, die gar nicht daran dachten, ihre Unterkünfte wieder zu räumen, und die öffentlichen Gebäude waren schon überfüllt. Bereits im September – nachdem der sommerliche Waffenstillstand Mitte August beendet worden war, aber noch lange vor Ausbruch der Kampfhandlungen bei Leipzig – hatte man fast neuntausend Mann in den hiesigen Lazaretten versorgen müssen. Die erste Welle von entsprechenden Transporten hatte in der Nachfolge der Schlacht von Dresden am 26. und 27. August eingesetzt: Am 3. September trafen die ersten Ochsenkarren mit Verwundeten der dortigen Kämpfe in Leipzig ein, und in den folgenden Tagen kamen immer mehr solcher Transporte an. Schon damals reichten die eilig eingerichteten Notspitäler nicht zur Aufnahme aller Verwundeten aus, wie Gottfried Wilhelm Becker beobachtete: «Die Hauptstraßen in der Stadt waren längs der Häuser mit ihnen bedeckt, daß man kaum gehen konnte, mitten durch sie sich drängen mußte. Auch die folgenden Tage mußten viele unter freiem Himmel campiren.»[7]

Das war für die Leipziger ein vollkommen neuer Aspekt des Krieges, denn obwohl im Mai 1813 nur wenige Kilometer weiter südwestlich die blutige Schlacht bei Großgörschen stattgefunden hatte, waren sie damals nicht durch viele Verwundete belastet worden, weil die französische Armee traditionell ihre Patienten nach rückwärts verlegte, also auf Frankreich zu – und somit lag Leipzig nach der Schlacht bei Großgörschen einfach nicht auf dem Weg. Nach der Schlacht von Dresden jedoch war die sächsische Handelsmetropole eine der ersten Stationen der Evakuierungsroute, und deshalb waren nun die lädierten Soldaten hierhin gebracht worden. Dazu kamen in der Dresdner Schlacht gefangengenommene alliierte Soldaten, auch sie oft verwundet, denen der Johannisfriedhof und eine Sandgrube als leicht zu bewachende Aufenthaltsorte angewiesen wurden. Als diese beiden Lagerstellen überfüllt waren, zäunten die Franzosen mit Pfählen und Seilen auf freiem Feld ein zusätzliches Terrain ab, das aber weitaus mehr Wachposten erforderte. Zum Glück hatte sich das im August noch katastrophale Wetter inzwischen wieder gebessert, so litten die draußen untergebrachten Gefangenen und Verwundeten wenigstens nicht unter Nässe.

Nachdem dann in der ersten Septemberhälfte weitere Verwundete aus den Kämpfen um die Festungsstädte Wittenberg und Torgau nach Leipzig gebracht worden waren, entwickelte sich die Stadt unversehens zum Zentrum der Krankenpflege von Napoleons Armee. Unmittelbar vor Beginn der Völkerschlacht waren es schon fünfzehntausend Soldaten, die hier auf Pflege hofften. Als es dann in der Folge der Kämpfe immer mehr wurden, griffen die Stadtväter zu verzweifelten Maßnahmen, um dem Elend wenigstens ansatzweise Herr zu werden. Ein Leipziger Bürger, der Mitglied der städtischen Bürgergarde war, die vor allem des Nachts für Ordnung auf den Straßen sorgen sollte, schildert in einem pikaresken Bericht, der 1827 unter dem sprechenden Pseudonym Friedlieb Degenknopf erschien, von der spontanen Umwidmung seiner Einheit: «In den Tagen der denkwürdigen Schlacht war die Bürger-National-Garde hauptsächlich dem Spitaldienste gewidmet. So war sie denn mehr bestimmt, der Menschheit beizustehn, als sie mit vernichten zu helfen; zum welchen letzten Werke sie aus genugsam anzugebenden Gründen denn doch nicht recht tüchtig gewesen seyn dürfte.»[8]

Gleich nach Beginn der Kämpfe rund um Leipzig hatte man am Samstagmorgen auch noch das am Südrand der Innenstadt liegende Kornhaus zum Notaufnahmespital gemacht, obwohl dessen

Verwundete während der Völkerschlacht an der Leipziger Johanniskirche, gezeichnet von Ernst Wilhelm Straßberger.

niedrige Räume, die sonst der Lagerung von Getreide dienten, ungeeignet für die Krankenbetreuung waren. Dennoch wurde an allen Stadttoren Order gegeben, dass von den Schlachtfeldern eintreffende Verwundete nur dorthin zu bringen seien – «die Hälfte der Nacht vom 16. zum 17. Oktober war jedoch noch nicht verstrichen, und schon war das Kornhaus mit fast sechstausend Blessierten, der höchsten Zahl, die möglicherweise übereinander zu legen war, überfüllt», notierte der Oberstadtschreiber Werner.[9] Wer später ankam, wurde einfach auf der Straße abgelegt, «und bis an beide Türen des Rathauses lagen die Blessierten in so dichten Reihen, dass in der Mitte ein nur ganz schmaler Weg für Fußgänger übrigblieb». Am Abend des Sonntags befahl der Stadtkommandant deshalb, dass jede Familie in Leipzig eine Bettstelle samt Strohsack für die Unterbringung von Verwundeten abzugeben hatte. Damit standen für sie im Idealfall noch einmal rund siebentausend zusätzliche Plätze zur Verfügung. Im Laufe der vier Tage der Schlacht sollte aber allein die französische Seite beinahe vierzigtausend Verwundete zu beklagen haben, womit die Zahl der zuvor schon in der Stadt lagernden behandlungsbedürftigen Soldaten binnen kürzester Zeit mehr als verdreifacht wurde. Der entsprechende Bedarf an Betten war in der ohnehin schon überfüllten Stadt nicht zu decken.

Zwar sollten beim Abzug von Napoleons Truppen am 19. Oktober nicht alle Verwundeten seiner Armee in Leipzig bleiben, dafür kamen nach dem Ende des Völkerschlachtens die alliierten Kriegsversehrten dazu, und die Franzosen hatten natürlich auch nur die transportfähigen Soldaten mit auf den Rückzug genommen, sodass gerade die schweren Fälle zurückgeblieben waren, die sich nach zeitgenössischen Schätzungen auf zwanzigtausend summierten.[10] Für diese Verwundeten, die nun als Gefangene galten, richtete man eine Notlagerstätte auf dem Friedhof hinter der Johanniskirche ein, um dessen Schönheiten der Totengräber Ahlemann so besorgt war und der schon die alliierten Gefangenen der Franzosen hatte aufnehmen müssen. Verwundete und Gesunde mussten dort auf umgestürzten Grabsteinen und in den Grüften entlang der Mauern lagern. Geschrei und Gestank waren unbeschreiblich, und Ahlemann berichtete, unter welchen Bedingungen im so verregneten und kalten Oktober die Hungernden und Frierenden dort tagelang ihr Dasein fristeten, zumal ihnen keine Hilfe zuteil wurde: «Ein Bürger Nahmens Borges, der die Wache hatte, wollte in den Schwibbogen No. 93 auf dem dritten Gottes-Acker ein allzu großes Feuer welches darin brannte, untersagen, wurde aber beim Herein gehen von dem Feuer geblendet, und kam dem Senkloch zu nahe, und stürzte in die Gruft hinunter, wonach er bald durch diesen Fall verstarb. Auch stürzten mehrere Franzosen in die Grüfte und mussten ohne alle Hülfe darin umkommen, andere wurden von ihren Kameraden halb todt um sie los zu werden hinunter geworfen. Auch ließen sich viele an Seilen selbst in die Grüfte hinunter, untersuchten unten die Särge, schütteten die Leichen heraus, und nahmen das Holz herauf zum verbrennen, und so mussten viele Familien, die Ihrigen noch im Tode so schändlich gestöret sehen.»[11] Doch bis zu diesen morbiden Exzessen nach der Völkerschlacht war es noch ein paar Tage hin.

Die Kämpfe vom 16. Oktober hatten auf französischer Seite neben den rund zwanzigtausend Toten mehr als zehntausend neue Verwundete gebracht, wovon einige immerhin noch in improvisierten Feldlazaretten vor der Stadt unterkamen, die entweder in Scheunen eingerichtet oder als Holzbaracken rasch zusammengezimmert wurden. Die Unterbringung dort war aber weitaus gefährlicher als in der Stadt, weil angesichts der häufigen Frontverschiebungen während der Kämpfe ständig die Einnahme solcher Lazarette durch den jeweiligen Feind drohte. Deshalb wurde die Nacht zum Sonntag auf französischer Seite dazu genutzt, die meisten Verwundeten nach Leipzig in Sicherheit zu bringen, aber unter den bedrängten Verhältnissen in den innerstädtischen Lazaretten stieg derweil die Seuchengefahr. Man hatte sich zwar bemüht, die schon aufgetretenen Fälle von Typhus und Ruhr im Hospital am Rosental zu konzentrieren, das außerhalb der Stadtmauern lag und leicht zu isolieren war, weil sein Gelände von den beiden Flüssen Elster und Pleiße umflossen wurde. Doch jeder in der Stadt wusste, dass diese Erkrankungen auch schon vor Ausbruch der sichtbaren Symptome ansteckend waren. Erfahrungen damit hatte man längst gemacht; Rochlitz berichtete in einem Brief vom 25. September von anderthalbtausend Ruhr- und Typhuskranken, die damals bereits in Leipzigs Spitälern lagen.[12] Die Behörden versuchten verzweifelt, diese große Zahl zu verschleiern, ohne die Bevölkerung jedoch beruhigen zu können.

Das galt noch mehr für andere Patienten. Bei den meisten der auch schon vor der Völkerschlacht in der Stadt untergebrachten Kranken handelte es sich ja um Soldaten, die durch Kugeln, Bajonette oder Granatsplitter verwundet worden waren. Da es damals noch keine Anästhetika gab, die bei den notwendigen chirurgischen Eingriffen oder der Nachversorgung zur Betäubung hätten eingesetzt werden können, hallte die Stadt bereits seit Wochen von den Schmerzensschreien der hier Behandelten wider. Der Krieg war, bevor die Völkerschlacht Leipzig zum Zentrum der Kampfhandlungen machen sollte, nicht nur sicht-, sondern auch hörbar.

Am Morgen gegen sieben Uhr, kurz nach Tagesanbruch dieses 17. Oktober, machte sich Friedrich Rochlitz nach schlafloser Nacht aus seinem Haus in der Klostergasse am westlichen Rand der Innenstadt auf, um Brot für seine vierköpfige Familie zu kaufen. Es gab keines. «Alle Bäcker haben verdoppelte Wachen, damit auch nicht ein Stück, sowie es heiß aus dem Ofen kömmt, den Behörden entgehe.»[13] Die Stadt war verpflichtet, die Truppen Napoleons zu versorgen, also requirierte sie die dafür notwendigen Nahrungsmittel bei den eigenen Bäckern, denn die von den Franzosen selbst errichteten Backöfen lieferten pro Tag zwar sechzigtausend Rationen Brot, aber das war nicht einmal ein Drittel der allein für die Soldaten benötigten Menge. Entsprechend wuchsen die Spannungen innerhalb von Napoleons Armee: «Auch war an einem dieser Tage ein Detachement französischer Husaren zur Stadt gekommen, um Brod für ihr Regiment zu fassen, wurde aber damit abgewiesen, weil das vorräthige Brod für die Garnison aufbewahrt werden sollte. Die Husaren, über den abschlägigen Bescheid wüthend, warfen endlich die vor dem, im theologischen Auditorium im Pauliner Hofe befindlichen Brodmagazin aufgestellte badische Wache zurück, drangen hinein und fiengen an, den mitgebrachten Wagen selbst mit Brod zu beladen. Auf die davon sogleich dem Commissaire Ordonnateur en chef des vivres, d'Aure, gemachte Anzeige verfügte sich derselbe selbst in den Paulinerhof und zwang blos durch die Gewalt des Wortes die Husaren, die bereits auf den Wagen gebrachten Brode wieder abzuladen, wogegen er ihnen einen halben Centner Reis überließ.»[14] Die Disziplin unter den hungrigen Soldaten konnte nur noch durch solch große persönliche Autorität aufrechterhalten werden.

Vor allem aber hatten die Einwohner von Leipzig die fehlenden Lebensmittel zu besorgen. Am Morgen des 14. Oktober, unmittelbar vor dem Eintreffen Napoleons, hatte der Stadtrat ein Patent erlassen: «Sämmtlichen hiesigen Einwohnern ohne alle Ausnahme wird hiermit auferlegt, bey Vermeidung der auf den Fall eintretender Visitationen, vorzunehmenden Confiscationen der aufgefundenen und verschwiegenen Vorräthe, auch der nachdrücklichen Ahndung, sofort und spätestens bis heute Abend um 5 Uhr, alles, was sie an Mehl, Korn und Branntewein vorräthig haben, bey der Rathsstube anzuzeigen.»[15] Durch diese Registrierung wollte der Rat sichergehen, die für die Armeeversorgung benötigten Nahrungsmittel später auch wirklich abliefern zu können.

Überraschend kam das nicht. Das 1806 geschlossene Bündnis Sachsens mit Frankreich hatte zur Folge gehabt, dass französische Truppen, die auf sächsischem Gebiet agierten, jederzeit von den Bürgern Proviant und Unterbringung einfordern durften. Das war die sogenannte «Einquartierung», für die den Haus- oder Wohnungsbesitzern entsprechende Bescheinigungen ausgestellt wurden, bei deren Vorlage sie die Kosten ersetzt bekommen sollten. Nach der Völkerschlacht aber waren die nicht mehr das Papier wert, auf dem sie gedruckt waren. Dabei waren allein in Leipzig im Laufe des Jahres 1813 drei Millionen Quartiertage zusammengekommen[16], im Durchschnitt kamen also auf jedes der knapp tausendvierhundert Häuser in Innenstadt und Vorstädten mehr als zweitausend Einquartierungen, wobei darin auch die Zeit nach dem 19. Oktober enthalten ist, als alliierte Soldaten untergebracht werden mussten, für deren Versorgung aber wieder Entschädigungen gezahlt wurden. Spielraum bei individueller Notlage der regulären Bewohner eines Hauses bestand nicht: Es gab feste Vorschriften, was an einen Soldaten abzuliefern war, damit er sich angemessen ernähren konnte. Ein erstes Verpflegungsregulativ der französischen Armee, das am 27. April 1807 in Dresden für ganz Sachsen gedruckt wurde, listete auf, was Unteroffiziere und normale Soldaten erwarten durften: zum Frühstück Suppe, zum Mittagessen ein Dreiviertelpfund Fleisch mit Gemüse und abends noch einmal Gemüse – neben einer täglichen Grundversorgung mit anderthalb Kannen Bier (das entspricht etwas weniger als anderthalb Litern), «zwei Gläschen Branntwein» und vor allem zwei Pfund Brot. Bei insgesamt hundertneunzigtausend französischen Soldaten, die während der Völkerschlacht in der Stadt Leipzig und den umliegenden Dörfern verproviantiert werden mussten, waren das rechnerisch fast zweihundert Tonnen Brot täglich, ein Vielfaches der Kapazität der hiesigen Bäcker. Und selbst wenn diese so viel Brot hätten backen können, wäre die Versorgungslage schwierig geblieben, da es den Bauern aus dem Umland an Pferden und Ochsen fehlte, um ausreichend Getreide zu den Bäckereien in der Stadt zu transportieren. Ihre Tiere waren im Laufe des Jahres fast sämtlich von der französischen Armee eingezogen worden.

Für die Zivilbevölkerung in Leipzig blieben unter diesen Umständen kaum Nahrungsmittel übrig, und dieser Zustand hielt

Mitte Oktober schon seit einigen Tagen an. Kam dann doch einmal Versorgung aus dem Umland an, war das eine Sensation, wie Becker berichtete: «Schon ward jeder Brotwagen, der vom Land herein kam, mit mehr als 50 Bedürftigen verfolgt, die das Brot gern mit Geld aufwogen.»[17] Im Forum 1813, dem der Völkerschlacht gewidmeten Teil des Leipziger Stadtgeschichtlichen Museums, wird ein angeblich in der Nacht vom 17. auf den 18. Oktober 1813 gebackenes Brötchen ausgestellt, dessen geringe Größe ahnen lässt, wie sich die Bäcker bei der Verwaltung des Getreidemangels und der hohen Nachfrage zu helfen versuchten. Nur für viel Geld war noch Brot zu bekommen, wie der Student Christian Gottlieb Schneider beobachtete: «Französische Offiziere haben oft eine Semmel mit 1 Thlr. 8 gr. bezahlt, wenn sie sie nur bekommen konnten.»[18] Ein sächsischer Taler entsprach dreißig Groschen, also kostete das Brötchen achtunddreißig Groschen, fast das Vierfache eines Handwerkertageslohns, der damals in Sachsen bei zehn Groschen lag.

So ruhig der Tag militärisch war, so bitter war gerade das für die Bewohner von Stadt und Umgebung. Denn Napoleons Soldaten hatten noch einmal Zeit, auf Nahrungs- und Brennstoffsuche zu gehen. Das war schon zwei Tage zuvor einmal so gewesen, als gegen alle Erwartungen die Völkerschlacht immer noch nicht begonnen hatte. Zwar hatte die in Leipzig stationierte Armeeführung einen Befehl ausgegeben, dass niemand ohne Erlaubnis außerhalb der Stadt Proviant machen durfte, doch war dieses Verbot von Anfang an nicht streng beachtet worden, und nun waren so viele Soldaten eingetroffen, dass es ganz offiziell aufgehoben wurde. Die gegenüber der Bevölkerung fünffach größere Zahl von Napoleons Truppen nahm sich fortan einfach, was sie brauchte: aus den Häusern oder vom Straßenrand der Alleen. «Es schien hier eine Welt von Kriegern zu seyn, die sich mit Holzfällen und Zerstören der Häuser, mit Ausgraben der in tiefen Gruben verborgenen Gemüse, und Schlachten der zusammengetriebenen Rinder, Schöpse beschäftigten, die, fern von der gewohnten Heimath, traurig im wilden Kreise von Wagen, Karren, Pferden, Wachfeuern brüllten, blökten. Der Pöbel mischte sich dazu und trug in Körben, Säcken und auf je andere Weise von den Feldern, aus fernen Vorrathsgruben. Es würde überflüssig seyn, zu berechnen, wie der Wohlstand Hunderter hier auf Jahre hinaus gelähmt ist, wie ein einziger Tag vernichtete, was die fleißige Hand in Jahren sparte.»[19] Allein in der Stadtwohnung von Rochlitz und auf seinem Sommersitz im nahen Dorf Connewitz waren mittlerweile mehr als dreißig Mann einquartiert, deren Verpflegung ihn bei den steigenden Preisen schon Anfang Oktober zwanzig Groschen pro Tag und Person kostete.[20] Und dazu kam die Preissteigerung für die Versorgung der eigenen Familie: «Der Scheffel Erdäpfel wurde mit 4–5 Thlr. bezahlt, das Stückchen Butter mit 1 Thlr. (die Mandel Eyer galt eben so viel und mehr), 1 Kohlrübe 1 gr. 6 Pf. u. sof. Und doch hätte mancher gern noch mehr bezahlt, wenn er es nur hätte bekommen können.»[21]

Trotz dieser Notlage hüteten die öffentlichen Stellen in Leipzig eifersüchtig ihre Nahrungsmittelvorräte. So gab es einen Ort in der Stadt, wo man als Berechtigter weiterhin regelmäßig zu essen bekam: das Konvikt, eine vom Königshaus und begüterten Bürgern finanzierte wohltätige Einrichtung, die vor allem den Leipziger Studenten zugutekam. König Friedrich August kam für achtzehn Tische auf, die privaten Gönner für weitere zehneinhalb, und so war im Konvikt Platz für insgesamt rund hundertzwanzig Personen, die hier ein bezuschusstes oder gar kostenloses Mittag- oder Abendessen einnehmen konnten. Dieser Tafelbetrieb ging während der ganzen Völkerschlacht ungestört weiter, und da diejenigen, die hier nicht ganz freigehalten wurden, für ein regelmäßiges Mittagsmahl sechs Groschen in der Woche und bei Nutzung des Abendtisches sogar nur drei zu zahlen hatten, war das die billigste Möglichkeit, sich zu ernähren. Zugang hatten aber nur vom Konvikt bestimmte bedürftige Personen.[22]

Rochlitz war auf der Suche nach Brot zum Marktplatz gegangen. Auf dem kurzen Weg dorthin durch Klostergasse und Barfußgässchen fiel ihm auf, dass es keine Aushänge gab, die den von Napoleon am Nachmittag des Vortags voreilig verkündeten Sieg bestätigt hätten: «Die eifrige Lesewelt an den Straßenecken sucht vergebens nach einem Anschlag, an welchem man es doch sonst beim geringsten, ganz oder halb oder zum Vierteil gegründeten Anlaß nicht fehlen läßt.»[23] Die Franzosen hatten um drei Uhr in der ganzen Stadt die Glocken zur Verkündung ihres vermeintlichen Triumphs läuten lassen, und erst als das Geläute nach verhältnismäßig kurzer Zeit wieder eingestellt worden war, hatten die zahlreichen Parteigänger der Alliierten unter den Leipziger Bürgern, darunter auch die Familie Rochlitz, aufgeatmet. Doch weiterhin herrschte Unsicherheit über den Stand der Dinge auf den Schlachtfeldern rund um die Stadt. Verlässliche Nachrichten gab es nicht, und deshalb empfand man erst das Ausbleiben einer amtlichen Siegesmeldung als sichere Bestätigung dafür, dass es nicht gut um die französische Sache stand.

Der 1769 geborene Friedrich Rochlitz, der 1809 durch seine Heirat mit einer reichen Witwe aus prominenter Leipziger Kaufmannsfamilie in die Oberschicht der Stadt aufgestiegen war, zählte zu jenen Sachsen, die im Bündnis ihres Königs mit Napoleon ein Unglück sahen. Er war ein Musikschriftsteller, leitender Redakteur der von ihm selbst 1798 mitbegründeten und mittlerweile in ganz Deutschland verbreiteten «Allgemeinen musikalischen Zeitung», zählte also bezeichnenderweise nicht zur Berufsgruppe der Kaufleute, die in Leipzig das Gros des wohlhabenden Bürgertums stellte. In der prosperierenden Handelsstadt war der Anteil von Franzosenfeinden geringer als sonst im Lande – der Messestandort Leipzig hatte von der französischen Herrschaft über Festlandeuropa auch profitiert, wie noch zu zeigen sein wird.

Für das gesamte Königreich Sachsen konnte man das hingegen nicht behaupten. Seit dem 21. November 1806 galt im Land die Kontinentalsperre, mit der Napoleon den Handelsverkehr Englands, des damals einzig noch verbliebenen wichtigen Gegners, mit der französischen Einflusssphäre auf dem Festland zu unterbinden versuchte. Der Kaiser kopierte damit nur, was die Engländer ihm vorgemacht hatten, als sie nach der Kriegserklärung von 1793 ihrerseits den Seehandel Frankreichs blockierten – allerdings waren sie damals dank ihrer großen Flotte weitaus erfolgreicher gewesen. Die Sachsen litten jedenfalls beide Male, ihre traditionell starke Textilherstellung musste den Wegfall der englischen Rohstofflieferungen verkraften. Die meist kleinen Webereien standen ohne Garn da, und der Versuch, eigenes Garn zu produzieren, brachte kaum befriedigende Ergebnisse.[24] Weil es in sämtlichen Staaten des Kontinents ähnliche Probleme gab, wurde die Kontinentalsperre für englische Produkte in den sieben Jahren ihrer Geltung konsequent unterlaufen.

Doch obwohl die langen europäischen Küstenlinien gar nicht zu kontrollieren waren, konnte diese Schmuggeltätigkeit den fehlenden regulären Import britischer Waren nie ausgleichen. Außerdem fielen für die sächsischen Textilhersteller nicht nur wichtige Rohstofflieferungen, sondern auch bedeutende Absatzmärke aus. Zu Beginn des neunzehnten Jahrhunderts gingen beispielsweise allein zwanzig Prozent aller von Sachsen exportierten Güter nach Südamerika. Dieser Handel wurde vor allem über Spanien abgewickelt, aber seit Napoleon dort Krieg führte, war dieser Weg blockiert, und alternative Transportrouten waren durch die Kontinentalsperre unterbrochen worden.[25] In Italien wiederum, wohin vor allem sächsische Leinenprodukte verkauft worden waren, wurde die französische Konkurrenz vom napoleonischen Zollsystem begünstigt, weshalb das Geschäft der sächsischen Lieferanten auch dort zusammenbrach. Und England selbst, das samt seinen Kolonien ebenfalls ein bedeutender Kunde gewesen war, fiel bis auf den Schmuggel ganz aus.

Die Bestimmungen der Kontinentalsperre wurden vor allem

von der französischen Armee exekutiert, die nicht nur in Sachsen Kommandogewalt besaß, sondern seit der Niederlage Preußens von 1807 in ganz Deutschland (mit Ausnahme Österreichs), weil die Bündnis- oder Friedensverträge mit Napoleon jeweils vor allem die Aufmarschrechte der französischen Truppen regelten. Denn während der Eifer der einheimischen Behörden, die handelshemmenden Regelungen der Kontinentalsperre zu forcieren, zu wünschen

Kontrolle des Wareneingangs an einem der Leipziger Stadttore durch französische Soldaten während der Kontinentalsperre.

übrig ließ, konnte sich Napoleon in dieser Hinsicht auf seine Truppen stets verlassen. Vor allem Leipzig sollten die 1806 nach der sächsischen Niederlage verkündeten Bestimmungen zunächst hart treffen. Bevor überhaupt die Kontinentalsperre verkündet worden war, hatte der im Oktober frisch ernannte französische Stadtkommandant, General Pierre Macon, in einer an die Gewerbetreibenden der Stadt gerichteten Proklamation kurz und knapp verkündet: «Messieurs, das Glück der Waffen hat Leipzig in die Hände Napoleons des Großen gegeben. Ihre Stadt ist in Europa als eine Haupt-Niederlage englischer Waaren bekannt, und in dieser Hinsicht Frankreichs gefährliche Feindin.»[26] Das war deutlich.

Überraschenderweise ließen die angestrebte Beschlagnahmung aller britischen Güter und Guthaben sowie die Festsetzung aller englischen Bürger auf französisch dominiertem Territorium dann jedoch bestimmte Gewerbezweige Sachsens und speziell das europäische Handelszentrum Leipzig aufblühen: Durch den Wegfall der bislang technisch überlegenen und somit preisgünstigeren englischen Konkurrenz vor allem in der Textilproduktion konnte in gewerblich bereits weiterentwickelten Regionen, wie es etwa der Raum Chemnitz, aber auch das Umland von Leipzig waren, die Frühindustrialisierung in Gang gebracht werden. Als 1809 die jahrelang unterbundenen Baumwolllieferungen aus den Vereinigten Staaten wieder einsetzten – sowohl Frankreich als auch England bemühten sich um die Gunst der jungen Macht und gestatteten deshalb der amerikanischen Handelsflotte, den europäischen Kontinent anzusteuern –, löste in Sachsen die industrielle Baumwollweberei die zuvor dominierende Leinenherstellung durch Kleinbetriebe ab.[27] Außerdem profitierten die sächsischen Fabrikanten davon, dass sich die französischen Konsumenten schon seit der englischen Handelsblockade gezwungenermaßen vom britischen Markt abgewandt hatten und ihre Nachfrage auf dem Kontinent befriedigen mussten – und allein aus dem zollbegünstigten eigenen Land ließ sich dieser Bedarf nicht decken. Wegen der steigenden Absatzmöglichkeiten lohnten sich für deutsche Unternehmer mit einem Mal Investitionen in modernere Produktionsmittel, und als eines der innerhalb Deutschlands bereits technisch fortgeschrittensten Länder war Sachsen auch dabei führend und lieferte zudem einen guten Teil der dafür nötigen Fertigungsanlagen. Damit wurde Sachsens Spitzenstellung im deutschen Maschinenbau und der Baumwollweberei für die folgenden hundert Jahre festgeschrieben.

Aber nicht nur die Produktion in Sachsen, auch der Handel in Leipzig selbst profitierte von der Kontinentalsperre, obwohl mit den englischen Kaufleuten fortan eine wichtige Gruppe von Beteiligten ausfiel. Vor 1806 hatten sie jährlich mit bis zu hundertfünfzig Messegästen[28] im Schnitt gut ein Viertel der ausländischen Besucher ausgemacht[29] und dabei drei Viertel der gesamten englischen Exporte nach Deutschland abgewickelt.[30] Als Leipzig sich entschloss, die in der Stadt auf Befehl der Besatzungsarmee 1806 beschlagnahmten englischen Waren bei der französischen Verwaltung auszulösen, kostete sie das immerhin anderthalb Millionen Taler (um den Franzosen zu demonstrieren, wie ernst ihnen der Boykott der feindlichen Güter war, ließen die Ratsherren große Mengen des in England gefertigten Tuchs auf dem Marktplatz verbrennen, anstatt es weiterzuverkaufen).[31] Doch das Fortbleiben der englischen Kaufleute auf den Leipziger Messen, auf denen im Frühling um die Osterzeit und im September/Oktober seit dem sechzehnten Jahrhundert nahezu der gesamte Warenaustausch zwischen dem Westen und dem Osten des Kontinents abgewickelt wurde, konnten die nun verstärkt präsenten Händler aus Frankreich und den französisch annektierten linksrheinischen deutschen Gebieten mehr als ausgleichen.

Der jahrelang unterbrochene Handel mit Osteuropa und dem Orient wurde nun sogar überhaupt erst neu belebt, weil der Friedensschluss von Tilsit Polen und Russland vom Sommer 1807 an wieder für Exporte aus Frankreich und den mit ihm verbündeten deutschen Staaten öffnete – und diese Geschäfte wurden traditionell auf den Leipziger Messen abgewickelt, vor allem der lukrative Seidenhandel.[32] Allein Lieferungen in die polnischen Gebiete machten ein Fünftel des Leipziger Geschäftsvolumens aus, und deshalb kamen zu Beginn des neunzehnten Jahrhunderts an die tausend Kaufleute aus Polen zu den Messen (die nicht als Ausländer gezählt wurden, weil sie überwiegend aus den Preußen oder Österreich zugeschlagenen polnischen Teilungsgebieten stammten). Geht man nach dem Zustrom von Messegästen, so war 1812 sogar das beste Jahr der Handelsstadt in ihrer bisherigen Geschichte: Erstmals zählte man auf den beiden Hauptmessen und deren kleinem Ableger zu Neujahr zusammen mehr als fünfzehntausend Besucher.[33] Deshalb war die Skepsis gegenüber der napoleonischen Wirtschaftspolitik zumindest in Leipzig gemildert durch die Freude über die unverhofft fortgesetzte wirtschaftliche Prosperität.

Man war hier überdies schon aus früherer Zeit gewohnt, dass Leipzig in Kriegs- und Krisenzeiten besser davonkam als andere Städte, weil alle an den Konflikten beteiligten Parteien Handelsinteressen hatten, die mit dem Funktionieren der Leipziger Messen zusammenhingen. So hatte selbst der preußische König Friedrich II., als er für die Dauer des Siebenjährigen Krieges Sachsen besetzt hielt und dabei allein aus Leipzig zehn Millionen Taler an Kontributionen presste, den Handel in der Stadt weitgehend von Schikanen verschont, um die von fern her anreisenden Kaufleute nicht abzuschrecken. Für die Leipziger brachte die preußische Besetzung dennoch genug Ärger mit sich; der Stadtgeschichtsschreiber Große notierte im Rückblick, dass der Siebenjährige Krieg bereits «in allem das Miniaturbild des großen Weltkampfes von 1813» gewesen sei, «nur nicht in den Bedrückungen und Qualen, welche derselbe um unsere Gegend zusammenhäufte».[34]

Es war Leipzigs Vor- wie Nachteil: Allen lag etwas an der Existenz der Handelsstadt, aber vor allem deshalb, weil man sie ausplündern konnte. Auch die Franzosen waren nicht zuletzt deshalb an einem funktionierenden Handelsplatz interessiert, weil sie ihre

Truppenversorgung auf diese Weise finanzieren wollten. Schon als französische Soldaten zum ersten Mal die Stadt besetzten, am 13. Oktober 1806, einen Tag vor der entscheidenden Schlacht bei Jena und Auerstedt, legte man Leipzig eine Sofortkontribution in Höhe von hunderttausend Francs auf. Allerdings waren sich die neuen französischen Zwangsverwalter bewusst, dass solche Summen nur aufzubringen waren, wenn der Geschäftsverkehr fortbestand, weshalb sie betonten, dass sich ihre Sanktionen allein gegen England richteten. In einem Dekret, das für Leipzig am 29. November 1806 erlassen worden war, lautete der erste Passus: «Der innere Handel mit Waaren bleibt frey.» Allein englisches Eigentum und aus England stammende Produkte, die neu nach Leipzig gelangten, waren davon ausgenommen. Das ließ noch genügend Spielraum für gute Geschäfte, zumal sich die auf den Messen früher etablierten britischen Kaufleute bisweilen der Hilfe von Strohmännern bedienten, um weiterhin auf dem Kontinent aktiv zu bleiben. Auch das sicherte das nahezu ungebrochene Florieren des Handelszentrums Leipzig.

Doch im Jahr 1813, als der seit einem halben Jahrzehnt einigermaßen gewahrte Frieden in Deutschland in der Folge von Napoleons gescheitertem Russlandfeldzug beendet wurde, mussten die Leipziger Messen schwer leiden. Die Kriegshandlungen und die dadurch verursachte Unsicherheit für Reisende und Kaufleute ließ die Zahl der Messebesucher ebenso drastisch einbrechen wie den Umfang der getätigten Handelsabschlüsse. Gegenüber dem Rekordvorjahr sollte der Messebesuch um fast zwei Drittel abnehmen. Als Gottfried Wilhelm Becker Ende September zu Beginn der Herbstmesse aus seiner Wohnung schaute, erschien ihm das sonst zu diesem Anlass überfüllte Leipzig wie eine Geisterstadt: «Ach aber, wie wenig sahe es der Sache nach gleich einer Messe aus! Vor meinen Fenstern, wo in diesen Tagen sonst die Wagen fast jede Hausthüre versperren, und die breiteste Straße zu eng ist, sie alle, die sich durchkreuzen, zu fassen, wo sonst kaum der Fußgänger neben den

Häusern mit Lebensgefahr durchschlüpfen kann, standen diesmal kaum zwei oder drei, und einer kam mit Extrapostpferden herein, weil er wahrscheinlich rasch von der etwas offenen Straße Nutzen ziehen wollte, die in zwei Tagen wieder unsicher werden konnte! Wir hielten die Ostermesse für gar keine; der Kanonendonner scheuchte damals manchen nordischen Einkäufer zurück, der schon fast vor dem Thore war. Doch aus Süden war keinem verwehrt zu kommen, und auf einem Umwege durch das neutrale Böhmen kam denn doch so mancher aus Polen und Schlesien herüber, als die Dresdner Elbpost aufs neue in französischen Händen war. Jetzt war auch dieser Umweg versperrt ... Was daher an Ostern manchen tröstete, daß die nächste Messe die bessere seyn und den gehabten Verlust ersetzen werde, war nicht nur nicht zu erwarten, sondern es blieb sogar viel wahrscheinlicher, daß dieselbe noch schlechter als ihre ältere Schwester werden würde. Kaum ließ sich eine fremde Firma sehn. Die Zeitungsbeilage enthielt nur Anzeigen von Fremden, welche diesmal – nicht kamen.»[35] Man zählte im Herbst nicht einmal tausend Besucher, während im Vorjahr noch mehr als sechstausend gekommen waren.[36]

Seit die Stadt selbst 1813 immer mehr in den Mittelpunkt des Krieges gerückt war, hatte sich auch das Stimmungsbild der Bürger gegenüber dem großen Verbündeten gewandelt, vor allem nachdem Leipzig im März zu einem der napoleonischen Armeehauptquartiere erklärt worden war und seine Einwohner immer stärker unter Einquartierungen und Requirierungen leiden mussten. Friedrich Rochlitz war deshalb in den Tagen der Völkerschlacht nur einer unter mittlerweile vielen Leipzigern, die einen Sieg der Alliierten über Napoleon herbeisehnten – auch wenn das gleichzeitig die Niederlage Sachsens besiegeln würde. Das Nationalgefühl, das sich in Deutschland seit dem Scheitern des russischen Feldzugs ausbreitete, hatte inzwischen auch weite Bevölkerungskreise Sachsens erfasst, und man hoffte, mit einem neuen Bündnis im Dienste der gemeinsamen deutschen Sache werde auch die bisherige Gegnerschaft dem Vergessen anheimfallen. Schlimmer als die systematische Ausplünderung des Landes durch die 1813 auf sächsischem Boden herumziehenden Truppen aller am Krieg beteiligten Parteien konnte es ja wohl nicht mehr kommen.

Bis Rochlitz im immer noch anhaltenden Regen, der sich auch den ganzen Tag nicht mehr verziehen sollte, den Marktplatz erreichte, musste er mehrfach durch große Blutlachen waten: «Der Greuel auf den Straßen übersteigt fast allen Begriff.»[37] Überall auf dem kurzen Weg lagen frisch eingetroffene Verwundete, und der riesige Platz mitten in der Stadt war der Endpunkt der entsprechenden Transporte, weil hier von den Ärzten die Triage durchgeführt wurde – die Entscheidung also, ob ein verletzter Soldat noch gerettet werden konnte oder nicht. Angesichts der unmöglichen Versorgung aller Blessierten wurde nur bei Aussicht auf Heilung behandelt. Patienten, deren Verletzungen nur als leicht eingeschätzt wurden, waren also zunächst ebenso ihrem Schicksal überlassen wie die hoffnungslosen Fälle. Letztere ließ man einfach hier liegen: «Längs der Straße auf dem Markte lagen Krüppel, verschmachtete, sterbende, mit dem Tode kämpfende, marode Flüchtlinge von mancherlei Nationen, vielerlei Regimentern, die Erde zum Bette, den Himmel zur Decke.»[38] Vor Auerbachs Hof, einem der prominentesten Leipziger Häuser direkt am Rathaus, stand eine Holzhütte, in der die Amputationen durchgeführt wurden, um den Wartenden wenn schon nicht das Geschrei, so wenigstens den Anblick zu ersparen.

Seine eigene reservierte Haltung gegenüber den Franzosen hatte Rochlitz gewiss mit die Feder geführt, als er nach der Rückkehr von seinem morgendlichen Gang eine Beobachtung notierte, die sich auch in den Aufzeichnungen anderer Augenzeugen jener Tage findet. Friedrich Rochlitz stellte fest: «Wer die ungeheure Kluft zwischen dem französischen Charakter, wie er teils von Haus aus, teils durch Gewöhnung seit der Revolution ist, und zwischen deutschem nicht schon kennete und kennen lernen wollte, der könnte gewissermaßen dazu kommen, wenn er auch nur die Ärzte und Chirurgen beider Nationen in der Tätigkeit beobachtete, wozu sie jetzt aufgerufen sind. Selbst die Unglücklichen, die eben um Beistand wimmerten, verstummen zitternd und verhehlen nicht selten ihre brennenden Wunden, kömmet einer ihrer Landsleute in ihre Nähe, bis ein Deutscher nahet, den sie anflehen können.»[39] Das war allerdings auch kein Wunder, denn an der Leipziger Universität gab es eine medizinische Fakultät, deren Dozenten und Studenten nunmehr im Dauereinsatz waren, während die Zahl medizinisch ausgebildeter Franzosen in der Stadt gering war. Und die Truppenärzte unterlagen eben der Pflicht zur Triage, weshalb sie bisweilen gar keine Hilfe leisten durften, während die Verwundeten von Deutschen eine Linderung ihrer Leiden zumindest erhoffen durften.

Nur vor einem einzigen Haus am Marktplatz wurden die Blessierten auf Distanz gehalten; dafür sorgten am Eingang postierte Wachen der sächsischen Leibgarde. Rochlitz hat es auf seinen zahlreichen Gängen durch die Stadt während der Völkerschlacht immer wieder genau beobachtet, denn hier, an der Südseite des Marktplatzes, lag das Gebäude, in dem während der Völkerschlacht der sächsische König Friedrich August Quartier nahm. Naturgemäß war der vierstöckige Barockbau, der seine heute noch bestehende Gestalt durch einen Umbau zu Beginn des achtzehnten Jahrhunderts erhalten hatte, eines der prächtigsten Wohnhäuser der Stadt; er wurde damals nach dem aktuellen Besitzer als Thomäsches Haus bezeichnet, heute heißt das Gebäude «Königshaus» – nach August dem Starken, der bei seinen Besuchen in Leipzig stets dort abgestiegen war und damit die Tradition des Gebäudes als Unterkunft der sächsischen Herrscher begründet hatte. Die Unterbringung Friedrich Augusts mitten in der Stadt hatte mehrere Gründe. Der bereits zweiundsechzig Jahre alte König schien in Napoleons Augen untauglich, persönlich an der Schlacht teilzunehmen. Die Leipziger Bevölkerung aber wurde ihrem Monarchen gegenüber zur Treue verpflichtet, wenn er in diesen harten Zeiten in der Stadt weilte. Zugleich bescherte ihm das Domizil im Zentrum einen gewissen Abstand zu den Kampfhandlungen. Doch der am 14. Oktober 1813 mit Gattin und Tochter, der Prinzessin Auguste, aus Dresden angereiste Friedrich August war im ersten Stockwerk mit dessen Blick auf den Marktplatz unmittelbarer mit den Auswirkungen des Kriegs konfrontiert, als er es sich jemals hätte träumen lassen.

Denn den Schreien und dem Gestank konnte in der Stadt niemand entkommen, und schon gar nicht hier. Rochlitz beklagte den «fast unausstehlichen, betäubenden Geruch der Fäulnis von moderndem Stroh»[40] und mehr noch einen «scharfen, verpestenden Qualm der Exkremente von Menschen und Pferden herauf in die Zimmer, der um so ekelhafter und verderblicher werden muß, da unsre Häuser so hoch, unsere Gassen so eng, der freien Plätze so wenig sind»[41]. Letzteres immerhin galt für den Marktplatz nicht, aber dafür war hier besonders viel Platz für die Versorgung von Mensch und Tier. Gegen die olfaktorischen Folgen half auch die Bewachung des Thomäschen Hauses nichts.

Die Bediensteten gaben immerhin ihr Bestes und richteten der königlichen Familie die weniger repräsentativen Räume zum Hof her, den man absperren konnte. Zum Markt hin aber blieben die Vorhänge bemerkenswerterweise offen, und man konnte den Monarchen mehrmals im Erker beobachten. Umgekehrt war für ihn der Ausblick auf den Markt die einzige Möglichkeit, sich ein eigenes Bild von der Lage in der Stadt zu verschaffen, denn der sächsische König lebte auf Napoleons Geheiß während der Tage der Schlacht hier wie in Isolation; nicht einmal die eigenen Truppen besuchte er, nachdem sie am 17. Oktober endlich eingetroffen waren. Nur einmal sollte Friedrich August bis zum Ende der Kampfhandlungen seinen Fuß auf die Straße gesetzt haben, als er am Samstag zum Dankgottesdienst für den vermeintlichen französischen Sieg gegangen war. Am Morgen des Sonntags aber ahnte der König bereits,

Blick aus der Katharinenstraße auf den Leipziger Marktplatz. Rechts neben dem Rathaus (mit Turm) ist das Thomäsche Haus zu sehen.

wie es um die Sache seines französischen Verbündeten stehen musste. Von den Dachfenstern des selbst für Leipziger Verhältnisse hohen Thomäschen Hauses aus beobachtete die Entourage von Friedrich August mit Ferngläsern das Kampfgeschehen, wie es alle Leipziger taten, die Zutritt zu Dachgeschossen hatten, die einen Blick ins Umland ermöglichten.

So hatten sie es schon seit Tagen gehalten, seit die Nachrichten sich verdichtet hatten, dass ihre Stadt ins Zentrum der Auseinandersetzungen rücken könnte. Das damalige Magistratsmitglied Johann Carl Gross beschreibt die Schaulust seiner Mitbürger, die auf wenig Gegenliebe beim französischen Stadtkommandanten stieß, der «den Thürmern auf den Stadtthürmen auf das Strengste untersagte, irgend Jemanden den Zutritt auf den Thürmen zu gestatten. Doch half diese letzte Maaßregel nicht viel, da die höchsten Dachfenster und Dachluken häufig von den Einwohnern zum Umschauen nach der ersehnten Annäherung der verbündeten Truppen benutzt wurden, wozu auf der höchsten Dachspitze des Ehr-lich'schen Hauses am Markte sogar einige Dachziegel ausgebrochen und ein förmliches Observatorium eingerichtet war».[42] In den Tagen der Schlacht selbst wurde die Neugier noch größer. Die hohen Wohnhäuser der Leipziger Innenstadt boten hervorragende Aus-sichtspunkte auf die Schlachtfelder, und deshalb waren nicht wenige dieser Dachgeschosse von jenen französischen Offizieren und Beamten belegt, die nicht unmittelbar an den Kämpfen teilnahmen. Deren Verwunderung über die Sorgfalt, mit der sich die Leipziger Frauen selbst während der rundum tobenden Völkerschlacht um saubere Fensterscheiben bemühten, soll die französische Bezeichnung für solche Ausgucke – «vasistas» – geprägt haben, weil die Leipzigerinnen beim Anblick schmutzigen Glases immer «Was ist das?» ausgerufen hätten.

Der König erhielt also Auskunft durch seine Beobachter, die vom Thomäschen Haus aus den Norden und den Süden jenseits der Stadtgrenzen einsehen konnten. Außerdem war der Turm des Rathauses nur ein paar Schritte über den Marktplatz entfernt, von dem aus sich noch bessere Ausblicksmöglichkeiten boten. Friedrich August, der ja als formeller Oberbefehlshaber der sächsischen Armee selbst auch Soldaten für den Kampf abgestellt hatte, erhielt zudem laufend Depeschen seiner Befehlshaber im Feld. Doch auch ihm fehlten verlässliche Informationen von französischer Seite. Der sächsische Hof war ebenso auf Vermutungen, Gerüchte und eigene Beobachtungen angewiesen wie die Leipziger Bevölkerung. Allerdings ließen selbst die spärlichen Nachrichten, die der König über den Schlachtverlauf erhielt, nichts Gutes für die eigene Sache vermuten.

Am Nachmittag bekam Friedrich August Besuch von einem Emissionär des Kronprinzen von Schweden[43], der gerade mit seiner Armee in Breitenfeld angekommen war. Karl Johann nutzte seine Rolle als gebürtiger Franzose und Heerführer der Alliierten gern dazu, den Vermittler zu spielen, der sächsische König wiederum hoffte, seiner an diesem Tag erstmals beschossenen Stadt Schutz zu verschaffen. Da die Kampfhandlungen im Norden vor dem Halleschen Tor schon zum Erliegen gekommen waren und auch Napoleon im Süden zur gleichen Zeit eine Delegation beauftragte, mit den gegnerischen Monarchen über einen Abzug seiner Armee zu verhandeln, hieß es am Abend, ein zwölfstündiger Waffenstillstand sei für Leipzig geschlossen worden, während dessen Dauer weiter über Napoleons Angebot beraten werden solle. In der Stadt hielt man diese Atempause vor allem dem eigenen König zugute.

Während Friedrich August weitgehend isoliert mitten in der Stadt saß, hatte Napoleon, der unweit seiner vordersten Linie in der Ziegelei Meusdorf übernachtet hatte, dort am Morgen des 17. Oktober den am Vortag bei Dölitz gefangengenommenen österreichischen General von Merveldt zu einem Gespräch empfangen, in dem es nicht zuletzt auch um die Zukunft Sachsens ging. Erstmals erfuhr Napoleon in dieser Unterredung, dass sich das bislang mit ihm verbündete Königreich Bayern am 8. Oktober auf die Seite der Allliierten geschlagen und eine Armee unter General Carl Philipp Wrede zu deren Unterstützung entsandt hatte. Im Vorjahr hatte Wrede während des Russlandfeldzugs noch das Kommando über das bayerische Kontingent der Grande Armée innegehabt. Der Rheinbund war damit zerbrochen.

Noch gravierendere Hiobsbotschaften aber hatte der Kaiser schon während der Nacht auf den Sonntag von seinen eigenen verschiedenen Truppenteilen erhalten. Wie üblich war er kurz nach Mitternacht aufgestanden, um sich bereits vor Tagesanbruch ein Bild der Lage zu machen. Sie war verheerend, und eine frühmorgendliche Besprechung mit seinem Schwager, dem Marschall Murat, der den Befehl über die hier im Süden von Leipzig stehenden französischen Truppen innehatte, verhieß keine Aussicht auf einen Durchbruch auf dieser Seite. Vielmehr zeichnete sich ab, dass die dort stehende Hauptmacht der Alliierten bald durch Bennigsens

Polnische Reservearmee verstärkt würde, deren Ankunft der nächtliche Kanonenschuss angekündigt hatte. Napoleon konnte dagegen nur mit den zwölftausend frischen Soldaten rechnen, die General Reynier aus Eilenburg an die französische Stellung im Nordosten Leipzigs heranführte. Am besten sah es noch im Westen der Stadt aus, wo die Chausseen nach Merseburg und Lützen weiter offen standen, und im Südwesten am Ufer der Pleiße, wo Merveldt gefangen genommen worden war und der polnische General Poniatowski am Samstag mit seinen Truppen so tapfer gekämpft hatte, dass Napoleon ihn zum Marschall Frankreichs ernannte – als einzigen Ausländer, dem dieser Titel jemals vom Kaiser der Franzosen zugesprochen wurde.

Napoleon teilte Merveldt mit, dass er ihn gegen dessen Ehrenwort auf baldige Rückkehr freigeben werde, wenn er bereit wäre, ihm als Botschafter zu dienen und ein Angebot an die alliierten Heerführer zu übermitteln, mit denen er für die Franzosen einen freien Abzug aushandeln wollte. Der Kaiser war sich bewusst, dass der Kampf für ihn kaum noch zu gewinnen war, und bemühte sich deshalb zu retten, was zu retten war – und dazu zählte für ihn auch die Weiterexistenz Sachsens als eigenständiger Staat, den er in Deutschland als Gegengewicht zu Preußen brauchte. Er erläuterte deshalb dem österreichischen General seinen Vorschlag, sich selbst mit allen Truppen hinter die Saale zurückzuziehen, während die Alliierten ihrerseits aufs rechte Ufer der Elbe gehen sollten, sodass zwischen den beiden Flüssen ein entmilitarisierter Raum entstanden wäre, mit Leipzig in der Mitte. Sachsen wäre damit nicht mehr Kampfschauplatz gewesen und sollte sich zur Neutralität verpflichten – gegen die Zusicherung seines Fortbestands. Das hätte einerseits die preußischen Pläne durchkreuzt, Sachsen vollständig zu annektieren, und wäre andererseits den Vorstellungen der Österreicher entgegengekommen, die gleichfalls nicht an einem weiteren Machtzuwachs des innerdeutschen Konkurrenten interessiert sein konnten. Napoleon hoffte, die Alliierten auf diese Weise zu spalten, weshalb er Merveldt auch nur die von ihm als gleichrangig angesehenen Kaiser von Russland und Österreich als Verhandlungspartner nannte, Preußen wie Schweden, die ihm in den letzten Wochen militärisch die größten Probleme bereitet hatten, hingegen geflissentlich ignorierte.

Wann Merveldt durch die Linien der Franzosen auf die eigene Seite wechseln durfte und ob er den verbündeten Monarchen überhaupt Napoleons Angebot überbracht hat, ist umstritten. Eine Antwort jedenfalls hat Napoleon nicht erreicht, also leitete er am Sonntagabend selbst die Vorbereitung des Abzugs ein, falls die für den Montag erwarteten Kämpfe diesen letzten Ausweg nötig machen würden. Nach Einbruch der Dunkelheit zogen sich größere Truppenteile auf Stellungen zurück, die näher an Leipzig lagen; die vorderen Positionen wurden aber nicht aufgegeben, um den Feinden keinen kampflosen Vormarsch zu gestatten. Da Meusdorf zwischen diesen beiden Verteidigungslinien lag, verließ der Kaiser abends gegen zehn Uhr die Ziegelei und ritt samt seiner Entourage in das auf halbem Wege nach Leipzig gelegene Stötteritz, das mit seinen zweieinhalbtausend Einwohnern eine der größten Ortschaften außerhalb des Kreises der Leipziger Vorstädte war. Hier stieg Napoleon in einem Gutshaus ab.

Mit dem letzten Teil der Nordarmee war der preußische Offizier Mente, Angehöriger der 16. Batterie im dritten Armeekorps unter General von Bülow, in der Nähe von Breitenfeld angekommen. Sein Bericht über die verzweifelte Suche nach Verpflegung für Soldaten und Pferde belegt die katastrophale Versorgungslage: «Wie es nun bei solchen Gelegenheiten, wenn es den Truppen an geregelter Verpflegung gebricht, in der Regel geht, so auch hier. Die vor uns bei Breitenfeld eingetroffenen Schweden und Russen hatten alle vorräthigen Eßwaaren bereits für sich verwendet, so dass für uns auch nicht das Mindeste verblieben war, womit man den schon mehrere Tage lang sehr diät gehaltenen Magen hätte beruhigen können. Ja es gebrach nicht allein gänzlich an Lebensmitteln, sondern es war auch weder für die Mannschaft noch für die Pferde Trinkwasser in der Nähe aufzutreiben. Die Brunnen des Dorfes, aus denen bereits beinahe 50,000 Mann mit Tausenden von Pferden ihren Durst gestillt, waren bis auf den Sand ausgeschöpft, und ein beim Dorfe gelegener kleiner Teich, welcher zur Pferdetränke gedient hatte, war dergestalt aufgerührt, dass die im demselben vorhandene schwerflüssige Masse ein förmlicher Brei war, welchen kein Pferd genießen wollte noch konnte. Nach langem Untersuchen gelang es uns endlich, bei dem Dorfe Wiederitzsch einen Teich und einen Bach aufzufinden, aus welchen dann unser Wasserbedürfniß befriedigt werden konnte. Auch Stroh und Getreidegarben für die Pferde und das nöthige Brennmaterial wurde von da entnommen. Lebensmittel waren aber auch hier nicht mehr aufzutreiben.»[44] Die Völkerschlacht musste schnell einer Entscheidung entgegengeführt werden, wollte man nicht die eigenen Soldaten verhungern lassen. Die Dramen dieses Sonntags spielten sich auf beiden Seiten der Front überwiegend in der Etappe ab.

In den Dörfern und Vorstädten innerhalb des nun fast ganz durch die alliierten Truppen geschlossenen Rings um Leipzig war der 17. Oktober auch ohne Kampfhandlungen zum Schreckenstag geworden. Da der größte Teil der Einwohner ohnehin in die sicherer wirkende Stadt geflohen war oder das Kampfgebiet ganz verlassen hatte, wurden die leerstehenden Häuser rücksichtslos durchforstet, verwüstet und um alles Brennbare beraubt, also um Möbel, Türen, Fensterrahmen, Treppen. Die gegen die Kälte entzündeten Feuer griffen mehrfach auf die Gebäude über, sodass Teile von Probstheida, Stötteritz, Holzhausen und Schönefeld bereits in Flammen aufgingen, ohne dass dort auch nur ein Schuss gefallen wäre.

Was der 17. Oktober militärisch bedeutete, lässt sich also nicht am Kampfgeschehen oder Opferzahlen ablesen; da war dieser Sonntag tatsächlich der Ruhetag der Völkerschlacht. Und doch war es ihr entscheidender Tag, denn Napoleon hatte keinen Ausweg aus der Falle Leipzig gefunden. Am Morgen des Folgetags, gleich um fünf Uhr früh nach dem Aufstehen, schrieb Gneisenau an seine Frau: «Wir haben den französischen Kaiser ganz umstellt. Diese Schlacht wird über das Schicksal von Europa entscheiden.»[45]

8. OPIUM FÜR DIE JETZIGE ZEIT:
GOETHE UND SEIN KAISER

▼

Der berühmteste deutsche Dichter kokettierte, als er auf die Völkerschlacht zu sprechen kam: «Wie sich in der politischen Welt
irgendein ungeheures Bedrohliches hervortat, so warf ich mich
eigensinnig auf das Entfernteste. Dahin ist denn zu rechnen, daß
ich von meiner Rückkehr aus Carlsbad an mich mit ernstlichstem
Studium dem Chinesischen Reich widmete, und dazwischen, eine
notgedrungene unerfreuliche Aufführung des Essex im Auge, der
Schauspielerin Wolff zu Liebe und um ihre fatale Rolle zuletzt noch
einigermaßen glänzend zu machen, den Epilog zu Essex schrieb,
gerade an dem Tag von Leipzig.»[1]

An dieser Bemerkung aus Goethes 1830 publizierten «Tag- und
Jahres-Heften», die er in den zwanziger Jahren des neunzehnten
Jahrhunderts, also lange nach der Völkerschlacht niedergeschrie-
ben hatte, ist gleich mehreres interessant. Zunächst das demonstrierte Desinteresse am Politischen im Allgemeinen (Goethe nennt
es dabei eine «Eigentümlichkeit meiner Handlungsweise») und
der Völkerschlacht im Speziellen – stammt diese Erinnerung doch
von dem Mann, der bei seiner Teilnahme am Ersten Koalitions-
krieg gegen die französischen Revolutionstruppen anlässlich der
Kanonade von Valmy am 20. September 1792 gegenüber Offizieren der Alliierten den berühmten Satz ausgesprochen haben soll,
der seitdem alle politische Zeugenschaft legitimiert: «Von hier
und heute geht eine neue Epoche der Weltgeschichte aus, und
ihr könnt sagen, ihr seid dabei gewesen.» Allerdings gibt es außer

Goethes eigener Behauptung selbst kein Zeugnis der anderen Anwesenden dafür, dass er ihn tatsächlich gesagt haben soll, und man kann sich auch nicht recht vorstellen, dass sich die deutschen Offiziere so etwas von einem mitgereisten Dichter hätten anhören wollen, nachdem sie gerade ihre erste Niederlage hatten einstecken müssen.

Zudem entstand Goethes autobiographischer Bericht «Campagne in Frankreich», in dem er von diesem Ausspruch berichtet, erst in den Jahren 1819 bis 1822, also sogar noch nach der Völkerschlacht – was ihn aber nur umso interessanter macht. Warum sollte der im Jahr 1813 vierundsechzigjährige Goethe an den Ereignissen von Leipzig so desinteressiert gewesen sein, wenn er sich später, mit über siebzig Jahren, brüstete, er sei schon in jüngeren Jahren als hellsichtiger Beobachter gerade des militärischen Zeitgeschehens aufgetreten? So gibt es denn auch eine von Eckermann überlieferte Äußerung Goethes aus dem Jahr 1824, die der Völkerschlacht (und der endgültigen Niederlage Napoleons bei Waterloo) ein welthistorisches Gewicht zumisst, das selbst jenem der gewaltigen Schlachten des Altertums ebenbürtig sei, weil die Siege der jüngeren Zeit von einer verzärtelten modernen Menschheit erfochten wurden: «Die römische Geschichte ist für uns eigentlich nicht mehr an der Zeit. Wir sind zu human geworden, als daß uns die Triumphe des Cäsar nicht widerstehen sollten. So auch die griechische Geschichte bietet wenig Erfreuliches. Wo sich dieses Volk gegen äußere Feinde wendet, ist es zwar groß und glänzend, allein die Zerstückelung der Staaten und der ewige Krieg im Innern, wo der eine Grieche die Waffen gegen den andern kehrt, ist auch desto unerträglicher. Zudem ist die Geschichte unserer eigenen Tage durchaus groß und bedeutend; die Schlachten von Leipzig und Waterloo ragen so gewaltig hervor, daß jene von Marathon und ähnliche andere nachgerade verdunkelt werden. Auch sind unsere einzelnen Helden nicht zurückgeblieben: die französischen Marschälle und Blücher und Wellington sind denen des Altertums völlig an die Seite zu setzen.»[2] Goethe verstand – schon aus Eigeninteresse – etwas von der Kunst, große Männer zu ehren.

Dennoch: Die distanzierte Äußerung zur Völkerschlacht, die er 1830 notierte, war sein letztes Wort zur Sache, und vor allem ein schriftliches. Aber eben auch eines aus gewachsenem zeitlichem Abstand, der überdeckt haben mag, was die Realität des Oktobers 1813 mit dem Ideal des abgeklärten Greises zu tun hatte, der gleichfalls 1830 Eckermann gegenüber betonte, dass er «keine kriegerische Natur»[3] sei. Es ist jedoch schwer vorstellbar, dass Goethe, der im Herzogtum Sachsen-Weimar-Eisenach 1779 auf Geheiß des Herzogs Carl August die Leitung der Kriegskommission übernommen hatte, 1813 jegliches Interesse an militärischen Fragen verloren haben sollte, und noch weniger, dass ihm das Schicksal Napoleons gleichgültig war, in dem er die bestimmende Persönlichkeit der Epoche erkannte – gerade in ihrer Wirkung auf andere. «Wer unter Napoleon gedient und mit ihm die Welt erschüttert hat», sagte er am 29. Februar 1824 zu Eckermann, dem «erscheint nichts unmöglich».[4]

Das war eine Äußerung aus der Rückschau, die immer noch erkennen lässt, wie ihn der Kaiser der Franzosen faszinierte. In einer von Goethes frühesten Bemerkungen zu Napoleon, der Rezension von Gustav Graf von Schlabrendorfs anonym erschienenem Buch «Napoleon Bonaparte und das französische Volk unter seinem Konsulate», die am 27. März 1804, also noch vor der Kaiserkrönung, in der «Jenaischen Allgemeinen Literatur-Zeitung» veröffentlicht wurde, nannte der Dichter den damaligen Ersten Konsul bereits einen «außerordentlichen Mann, der, durch seine Unternehmungen, seine Taten, sein Glück, die Welt in Erstaunen und Verwirrung setzt».[5] Beide Einschätzungen setzen die Wirkung des einzelnen Mannes auf die ganze Welt in den Mittelpunkt, doch Erschütterung, Erstaunen und Verwirrung verspürte Goethe angesichts Napoleons vor allem selbst. Da gab es also einen Zeitgenossen, dem er das zuschreiben konnte, was er für sich selbst immer in Anspruch genommen hat: Goethe nannte Napoleon gegenüber Eckermann «dieses Kompendium der Welt», das es in Augenschein zu nehmen galt. «Man sah ihm an, daß er es war; das war alles.»[6]

Als er die Rezension zu Schlabrendorfs Studie schrieb, war Goethe Napoleon noch nicht begegnet, aber am Frankreich damals feindlich gesinnten Hof von Herzog Carl August war er einer derjenigen, die sowohl dem militärischen Talent als vor allem auch dem politischen Erfolg Bonapartes ihren Respekt zollten. Gerade weil ihn aber der Kaiser der Franzosen derart faszinierte, stand Goethe auch den inzwischen zum «Befreiungskrieg» ausgerufenen Ereignissen von 1813 mit äußerst zwiespältigen Gefühlen gegenüber. Natürlich hielt er das deutsche Unabhängigkeitsstreben für berechtigt (schließlich stand er in engem Kontakt mit dem eigenen Herzog, der ungeachtet seines seit 1806 bestehenden Bündnisses mit Frankreich zu den großen Skeptikern gegenüber Napoleon zählte), aber Goethe irrte sich nicht gern, und so blieb seine Begeisterung für Napoleon als historisches Phänomen über den politischen Umschwung des Jahres 1813 hinaus bestehen.

Goethe und Bonaparte sind Parallelexistenzen: Der Deutsche war der europäische Geistesriese seiner Zeit, der Franzose das politische und strategische Genie. Beide waren sich der Bedeutung des jeweils anderen seit langem bewusst, doch der erste Anlass, zu dem sie sich nachweislich persönlich getroffen hatten, war der Fürstentag in Erfurt, der vom 27. September bis zum 14. Oktober 1808 stattfand. Auf diesem Kongress, der von Napoleon mit riesigem Aufwand inszeniert wurde und den Abschluss eines russisch-französischen Bündnisses zum Mittelpunkt hatte, waren vierunddreißig Landesherren vertreten, darunter der französische Kaiser und der russische Zar, sowie alle Fürsten der Rheinbundstaaten. Bezeichnenderweise waren der gedemütigte preußische König Friedrich Wilhelm III. wie auch der österreichische Kaiser Franz I. dem Treffen ferngeblieben. Goethe reiste seinem Herzog am 29. September aus Weimar ins benachbarte Erfurt nach und traf in den nächsten beiden Wochen insgesamt dreimal mit Napoleon zusammen. Bei diesen Begegnungen versicherten sich beide Männer gegenseitig ihrer Bewunderung.

Als Napoleon nach Erfurt kam, hatte er noch keine Begegnung mit Goethe im Sinn. Und der Dichter selbst strebte auch nicht danach. Schon zwei Jahre vor Erfurt, im Oktober 1806, nachdem Napoleon in der Doppelschlacht von Jena und Auerstedt nicht nur Preußen und Sachsen besiegt, sondern en passant auch im nahen Weimar einmarschiert war, weil sich dorthin die letzten kämpfenden Preußen zurückgezogen hatten, hätte Goethe die Möglichkeit gehabt, mit ihm zusammenzutreffen, als der Kaiser der Franzosen dem Hof von Herzog Carl August eine Audienz gewährte. Goethe wäre als Mitglied des Geheimen Consiliums empfangen worden, zumal man sich von deutscher Seite davon eine günstige Wirkung auf den Literaturliebhaber Napoleon versprach. Doch der Dichter sagte wegen Nierenschmerzen am Tag der Audienz, dem 18. Oktober 1806, mit einem knappen Billet ab.[7] Und auch zwei Jahre später wäre das Treffen wohl nicht zustande gekommen, wenn Carl August seinen Freund und prominentesten Ratgeber nicht so rasch aus Weimar in die Nachbarstadt Erfurt hätte nachkommen lassen. Vorrangig sollte Goethe die Möglichkeit erhalten, die Aufführungen des Théâtre français zu sehen, dessen Ensemble Napoleon begleitete. Der Weimarer Geheime Rat Friedrich von Müller, der 1806 und 1807 im Auftrag des Herzogs die diplomatischen Verhandlungen mit den französischen Siegern geführt hatte und deshalb die besten Kontakte zu Napoleons Hof unterhielt, berichtet über die näheren Umstände (und zitiert dabei sofort die goethische Selbsteinschätzung aus den «Tag- und Jahresheften»): «Der Herzog berief in diesen Tagen unsern Goethe nach Erfurt, der nach seiner eigentümlichen Sinnesweise sich bisher ganz fern gehalten hatte. Es war mir gelungen, eine bequeme Wohnung in der Nähe des Herzogs aufzufinden, und Goethe blieb mehrere Tage in Erfurt. Das französische Theater gewährte ihm unsäglichen Genuß, und es war höchst interessant, ihn nach jeder Vorstellung noch stundenlang bei dem Herzog über die Eigentümlichkeiten der französischen Tragiker und dramatischen Künstler sprechen zu hören.»[8] Als Goethe dann bei einem dieser Theaterabende Hugues-Bernard Maret kennenlernte, einen Vertrauten Napoleons und Mitglied der Académie française, erzählte dieser seinem Kaiser von Goethes Anwesenheit in Erfurt, worauf eine Einladung zur Privataudienz am Vormittag des 2. Oktober ausgesprochen wurde.

Anlass für dieses Treffen war Napoleons Begeisterung für Goethes Erstlingsroman «Die Leiden des jungen Werthers» von 1774, der ein Erfolg in ganz Europa gewesen war und sich auch noch mehr als dreißig Jahre danach ungebrochener Beliebtheit erfreute. Im Erfurter Gespräch mit Goethe sollte der Kaiser behaupten, den «Werther» bereits siebenmal gelesen zu haben, und selbst wenn man darin eine höfliche Übertreibung vermuten darf, war Napoleon doch tatsächlich ein fanatischer Literaturliebhaber. Goethe begeisterte sich noch mehr als zwei Jahrzehnte später: «Napoleon hatte in seiner Feldbibliothek was für ein Buch? – meinen Werther!», und verweist auf Fauvelet de Bouriennes damals gerade erschienenen «Mémoires de Napoléon», in denen eine Liste jener Bücher aufgeführt ist, die Bonaparte 1798 mit nach Ägypten genommen hatte.[9] Der sächsische Adjutant von Odeleben hat die kaiserlichen Lektüregewohnheiten während der Kutschfahrten des Feldzugs von 1813 festgehalten, bei denen allerdings die Belletristik für Napoleon nur nachrangige Bedeutung besaß. An erster Stelle standen die durch Kuriere eingehenden Depeschen: «Saß er im Wagen, so ging alles im Trab und Galopp fort. Caulaincourt sprang vom Pferd, nahm den Eilboten beiseite, öffnete das Felleisen, jagte dem Wagen Napoleons nach, gab ihm die Depeschen, und nun flogen kurz darauf Scharen von Kuverts aus dem Wagenschlage. ... Um aber den Kaiser vor der Langeweile zu schützen, füllte man, wenn seine Rapports, Listen u. dgl. eingegangen waren, alle Seitentaschen mit Pariser Zeitungen und Tageblättern aus. Auch diese flogen, wenn er sie flüchtig durchlaufen hatte, noch leichter als der Wind, der sie trug, in das nachtrabende Gefolge und wurden von den Neuigkeitssüchtigen, wenn es ihnen anders der nachjagende Troß gestattete, gehascht und aufgehoben. Selbst mit einer kleinen Handbibliothek konnte man sich da bereichern, wenn es sonst Zeit und Umstände gestatteten; denn gab es keine neuen Zeitungen und Tageblätter mehr, so enthielten die Seitentaschen neuere, in Paris erschienene Schriften, selbst Romane, ziemlich beleibt, aber bloß geheftet, und diese vergnügten dann sehr unvollständig den nach geistigem Genuß strebenden Sinn Napoleons; es wurden also auch diese Unglücklichen, wenn ihm der Inhalt der ersten Seiten nicht zusagte, über Bord geworfen.»[10] Goethes «Werther» müsste dem mit seiner Lesezeit geizigen Kaiser also außergewöhnlich gefallen haben, sollte das Buch von ihm wirklich mehrfach gelesen worden sein.

Zumindest räumte Napoleon dem Dichter in Erfurt eine erstaunlich lange Audienz ein; die zeitgenössischen Gesprächspartner Goethes, denen er unmittelbar danach davon erzählte, geben Dauern von einer halben (Charlotte von Stein) bis zu einer Stunde (Friedrich von Müller) an. Letztere Angabe ist glaubwürdiger, weil sie von einem Begleiter Goethes in Erfurt stammt: «Ich hatte Goethe bis ins Vorzimmer begleitet und harrte da seiner Rückkehr», erzählt Müller. «Nur Talleyrand, Berthier und Savary waren bei dieser Audienz gegenwärtig; gleich nach Goethes Eintritt in das kaiserliche Kabinett kam auch noch der Generalintendant Daru dazu. Der Kaiser saß an einem großen runden Tisch frühstückend. Zu seiner Rechten stand Talleyrand, zu seiner Linken Daru, mit dem er sich zwischendurch über die preußischen Kontributionsangelegenheiten unterhielt.»[11] Das war ein typisches Herrschaftsspiel Napoleons, mit dem er seine Gesprächspartner verunsicherte, und Goethe selbst deutet in seinem 1822 und 1825 entstandenen Text «Unterredung mit Napoleon» an, dass diese Strategie auch aufging: «Ich zaudere deshalb»[12], doch der Kaiser brachte die Unterhaltung in Fluss. Er unterbrach sie aber auch wieder nach Belieben, zum Beispiel als er während Goethes Audienz auch noch den Marschall Soult empfing. Napoleons Beschäftigung mit anderen Fragen während einer Audienz unterstrich vor seinen Gästen die ständige Kontrolle des Kaisers über sämtliche Angelegenheiten. Der enge Goethe-Freund Sulpiz Boisserée hatte recht, als er einige Jahre später, nachdem der Dichter ihm davon erzählt hatte, wie Napoleon ihn zugleich mit mehreren anderen empfangen und immer abwechselnd mal mit jenen, dann wieder mit ihm gesprochen habe, süffisant bemerkte, Goethe scheine «nicht gemerkt zu haben, oder nicht bemerken zu wollen, daß dies alles angelegt gewesen, um ihm zu imponieren».[13]

Neben diesen Beobachtungen aus zweiter Hand ist dieses erste Treffen noch durch einen der dabei Anwesenden detailliert überliefert worden: Talleyrand, der ehemalige französische Außenminister, der damals das Amt eines Vice-Grand Électeur im Kaiserreich Napoleons bekleidete, was ihn nach dem Kaiser selbst und dessen älterem Bruder Joseph, der den Titel des Grand Électeur trug, zum dritten Mann in der französischen Staatshierarchie machte, schildert die Audienz in seinen Memoiren und betont, sich dabei auf Notizen zu stützen, die er unmittelbar nach Beendigung des Gesprächs angefertigt und von Goethe selbst habe überprüfen lassen. Die psychologische Strategie Napoleons bei dieser Begegnung erwähnt Talleyrand nicht, sein Bericht zeigt stattdessen den Dialog zweier voneinander faszinierten, aber auch miteinander spielenden Gesprächspartner: «Als Goethe eingetreten war, rief der Kaiser ihm zu: ‹Monsieur Göth, ich freue mich, Sie zu sehen.› – ‹Sire›, entgegnete dieser, ‹ich bin erstaunt, dass Ew. Majestät, wenn Sie auf Reisen sind, auch den unbedeutendsten Dingen Ihre Aufmerksamkeit schenken.› – ‹Nun, ich weiß doch, dass Sie der erste dramatische Dichter Deutschlands sind.› – ‹Sire, da treten Sie meinem Vaterlande zu nahe, unsere ersten dramatischen Schriftsteller sind Schiller, Lessing und Wieland, die Ew. Majestät doch be-

Feine Unterschiede: die Erfurter Begegnung zwischen Goethe (stehend) und Napoleon (sitzend).

stimmt bekannt sind.› – ‹Ich muß Ihnen gestehen, Monsieur Göth, dass ich dieselben kaum kenne, ich erinnere mich nur, dass ich früher einmal die Geschichte des dreißigjährigen Krieges gelesen habe, von Schiller, nicht wahr? Aber nehmen Sie es mir nicht übel, daraus hätte man höchstens ein Stück für unsere Boulevardtheater machen können.› – ‹Sire, ich kenne Ihre Boulevardtheater nicht, aber ich denke mir, dass dort Volksdramen gegeben werden, und da muß ich lebhaft bedauern, dass Sie einen der größten Dichter unserer Zeit so scharf beurteilen.› – ‹Sie wohnen in Weimar; dort leben wohl die berühmtesten Schriftsteller Deutschlands?› – ‹Sire, sie werden dort sehr protegiert, aber augenblicklich lebt nur noch einer in Weimar, dessen Namen wohl ganz Europa kennt: Wieland; Johannes von Müller lebt in Berlin.› – ‹Wielan möchte ich gern kennen lernen.› – ‹Wenn Ew. Majestät mir gestatten wollen, Wieland davon zu benachrichtigen, so wird er gewiß schleunigst hierher kommen.› – ‹Spricht Wielan französisch?› – ‹Er kennt die Sprache, Sire, denn er hat mehrere französische Übersetzungen seiner Werke korrigiert.› – ‹Monsieur Göth, solange Sie hier bleiben, müssen Sie jeden Abend unser Theater besuchen und den Aufführungen beiwohnen. Sie werden gewiß Nutzen daraus ziehen.› – ‹Sire, ich bezweifle es nicht, und wenn ich es Ihnen gestehen darf, so war dies bereits meine Absicht. Ich selbst habe einige französische Theaterstücke übersetzt, oder richtiger gesagt, deutsch bearbeitet.› – ‹Was für welche?› – ‹Mahomed und Tankred.› – ‹Ich werde Remusat fragen, ob wir hier in Erfurt für diese Stücke die Schauspieler haben; ich möchte sehr gern, dass Sie dieselben einmal in unserer Sprache dargestellt sähen. Sie haben übrigens in Deutschland nicht die strengen Bühnenregeln, wie wir.› – ‹Sire, die drei Einheiten sind bei uns nicht so unumgänglich nötig.› – ‹Wie gefällt es Ihnen denn bei uns hier in Erfurt, Monsieur Göth?› – ‹Sire, alles ist überaus prächtig und schön; hoffentlich wird es auch unserem Lande Nutzen bringen.› – ‹Fühlt Ihre Bevölkerung sich zufrieden und glücklich?› – ‹Sire, sie hegt große Hoffnungen.› – ‹Hören Sie,

Monsieur Göth, Sie sollten während unseres ganzen Aufenthaltes hier bleiben, um das großartige Schauspiel, das wir Ihnen hier geben, zu schildern.› – ‹O Sire, eine solche Aufgabe könnte nur ein klassischer Schriftsteller des Altertums würdig lösen!› – ‹Sie meinen doch nicht etwa Tacitus, Monsieur Göth? Sie sind wohl ein Freund von Tacitus?› – ‹Gewiß, Sire, ein großer Freund.› – ‹Ich ganz und gar nicht; doch davon wollen wir ein andres Mal sprechen. Schreiben Sie an Wielan und sagen Sie ihm, er solle hierher kommen; ich werde ihm dann in Weimar einen Gegenbesuch machen. Der Herzog hat mich eingeladen, und ich freue mich sehr, die Herzogin zu sehen; sie ist eine würdige Dame. Dem Herzog ist es eine Zeitlang ziemlich schlecht ergangen, er hat Lehrgeld zahlen müssen.› – ‹Sire, er hat wohl ein wenig teuer bezahlt, doch über diese Dinge habe ich nicht zu richten. Ich weiß nur, dass der Herzog die Künste und Wissenschaften beschützt, und dass wir ihn hoch verehren.›»[14]

Obwohl Talleyrand dieses rekonstruierte Zwiegespräch noch etwas weiterlaufen lässt, fehlen in diesem ausführlichsten Protokoll der Begegnung vom 2. Oktober 1808 doch zwei berühmte Sätze, die Napoleon damals in Erfurt gesagt haben soll. Der erste lautet: «Die Politik ist das Schicksal!» Er soll sich nach Goethes Erinnerung an die Ausführungen zur Bühnenkunst angeschlossen haben. «So kam er auch auf die Schicksalsstücke, die er missbilligte. Sie hätten einer dunklern Zeit angehört: Was, sagte er, will man jetzt mit dem Schicksal, die Politik ist das Schicksal!»[15] Und dann fehlt jene berühmte Charakterisierung Goethes selbst durch Napoleon, die sein deutscher Gast zufällig noch beim Verlassen des Raums gehört haben wollte und dann direkt an Müller weitererzählt hatte: «Als nun Goethe endlich abtrat, hörte man den Kaiser bedeutsam zu Berthier und Daru sagen: Voilà un homme!»[16] Goethe selbst verlegte diesen Ausspruch später in seinen Aufzeichnungen über das Gespräch an dessen Beginn: «Nachdem er mich aufmerksam angeblickt, sagte er: ‹vous êtes un homme.› Ich verbeuge mich.»[17]

Und es fehlt bei Talleyrand noch mehr von dem, was Goethe selbst über diese Unterhaltung berichtet hat. Der Dichter betonte in seiner Schilderung an Freunde vor allem die Vertrautheit Napoleons mit seinem Werk. Goethes Schweizer Korrespondenzpartner Karl Viktor von Bonstetten hat von ihm mitgeteilt bekommen, dass «Bonaparte zu Goethe (sagte): Je n'aime pas la fin de votre roman – Werther. – Je ne croyais pas, antwortete Goethe, que votre Majesté aimât que les romans aient une fin.» («Ich schätze das Ende Ihres Romans – Werther – nicht.» Goethes Antwort: «Ich glaube nicht, dass Eure Majestät es schätzten, wenn Romane überhaupt ein Ende haben.»[18]) Müller referiert diesbezüglich: «Werthers Leiden versicherte (Napoleon) siebenmal gelesen zu haben und machte zum Beweise dessen eine tief eindringende Analyse dieses Romans, wobei er jedoch an gewissen Stellen eine Vermischung der Motive des gekränkten Ehrgeizes mit denen der leidenschaftlichen Liebe finden wollte. Das ist nicht naturgemäß und schwächt bei dem Leser die Vorstellung von dem übermächtigen Einfluß, den die Liebe auf Werther gehabt. Warum haben Sie das getan? Goethe fand die weitere Begründung dieses kaiserlichen Tadels so richtig und scharfsinnig, daß er ihn späterhin oftmals gegen mich mit dem Gutachten eines kunstverständigen Kleidermachers verglich, der an einem angeblich ohne Naht gearbeiteten Ärmel sobald die fein versteckte Naht entdeckt. Dem Kaiser erwiderte er: Es habe ihm noch niemand diesen Vorwurf gemacht, allein er müsse ihn als ganz richtig anerkennen ...»[19]

Goethe selbst hat in seinem Text «Unterredung mit Napoleon» diese Gesprächspassage zu seinem «Werther» auch erwähnt, den genauen Gegenstand von Napoleons Beobachtung aber ausgespart, was umso überraschender angesichts der Tatsache ist, dass Müllers Notizen über die Begegnung später von Goethe benutzt wurden, als er seine eigene Erinnerung an das Treffen anfertigte. Auch gegenüber Wilhelm von Humboldt, der Goethe zwei Wochen nach dessen Erfurter Begegnung mit Napoleon besuchte, brüstete sich der Dichter damit, dass sich der große Kaiser literaturkritisch mit diesem Werk befasst habe, wollte das entsprechende Detail aber nicht nennen.[20] Eckermann notierte noch 1829 eine Einschätzung Goethes zum Gespräch von 1808 über den «Werther», die von höchstem Respekt für Napoleon kündet: «Er hatte ihn studiert, wie ein Kriminalrichter seine Akten, sagte Goethe, und in diesem Sinne sprach er auch mit mir darüber.»[21] Doch nicht einmal der neugierige Eckermann erfuhr, um welche konkrete Stelle im «Werther» es dabei gegangen war. Als er Goethe 1824 gezielt darauf ansprach und selbst eine Vermutung äußerte, antwortete ihm dieser: «Ihre Bemerkung ... ist freilich nicht schlecht. Ob aber Napoleon dieselbe Stelle gemeint hat oder eine andere, halte ich für gut, nicht zu verraten.»[22] Die «Werther»-Lektüre des Kaisers stellte diesen und Goethe in den Augen des Dichters auf die gleiche Stufe, und als eine Unterhaltung mit Eckermann auf das spätere Scheitern Napoleons zu sprechen kam, zog Goethe einen bezeichnenden Vergleich: «Was wollt Ihr! Ich habe auch meine Liebeslieder und meinen Werther nicht zum zweitenmal gemacht.»[23]

Die Theateraufführungen, die Goethe in den Folgetagen auf Einladung Napoleons in Erfurt und auch Weimar besuchte, waren vom französischen Gastgeber sorgfältig ausgesucht worden: «Alle waren nach der Absicht Napoleons darauf berechnet, dem deutschen Publikum große Helden vorzuführen, die gewaltige, ruhmvolle Taten verrichtet und sich durch Tapferkeit und hohe Geistesgaben über die gewöhnlichen Menschen erhoben hatten.»[24] Racines «Mithridates» und «Iphigenie» wurden gespielt, und ungeachtet Napoleons kokettierender Bemerkung gegenüber Goethe, er müsse erst prüfen lassen, ob seine mitgebrachten Schauspielensembles geeignet wären, Voltaires «Mahomed» aufzuführen, stand dieses Lieblingsstück des Kaisers selbstverständlich in Erfurt auf dem Programm, zumal es darin einen Vers gibt, der in Goethes Übersetzung lautete: «Man nennt ihn Überwinder, Held, Erob'rer, / Doch heute will er Friedensstifter heißen!» Talleyrand erinnert sich, dass nach der Deklamation dieser Passage frenetischer Jubel im Theatersaal ausbrach und sich alle Blicke der Besucher auf den neben Zar Alexander I. der Aufführung beiwohnenden Kaiser der Franzosen richteten.[25] Der Imperator hatte den ganzen Fürstentag vor allem als große symbolische Feier seiner selbst inszeniert, beginnend mit dem Einzug in die Stadt, für den er seinen Hofbeamten die Anweisung erteilen ließ, alles dafür zu tun, dass er dabei wie ein zweiter Karl der Große wirke.[26] Das sollte den Anspruch auf die Herrschaft über Frankreich und Deutschland historisch untermauern und knüpfte an frühere hochsymbolische Inszenierungen jener «karolingischen Phase» Napoleons der Jahre bis 1808 an, etwa seinen Besuch am Karlsthron im Aachener Dom 1804, dem Jahr der eigenen Kaiserkrönung. Die am Vorbild des Frankenherrschers orientierte Theatralik blieb den Zeitgenossen im Gedächtnis und wurde 1813 zu jener propagandistischen Waffe der Gegenseite, die in Sayn-Wittgensteins Proklamation «An die Sachsen» vom März ihren rhetorisch geschicktesten Ausdruck fand, als der russische Armeeführer der sächsischen Bevölkerung empfahl, sich der eigenen Geschichte zu besinnen und wie unter Widukind vor mehr als tausend Jahren Widerstand gegen einen fränkischen Kaiser zu leisten.[27] So rächte sich Napoleons Erfurter Symbolpolitik.

Andere Strategien des Kaisers erwiesen sich als erfolgreicher. Als auch Wieland wenige Tage nach Goethe von Napoleon empfangen worden war, schwärmte der Schriftsteller: «In meinem Leben habe ich keinen einfachern, ruhigern, sanfteren und anspruchslosern Menschensohn gesehen. Keine Spur, daß der Mann, der mit mir sprach, ein großer Monarch zu seyn sich bewußt war.»[28] Besonders beeindruckt war Wieland davon, dass der Kaiser sich anderthalb Stunden Zeit für das Gespräch nahm, also noch mehr als für seine Begegnung mit Goethe. Wobei man berücksichtigen muss, dass Wieland berühmt dafür war, den Griff des Ersten Konsuls nach der Alleinherrschaft vorhergesagt zu haben. Bereits im März 1798 hatte er in seiner Zeitschrift «Der Teutsche Merkur» ein imaginäres Gespräch zweier Männer mit den schönen deutschen Namen Wilibald und Heribert publiziert, das in einer Erörterung der notwendigen Eigenschaften jenes Mannes gipfelten, der in Frankreich die überfällige Diktatur errichten werde. Wilibald listet sie auf: Liebenswürdigkeit, hoher Geist, strategische Begabung, Fleiß, Charakterfestigkeit, Klugheit, Mut – und vor allem, «aus vielerley Rücksichten, kein eigentlicher Franzose, wenigstens von keiner alten und bekannten Familie ..., und wenn er sogar einen ausländischen Nahmen hätte, so wäre es nur desto besser». Heribert stellt daraufhin lapidar fest: «Buonaparte also!»[29] Für diese politische Hellsichtigkeit hat Goethe den Älteren sehr bewundert, und noch in seiner Totenrede auf den am 20. Januar 1813 gestorbenen Wieland, die er vier Wochen später in der Weimarer Freimaurerloge hielt, der beide Dichter angehörten, hob er eigens hervor, der Verstorbene sei der Erste gewesen, der, angesichts der Auswüchse der Französischen Revolution, «die Einherrschaft wieder anrät, und den Mann bezeichnet, der das Wunder der Wiederherstellung vollbringen werde».[30]

Wielands Gespräch mit dem von ihm als Retter vor den Irrtümern der Revolution begrüßten Kaiser fand am 6. Oktober 1808 statt, als Napoleon der Einladung von Herzog Carl August nach Weimar folgte und als Gastgeschenk das Ensemble des Théâtre français mitbrachte, das am dortigen Hoftheater den «Tod des Julius Cäsar» von Voltaire aufführte. Wieland wurde als Ehrengast geladen. «Für solche Unterhaltungen machte Napoleon im stillen seine kleinen Vorbereitungen, so dass er die zu besprechenden und von ihm selbst gewählten Gegenstände genau kannte, von denen natürlich kein Mensch vorher etwas wußte. Auf diese Weise war er immer schlagfertig, wenn er irgend eine Frage stellte, und kam auch nie durch eine Gegenrede in Verlegenheit, denn er hatte stets neue Gründe in Bereitschaft, mit denen er geschickt unterbrach und dieselben dann weiterentwickelte. Ich selbst habe oft die Bemerkung gemacht, vorzüglich, wenn er im Auslande war, dass er wissenschaftliche und litterarische Dinge sehr eingehend besprach, was man von einem Feldherrn und einem Schlachtenführer gar nicht erwartete. Dadurch imponierte er auch den gescheiten Leuten außerordentlich.»[31] Nach der Vorstellung bat der Kaiser dann Wieland, Friedrich von Müller und Goethe gemeinsam zu sich und gab nun seine bereits gegenüber Goethe in Erfurt angekündigte Einschätzung zu Tacitus ab: «Ein schönes Trauerspiel ist doch ein wahrer Genuß und zugleich eine vortreffliche Schule für höher gebildete Menschen. Von einem gewissen Standpunkt aus könnte man sagen, dass ein Trauerspiel über der Geschichte steht; jedenfalls hinterlässt es einen gewaltigen Eindruck, und auch das erscheint mir richtig, dass viele Menschen zusammen und auf einmal diesen Eindruck erhalten. Ein Geschichtswerk, das man allein und für sich liest, kann eine solche Wirkung niemals haben. Das bringt mich auf Tacitus, den Sie alle so hoch stellen, und aus dem ich wenig oder nichts gelernt habe. Ich wüsste keinen anderen Historiker, der die Menschheit so verleumdet und verkleinert hat, wie er. In den einfachsten Handlungen sucht er immer nach verbrecherischen Motiven. Aus allen Kaisern macht er vollendete Schurken und schildert sie so, dass wir den Geist des Bösen, von welchem sie durchdrungen sind, und sonst nichts bewundern müssen. ... Und dabei welch ein Stil! Immer unklar und dunkel, oft die völlige Nacht. Ich bin allerdings kein großer Latinist, aber in den zehn oder zwölf italienischen und französischen Übersetzungen, die ich von ihm gelesen habe, tritt diese Unklarheit und Dunkelheit überall hervor.»[32]

Es hatte seine besondere Bewandtnis mit Tacitus. Der römische Geschichtsschreiber galt mit seiner «Germania» einerseits als der erste Historiograph jener Stämme, auf die man sich in Deutschland seit dem achtzehnten Jahrhundert berief, wenn es um die nationale Zusammengehörigkeit ging. Vor allem aber war Tacitus der entscheidende Gewährsmann einer radikal antinapoleonischen Politik, die sich auf die Kritik des Historikers am römischen Prinzipat berief. Tacitus war ein Bewunderer der Republik, jener Staatsform also, die Napoleon an die Macht gebracht, die der Kaiser aber zugunsten seiner Alleinherrschaft de facto beseitigt hatte. Auch konservative Antiroyalisten waren Tacitus-Verehrer: In England hatte man den publizistischen Kampf gegen das eigene Königshaus schon seit langem mit Bezug auf den römischen Geschichtsschreiber geführt, und nun beriefen sich auch außerhalb Frankreichs die Gegner Napoleons auf ihn. Dass sich der Kaiser sogar in solchen Fragen auskannte, die eher intellektueller als politischer Natur waren, imponierte seinen deutschen Gesprächspartnern, obwohl sie Napoleons Abneigung gegen Tacitus vor diesem politischen Hintergrund nicht überraschen konnte. Gerade Goethe jedoch, der durch seine Position am Weimarer Hof und seinen Ruf als Dichter schon mit etlichen gekrönten Häuptern zusammengetroffen war, wusste Napoleons doppeldeutige Demonstration richtig einzuschätzen. Wenn sich der Kaiser gegenüber den beiden Dichtern als intellektuell gleichrangig darstellte, wollte er ihnen vor allem seinen Respekt erweisen, da er ansonsten der Überlegene war. Zugleich aber war die Beschränkung der Gespräche auf künstlerische Themen auch eine Warnung, ein unmissverständliches Signal, dass der Kaiser auf dem politischen Feld keine Obstruktion durch schöngeistige Erwägungen dulden würde, die seinen konkreten Herrschaftsanspruch gefährden könnten.

Die Wiederaufnahme des ästhetischen Gesprächs zwischen Napoleon und Goethe in Weimar wurde gekrönt durch das Angebot des Kaisers, sein deutscher Gast möge doch nach Paris kommen: «Bald wieder auf das Trauerspiel zurückkommend, sagte er: Das Trauerspiel sollte die Lehrschule der Könige und der Völker sein; das ist das Höchste, was der Dichter erreichen kann. Sie z. B. sollten den Tod Cäsars auf eine vollwürdige Weise, großartiger als Voltaire, schreiben. Das könnte die schönste Aufgabe Ihres Lebens werden. Man müßte der Welt zeigen, wie Cäsar sie beglückt haben würde, wie alles ganz anders gelaufen wäre, wenn man ihm Zeit gelassen hätte, seine hochsinnigen Pläne auszuführen. Kommen Sie nach Paris! Ich fordere es durchaus von Ihnen. Dort gibt es größere Weltanschauung, dort werden Sie überreichen Stoff für Ihre Dichtungen finden.»[33] So referiert Müller diese Äußerungen Napoleons, die seinen Aufzeichnungen nach in Erfurt getan wurden. Sie ergeben aber nur Sinn im Anschluss an die Weimarer Voltaire-Aufführung vom 6. Oktober.

Damit kam der Kaiser dem ästhetischen Ideal Goethes entgegen, der im Drama die beste Möglichkeit sah, die Menschen zu bilden. Doch was konnte ihm dabei die Position als Theaterleiter am Provinzhof in Weimar nutzen? Als Goethe am 6. April 1829 Eckermann von Napoleon erzählte, da tat er es unausgesprochen im Rückblick auf die eigenen Hoffnungen von vor mehr als zwanzig Jahren: «Die Hauptsache aber bestand darin, daß die Menschen gewiß waren, ihre Zwecke unter ihm zu erreichen. Deshalb fielen sie ihm zu, so wie sie es jedem tun, der ihnen eine ähnliche Gewißheit einflößt ... Niemand dienet einem Andern aus freien Stücken; weiß er aber, daß er sich damit selbst dient, so tut er es gerne. Napoleon kannte die Menschen zu gut, und er wußte von ihren Schwächen den gehörigen Gebrauch zu machen.»[34] Das war selbstkritisch – spät, aber immerhin.

In den Tagen nach seinen verschiedenen Begegnungen mit Napoleon scheint Goethe keine Gelegenheit versäumt zu haben, im Weimarer Gesellschaftskreis Andeutungen über das Lob zu verbreiten, das er vom Kaiser erfahren hatte. Charlotte von Stein berichtete zwar am 5. Oktober 1808 ihrem Sohn Friedrich vom angeblichen Unwillen ihres Dichterfreundes, genauer über den Inhalt des Gesprächs mit dem Kaiser zu sprechen[35], aber nachdem der hohe Besuch in Weimar geweilt und Goethe vor seinen Freunden besonders ausgezeichnet hatte, war kein Halten mehr. Nach dem Treffen von Goethe, Wieland, Müller und Napoleon vom 6. Oktober stellte Karl von Stein in einem Brief an seinen Bruder Friedrich fest, er habe Goethe seit langem «nicht in so gnädiger Laune» gesehen, und bemerkte dazu ironisch: «Was doch ein bißchen Weihrauch nicht tut!»[36] Auch Müller berichtet, wie berauscht Goethe durch die Aufmerksamkeit des Kaisers für seine Person war: «Die Einladung nach Paris insbesondere beschäftigte ihn noch geraume Zeit recht lebhaft; er fragte mich mehrmalen nach dem ohngefähren Betrag des Aufwandes, den sie wohl erfordern würde, nach den verschiedenen, für sich nötigen Einrichtungen in Paris, Zeitabteilungen usw.»[37] Und auch aus der Schilderung des in Weimar lebenden Publizisten Johannes Daniel Falk nach einem Abendessen am 14. Oktober spricht der immense Stolz des Dichters über das kaiserliche Urteil: «Goethe fand für die Ruhe der Beobachtung bloß einen Menschen, der mit dem Kaiser Napoleon Ähnlichkeit gehabt hätte, es sei dieses Lavater gewesen. – Er verglich den Kaiser mit einem Juden, der wie mit einem Probiersteine durch die Welt geht, alle Menschen anstreicht und sodann gelassen nachsieht, ob es Gold, Silber oder Kupfer ist. Bildet euch nur nicht ein, klüger zu sein als er – sagte Goethe zu einem der Anwesenden – er verfolgt jedes Mal einen Zweck; was ihm in den Weg tritt, wird niedergemacht, aus dem Wege geräumt, und wenn es sein leiblicher Sohn wäre ... Er lebt jedes Mal in einer Idee, in einem Zweck, in einem Plan, und nur diesem muß man sich in acht nehmen, in den Weg zu treten, weil er in diesem Punkte keine Schonung kennt. – Kurz, Goethe gab zu verstehen, daß Napoleon ungefähr die Welt nach den nämlichen Grundsätzen dirigiere, wie er das Theater.»[38]

Diese von ihm selbst konstatierte Gemeinsamkeit mit dem mächtigsten Mann der Welt wurde für Goethe aufs schönste dadurch komplettiert, dass Napoleon ihm in Weimar das Kreuz der Ehrenlegion verleihen ließ – Goethes erster Orden überhaupt, der nur einen Tag später von Zar Alexander durch einen hohen russischen Orden ergänzt wurde. An Zelter schrieb der so Geehrte am 30. Oktober: «Der Kaiser von Frankreich hat sich sehr geneigt gegen mich erwiesen. Beide Kaiser haben mich mit Sternen und Bändern beehrt, welches wir denn in aller Bescheidenheit dankbar anerkennen wollen.»[39] Auch Caroline Sartorius berichtet vom Stolz des Dichters, der im Oktober 1808 anlässlich eines Abendessens bei sich im Haus am Frauenplan die frischen Auszeichnungen vorführte: «Gewöhnlich, sagte Goethe, muß man schwer seine Jugendtorheiten abbüßen; ich aber gehöre zu den wenigen Glücklichen, denen sie noch in späteren Jahren Heil und Segen bringen; ernstlich so manche erfreuliche und interessante Bekanntschaft, wie dies heute noch der Fall ist, dann hat vorgestern mir der Kaiser Napoleon das Ehrenkreuz gegeben, und eben beschenkt auch Alexander mich mit einem Orden; und nun zeigte er das Paket, das der Kammerdiener ihm früher gebracht, und welches das große Band des Annaordens mit einem brillantnen Stern enthielt.»[40]

Diese beiden Orden wurden dann fünf Jahre später in den Tagen nach der Völkerschlacht zum Gegenstand eines kleinen Skandals. Auf dem Rückzug der französischen Truppen aus Leipzig führte sowohl ihr Weg als auch der der alliierten Verfolger über Weimar, und in Goethes Haus wurden am 23. Oktober österreichische Offiziere untergebracht, darunter der Feldzeugmeister Hieronymus von Colloredo, der seit der schweren Verwundung des Erbprinzen Friedrich Josef von Hessen-Homburg dessen Korps führte. Wilhelm von Humboldt, damals preußischer Gesandter in Wien, der sich in dieser Zeit auch in Weimar aufhielt und bei Goethe wohnte, berichtete seiner Frau in einem Schreiben vom 26. Oktober: «Der Geheimrat trägt den Annen-Orden; die Legion ist beiseite gelegt, wie es scheint.»[41] Am Tag danach sollte er den Grund dafür erfahren, den er auch sofort brieflich nachschob: «Von Goethe könnte ich Dir noch lange erzählen. Er hat den Feldzeugmeister Colloredo zur Einquartierung gehabt, der auf Goethes Kosten alle Tage 24 Personen zu Tische gehabt hat. Die Geheimrätin versicherte: Das koste 2–300 Taler, und der Koch hätte ihm noch gesagt, daß sie sehr geizig wäre. Wie Colloredo gekommen ist, hat Goethe noch die Legion getragen, und Colloredo hat ihm gleich gesagt: ‹Pfui Teufel, wie kann man So-etwas tragen!› Heute früh hat er mich ernsthaft konsultiert, was er tragen solle; man könne doch einen Orden, durch den einen ein Kaiser ausgezeichnet hat, nicht ablegen, weil er eine Schlacht verloren habe. Ich dachte bei mir, daß es freilich schlimm ist, wenn man für das Ablegen der Legion keine besseren Gründe hat, und wollte ihm eben einen guten Rat geben, als er mich bat, zu machen, daß er einen österreichischen Orden bekäme.»[42] In Goethes Liste prominenter Gäste, die nach der Völkerschlacht in Weimar Station machten, fehlt Colloredo bezeichnenderweise.[43]

Der Dichter konnte das Leipziger Schlachtgeschehen nicht lange von sich fernhalten, weder privat noch beruflich. Als ersten Augenzeugen empfing Goethe den ihm bekannten Hauptmann Heinrich von Heß, der am 23. Oktober in Weimar eintraf; von ihm bekam der Dichter die erste detaillierte Schilderung der Ereignisse.[44] Mit der Ankunft der Verfolger Napoleons bereits vier Tage nach der Völkerschlacht galt es im nun die Seiten wechselnden Herzogtum den alliierten Sieg zu feiern. Deshalb wurde zu Ehren der neuen Verbündeten am 24. Oktober am Weimarer Hof eine Soiree gegeben, für die Goethe kurzerhand das Lied eines Kriegsfreiwilligen schrieb: «Ich muß ins Feld, ich will dich meiden! / Wenn auch mein Herz mir widerspricht, / Von deiner Nähe werd' ich scheiden / Von meiner Liebe kann ich nicht. / Ins Feld hinaus! Das heißt nicht meiden. / Denn meine Seele scheidet nicht. / Ja! mich erwarten hohe Freuden / Und ich erfülle meine Pflicht. / Ich will ins Feld! Warum nicht scheiden? / Dir sei die Träne, mir die Pflicht. / Nun Lebewohl! Es ist kein Leiden. / Ich bleibe Dein! Vergiß mein nicht.»[45] Im Januar 1814 integrierte er dieses Lied dann in seine Ergänzungen zu Schillers Drama «Wallensteins Lager», die anlässlich des Ausmarschs eines Weimarer Freiwilligenkorps entstanden sind. So nutzte Goethe das Lied ein zweites Mal zur eigenen poetisch-patriotischen Pflichterfüllung.

Humboldt indes war während seines Weimar-Aufenthalts im Oktober 1813 skeptisch, wie ernst es Goethe mit seiner Unterstützung für den aktuellen Krieg meinte: «Allein die Befreiung Deutschlands hat noch bei ihm keine tiefe Wurzel geschlagen. Er glaubt zwar ernstlich daran, aber stellt mit vielen Umschweifen, unbestimmten Phrasen und Gebärden vor, daß er sich an den vorigen Zustand einmal gewöhnt habe, daß Alles da schon in Ordnung und Gleis gewesen sei und der neue nun hart falle. Die Verheerungen der Kosaken, die wirklich arg sind, nehmen ihm alle Freude an dem Spaß. Er meint, das Heilmittel sei übler als die Krankheit.»[46] Goethes Freund und Dramatikerkollege Friedrich de la Motte Fouqué, der Ende Oktober mit preußischen Truppen nach Weimar gekommen war und sofort das immer noch von Österreichern belegte Haus am Frauenplan aufgesucht hatte, berichtet, dass sein Gastgeber sich unverändert schwergetan habe, die Niederlage Napoleons zu akzeptieren, und erwarte, dass sich die Franzosen bei Erfurt einer weiteren großen Schlacht stellen würden. Als Fouqué seine Skepsis äußerte, dass sie dafür überhaupt noch die militärischen Mittel hätten, habe Goethe nachdenklich eine Zeitlang vor sich niedergeblickt und dann mit tiefernstem Blick gesagt: «So wäre er denn also wirklich schon vollständig geschehen, der entscheidende Schlag?»[47]

Dagegen verteidigte der damals als Offizier in österreichischen Diensten stehende Karl August Varnhagen von Ense einige Wochen später den von ihm bewunderten Goethe in einem Brief an seine spätere Frau Rahel Levin: «Goethe wahrlich hat diesen Krieg mitbereitet wie Keiner! Ohne ihn und den tiefdringenden Einfluß seines Geistes und Segens wäre ein großer Teil unserer Jugend nicht so für die Waffen entflammt, stünde unser Sinn und Willen nicht so erhöht für Besseres. Aber er, die Wurzel, verläugnet doch auch nicht billig das ihm freilich ungleichartig Erzeugnis seiner grünen Blätter, und daß er mit unserer Geschichte zu hadern scheint, muß in der Tat Jeden von uns betrüben.»[48]

Mit ähnlichem Tenor schrieb am 12. Dezember Louise Seidler an Pauline von Schelling: «Von Goethe kann ich Dir wenig Erfreuliches mitteilen. Diese unruhigen Zeiten haben seine Behaglichkeit gestört, und Das empfindet er übel und soll es auch wiederum empfinden lassen ... man müsse sich auf alle Art zerstreuen, und er arrangiere jetzt seine Kupferstiche nach den Schulen; Das sei Opium für die jetzige Zeit. ... Auch meinte er: es sei unrecht von den Studierenden und Professores, mit in den Kampf ziehen zu wollen, da jetzt schon so viel geschehe, dadurch Wissenschaften gestört usw. würden. Übrigens ließ er sich nicht weiter über die Sachen aus. Aber daß er nicht dafür enthusiasmiert ist, beweist er doch auch, indem er seinem Sohn verweigert, sich unter die Freiwilligen zu stellen, der es wünscht und in kein gutes Licht durch sein Bleiben gestellt wird.»[49] August von Goethe hatte in Weimar zu bleiben, während viele andere junge Männer der Stadt sich den Truppen anschlossen, die in Richtung Frankreich zogen.

Der zweite interessante Aspekt in Goethes Erinnerung ans eigene Verhalten während der Völkerschlacht betrifft die Behauptung, er sei im Sommer 1813 in Karlsbad gewesen. Das traf aber nur für einzelne Ausflüge zu, die ihn in die Umgebung des Kurortes geführt hatten, wo er geologische Studien betrieb. Ansonsten hatte er sich vom 26. April bis Mitte August im weiter östlich gelegenen nordböhmischen Teplitz aufgehalten, das einen Monat nach seiner Abreise dann zum Hauptquartier der drei alliierten Monarchen vor der Völkerschlacht werden sollte. Goethe scheute beim Abfassen seiner programmatischen Passage zur Völkerschlacht in den «Tages- und Jahresheften» davor zurück, sich selbst als einen am großen politischen Ereignis so Uninteressierten in derartige Nähe zum Kriegsgeschehen zu bringen, weil das den behaupteten Abstand dazu in Frage hätte stellen können (an zwei anderen Stellen seiner Annalen des Jahres 1813 erwähnt er den Teplitzer Sommer dagegen durchaus[50]). Denn noch während sich Goethe in Nordböhmen aufhielt, hatte sich dort die Böhmische Armee zum Kriegszug nach Sachsen gesammelt, und der Dichter hatte erst kurz vor dem Ablauf des Waffenstillstands zwischen den Alliierten und Napoleon am 16. August die Rückreise nach Weimar angetreten. In der Zwischenzeit war sein Herzog Ende April mit dem aus Frankreich anrückenden Napoleon zusammengetroffen und hatte von diesem die sächsische Krone für den Fall versprochen bekommen, dass König Friedrich August von Sachsen das Bündnis mit Frankreich aufkündigen sollte.[51] Als Goethe dann kurz vor dem Ende der sommerlichen Kampfpause auf der Rückreise von Teplitz seine Route über das waffenstarrende Dresden wählte, weilte auch Napoleon in der Stadt. Goethe sah ihn dort am 14. August, als der Kaiser die neu angelegten Befestigungen besichtigte, und es spricht trotz fehlenden Belegen einiges dafür, dass sich beide Männer damals auch gesprochen haben.[52] Es wäre ihr letztes Treffen gewesen und der richtige Abschied des Kaisers von seinem Bewunderer – auf dem Kriegsschauplatz. Wobei Goethe genau wusste, was seine Rolle als Geistesriese in der damaligen Situation verlangte: In der sächsischen Residenzstadt besuchte er demonstrativ die Gemäldegalerie, um die Kultur als ewigen Wert gegenüber dem wechselnden Kriegsglück hochzuhalten. Sein Weg nach Dresden aber hatte genau der Route entsprochen, die nur eine Woche nach ihm die Böhmische Armee nehmen sollte, als sie auf die sächsische Hauptstadt vorrückte. Goethe reiste dem Krieg voraus.

In Dresden hatte er auch schon auf der Hinreise für einige Tage Station gemacht – und einen seiner Gastgeber, den Gerichtsrat Christian Gottfried Körner, mit der Einschätzung verärgert, Napoleon sei nicht zu besiegen. Dessen Sohn Theodor, ein glühender Bewunderer Goethes, war im Monat zuvor dem Lützowschen Freikorps beigetreten, das die alliierten Truppen unterstützte. Goethe aber bewies im Körnerschen Haus ungebrochene Ehrfurcht vor Napoleon und warnte seine Freunde: «Ja, schüttelt nur an euern Ketten, so viel ihr wollt; der Mann ist euch zu groß, ihr werdet sie nimmer zerbrechen, sondern nur noch tiefer ins Fleisch ziehen.»[53]

Seine Bewunderung für den französischen Kaiser hinderte ihn indes nicht daran, sich an dem in Dresden gebotenen Schauspiel zu erfreuen, das anlässlich des gemeinsamen Einzugs von Zar Alexander I. und König Friedrich Wilhelm III. am 24. April geboten wurde.

Stundenlang paradierten die ihre Herrscher begleitenden Truppen durch die Dresdner Neustadt, und Goethe war ins Haus eines weiteren Freundes, des Malers Gerhard von Kügelgen, auf der Neustädter Hauptstraße gegangen, um das Spektakel in der seit einigen Wochen vom sächsischen König verlassenen und nun durch alliierte Truppen besetzten Stadt zu beobachten. Helene von Kügelgen notierte zu diesem Besuch in ihrem Tagebuch: «Des Kaisers und Königs Einzug brachte schon von früh an Menschen zu uns, die sich unsrer Fenster bedienen wollten. Der erste von Diesen war Goethe. Er fand mich mit den Kindern noch allein und war sehr liebenswürdig. Das heißt: wir genierten einander nicht. Ich trug ihm den Sessel vor das Mittelfenster hin. Ich war zu bewegt, um sprechen zu können. Nun aber füllte sich das Zimmer, und so ging es fort bis zwei Uhr. Ich war sehr müde: dabei die beständige Janitscharenmusik gerade unter den Fenstern. Als sie nun endlich kamen und alle Glocken läuteten, als sie nun in der Allee hielten, gerade unter unseren Fenstern, und nun die vielen tausend Stimmen wie in einem lang gehaltenen Schrei sie begrüßten – als die unzähligen Geschwader vorbeizogen und die Musik – das Geschrei, die wehenden vaterländischen Fahnen, die mich mehr als alles Andere rührten: da war ich wirklich ermattet.»[54] Das wahrhaft Anstrengende aber waren, wenn man ihrem Sohn Wilhelm glauben darf, die Belästigungen durch Goethes Bewunderinnen gewesen, die den berühmten Mann hier während der Parade aufsuchten und dafür sorgten, dass ihm der spektakuläre Aufzug vergällt wurde und er noch vor der Ankunft der Monarchen unten in der Straße wieder das Weite suchte.[55] Schon am Folgetag setzte er die Fahrt nach Teplitz fort.

Seine Abreise aus Weimar am 17. April ins damals noch neutrale Böhmen war als Flucht vor dem Krieg betrachtet worden. So formulierte Dorothea Schlegel in einem Brief vom 24. August lapidar: «Goethe ist in Töplitz gewesen; ich weiß nicht, ob er noch dort ist. Der flüchtet vor dem äußeren Feinde und gibt seine ganze Seele ungehindert dem inneren Feinde preis.»[56] Karl Ludwig von Knebel zufolge war es die Initiative von Christiane Vulpius, die den Dichter aufbrechen ließ: «Goethe hatte sich vorgenommen, es diesen Sommer, womöglich, in Weimar auszuhalten und dabei sich ganz auf seine Arbeiten, vorzüglich auf seine Lebensgeschichte, einzuschränken ... Auf inständiges Zureden seiner Frau hat er sich endlich schleunig entschlossen abzureisen.»[57]

Immerhin bewies Goethe mit seinem Aufbruch ein gutes Gespür: Im Vorfeld der zwei Wochen später stattfindenden Schlacht von Großgörschen sollte es bereits einen Tage später, am 18. April, in der Stadt Weimar selbst kleinere Kämpfe zwischen ins Herzogtum eingedrungenen preußischen und dort stationierten französischen Soldaten geben. Doch der Dichter war eine in Deutschland viel zu bekannte Figur, um sich tatsächlich den Ereignissen entziehen zu können. Auf der Kutschfahrt von Leipzig nach Dresden etwa wurde er in Meißen von einer gerade neu ins Feld gezogenen Abteilung preußischer Freiwilliger erkannt, unter denen sich auch Friedrich Christoph Förster befand, der spätere Chronist der Befreiungskriege. Er war ein Freund von Goethes Sohn August und ließ, wie er in einem Brief an seine Schwester berichtete, dem bewunderten Schriftsteller ein Hurra durch die ganze Kompanie ausrufen: «Er fasste mit der Haltung eines Generals an seine Mütze und nickte freundlich. Nun trat ich noch einmal heran und sagte ihm: ‹Es hilft Eurer Exzellenz das Inkognito nicht; die Schwarzen Jäger haben scharfe Augen, und bei unserem ersten Ausmarsch Goethe zu begegnen, ist ein zu günstiges Zeichen, als daß wir es sollten vorüberlassen. Wir bitten um ihren Waffensegen.› ‹Von Herzen gern›, sagte er; ich reichte ihm Büchse und Hirschfänger, er legte seine Hand darauf und sprach: ‹Zieht mit Gott, und alles Gute sei eurem frischen Mute vergönnt!› Während wir ihm ein nochmaliges Lebehoch riefen, fuhr er grüßend an uns vorbei.»[58] Die Haltung des Nationaldichters zur beginnenden nationalen Erhebung gegen Napoleon war schon im April so ambivalent, wie sie nach der Völkerschlacht auch von seinen Weimarer Bekannten geschildert wurde, denn bewundert wurde er von beiden Seiten. Und wer ihn bewunderte, konnte auf Goethes Sympathie rechnen.

In Teplitz traf er mehrmals mit Bekannten zusammen, die auch den Sommer dort verbrachten oder ihn eigens aufsuchten. Natürlich waren dabei die aktuellen politischen Ereignisse Dauerthema – zum Missfallen des Dichters. Am 28. Mai schrieb Christian Gottfried Körner an Friedrich Schlegel aus Teplitz: «Goethe sehe ich oft, aber über Das, was mich jetzt am meisten interessiert, läßt sich mit ihm nicht sprechen. Er ist zu kalt für den Zweck, um zu hoffen. Jede Entbehrung und Unruhe ist ihm daher ein zu kostbares Opfer. Um seine und vieler anderer Leute höhere Weisheit beneide ich Niemanden.»[59] Mit den Siegen bei Großgörschen und Bautzen im Mai schien Napoleon wieder fest im Sattel, am 8. Mai hatte er Einzug in Dresden gehalten; die Erinnerung an das alliierte Zwischenspiel in der sächsischen Residenzstadt, das Goethe beobachtet hatte, verblasste bereits. Dann kam der Waffenstillstand vom 4. Juni und die Annäherung Österreichs an die Alliierten. Wilhelm von Humboldt, der sich im Juli auf diplomatischer Mission in Prag befand, schrieb am letzten Tag des Monats an seine Frau: «Goethe ist, wie mir die Recke sagt, sehr verdrießlich in Teplitz. Ich kann mir seinen Zustand denken. Er hat eigentlich kein Gleichgewicht in sich; er ist schwach in der Wirklichkeit, und dann gilt das Idealische nur im Moment der Begeisterung und durchdringt nicht jeden Moment des bloßen einfachen Lebens. Da er sich nicht anschließt, können es auch Andere nicht, und so nöthigt ihn gerade die Unfähigkeit, recht allein zu stehen, allein zu bleiben.»[60] Karl Gottlieb von Weber, der ihn am 10. August, also am Ende des Waffenstillstands zwischen Frankreich und den Alliierten in Böhmen traf, berichtet allerdings von ungebrochenem Vertrauen des Dichters in das Feldherrngeschick von Napoleon: «Auf der Rückreise von Teplitz traf ich auf der Post in Peterswalde mit dem Geheimen Rat von Goethe zusammen, bekanntlich dem großen Verehrer von Napoleon. Ich fragte ihn: Was sagen Sie nun zu Napoleons Lage? Er antwortete ruhig: Er ist wie ein gehetzter Hirsch; das macht ihm aber Spaß.»[61]

Diese Ambivalenz war aber auch notwendige Folge seines Wohnorts in Weimar und der Freundschaft zu Herzog Carl August, der seit 1806 eine ähnliche Rolle spielen musste. In den frühen Koalitionskriegen war der Herzog einer der entschiedensten Gegner Napoleons gewesen, und am wechselseitigen Misstrauen beider Herrscher zueinander sollte sich auch nichts ändern, als Sachsen-Weimar-Eisenach dem von Frankreich geschaffenen Rheinbund angehörte. Kurz nach dem Erfurter Fürstenkongress von 1808, während dessen Napoleon so engen Kontakt mit Goethe gepflegt und auf Einladung Carl Augusts Weimar besucht hatte, befahl der französische Kaiser, die Korrespondenz des Herzogs zu kontrollieren[62], und 1812, als Napoleon sich in Dresden aufhielt, um den russischen Feldzug vorzubereiten, und Carl August dort empfing, war das Herzogtum diplomatisch zwar dadurch aufgewertet worden, dass Frankreich eine eigene Gesandtschaft in Weimar einrichtete, nachdem jahrelang der Botschafter im Königreich Sachsen für alle Angelegenheiten zuständig gewesen war, aber der neu ernannte Gesandte war vor allem angehalten, die dortige Intellektuellenszene zu überwachen. Deshalb hatte Napoleon den Baron Saint-Aignan, einen weiteren Bewunderer Goethes, dafür ausgesucht, der alsbald nach Paris melden konnte, dass der Herzog «höchst unzuverlässig und den Franzosen keineswegs gewogen» sei, während der Dichter politischen Dingen lieber aus dem Wege gehe.[63] Auch hier wieder das gewohnte Verhaltensmuster des Schöngeistes, der es sich mit keinem Mächtigen verscherzen wollte und seine einzige Aufgabe darin sah, über die Kunst zu wachen.

Das immerhin ermöglichte ihm die Verteidigung seines Herzogs, nicht nur im Erfurter Gespräch mit Napoleon. Als ihn am 9. Mai 1808, also einige Monate vor dem Fürstenkongress, der in Weimar lebende Publizist Johannes Daniel Falk aufsuchte, dem die französische Seite ein Dokument zugespielt hatte, in dem schwere

Vorwürfe gegen Carl August erhoben wurden, weil dieser ehemalige preußische Offiziere, die Napoleon unverändert feindlich gesinnt seien, beschäftige und vor einigen Jahren Blücher Geld vorgeschossen habe, erlebte er einen pathetischen Ausbruch: «Genug! fiel mir Goethe, als ich bis dahin gelesen hatte, mit flammendem Gesichte ins Wort. Was wollen sie denn, diese Franzosen? Sind sie Menschen? Warum verlangen sie geradewegs das Unmenschliche? ... Er täte sehr unrecht, wenn er anders handelte! Ja, und müßte er darüber Land und Leute, Krone und Zepter verlieren, wie sein Vorfahr, der unglückliche Johann, so soll und darf er doch um keine Hand breit von dieser edeln Sinnesart und dem, was ihm Menschen- und Fürstenpflicht in solchen Fällen vorschreibt, abweichen. ... Und wenn es auch dahin mit ihm käme, wohin es mit jenem Johann einst gekommen ist, daß beides, sein Fall und sein Unglück, gewiß wäre, so soll uns auch das nicht irre machen, sondern mit einem Stecken in der Hand wollen wir unsern Herrn, wie jener Lukas Cranach den seinigen, ins Elend begleiten und treu an seiner Seite aushalten. Die Kinder und Frauen, wenn sie uns in den Dörfern begegnen, werden weinend die Augen aufschlagen und zueinander sprechen: das ist der alte Goethe und der ehemalige Herzog von Weimar, den der französische Kaiser seines Throns entsetzt hat, weil er seinen Freunden so treu im Unglück war ... Hier rollten ihm die Tränen stromweise von beiden Backen herunter; alsdann fuhr er nach einer Pause ... fort: Ich will ums Brot singen! Ich will ein Bänkelsänger werden, und unser Unglück in Liedern verfassen! Ich will in alle Dörfer und alle Schulen ziehen, wo irgend der Name Goethe bekannt ist; die Schande der Deutschen will ich besingen ... Ihr seht, ich zittre an Händen und Füßen. Ich bin lange nicht so bewegt gewesen. Gebt mir diesen Bericht! Oder nein, nehmt ihn selbst! Werft ihn ins Feuer!»[64] Der Verweis auf den letzten sächsisch-ernestinischen Kurfürsten Johann Friedrich den Großmütigen, der im Gegensatz zu seinem albertinischen Vetter Moritz der Sache der Reformation treu geblieben war, 1547 gegen

den katholischen Kaiser Karl V. gekämpft und darüber die Kur-
würde an Moritz verloren hatte, war eine vielsagende Parallele zum
Geschehen im napoleonisch dominierten Deutschland des frühen
neunzehnten Jahrhunderts.

Carl August war deshalb ein so heikler Verbündeter für die
Franzosen, weil Napoleon ihm gegenüber besondere Rücksichten
zu nehmen hatte. Der Herzog war gleich in doppelter Hinsicht
familiär eng mit dem russischen Zaren verbunden: Seine Schwägerin war die Markgräfin Amalie von Baden, und deren Tochter Luise
heiratete Alexander I. Außerdem hatte der Weimarer Erbprinz
Carl Friedrich 1804 die russische Großfürstin Maria Pawlowna zur
Frau genommen. Dadurch bestand während des Bündnisses von
Frankreich mit Russland ein spezieller Schutz für Carl August, und
nach der Völkerschlacht fiel es ihm leichter als den anderen Rheinbundfürsten, sich auf die andere Seite zu schlagen. Der Herzog
übernahm selbst die Führung seines Heeres, das sich den russischen Verbänden anschloss. Er erhielt zudem den Oberbefehl über
die gesamten mitteldeutschen Truppen und war damit nunmehr
militärisch der erste Fürst unter den sächsischen Herrschern. Carl
Augusts Traum, sich die sächsische Königskrone zu sichern, schien
nunmehr nicht unmöglich, zumal als sein Oberstleutnant Bernhard August von Lindenau, der ehemalige Direktor der Sternwarte
des Herzogtums von Sachsen-Gotha-Altenburg, ihm am 17. April
1814 aus dem eroberten Paris schrieb: «Sachsen kömmt an seinen
alten Herrn nicht zurück.»[65] Allerdings berichtete er auch an den
Herzog, dass Preußen auf die vollständige Annexion Sachsens
dringe. So gab Carl August seinen Ehrgeiz auf, wurde für sein Engagement aber mit dem kurzlebigen Amt eines Gouverneurs in den
gleichfalls von napoleonischer Herrschaft befreiten Niederlanden
und vor allem der Erhebung seines Herrschaftsgebiets zum Großherzogtum belohnt. In einem Schreiben vom 19. Februar 1814, das
Goethe seinem ins Feld gezogenen Herzog schickte, heißt es mit
leichter Ironie: «Ew. Durchlaucht sind so schnell zu den wichtigs-

ten Bestimmungen vorgerückt, daß wir anderen an der Stelle gebliebenen Ihnen kaum in die Ferne und Höhe in Gedanken folgen können.»[66]

Goethe also gab sich unbeteiligt, eine Rolle, die er sich auch in einem Brief an Zelter vom 26. Dezember 1813 zugeschrieben hatte, als er für die Übersendung von Teltower Rübchen durch den Berliner Freund dankte und den Empfang spöttisch auf die Völkerschlacht bezog: «Du kündigst mir die Erdgewächse freundlich an, zum großen Troste, da ich hieraus ersehe daß das ungeheuerste Schicksal nicht einmal den Rüben Zyklus stören kann.»[67] Er fand erst langsam Gefallen daran, die jüngsten Ereignisse zu kommentieren. Dazu verschickte er an Freunde wie etwa Knebel auch Abschriften seines Epilogs zum englischen Trauerspiel «Der Graf von Essex», den er während der Tage der Leipziger Kämpfe geschrieben hatte. Obwohl Goethe während der Arbeit daran noch kaum etwas Verlässliches über den Verlauf der Völkerschlacht hatte hören können, taugten einige Verse daraus durchaus als aktuelle Stellungnahmen. Das Stück, dessen neuen Abschluss sie bilden sollten, stammt von John Banks, einem englischen Dramatiker des siebzehnten Jahrhunderts, und schildert das Schicksal des zweiten Earl of Essex, der 1601 auf Befehl von Königin Elisabeth I. nach einem gescheiterten Staatsstreich enthauptet wurde. Goethe hatte es als Leiter des Weimarer Theaters für November 1813 auf den Spielplan gesetzt, doch die Darstellerin der Elisabeth war enttäuscht über ihren zu kurzen Schlussmonolog und bat ihn um ein anderes Finale. Deshalb entstand der 120 Zeilen lange gereimte Epilog, mit dem Goethe eine Verbindung zwischen vom deutschen Publikum gewünschter Rührung und in England üblicher Belehrung anstrebte.[68] Dass es darin auch um Politik und Herrscherideale gehen würde, war unvermeidlich. Und so taugten Goethes Verse der Elisabeth sowohl als Kommentar auf die alliierte Seite zu Beginn der Leipziger Schlacht als auch auf die Situation Napoleons danach. «Wer Mut sich fühlt in königlicher Brust, / Er zaudert keineswegs, betritt mit Lust / Des Stufenthrones untergrabne Bahn, / Kennt die Gefahr und steigt getrost hinan; / Des goldnen Reifes ungeheure Last / Er wägt sie nicht, entschlossen, wie gefasst, / Drückt er sie fröhlich auf das kühne Haupt / Und trägt sie leicht, als wie von Grün umlaubt»[69] – das konnte als Huldigung an die verbündeten Monarchen gelesen werden. «Er ist gestraft – ich bin es auch! wohlan / Hier ist der Abschluß! Alles ist getan / Und nichts kann mehr geschehn! Das Land, das Meer, / Das Reich, die Kirche, das Gericht, das Heer, / Sie sind verschwunden, alles ist nicht mehr! / Und über dieses Nichts, du Herrscherin! / Hier zeige sich zuletzt dein fester Sinn, / Regiere noch, weil es die Not gebeut, / Regiere noch, da es dich nicht mehr freut! / Im Purpurmantel und mit Glanz gekrönt! / Dich so zu sehen, ist die Welt gewöhnt, / So unerschüttert zeige dich im Licht, / Wenn dir's im Busen morsch zusammenbricht» – das konnte man als letzte Huldigung an den geschlagenen französischen Kaiser sehen. Und Goethe war das durchaus recht, bewies es doch jeweils nur die Hellsicht des Verfassers.

Was aber wusste er wirklich während der Völkerschlacht von deren Verlauf? Am Samstag, dem 16. Oktober 1813, notierte er in sein Tagebuch: «Mittag am Hofe. Nachricht von der Einnahme v. Leipzig.»[70] Das war verfrüht, es war der erste Tag der Schlacht, doch am Weimarer Hof, wo Goethe mittags an der Tafel des Herzogs als eine von vierzehn Persönlichkeiten speiste, liefen offenbar bereits Gerüchte um. Mutmaßlich wurden sie durch das zwei Tage zuvor stattgefundene Reitergefecht von Liebertwolkwitz ausgelöst, das allerdings unentschieden ausgegangen war. Goethe jedenfalls war aufs Schlimmste vorbereitet; schon am 13. Oktober hatte er einen Koffer mit seinem wichtigsten Hab und Gut gepackt, um im Falle eines Übergriffs der Kämpfe auf Weimar schnell aufbrechen zu können. Dieser Koffer blieb verpackt bis zum 18. November im Haus stehen – ungeachtet der tatsächlichen Siegesnachricht, die in der Nacht auf den 21. Oktober von einem Trupp Kosaken nach Weimar gebracht wurde, der dem Haupteer der Alliierten, das erst an diesem Morgen in Leipzig aufbrechen sollte, vorangeritten war. Doch Goethe war eben skeptisch, ob auch ihm der alliierte Triumph zum Vorteil gereichen sollte. Deshalb erbat er vom Hof eine Wache zum Schutz seines Hauses, die ihm am 22. Oktober, noch vor der Ankunft der ersten alliierten Heeresteile, auch geschickt wurde. Er bedankte sich am selben Tag beim diese Soldaten kommandierenden Oberstleutnant mit einem Gedicht: «Von allen Dingen die geschehn, / Wenn ich es redlich sagen sollte, / So war's, Kosaken hier zu sehn, / Nicht eben, was ich wünschen wollte. / Doch als die heilig-große Fluth / Den Damm zerriß, der uns verengte, / Und Well' auf Welle mich bedrängte. / War *dein* Kosak mir lieb und gut.»[71] Angesichts der Massen von nun ankommenden Soldaten – während des zweitägigen Aufenthalts von Zar Alexander und Kaiser Franz in der Residenzstadt lagerten vom 24. bis 26. Oktober schließlich um die hunderttausend Mann hier – empfand er die militärische Bewachung seines Domizils als Erlösung. Aber nur für eine Nacht blieb das Haus am Frauenplan von Einquartierung verschont, ehe Colloredo mit seinen Leuten dort Quartier bezog. Als dieser am 26. Oktober mit den anderen Alliierten wieder abzog, notierte Goethe angewidert: «Das Haus gereiniget.»[72]

Angesichts seiner Erfahrungen mit Colloredo und in den Wochen danach mit der frischen deutschnationalen Begeisterung wurde Goethe vorsichtig und schlug sich in Gesprächen fortan mehr auf die siegreiche Seite, rechtfertigte diesen Wandel aber mit einem größeren historischen und moralischen Zusammenhang. Daneben blieb er seiner Überzeugung treu, selbst nur im Kontext intellektuellen Fortschritts die deutsche Sache fördern zu können. Gegenüber dem in Jena lehrenden Historiker Heinrich Luden sagte er einen Monat nach der Völkerschlacht: «Glauben Sie ja nicht, daß ich gleichgültig wäre gegen die großen Ideen Freiheit, Volk, Vaterland. Nein, diese Ideen sind in uns; sie sind ein Teil unseres Wesens, und niemand vermag sie von sich zu werfen. Auch liegt mir Deutschland warm am Herzen. Ich habe oft einen bitteren

Goethes Haus am Frauenplan in Weimar.

Schmerz empfunden bei dem Gedanken an das deutsche Volk, das so achtbar im einzelnen und so miserabel im ganzen ist. Eine Vergleichung des deutschen Volkes mit anderen Völkern erregt uns peinliche Gefühle, über welche ich auf jegliche Weise hinwegzukommen suche; und in der Wissenschaft und in der Kunst habe ich die Schwingen gefunden, durch welche man sich darüber hinweg zu heben vermag: denn Wissenschaft und Kunst gehören der Welt an, und vor ihnen verschwinden die Schranken der Nationalität; aber der Trost, den sie gewähren, ist doch nur ein leidiger Trost und ersetzt das stolze Bewußtsein nicht, einem großen, starken, geachteten Volke anzugehören. In derselben Weise tröstet auch nur der Glaube an Deutschlands Zukunft. Ich halte ihn so fest als Sie, diesen Glauben. Ja, das deutsche Volk verspricht eine Zukunft und hat eine Zukunft. Das Schicksal der Deutschen ist, um mit Napoleon zu reden, noch nicht erfüllt. Hätten Sie keine andere Aufgabe gehabt, als das römische Reich zu zerbrechen und eine neue Welt zu schaffen und zu ordnen, sie würden längst zugrunde gegangen sein. Da sie aber fortbestanden sind, und in solcher Kraft und Tüchtigkeit, so müssen sie, nach meinem Glauben, noch eine große Bestimmung haben, eine Bestimmung, welche um so viel größer sein wird denn jenes gewaltige Werk der Zerstörung des römischen Reiches und der Gestaltung des Mittelalters, als ihre Bildung jetzt höher steht.»[73] So sprach sich der Dichter nun selbst das größte Verdienst am absehbaren Sieg über Napoleon zu, weil ja er sich für die Bildung des deutschen Volks zuständig fühlte (und auch allgemein als der intellektuelle Praeceptor Germaniae angesehen wurde).

Der Vergleich der aktuellen Entwicklung mit den germanischen Stämmen, die das römische Weltreich zerschlagen hatten, enthielt zugleich eine Warnung, sich nicht aufs Destruktive zu beschränken. Die emphatische Beschwörung einer neuen Epoche, die Goethe mit der Erinnerung an Valmy verband, hatte in seinen Augen die Begeisterung für die von der Revolution entfesselten Mächte und Napoleon legitimiert. Von den Deutschen erwartete er nun die Begründung einer neuen Epoche, die sich aber nicht auf militärischen Triumph allein stützen durfte, denn das wäre nur die Fortsetzung der bereits seit 1792 bestehenden Zustände gewesen. Was ihm Napoleon 1808 verheißen hatte, die Etablierung als größter Staatsdichter in seinem Reich, wenn er denn nach Paris kommen sollte, das hatte Goethe fünf Jahre später als Traum nicht aufgegeben; nur brauchte er dafür jetzt einen neuen Staat. Deshalb das vehemente Plädoyer für Deutschlands Zukunft, an das sich später im Gespräch mit Luden noch ein bezeichnender Satz anschloss: «Uns einzelnen bleibt inzwischen nur übrig, einem jeden nach seinen Talenten, seiner Meinung und seiner Stellung, die Bildung des Volkes zu mehren, zu stärken und durch dasselbe zu verbreiten nach allen Seiten, und wie nach unten, so auch, und vorzugsweise, nach oben ...»[74] Das war die Einladung an die nun wieder selbständigen deutschen Fürsten, sich Goethes als Lehrmeister zu bedienen.

Diesen Anspruch hätte er gegenüber Napoleon nie erhoben, denn im Kaiser der Franzosen hatte er einen Menschen identifiziert, der zwar Goethes Werke schätzte, aber unbelehrbar war – im Sinne eines kongenialen Geistes anderer Potenz. Goethe akzeptierte, dass Napoleon über Fähigkeiten verfügte, die dem eigenen Talent unzugänglich waren. Allerdings wendete er diese Anerkennung der Überlegenheit eines anderen später in eine Kategorie, die durch die Beschäftigung mit dem «Faust»-Stoff immer größere Dringlichkeit für Goethe gewann: das Dämonische. Ein Jahr vor seinem Tod, am 2. März 1831, kam er im Gespräch mit Eckermann über dieses Thema noch ein letztes Mal entscheidend auf Napoleon zurück: «Das Dämonische, sagte er, ist dasjenige, was durch Verstand und Vernunft nicht aufzulösen ist. In meiner Natur liegt es nicht, aber ich bin ihm unterworfen. Napoleon, sagte ich, scheint dämonischer Art gewesen zu sein. Er war es durchaus, sagte Goethe, im höchsten Grade, so daß kaum ein anderer ihm zu vergleichen ist. Auch der verstorbene Großherzog war eine dämonische Natur, voll unbegrenzter Tatkraft und Unruhe, so daß sein eigenes Reich ihm zu klein war, und das größte ihm zu klein gewesen wäre. Dämonische Wesen solcher Art rechneten die Griechen unter die Halbgötter.»[75]

Das war eine verspätete Erklärung sowohl für die Faszination, die Napoleon auf ihn ausübte und die hier als notwendige Unterwerfung interpretiert wird, als auch dafür, warum er so lange in Weimar blieb. Wenn auch Carl August dämonischer Natur gewesen war, so erwiesen sich die beiden Herren in Goethes Leben als schicksalhaft überlegene Kräfte, gegen die selbst ihm als dem unabhängigsten Geist Widerstand versagt bleiben musste, weil er gegen das Dämonische, das seine Verkörperung in Kriegern findet, denen ihre Welt zu klein ist, die edelsten menschlichen Fähigkeiten – Verstand und Vernunft – nicht in Stellung bringen konnte.

Den ersten Jahrestag der Völkerschlacht verbrachte Goethe dann in seiner Heimatstadt Frankfurt. Dort nahm er an der Feier des Ereignisses teil. Der 18. Oktober 1814 sah einen nunmehr durchaus national gestimmten Dichter. Auch solche Wandlungen waren Eigentümlichkeiten seiner Handlungsweise.

9. TAG 3 DER SCHLACHT:
MONTAG, DER 18. OKTOBER

▼

Es war nicht der blutigste Tag der Völkerschlacht, er brachte auch nicht die endgültige Entscheidung, und dennoch gilt der 18. Oktober heute als Datum des Sieges der Alliierten. Auch die Straße, die in Leipzig aus der Stadt aufs Völkerschlachtdenkmal zuführt, ist nach diesem Tag benannt – und nicht nach dem 19. Oktober, an dem die Kampfhandlungen endeten. Denn am 18. Oktober wurden die französischen Truppen derart zurückgedrängt, dass Napoleon sich zum vollständigen Rückzug entschloss und damit seine Niederlage in der Schlacht einräumte – ein Novum in seiner Karriere als Heerführer. Er erwies sich indes als schlechter Verlierer, der die Ursache vor allem in einem Ereignis suchte, das sich am Montagnachmittag gegen drei Uhr bei der Ortschaft Stünz, eine Dreiviertelstunde östlich von Leipzig, abgespielt hatte: der fast geschlossene Frontwechsel einer sächsischen Division, die bislang im VII. französischen Armeekorps unter General Reynier gekämpft hatte. Obwohl diese rund dreitausend Soldaten in der großen Schlacht letztlich kaum ins Gewicht fielen, fand ihr Schritt auf beiden Seiten große Beachtung: auf französischer, weil damit eine bequeme Erklärung für die Niederlage bereitstand, auf alliierter, weil er die propagandistische Behauptung zu bestätigen schien, es handele sich um einen Befreiungskrieg aller deutschen Völker.

Das zweite markante Ereignis dieses Montags fand gleichfalls am Nachmittag und nur wenig weiter nördlich statt. Die beiden Ortschaften Paunsdorf und Schönefeld erlebten an diesem Nachmittag eine grässliche Premiere in der Kriegsgeschichte: den ersten Einsatz von Raketen als Angriffswaffen in einer Feldschlacht. Das war der englische Beitrag zum Leipziger Kampfgeschehen, und ungeachtet der Tatsache, dass die britische Raketenbatterie unter den mehr als eine halbe Million Kombattanten gerade mal knapp hundertfünfzig Mann umfasste, war ihr Beitrag zur Völkerschlacht fundamental. Sie sorgte mit ihren Raketen nicht nur für Angst und Schrecken und half auf diese Weise entscheidend, die vehemente französische Gegenwehr im Osten der Stadt zu brechen. Sie etablierte zudem eine neue Art der Kriegsführung, die Schule machen sollte: mit kleinen, aber auf waffentechnisch modernste Weise ausgestatteten Kommandoeinheiten an vorderster Front operieren, um die dortige Unübersichtlichkeit der großen Soldatenmassen auszunutzen und durch gezielten Einsatz von verheerenden Waffen maximale Verwirrung beim Feind zu stiften. Aber dieser Innovation wird später ein eigenes Kapitel gewidmet sein.

Eine traditionellere, aber durchaus verwandte Taktik, die sich vorrangig gegen Zivilisten richtet, wurde ebenfalls am Montag gegen Leipzig angewendet: Die Alliierten beschossen mit Granaten gezielt die Innenstadt. Schon am Vortag waren einzelne Geschosse eingeschlagen, unter anderem in Höfe an der Grimmaischen Straße und dem Neuen Neumarkt, hatten aber nicht gezündet.[1] Da diese beiden Straßen weit vom unmittelbaren sonntäglichen Kampfgeschehen im Norden entfernt lagen, konnten die Granaten keine Zufallstreffer gewesen sein. Am 18. Oktober nahmen solche Einschläge in der Innenstadt zu und zwangen deren Bewohner, ihre seit zwei Tagen liebgewordenen Beobachtungsposten in den oberen Stockwerken der höheren Häuser aufzugeben[2]; wer konnte, nahm nun in den Kellern Zuflucht. Von den Türmen der Stadt und dem Observatorium in der Pleißenburg musste man die Leipziger nicht erst vertreiben – die waren ihnen seit dem morgendlichen Wiederausbruch der Kämpfe ohnehin verboten: «Die Stadtthürme und das Observatorium waren von französischen Officieren besetzt und für alle Andere gesperrt, mit Ausnahme des Rathhausthurms.»[3] Aber gerade das Fehlen jeder eigenen Möglichkeit, sich angesichts der Kanonade ein Bild von der Lage vor der Stadt zu machen, setzte den Bewohnern zu und verstärkte die Nervosität in Leipzig.

Dabei war es zunächst gar keine massive Kanonade – der Student Christian Gottlieb Schneider spricht von dreißig bis vierzig Kugeln und Granaten, Friedrich Rochlitz sogar nur von acht[4] –, aber die Tatsache, dass der Krieg nun systematisch bis vor und teilweise auch in ihre Wohnungen getragen wurde, erschütterte die Stadtbewohner. Die alliierten Batterien waren im Norden schon morgens nahe genug herangerückt, um das gesamte Zentrum unter Feuer nehmen zu können, und es war eine hinter Osten-Sackens russischen Angreifern stehende preußische Batterie, die das gegen Mittag dann auch tat. Zunächst beschränkte sich deren Kanonade noch auf das Gut Pfaffendorf, das etwas außerhalb vom Äußeren Halleschen Tor am rechten Ufer der Pleiße lag und zum Besitz des Stadtrats gehörte. «Von den Russen erstürmt, aber gleich wieder verloren, blieb es mehrere Stunden lang die Zielscheibe des preußischen Geschützes. Mit großer Gefahr hatten sich unter beständigem Kugelregen die Pächtersleute in die Stadt geflüchtet, aber noch lagen mehrere Hundert Schwerverwundete in den Scheunen und Ställen. Da schlugen plötzlich die Flammen von allen Seiten hervor, und jene Unglücklichen, nicht fähig, sich nur aufzuheben, starben unter unsäglichen Schmerzen den qualvollsten Tod.»[5] Als die preußische Artillerie dort nichts mehr zu tun hatte, begann sie den Beschuss der Stadt selbst; die gewöhnlichen Kanonen waren auf einen halben Kilometer Entfernung ziemlich zielgenau.

Christian Gottlieb Schneider berichtet in seinem vier Tage nach der Völkerschlacht geschriebenen Brief an die Plauener Familie vom ersten Erlebnis dieser Art, als er aus seiner Studentenwohnung in der Katharinenstraße kommend über den Marktplatz unterwegs war: «Es war ziemlich um 12 Uhr, als ich durch die Petersstraße ins Convict gehen wollte. Kaum hatte ich jene erreicht, als ohngefähr 20 Schritte vor mir die erste Granate, die von den Russen in die Stadt geworfen wurde, niederfiel und mit dem furchtbarsten Knall zersprang. Den Schrecken Euch zu schildern, der mich und alle die vielen Menschen, die sich mit mir auf derselben Straße befanden, ergriff, vermag ich nicht. Alles lief und rannte, um sich in ein offenes Haus zu retten, aber die meisten waren verschlossen. Ich hielt es für das rathsamste, nach Hause zu eilen, da ich kaum 300 Schritt davon entfernt war. Aber noch hatte ich nur 50 Schritte zurückgelegt, als eine 2te auf dem Markte niederfiel und zerplatzte. Daß ich meine Eile nun verdoppelte, darf ich Euch wohl nicht erst betheuern. Aber denkt Euch mein Entsetzen, als ich, nachdem ich die Katharinenstraße erreicht hatte, eine 3the Granate ziemlich meiner Wohnung gegenüber niederfallen sah, die einem badischen Trompeter das Bein, einem Pferde den Vorder- und Hinterfuß und einem Kaufmannsdiener ganz leicht den Arm aufritzte. Ein Stück davon schlug 2 Stock hoch in das Fenster des Advokaten Römisch, zerschmetterte dem 3jährigen Kinde den Arm und verwundete ihn selbst am Finger. Inbrünstig dankte ich der Vorsehung für die Rettung aus so nahen Gefahren; denn kaum war ich im Haus, als wieder gegenüber ein 12-Pfünder in den Erker des Banquier Schulze schlug, der aber keinen Schaden weiter verursachte, als daß er ein Feld der Wand mitnahm und die Fenster zerschmetterte.»[6]

Tags zuvor, so berichtet Rochlitz, war ein rundes Dutzend Granaten schon in den nördlichen Straßen der Stadt eingeschlagen, dazu einige Kanonenkugeln[7], doch das waren noch Irrläufer im Rahmen der Kämpfe vor dem Halleschen Tor gewesen, wo die russische Artillerie die französischen Verteidiger unter Feuer genommen hatte, und Rochlitz nahm sie deshalb als unvermeidbare Folgen der Schlacht hin, nicht als Angriff auf die Leipziger. Am Mittag des 18. Oktober stellte auch er dann fest, dass die nun über die ganze Stadt gestreute Kanonade eine neue Qualität darstellte. Die nach elf Uhr in der Rochlitzschen Wohnung am westlichen Innenstadtrand begonnene Niederschrift seiner jüngsten Erlebnisse bricht mitten im Satz ab und wird erst um fünf Uhr fortgesetzt, als Rochlitz festhält: «Das war eine arge Unterbrechung! Vom Halleschen Tore her warf man – man sagt mir, nur acht – Granaten in die Stadt, und gleich eine der ersten flog in das Haus, wo ich wohne. Sie schlug durch den Schornstein, zersprang im dritten Stockwerk in der Küche (Sie erinnern sich, ich wohne im zweiten); die Stücke zertrümmerten, was sie erreichten, mehre flogen durch die Fenster und mit diesen in den Hof; Dampf und Pulvergeruch verbreitete sich durchs ganze Haus. Das Unerwartete, die ganz eigene und mir neue Art des Krachens, Schmetterns, Klirrens, das gewaltsam ausgestoßene Angstgeschrei meiner weiblichen Dienstboten, die laut kreischend und bewußtlos in das Zimmer stürzten, wo ich mit den Meinen versammelt war – dies lähmte auf einige Augenblicke uns alle im Schrecken; dann die Furcht vor Wiederholungen, vor Brand auf dem Boden ..., das zagende Weinen der Zusammenlaufenden –: es war das alles freilich nur ein Tropfen im Meer des allgemeinen Ungemachs; aber eben für uns war der Tropfen Gift, dessen Wirkungen wir schwerlich alsbald verwinden werden.»[8]

Zwar trugen die meisten Einwohner von diesen Angriffen nur einen Schrecken davon, doch einige Kanonenkugeln setzten Häuser in Brand, und die Gefahr eines sich ausbreitenden Feuers an diesem trockenen Tag sorgte für Unruhe. Der Student Schneider berichtete seiner Familie: «Nirgends wäre uns dann ein Ausweg geblieben, auf dem wir hätten Rettung suchen können. Auf der Straße drohte uns der furchtbarste Todt, oder doch schreckliche Verstümmlung und Verwundung des Körpers; in den Häußern selbst wären wir ein Raub der Flammen geworden; vor den Thoren stand der Feind und hielt versperrt. Das einzige, was uns übriggeblieben wäre, war, in die Keller sich zu verkriechen, und da stand uns bevor, noch unter der Asche und dem Schutt den Tod zu finden. Doch Gott sey Dank, der Himmel wollte uns nicht bis zur Verzweiflung bringen: Die Flammen wurden bald wieder gelöscht, und die Häuser der Stadt stehen alle noch unversehrt.»[9]

Die Erleichterung über die glimpflichen Folgen ist auch den Aufzeichnungen von Rochlitz anzumerken, der am Spätnachmittag das Resultat des Artillerieangriffs festhielt und nach dem existenziellen Schrecken, der ihn beim Granateinschlag im eigenen Haus erfasst hatte, schon wieder in bürgerliche Besitzängste verfallen war: «Soviel ich bis jetzt erfahren, haben nur einige der Granaten gezündet, nicht in meiner Nähe; das Feuer ist aber, ehe es um sich griff, gedämpft worden. Wenig Personen sind verwundet. Durch den Erker des Hauses meiner Frau in der Katharinenstraße hat eine sechspfündige Kanonenkugel geschlagen und ihn übel zugerichtet. Unmittelbar darüber stehet mein Anteil an der Winklerschen Gemäldesammlung aufgestellt; eben nahe an den Fenstern der große, herrliche Rembrandt und manches andere der schönsten Stücke.»[10] Am nächsten Tag hatte er dann doch konkretere Erzählungen über die Folgen des Beschusses gehört: «Eine mit Recht vorzüglich geachtete Familie ist gestern während der schrecklichen Kanonade versammelt – der Vater, die Mutter, die Kinder. Eines von diesen, ein etwa zweijähriges Mädchen, wird von der Mutter auf dem Schoße gehalten. Da fällt eine Granate ins Haus, ins Zimmer. Sie zerspringt, ein Stück reißt der Kleinen an der Mutterbrust ein Ärmchen ab. Die Mutter schreiet und jammert überlaut. ‹Gute Mutter›, sagt der kleine Engel, ‹weine nicht, es wächst mir ein andres; nicht wahr, Vater?› – Hat je ein Dichter so mit einem leisen Griff alle innersten Saiten der Menschenseele erbeben gemacht?» Später ergänzte Rochlitz diese Episode für die Buchpublikation: «Gott rief bald darauf den holden Engel dahin ab, wohin er gehörte.»[11]

Und nicht nur die Bürger wurden Opfer des Artilleriebeschusses, auch das Domizil des prominentesten Leipzigbesuchers während der Völkerschlacht blieb nicht verschont: Eine Kugel schlug in den ersten Stock des an der Ecke von Markt und Petersstraße gelegenen Schlafschen Hauses ein. Diese Wohnung war verbunden mit der Beletage des daneben liegenden Thomäschen Hauses, in der König Friedrich August samt Frau und Tochter residierte, und ein Teil seines Hofstaats war in dem getroffenen Eckhaus untergebracht. Auch wenn hier niemand verletzt wurde, zog es der Monarch danach doch vor, für den Rest des Tages ins Erdgeschoss hinabzusteigen, dessen Gewölbe mehr Sicherheit versprachen. «Ich selbst, der ich mich zufällig in diesem Hause befand», bemerkt Johann Carl Gross, «konnte nebst vielen andern Leipzigern die unerschütterliche Ruhe und Festigkeit beobachten, die ihn auch auf diesem traurigen Wege begleitete.»[12]

Die Einschläge auf offener Straße wirkten hingegen weitaus furchterregender als die Treffer in Dächer oder Fassaden, weil die Folgen der Granatsplitter im Freien von viel mehr Menschen gesehen wurden als in den Wohnungen. Rochlitz schildert die für einen im Freien stehenden Beobachter wahrnehmbare Wirkung eines Granattreffers im eigenen Haus auf geradezu pittoreske Weise: «Ein wunderlicher Zufall führte eben da, wo die Kugel eingeschlagen hatte, ein einzelnes dunkelgraues Wölkchen am reinen Himmel herauf, das ganz wie Dampf aussah, der aus dem Dache stieg.»[13] Diese Beschreibung zeigt die noch mangelnde Vertrautheit mit einer solchen Art der Kriegsführung. Dabei waren die Resultate der Kanonade noch gemildert durch deren Zeitpunkt: Weil der gezielte Beschuss der Stadt genau zur Mittagszeit einsetzte, hielten sich mehr Bewohner in ihren Wohnungen auf, als es zu anderen Tageszeiten der Fall gewesen wäre. Dort waren sie sicherer als auf offener Straße. Nach dem Ende der Völkerschlacht waren auch nur sechs zivile Opfer des Artilleriebeschusses der Stadt zu beklagen, obwohl Leipzig, wie man später entgegen den zurückhaltenden Zeugenaussagen amtlicherseits festgestellt hat, von insgesamt tausend Kanonenkugeln und Granaten getroffen wurde[14] – vor allem beim Sturm auf die Stadt am 19. Oktober. Angesichts der Tatsache, dass allein Napoleons Artilleristen im Laufe der viertägigen Kämpfe zweihunderttausend Schuss abgegeben haben sollen und es auf Seiten der mit mehr Geschützen und besserer Munitionsversorgung versehenen Alliierten nicht weniger gewesen sein dürften, war das allerdings nicht viel.

In den Straßen verstärkte der Artilleriebeschuss am Montag dennoch das Chaos des bereits in Richtung Lindenau abrückenden französischen Armeetrosses, der bewusst quer durch die Innenstadt geleitet wurde, um diesen ersten Schritt des allgemeinen Rückzugs vor den Alliierten noch zu verbergen. Der dichte Betrieb just in die Richtung, aus der die geringste Gefahr eines Angriffs drohte, zeigt, dass der französische Abzug schon in der Nacht auf Montag beschlossene Sache war und sofort vorbereitet wurde. Aber um Heeres- und Materialmassen einer Armee von fast zweihunderttausend Mann abzuziehen und vor allem zu decken, brauchte Napoleon Transportmittel. Alle vorhandenen Wagen wurden zum Abtransport benutzt, und das ohne Rücksicht darauf, wie die noch rings um Leipzig kämpfenden Truppen mit Lebensmitteln versorgt und die Verwundeten von den Schlachtfeldern geborgen werden konnten. Entsprechend groß war das Gerangel um die wenigen noch in der Stadt aufzubringenden Wagen. General Bertrand hatte einige Fuhrwerke auf dem Markt vor dem Thomäschen Hause bereitstellen lassen, um Brot auf das Schlachtfeld bringen zu können, und ließ sie vorsichtshalber von einigen Gerichtsdienern bewachen, doch als der Ratsherr Johann Carl Gross an diesem Tag über den Platz lief, riefen ihn die hilflosen Bediensteten zur Hilfe, «weil ein Paar französische Chirurgen sich der Wagen bemächtigen wollten, um Verwundete nach der Stadt zu schaffen. Aller Vorstellungen ungeachtet über den dringenden Gebrauch der Wagen zum Brodtransport befanden die Chirurgen auf deren Ueberlassung, wobei besonders Einer von ihnen immer wie rasend schrie: ‹les blessés passent avant le pain,› (die Verletzten kommen vor dem Brot) und da sie ein Piquet Husaren bei sich hatten, so war es ihnen leicht, die Wagen mit sich fortzuführen».[15]

Das allerdings wird so leicht doch nicht gewesen sein, denn in den Straßen Leipzigs war kaum mehr ein Durchkommen. Der Spitalarzt Becker beobachtete den Aufbruch aus der Stadt schon von halb elf an, «als sich die ungeheure Wagenburg mit einer großen Eskorte in Bewegung setzte und mit raschem Trabe auf der Straße nach Lützen vorwärts eilte. ... Employés, Blessierte, die gehen konnten, die Bureaus, alle eilten davon, und die, welche blieben, waren doch auf augenblickliche Abreise vorbereitet. Die Kanonade war heftig und ward es mit jedem Augenblicke noch mehr.»[16] Am frühen Abend, als dann sämtlichen Soldaten, die im Kampf entbehrlich waren, der Abzug aus Leipzig befohlen wurde, erreichte der Verkehr einen neuen Höhepunkt. Da rundum die Alliierten weiter vorgerückt waren und besonders im Norden unmittelbar vor den Mauern standen, blieb angesichts der Verstopfung der Innenstadt nur der Weg über die südliche Promenade auf die westliche Seite, um von dort die Chaussee nach Lindenau zu erreichen. Der Leipziger Theologiestudent Ferdinand Heinrich Grautoff beobachtete die entsprechenden Bemühungen: «Durch die Grimmaische Vorstadt und die Promenade, dem Peterstore vorbei, zog sich nun bald eine ununterbrochene Reihe von Bagage- und Munitionswagen, zwischen welche sich dann Kavallerie und Infanterie, doch mehrenteils in kleinen Abteilungen, mischte. In der Ranstädter Vorstadt, wo der Weg am engsten ist, ward schon jetzt das Gedränge unbeschreiblich groß; denn außer dem endlosen Zuge, der aus der Grimmaischen Vorstadt von der südlichen Seite der Stadt heranrückte, traf mit ihm hier ein anderer Truppenzug zusammen, der von der entgegengesetzten Seite, aus der Hallischen Vorstadt, demselben letzten Ausweg zuströmte.»[17]

Als der Beschuss am 18. Oktober begann, währten die Kämpfe vor der Stadt schon mehr als drei Stunden, und noch viel länger waren Napoleons Leute auf den Beinen, denn bereits frühmorgens um zwei hatte der Kaiser Befehl gegeben, die seit dem Samstagabend gehaltenen Stellungen zurückzuverlegen. Die französische Armee stand nun in einem engeren Ring um Leipzig; nur in Richtung Nordosten, entlang des linken Ufers der Parthe, erstreckten sich die französischen Positionen noch über fast zehn Kilometer bis hin nach Taucha. Die Truppenverlegungen in tiefster Nacht hatten drei Ziele: erstens einen raschen Rückzug zu ermöglichen, zweitens ein schnelles Nachrücken der Alliierten zu verhindern und drittens nach Tagesanbruch den Vorteil der Überraschung zu bieten. Solange die feindlichen Armeen nämlich nicht wussten, ob die alten Positionen der napoleonischen Truppen wirklich alle geräumt worden wären (Napoleon hatte deshalb vereinzelte Vorposten in den aufgegebenen Stellungen belassen), konnten sie nur verzögert den Kampf wiederaufnehmen und mussten vor allem ihr Artilleriefeuer ganz neu ausrichten. Zwar schossen die Alliierten von drei Uhr morgens an immer wieder Leuchtkugeln in die Luft, um trotz der Dunkelheit Beobachtungen machen zu können. Da die französische Seite dies aber zum Schein erwiderte, schöpften sie keinen Verdacht.[18] Eine solche Erkundung des Schlachtfeldes sprach ja dafür, dass auch Napoleons Armee zu bleiben gedachte.

Napoleon selbst war unmittelbar nach Abgabe seines Befehls zum Rückzug auf stadtnähere Stellungen aus seinem Nachtquartier in Stötteritz aufgebrochen, um sich einen Eindruck von der bevorstehenden neuen Situation seiner Armee zu machen. Noch stand die Wiederkehr des als Parlamentär am Vortag freigelassenen österreichischen Generals von Merveldt aus, der den drei verbündeten Monarchen ein Abzugsangebot Napoleons hatte überbringen sollen. Dass er entgegen seinem Ehrenwort nicht wieder beim Kaiser der Franzosen eingetroffen war, konnte nur bedeuten, dass man im alliierten Hauptquartier auf Schloss Rötha nicht auf diesen Vorschlag einzugehen bereit war und Merveldt hinhielt. Also inspizierte Napoleon abermals persönlich das Terrain, wo die kommenden Kämpfe zu erwarten waren – diesmal jedoch, um zu untersuchen, wie sich ein Abzug auch ohne die erhofften Sicherheitsgarantien der Gegner bewerkstelligen ließe. Die Völkerschlacht war so gut wie verloren. Nun ging es dem Feldherrn nur noch um die eigene Reputation. Einen ungeordneten, am Schluss panischen Rückzug wie den aus Moskau wollte der Kaiser um jeden Preis vermeiden; dafür würde er an diesem Montag der Völkerschlacht noch einmal Zehntausende Leben opfern.

Von Stötteritz nach Probstheida waren es für den in seiner Kutsche fahrenden Napoleon keine zehn Minuten. Kurz hinter dem Dorf trafen die Chausseen aus Grimma und Borna aufeinander, die beiden einzigen befestigten Transportwege aus dem Südosten, und so war hier der Hauptvorstoß der alliierten Truppen zu erwarten. Probstheida mit seinen rund vierzig Häusern lag wie ein Riegel auf dem Vormarschweg nach Leipzig, deshalb konzentrierte Napoleon seine Stellungen auf dieses Dorf. Schon am Vortag war er vom weiter südlich liegenden Meusdorf kommend durch Probstheida nach Stötteritz geritten, nun suchte sich der Kaiser hier einen Befehlsstand für die bevorstehende große Abwehrschlacht gegen die angreifende Böhmische Armee aus. Er fand ihn auf dem Gelände der Quandtschen Tabaksmühle, eine Viertelstunde hinter Probstheida auf Leipzig zu, am linken Rand der Chaussee nach Grimma. Von hier aus sollte die Schlacht im Süden kommandiert werden. Deshalb bezog in der Nacht auch bereits die alte Garde dort Stellung, Napoleons bewährter Truppenteil aus Elitesoldaten, samt dem größten Teil der berittenen jungen Garde, die der Kaiser nach dem Fiasko in Russland hatte neu aufbauen lassen.

Den zweiten Schwerpunkt der allliierten Angriffe erwartete Napoleon im Norden, wo Kronprinz Karl Johanns Armee endlich angerückt und von Blücher mit den Resten seiner Truppen verstärkt worden war. Gegen diese überlegenen Kräfte sollte Marschall Ney ins Feld ziehen, womit er die Chance bekam, die Scharte vom Samstag wieder auszuwetzen, als er mit seinen Soldaten auf dem Schlachtfeld rund um Leipzig herumgeirrt war, weil er nicht gewusst hatte, wo er dringender gebraucht wurde: im Norden oder Süden. Dadurch aber hatte Ney keinen einzigen Mann verloren –

was am Samstag als Schande gelten musste, würde an diesem Montag ein Vorteil sein. Napoleon ließ sich deshalb gegen drei Uhr morgens nach Reudnitz in jenes Haus fahren, in dem er am 14. Oktober sein erstes Leipziger Nachtquartier gefunden hatte. Mittlerweile war dort Ney untergekommen. Zwei Stunden lang besprachen Kaiser und Marschall miteinander die französischen Abwehrlinien an diesem zweiten Hauptkampfplatz. Wie im Süden lagen sie nunmehr auch dort weit näher zur Stadt als noch am Vortag. Die weit auseinandergezogenen Stellungen in nordöstlicher Richtung längs der Parthe nach Taucha hin wurden deshalb gehalten, um zu verhindern, dass sich die beiden alliierten Armeen im Norden mit der Hauptarmee im Süden vereinigten. Direkt nördlich von Leipzig dagegen, wo es das einzige größere Gefecht am zweiten Tag der Völkerschlacht gegeben hatte, waren die französischen Verteidiger bis aufs Vorwerk Pfaffendorf und die äußere Befestigung des Halle-

Napoleon auf seinem Befehlsstand an der Quandtschen Tabaksmühle zwischen Leipzig und Probstheida.

schen Tors hinter der Brücke über die Parthe zurückgedrängt worden; nun galt es, den kleinen Fluss als natürliches Hindernis zu nutzen, um einen Angriff der gegnerischen Truppen auf die Vorstadt zu verhindern. Zugleich mussten im Osten die Straßen nach Taucha und Wurzen abgeriegelt werden, die schnelle Aufmarschwege für die Alliierten aus dieser Richtung abgeben würden. Das alles sollte Neys Aufgabe sein, mit der Napoleon seinen Marschall nach der nächtlichen Besprechung zurückließ.

Die dritte Front, die man für diesen Montag erwarten durfte, lag im Westen von Leipzig, und ihr alles entscheidender Punkt war Lindenau, von wo die für einen möglichen Abzug unerlässlichen Chausseen nach Merseburg und Weißenfels abgingen. Um den Kaiser an diesen neuralgischen Ort zu bringen, wählte Napoleons Kutscher unter Führung des Leipziger Postillions Gabler den Weg auf dem Promenadenring um die Innenstadt herum. Ein Ritt mitten durch die Stadt hätte selbst am frühen Morgen ungebührliches Aufsehen erregt. Rings um Leipzig herrschte aber auch bereits Hochbetrieb: «Die ganze Nacht hindurch zogen Geschütz, Wagen und Regimenter vor unsern Fenstern an der Promenade vorüber, und zwar nach der Gegend des Ranstädter Tores hin. Da ließ sich's freilich nicht schlafen», beklagte sich Friedrich Rochlitz am Montagmorgen in seinen Aufzeichnungen.[19]

Um sieben Uhr morgens kam Napoleon in Lindenau an, ließ den dort kommandierenden General Bertrand mit seinem Korps vorsorglich in Richtung Weißenfels abmarschieren, um die Rückzugsstrecke zu sichern, und besetzte die Verteidigungsstellungen westlich von Leipzig mit zehntausend Gardesoldaten unter dem Befehl von Marschall Mortier. Wenig später wurde der offizielle Befehl zum Abtransport aller Begleiter der Grande Armée, der transportfähigen Verwundeten und sämtlicher Versorgungsgüter des Heers erteilt; aus allen Stellungen wurden die dafür nötigen Wagen nach Leipzig beordert, was innerhalb der Stadt zu dem schon beschriebenen vormittäglichen Verkehrschaos führte, das den ganzen Tag über anhielt. Dann fuhr der Kaiser wieder zurück nach Stötteritz, um den Beginn der Kämpfe im Süden abzuwarten.

Den Allliierten konnten nach Tagesanbruch all diese Bewegungen nicht mehr verborgen bleiben, zumal sie vom südlich gelegenen Dorf Kleinzschocher aus, das seit Samstag in österreichischer Hand war, die Straße nach Weißenfels im Blick hatten. Als ein Teil der Soldaten Bertrands von Lindenau aus Kleinzschocher angriff und ohne nennenswerte Gegenwehr besetzte, unternahm der österreichische General Gyulai keinen Gegenangriff, um diese so nützliche Anhöhe zurückzuerobern, obwohl er ausreichend Verstärkung an der Hand gehabt hätte. Dieses Verhalten ist auffällig und hat zu Spekulationen Anlass gegeben, dass die durch General von Merveldt am Vortag überbrachten Abzugsangebote Napoleons von den Alliierten doch angenommen worden seien; selbst in der eingeschlossenen Stadt Leipzig liefen solche Gerüchte am Montag um.[20] Es spricht in der Tat alles dafür, dass zumindest die Österreicher den Abzug begünstigt haben – sie mussten durch ihren Heerführer Merveldt ja von Napoleons Absicht erfahren haben. Offenbar wurde diese Information aber nicht an die Verbündeten weitergegeben. Das ermöglichte es, den endgültigen Triumph über den Gegner noch hinauszuschieben. Nur so ist zu erklären, dass es weder auf alliierter noch auf französischer Seite in den Dokumenten zur Völkerschlacht oder den Erinnerungen der Beteiligten einen konkreten Hinweis auf eine Verständigung gibt. Dass ein verdienter Offizier wie Maximilian von Merveldt, der als Gefangener mit Napoleon selbst gesprochen hatte, auf der eigenen Seite nicht zumindest angehört worden wäre, nachdem er freigelassen worden war, ist schlichtweg unmöglich; dass man die von ihm im Auftrag des Kaisers der Franzosen unterbreiteten Vorschläge verschwiegen hat, dagegen durchaus. Der Vorteil der Verbündeten war am 18. Oktober offensichtlich, der Österreichs als eines einzelnen Akteurs aber konnte noch wachsen.

Plötzlich wirkt selbst eine scheinbare militärische Sinnlosigkeit durchdacht: Gyulai, der schon seine Truppen versammelt hatte, um Kleinzschocher wieder zurückzuerobern, musste auf Befehl des alliierten Oberkommandierenden Schwarzenberg nach Osten über Elster und Pleiße setzen und in die beinahe zehn Kilometer Luftlinie entfernte Ortschaft Cröbern abrücken. Das durfte man geradezu als Angebot an den Gegner verstehen, Leipzig über Lindenau ungefährdet zu verlassen, schließlich befand sich nun westlich des Auenwaldstreifens keine einzige alliierte Truppeneinheit mehr.[21] Bei diesem einladenden österreichischen Rückzug mag auch der Gedanke an die Schonung der Stadt eine Rolle gespielt haben, wie Schwarzenberg sieben Jahre später mit Blick auf einen möglichen Verbleib Napoleons in Leipzig erzählt haben soll («Übrigens kann sich Leipzig glücklich schätzen, daß es nicht dahin gekommen ist, denn die Stadt wäre wahrscheinlich darüber zu Grunde gegangen»[22]), mehr aber wohl noch das Wissen um den langen Abzugsweg, der der Grande Armée bevorstand, während dessen sie weiter geschwächt werden könnte – das hatte die russische Kriegsführung des Vorjahrs exemplarisch vorgemacht.

Vor allem aber bestand ein elementares Interesse Österreichs daran, die Kämpfe gegen die Franzosen nicht weiter auf sächsischem Gebiet auszutragen. Je länger Sachsen an der Seite Napoleons blieb, desto wahrscheinlicher war es, dass der preußische König seinen Willen durchsetzen würde, das Land nach dem Sieg als Ganzes zu annektieren. Die russische Unterstützung für diese Pläne hatte Friedrich Wilhelm III. bereits, denn Alexander I. wünschte die Bildung eines seinem Kaiserreich in Personalunion verbundenen Königreichs Polen, wofür er aber erwartete, auch jene Gebiete zu erhalten, die Preußen bei der letzten polnischen Teilung gewonnen hatte. Sein Freund und Verbündeter Friedrich Wilhelm sollte im Gegenzug ganz Sachsen erhalten. Das aber hätte für Österreich eine indiskutable Stärkung Preußens in Deutschland bedeutet. Wenn es nun jedoch gelänge, Sachsen auf die Seite der Alliierten zu ziehen, solange der Krieg noch lief, ließe sich der völlige Untergang des Landes vermeiden: Angesichts der nationalen Begeisterung, die sich im Verlauf des Jahre 1813 immer weiter gesteigert hatte, wäre Preußen in der deutschen öffentlichen Meinung als skrupelloser Profiteur erschienen, der den Freiheitskampf einer ganzen Nation allein für eigene Interessen genutzt hätte. Von Schwarzenberg ist eine Bemerkung vom 19. Oktober überliefert, die er seinem Adjutanten zugeflüstert hat, als er diesen losschickte, um den sächsischen König aufzufordern, sich zu ergeben, und damit seinem Land den Frontenwechsel zu ermöglichen: Es gelte, den Preußen zuvorzukommen, «denn Sie wissen, daß unsere Interessen komplizirt sind»[23]. Da es allein österreichische Truppen waren, die im Westen der Stadt standen, ist sowohl ein stilles Einvernehmen der Alliierten denkbar, Napoleon entkommen zu lassen, als auch eine einsame Entscheidung von Kaiser Franz I. und Schwarzenberg, der in einer mittäglichen Besprechung an diesem Montag erstmals offen darüber disputieren ließ, was man angesichts eines französischen Abzugs tun solle.[24] Er ließ diese Möglichkeiten jedoch nur als Hypothese durchspielen, obwohl der Rückzug ja längst im Gange war. Die Illusion eines Gegners, der wieder zum Angriff übergehen könnte, sollte erhalten bleiben. Damit verhinderte man manche Nachlässigkeit bei den eigenen Soldaten, aber auch jedes Bemühen um die Verlagerung des Hauptkampfgeschehens in den Westen von Leipzig, wo die Alliierten Napoleon noch hätten abfangen können. Die Schlacht tobte weiter, als hätte sich auf Seiten der Franzosen nichts geändert.

Den Befehl zu ihrem Wiederbeginn hatte Schwarzenberg an diesem Montag um sieben Uhr morgens gegeben, unmittelbar nach Tagesanbruch, als mit Alexander und Friedrich Wilhelm zwei der drei Monarchen an der Front angekommen waren, und zwar jene beiden, die er brauchte, um über die Gesamtheit der Truppen verfügen zu können; die österreichischen Soldaten unterstanden ja ohnehin seinem Befehl. Kaiser Franz bequemte sich deshalb erst im Laufe des Nachmittags an die Front.[25]

Es wurde ein freundlicher, im Vergleich mit Samstag und Sonntag auch warmer Tag, und die Morgensonne begünstigte den alliierten Vormarsch. Die ersten Kanonaden begannen gegen acht Uhr, und Napoleon brach daraufhin sein gerade begonnenes Frühstück im Stötteritzer Quartier ab und begab sich zum vorbereiteten Befehlsstand an der Quandtschen Tabaksmühle, inspizierte dort die von den Garden eingenommene Aufstellung und befehligte dann das eigene Artilleriefeuer gegen die heranrückenden Alliierten. Die Anstrengungen der Nacht waren indes so groß gewesen, dass der Kaiser mitten im vormittäglichen Gefecht eine Ruhepause einlegte, um zu schlafen. Der sächsische Major Friedrich von Dreßler und Scharfenstein, der als Offizier des königlichen Leibregiments am 18. Oktober mitsamt den französischen Garden in der Nähe Napoleons bereitstand, notierte in seinem Tagebuch: «Plötzlich legte sich Napoleon mit dem Rücken nach der Schlachtlinie auf die Erde nieder. Ein Page reichte ihm ein Lederkissen unter dem Kopf, nach welchem er sich mit dem Gesicht, beide Hände untergelegt, wandte. Eine geraume Zeit blieb er in dieser Lage, während mehrere Offiziere ihn zu sprechen wünschten.»[26] Dieses vom Schlachtenlärm ungerührte Verhalten hat Napoleon die Bewunderung seiner Begleiter eingebracht, aber es traute sich auch niemand aus seiner Entourage, den Schlummer des Oberbefehlshabers zu unterbrechen, für dessen Dauer sämtliche Nachrichten, die mittlerweile von überall her auf dem Schlachtfeld eintrafen, unbeantwortet blieben. Es brauchte die Autorität seines Schwagers Murat, der an diesem Tag wieder die vorderen französischen Linien im Süden befehligte und persönlich aus Probstheida zur Beratung an die eine Viertelstunde entfernte Tabaksmühle geeilt war, um Napoleon wecken zu lassen, auf dass die für einige Minuten führerlose französische Armee ihren Feldherrn zurückbekam.

Die alliierten Soldaten der Hauptarmee stießen zunächst gleichmäßig über die ganze Breite der südlichen Front in drei Abteilungen vor, von der Pleiße im Westen bis nach Seifertshain im Osten. Weil aber Gyulais Korps zurückgenommen worden war, war es nicht möglich, die östlich der Pleiße liegenden polnischen Truppen von Poniatowski von Norden her anzugreifen und dadurch in die Zange zu nehmen. Dabei wäre dies dringend geboten gewesen, denn gegen die von Süden her vorrückenden vierzigtausend Mann unter Erbprinz Friedrich Josef von Hessen-Homburg leisteten die lediglich fünfzehntausend Polen unerwartet heftigen Widerstand. Beim Kampf um das Dorf Dölitz wurde der Erbprinz schwer verwundet; statt seiner leitete von nun an der österreichische Feldzeugmeister Graf Colloredo den Vormarsch. Doch der blieb im unmittelbar hinter Dölitz gelegenen Lößnig endgültig stecken, nachdem französische Garden die polnischen Truppen Poniatowskis verstärkt hatten. Am späten Vormittag wartete Schwarzenberg, der im Zentrum der Schlacht bereits weit vorgestoßen war, ungeduldig darauf, dass Colloredos Truppen auch im Westen schnell vorankämen, um von dort aus in den Rücken der französischen Hauptstreitkräfte bei Probstheida zu gelangen. Deshalb schickte Schwarzenberg russische Garden und vor allem das mittlerweile in Cröbern angekommene Korps von Gyulai entlang der Pleiße nach Norden, um Colloredo zu unterstützen, und auch der preußische König Friedrich Wilhelm III., der sich im alliierten Befehlsstand nutzlos fühlte, brach dorthin auf.

Zwar gelang es den alliierten Angreifern, Lößnig einzunehmen, bevor diese Verstärkungen vor dem Dorf eintrafen, weiter jedoch kamen sie an diesem Tag nicht mehr: Die polnischen und französischen Soldaten hatten sich in einem Geländeabschnitt festgesetzt, dessen zahlreiche Teiche jedes Vordringen der Alliierten dort aussichtslos machten, solange die wenigen Wege, die durch das Feuchtgebiet führten, mit feindlichen Truppen besetzt waren. Damit war die erhoffte Zangenbewegung auf dem linken Flügel der Alliierten gescheitert, und im Zentrum des Kampfgeschehens konnten die Franzosen weiterhin all ihre Verteidigungskräfte gegen die von Süden her anrückende Hauptstreitmacht der Böhmischen Armee konzentrieren.

Eine ähnliche Strategie wie auf dem linken Flügel seiner Streitkräfte hatte Schwarzenberg auch für den rechten vorgesehen. Der bestand aus den noch frischen fünfzigtausend Männern der Polnischen Armee, die der russische General von Bennigsen tags zuvor aus Richtung Dresden herangeführt hatte. Sie trafen an diesem Montagmorgen zunächst auf den geringsten Widerstand, weil auf ihrem Angriffsabschnitt die französischen Linien am weitesten zurückgenommen worden waren: Vom am Samstag noch so umkämpften Kolmberg über Kleinpösna bis nach Baalsdorf waren fast alle Positionen geräumt, und erst in Holzhausen an der alten Landstraße nach Grimma hatte Marschall Macdonald mit seinem Korps Aufstellung genommen, um einen alliierten Vorstoß auf das westlich davon gelegene Stötteritz und damit auf Napoleons Befehlsstand aufzuhalten. Das gelang ihm auch zunächst, aber nur unter großen Verlusten. Bis zum frühen Nachmittag musste er sich immer weiter zurückziehen und die Dörfer Holzhausen, Zuckelhausen und Zweinaundorf aufgeben. In deren Schutz setzten sich dann preußische und österreichische Infanteristen der Armee von Bennigsen fest und schlossen damit einen Halbkreis um Stötteritz. Diesmal war Schwarzenbergs Strategie also aufgegangen, doch die Kämpfe um die Ortschaften hatten viel Zeit gekostet. Das hatte den Franzosen ermöglicht, ihre Artillerie neu auszurichten und die Positionen der Angreifer von Stötteritz aus unter Dauerfeuer zu nehmen. Von zwei Uhr nachmittags an konnte keine der beiden Seiten mehr Geländegewinne erzielen, die Schlacht war hier zum Stellungskrieg erstarrt, in dem die umkämpften Dörfer unter der wechselseitigen Kanonade in Flammen aufgingen.

Die verlustreichsten Kämpfe des Tages fanden allerdings um Probstheida statt. Auf dieses Dorf hatte sich der Hauptvorstoß der Böhmischen Armee gerichtet, nachdem sie genau wie schon am

Samstag Wachau und Liebertwolkwitz angegriffen hatte. Und genau wie schon am Samstag gelang es Napoleon, der hier den ganzen Montag über persönlich befehligte, auch diesmal, den Angriff zurückzuschlagen und diese exponierteste Stellung seiner Streitmacht im Süden von Leipzig zu halten. Fünfundfünfzigtausend alliierte Soldaten unter dem russischen Oberkommandierenden Michail Barclay de Tolly hatten sich am frühen Morgen von Güldengossa aus in Marsch gesetzt und die französische Kavallerie, die Napoleon als einzige Besatzung in den zuvor so hart verteidigten Ortschaften Wachau und Liebertwolkwitz belassen hatte, binnen kurzer Zeit durch Artilleriebeschuss vertrieben. Der schrittweise Rückzug in konzentriertere Stellungen entsprach zwar dem Schlachtplan der Franzosen, ihre Strategie schien nun aber ausgerechnet im Zentrum des Geschehens zu scheitern, als Probstheida, in dessen vierzig Häusern achttausend napoleonische Soldaten auf ihren Einsatz warteten, um zwei Uhr nachmittags durch das preußische Armeekorps des Generalleutnants Kleist und russische Einheiten unter Sayn-Wittgenstein erstürmt wurde. Dieser Angriff auf die Hauptverteidigungslinie der Franzosen hatte lange auf sich warten lassen, Wachau und Liebertwolkwitz waren ja schon Stunden vorher an die Alliierten gefallen – doch Schwarzenberg wollte Napoleons Stellung bei Stötteritz von drei Seiten aus angreifen und hatte die alliierten Kräfte daher absichtlich zunächst auf die Flügel konzentriert. In Erwartung dieses strategischen Kunststücks waren die Monarchen von Russland und Preußen den in der Mitte vorrückenden Truppen am Morgen bis nach Wachau gefolgt und hatten schließlich hinter dieser Ortschaft auf einem durch Sayn-Wittgensteins Truppen eroberten Hügel bei der Ziegelei von Meusdorf ihren Beobachtungsstand einrichten lassen – just dort also, wo Napoleon in der Nacht zum Vortag sein Biwak aufgeschlagen hatte. Von hier aus hatten Alexander und Friedrich Wilhelm freien Blick auf das Schlachtfeld um Probstheida, und Schwarzenberg nahm somit ebenfalls hier seinen Befehlsstand.

Der Angriff auf Probstheida war denn auch vor allem der Ungeduld des Zaren geschuldet, der sich an diesem Tag erstmals entscheidend in das Schlachtgeschehen einmischte, als er seinem General Barclay de Tolly um zwei Uhr befahl, das von den Franzosen verbissen verteidigte Dorf endlich zu erobern. Obwohl die dortigen Verteidiger die Steinhäuser vorher zusätzlich befestigt hatten und nun aus dem Schutz der aus Lehm errichteten Gartenmauern heraus in Linie auf die angreifenden Gegner schießen konnten, wurden sie von der auf Befehl des Zaren heranstürmenden preußischen und russischen Infanterie aus der Ortsmitte vertrieben. Damit schien die wichtigste Bastion auf dem Weg zu Napoleons Befehlsstand schon gefallen, doch links und rechts des Dorfs standen weitere zwölftausend Franzosen im Kampf, und von der Quandtschen Tabaksmühle her schickte der Kaiser der Franzosen Verstärkung durch seine Garden. In Probstheida selbst entwickelte sich daraufhin ein Häuserkampf, während vor dem Dorf Reitergefechte ausgetragen wurden, ehe sich die Russen und Preußen angesichts der französischen Übermacht nach zwei Stunden wieder zurückzogen und das Dorf fortan mit Artillerie beschossen. Weiter östlich hatten Bennigsens Soldaten derweil das Dorf Zuckelhausen erobert, und so versuchten die Verbündeten, von dort aus einen neuen Angriff auf Probstheida zu starten, um den in Richtung Süden ausgerichteten feindlichen Kanonen zu entgehen. Doch auch das schlug fehl, weil sich die französische Artillerie als äußerst beweglich erwies.

Die Alliierten setzten den Beschuss von Probstheida bis zum Abend unvermindert fort, als das Dorf weitgehend in Trümmern lag und Schwarzenberg die Nachricht erhielt, dass die Truppen des Kronprinzen von Schweden im Norden von Leipzig die Ortschaft Schönefeld an der Parthe erobert hatten. Damit war das eingetroffen, was Napoleon um jeden Preis hatte verhindern wollen und deshalb die ganze Völkerschlacht führte: die Vereinigung der beiden gegnerischen Streitmächte, der Haupt- und der Nordarmee. Die

Alliierten hingegen besaßen mit dem dicht vor der Stadt gelegenen Schönefeld endlich eine Schlüsselstellung für den Angriff auf Leipzig und stellten daraufhin alle Kämpfe auf dem südlichen Schlachtfeld ein. Bei der anstehenden Erstürmung der Stadt am folgenden Tag würde der Schwerpunkt nun auf dem Kampfplatz im Norden liegen.

Napoleon, der sich später rühmen sollte, bei Leipzig zwei Schlachten siegreich geschlagen zu haben – die bei Wachau am Samstag und die von Probstheida am Montag –, wusste beim Eintreffen der Meldung vom Fall Schönefelds, dass keine Aussicht mehr bestand, den nun vereinigten alliierten Armeen erfolgreich Widerstand zu leisten. Zwar hatte er noch am Nachmittag zwei Divisionen der jungen Garde aus Stötteritz zur Verstärkung nach Schönefeld geschickt, doch Marschall Marmont, der dort die französischen Truppen kommandierte, konnte sich der Übermacht aus Schweden, Preußen und Russen trotzdem nicht erwehren. Sein Armeekorps war am Samstag in den Kämpfen bei Möckern stark dezimiert worden, und den ihm noch verbliebenen fünfzehntausend Männern, die zur Verteidigung Schönefelds versammelt waren, standen am Nachmittag schließlich nicht nur die immer noch zahlenmäßig deutlich überlegenen Reste der Schlesischen Armee Blüchers, sondern auch noch die vollständige Nordarmee mit ihren fast siebzigtausend Mann gegenüber. Die Truppen von Marschall Ney waren derweil von Osten aus Mölkau und Paunsdorf in Richtung Schönefeld zurückgedrängt worden und hatten dort ebenfalls ihre letzte Zuflucht gefunden, waren aber vollauf damit beschäftigt, ihre Verfolger aufzuhalten. Die weiteren am Montag im Norden und Osten von Leipzig agierenden französischen Truppen konnten Marmonts verzweifelt kämpfenden Soldaten nicht mehr zu Hilfe eilen. Die zwei Reiterkorps mit zusammen fünftausend Soldaten, die das Hallesche Tor und damit Leipzig selbst vor einem Angriff von Norden her schützen sollten, wurden durch das fast doppelt so starke und ständig attackierende russische Korps des Infanteriegenerals Baron Osten-Sacken bedrängt, einem weiteren Teil der Schlesischen Armee. Und der französische General Reynier, der mit nicht mehr als zehntausend Soldaten vor Mölkau stand, hatte seit dem Vormittag genug damit zu tun, sich des aus Südosten anrückenden rechten Flügels von Bennigsens Armee und der im Nordosten am weitesten vorgestoßenen Teile der Nordarmee zu erwehren.

In Schönefeld glaubten sich die Franzosen zunächst gut geschützt, weil das Dorf strategische Vorteile bot. Im Norden, zur nahen Parthe hin, war das Terrain unwegsam, und in Richtung Süden lagen Anhöhen, von denen man etwaige Angreifer beschießen konnte. Am Vormittag hatte Marmont allerdings bereits das flussaufwärts gelegene Nachbardorf Abtnaundorf räumen müssen, weil der Beschuss vom jenseitigen Partheufer durch die angerückten Batterien des Korps Langeron zu heftig geworden war. Zwischen diesen beiden Truppeneinheiten entwickelte sich ein Artilleriegefecht, das bis zum Nachmittag andauern sollte, und in dessen Zentrum lag Schönefeld, auf das Langeron insgesamt vier große Sturmangriffe führen ließ. Die dortige Mühle und Teile des Rittergutes gingen schon früh in Flammen auf, gegen drei Uhr stürzte der brennende Kirchturm ein, und am Abend, als die Alliierten auch hier eingezogen waren, stand nur noch die Dorfschule, die zwei Tage später auch in Schutt und Asche lag, als einer der dort nach der Völkerschlacht einquartierten russischen Soldaten unvorsichtigerweise ein Feuer im Inneren entzündete.[27] Keine andere Ortschaft außer Probstheida wurde im Verlauf der Kämpfe so schwer zerstört wie Schönefeld.

Die Einnahme dieses Dorfes war zwar das wichtigste Ergebnis des Montags, aber es ist als solches nicht in Erinnerung geblieben. Festgesetzt dagegen haben sich zwei Schlachtereignisse, die diese Eroberung vorbereitet haben: der Vormarsch der Nordarmee und der Seitenwechsel der sächsischen Truppen. Beides fand im Norden und Osten von Leipzig statt, wo die umfangreichen Kampfhandlungen an diesem 18. Oktober deutlich später als im Süden entbrannt waren, denn erst um die Mittagszeit war die gesamte alliierte Streitmacht auf dem Schlachtfeld angekommen. Und das war sogar noch vergleichsweise früh, weil der schwedische Kronprinz Karl Johann normalerweise bis gegen elf Uhr zu schlafen pflegte.[28] An diesem Montag hatte er sich jedoch schon vor Tagesanbruch erhoben, um die von ihm kommandierten Truppen von Breitenfeld aus in einem weiten Bogen nördlich um Leipzig herum bis zur nordwestlich von Taucha gelegenen Parthe-Schleife zu führen, die er bei der Ortschaft Plaußig überschreiten wollte, rund acht Kilometer nordöstlich der Messestadt. Der Pfarrer des Dorfes berichtet, dass Karl Johann bereits um sechs Uhr früh mit seinen Einheiten dort anlangte und die Bevölkerung aufforderte, sich in Sicherheit zu bringen, weil er hier den Fluss überqueren werde und deshalb mit heftigem Artilleriefeuer von den am anderen Ufer stationierten französischen Truppen rechne.[29]

Blücher, der zwischen Wiederitzsch und Eutritzsch, also viel näher zur Parthe, übernachtet hatte, war derweil mit dem russischen Korps von General Langeron aufgebrochen, um auf eigene Faust ans andere Ufer des Flüsschens zu gelangen. Die am Samstag so schwer dezimierte preußische Truppe von Yorck hielt er zunächst in Reserve und schickte sie später in Richtung Halle, um einen Abmarsch der Franzosen auf diese Stadt, wo preußische Lazarette lagen, zu verhindern. Damit bewies Blücher auch an diesem Montag wieder seinen Dickschädel, schließlich hatte er Langerons Einheiten am Vortag an den schwedischen Kronprinzen abtreten müssen und durfte somit gar nicht mehr über sie verfügen. Karl Johann hatte eigentlich vorgehabt, einen Flügelwechsel durchzuführen: Langerons Korps, das weiter westlich auf Leipzig zu stand, sollte mit dem schwedischen Armeeteil den Platz tauschen, damit der Kronprinz den ehrenvolleren direkten Angriff auf die Stadt persönlich würde anführen können. Aber Blücher ignorierte den Befehl Karl Johanns und zog mit Langerons Korps direkt zur Parthe, ließ eine französische Artilleriestellung, die im Dorf Neutzsch auf dem südlichen Ufer stand, beschießen und schickte die Soldaten dann durch das nach den vorherigen Regentagen immer noch tiefe Wasser über den Fluss.

Damit stieß er genau in der Mitte der französischen Verteidigungslinie zu, die sich rund zehn Kilometer entlang dieses Flüsschens bis nach Taucha zog. Dort, ganz am Ende dieser Linie, standen vor allem sächsische und württembergische Soldaten, während Marschall Marmont die französischen Truppenteile in der Nähe seines Befehlsstands belassen hatte. Angesichts des Übergangs der Alliierten über die Parthe zog er seine Einheiten nun in Schönefeld zusammen, der letzten Ortschaft vor Leipzig. Deshalb hatten sich die russischen Soldaten, als sie auf dem anderen Ufer des Flusses ankamen, zunächst nur einzelner Gewehrschüsse von gegnerischen Plänklern zu erwehren und konnten rasch bis nach Paunsdorf vorstoßen, wo Reynier als Kommandeur der zweiten französischen Heeresmacht im Nordosten von Leipzig sein Hauptquartier hatte und sich bereits gegen den von Süden angreifenden rechten Flügel der Armee von Bennigsen verteidigen musste.

Bei ihrem Vormarsch besetzten Langerons Truppen auch die Chaussee von Leipzig nach Taucha und isolierten damit ein von Reynier in der Nähe des Vorwerks Heiterer Blick stationiertes sächsisches Reiterbataillon. Gegen zehn Uhr wechselte es die Seiten, aber dabei handelte es sich noch um ein sehr kleines Kontingent der sächsischen Truppen. Zahlenmäßig bedeutender war der etwas später stattfindende Übergang einer württembergischen Reiterbrigade zum Feind. Sie sollte Taucha verteidigen und wurde vom Generalmajor Karl Graf von Normann-Ehrenfels angeführt, der die Stadt mit seinen Fahrzeugen hatte verrammeln lassen. Doch als dort die Nachricht vom Seitenwechsel des sächsischen Kavallerietrupps bekannt wurde, entschloss sich Normann angesichts der alliierten Übermacht rund um seine Stellung zum gleichen Schritt.[30] Dadurch war der strategisch wichtige Posten Taucha gefallen, und die alliierten Truppen schleusten die zu ihnen übergegangenen Soldaten hier durch, damit sie sich hinter der Front neu aufstellen konnten. Hermann von Boyen, Adjutant im preußischen Korps der Nordarmee, erinnerte sich später: «Als wir durch Taucha durchgingen, kam uns bereits ein Teil der sächsischen Korps entgegen und schloß sich uns sogleich zum Kampfe gegen den Feind Deutschlands an.»[31] Nachdem sich schon beim Vormarsch von Langerons Soldaten auf Paunsdorf am früheren Vormittag zwei sächsische Kavallerieregimenter und ein Bataillon kampflos ergeben hatten[32], setzte der Seitenwechsel der Verteidiger Tauchas endgültig eine Kettenreaktion in Gang. Der preußische Batterieführer Mente hatte dieses Ereignis im Gedächtnis, als er fünfzig Jahre später in der patriotischen Zeitschrift «Die Grenzboten» einen angeblichen Fehler der Geschichtsschreibung korrigieren wollte: «Mehrere Schriftsteller behaupten irrthümlich, daß der Übergang der Sachsen zu den Alliierten ... den 18. October, Nachmittag 3 Uhr, stattgefunden habe. Man möge mir als Augenzeugen dieser Begebenheit vertrauen, wenn ich hier behaupte, diese Truppen noch vor 12 Uhr des Mittags nördlich Taucha bereits auf unsrer Seite gesehen zu haben. Sie waren noch vollständig bewaffnet und hatten ihre Tschakos mit grünen Reisern geschmückt.»[33] Es handelte sich aber auch dabei noch nicht um den berühmt gewordenen Seitenwechsel des Großteils der sächsischen Truppen bei Paunsdorf, sondern lediglich um den einer weiteren kleinen Abteilung Sachsen, des Bataillons von Sahr, das bei Seegeritz zu den Alliierten stieß, nachdem es zuvor eine einzelne napoleonische Stellung auf einer Anhöhe bei Portitz an der Parthe besetzt gehalten hatte. Dadurch, dass diese Artilleriestellung nun aufgelöst war, wurde dort der Weg für den schwedischen Kronprinzen frei, der bis dahin mit seinen Soldaten in Plaußig gewartet hatte.

Sachsen und Württemberger gaben also gleich mehrere Positionen auf und ließen den Widerstand gegen den Vormarsch der Alliierten am äußeren Ende der französischen Verteidigungslinie längs der Parthe vollkommen zusammenbrechen. All diese Desertionen waren wichtige Vorläufer des spektakulären Ereignisses vom Nachmittag, als bei den Kämpfen rund um Paunsdorf ein Großteil der dort agierenden sächsischen Soldaten die Seite wechseln sollte. Ihr Verhalten zeigte endgültig, dass Napoleon auf seine deutschen und besonders die sächsischen Truppen nicht mehr bauen konnte.

Paunsdorf hatte spätestens seit der Mittagszeit im Fokus der alliierten Streitkräfte gelegen. Am späten Vormittag waren unter dem Befehl von Graf Bülow fünfundzwanzigtausend Preußen und eine russische Kavallerieeinheit bei Taucha über die Parthe gegangen, weiter flussabwärts folgten die Truppen, die von Langeron und Karl Johann angeführt wurden. Alle diese drei Heeresgruppen machten sich sofort in Richtung Paunsdorf auf, um dort den Ring der alliierten Streitmacht zu schließen; die russische Reiterei nahm dabei das an der Chaussee nach Taucha liegende Vorwerk Heiterer Blick ein, den letzten bedeutenden Posten vor Paunsdorf, der von den verbliebenen französischen Verteidigern vor deren Rückzug noch in Brand gesteckt wurde.[34] Es kam aber bei dem alliierten Vormarsch aus verschiedenen Richtungen zu grotesken Szenen, weil es zwischen den Kommandeuren keine Koordination gab und sie sich mit ihren Einheiten deshalb gegenseitig in die Quere kamen. Mente schildert, wie seine 16. Batterie beim Marsch von Taucha nach Paunsdorf von Süden her durch Fehlschüsse der Artillerie von Bennigsen bedroht und von Norden her durch eine den Weg kreuzende Kolonne des Langeronschen Korps behindert wurde: «Da uns der Feind bei Paunsdorf gegenüberstand, die erwähnten Kugeln aber von links her kamen, so war es sicher, dass es Grüße von befreundeter Seite waren, welche ihre Adresse verfehlt hatten, ein Fall, welcher infolge der kreisförmigen Angriffstellung der alliierten Armeen, die nunmehr bei Paunsdorf in einen Spitzbogen übergegangen war, sehr leicht eintreten konnte. Unter dem

Einschlagen mehrer solcher Kanonenkugeln, deren eine durch den Luftdruck einen Offizier der Batterie vom Pferde warf, erreichte die Batterie einen Fußweg, welcher von Norden nach Süden unsere Marschrichtung durchschnitt. Auf diesem Feldwege defilierte jedoch eine starke Colonne russischer Infanterie vom langeronschen Korps, welches den Parthefluß bei dem Dorfe Mockau überschritten hatte und nunmehr südwärts vorschritt. Durch diese Truppen wurde der Weitermarsch der Batterie Nr. 16 plötzlich gehemmt. Da die Bitten des Batteriecommandeurs, seine Batterie den Weg in rascher Gangart überschreiten zu lassen, fruchtlos blieben, so mußten wir das Vorüberziehen der Russen in Geduld abwarten, was um so unangenehmer war, als die einschlagenden ‹befreundeten› Kugeln immer häufiger wurden. Eine von ihnen bereitete unter anderen auch einem der vorüberziehenden Baschkiren das Ziel seiner irdischen Laufbahn. Dieses Ereigniß verschaffte uns das kurzweilige Schauspiel, die Beerdigung dieses halbasiatischen Waffenbruders nach muhamedanischen, vielleicht auch nach heidnischem Ritus mit anzusehen.»[35]

Noch viel ärger allerdings war die Lage der französischen Verteidiger Paunsdorfs. Ohne weiteren Schutz und nunmehr aus zwei Richtungen von einer vielfachen Übermacht angegriffen, räumten sie am Mittag die Ortschaft, die Bennigsens Truppen seit zehn Uhr pausenlos beschossen hatten und die jetzt von Preußen, Russen und vor allem Österreichern gestürmt wurde. Reynier brachte seine Artillerie hinter dem Dorf neu in Stellung, und diese Linie vor den Ortschaften Sellerhausen und Stünz hielten die Franzosen fortan gegen die immer wieder angreifende russische Kavallerie. Zugleich aber drängten die vorrückenden Truppen des schwedischen Kronprinzen die letzten im Norden noch kämpfenden französischen Einheiten auf Paunsdorf zurück – und damit in den Rücken der dort inzwischen aus anderen Richtungen angelangten alliierten Truppen. So kam es, dass rund um das Dorf beide Seiten abwechselnd zwischen zwei Fronten zu kommen drohten, je nach-

Das während der Kämpfe zerstörte Paunsdorf von Norden gesehen, gestochen von Johann Jakob Wagner 1814.

dem, wer gerade die Oberhand in Paunsdorf innehatte. Dieses ständig wechselnde Geschehen in der Schlacht um das Dorf währte bis drei Uhr, als die Franzosen eine neue Attacke starteten und erst durch den Einsatz der englischen Raketen aufgehalten werden konnten.

An vorderer Front stand auf napoleonischer Seite in diesem Augenblick ein sächsisches Korps unter dem Kommando des Oberbefehlshabers Heinrich Wilhelm von Zeschau. Er hatte am Vortag von Eilenburg kommend seine rund viertausend Soldaten, neunzehn Kanonen und sechshundertfünfzig Pferde in die französischen Linien östlich von Leipzig eingegliedert und dabei eine Ansprache vor dem sächsischen Kontingent gehalten, in der er seine Soldaten zur Bündnistreue gegenüber Napoleon ermahnte, das Ziel des Kampfes dabei aber so formulierte: «Wir werden in diesen Tagen im eigentlichen Sinne für unseren König fechten; er ist in

Leipzig. Jeder treue Sachse hat also Ursache, alle seine Kräfte doppelt anzustrengen, um seine Pflicht zu erfüllen.»[36] Dass Zeschau den sächsischen König in den Mittelpunkt seiner Ansprache rückte, den Kaiser der Franzosen aber kaum erwähnte, war der defätistischen Stimmung in seiner Truppe geschuldet. Zudem wusste er, dass sich einzelne sächsische Offiziere bereits während des Anmarsches auf Leipzig auf einen Übertritt zu den Alliierten verständigt hatten.

Das war die konsequente Folge des ambivalenten Verhältnisses zwischen der Armee Sachsens und ihres französischen Bündnispartners während des ganzen Jahres 1813. Vom Russlandfeldzug Napoleons war nur ein kleiner Teil des sächsischen Kontingents zurückgekehrt. Die meisten Überlebenden sammelten sich in Dresden und mussten dort zusehen, wie die Franzosen am 19. März die Elbbrücke sprengten. Die Zerstörung dieses Symbols des sächsischen Nationalstolzes provozierte den Widerstand der einheimischen Truppen, die Friedrich August daher vorsichtshalber in die Festung Torgau beorderte, die der Generalleutnant Johann Adolf Freiherr von Thielmann kommandierte. Der allerdings erwies sich als ebenso aufsässig, denn als die alliierten Truppen in Dresden einzogen und die französische Besatzung einen neuen Stützpunkt suchte, verweigerte Thielmann ihr wochenlang die Öffnung seiner Festung. Nachdem der König Thielmann im Mai verbindlich befohlen hatte, diese Obstruktionspolitik aufzugeben, nahm der Festungskommandeur seinen Abschied und trat in den Dienst des russischen Zaren. Dieser Seitenwechsel des bei der Truppe hochgeschätzten Generalleutnants sorgte für massive Unruhe, namentlich im Offizierskorps.

Die Lücken im von Napoleon auf eine Sollstärke von zwanzigtausend Soldaten festgeschriebenen sächsischen Heer durch Neurekrutierungen zu schließen, erwies sich unter diesen Bedingungen als kaum möglich. Schon vor Abschluss des sommerlichen Waffenstillstands müssen etliche Sachsen desertiert sein, denn am 15. Juni befahl König Friedrich August in einer Bekanntmachung allen in fremden Heeren stehenden Untertanen die Rückkehr; explizit erwähnt wurden dabei Soldaten im Dienste des feindlichen Preußens.[37] Mitte August standen zwar immerhin achtzehntausend Mann unter Waffen; als die Kämpfe wieder ausbrachen, wurden sie aber als Teil der sogenannten Berliner Armee unter dem französischen General Oudinot auf den Marsch gegen die preußische Hauptstadt geschickt und bei Großbeeren und Dennewitz zweimal geschlagen. Dabei liefen wieder zahlreiche sächsische Soldaten zu den Alliierten über. Die viertausend Sachsen, die am 17. Oktober mit Reyniers VII. französischem Armeekorps als letzte Reserve Napoleons bei Leipzig eintrafen, waren somit der klägliche Rest der Truppen Friedrich Augusts; auffällig viele Soldaten hatten sich noch Ende September, Anfang Oktober krankgemeldet.[38] Wenige Wochen zuvor hatten die Alliierten außerdem die Sächsische Legion gegründet, zu der sich kriegsgefangene oder desertierte Sachsen melden konnten, die gegen Napoleon kämpfen wollten, sodass schon vor der Völkerschlacht unter den Soldaten der Gedanke präsent war, sich auf die andere Seite zu schlagen.

Die ersten Seitenwechsel am Montagvormittag der Völkerschlacht hatten das bestätigt und die Unruhe bei den noch loyalen sächsischen Heerführern verstärkt. Generalmajor Xaver Gustav Reinhold von Ryssel und Oberst Friedrich August Wilhelm von Brause, die jeweils eine Brigade befehligten, baten ihren Divisionskommandeur von Zeschau, angesichts der drohenden Gefahr einer allgemeinen Desertion den sächsischen König zu ersuchen, das Bündnis mit den Franzosen zu lösen. Doch Friedrich August ging darauf nicht ein, sondern wies die Truppen in seiner schriftlichen Antwort, die um zwei Uhr mittags eintraf, auf die notwendige «Erfüllung ihrer Pflichten» hin. Während sich Zeschau dem Machtwort beugte, erklärte der frustrierte Ryssel, dass die Pflicht gegen das Vaterland die Grenze für die Pflicht gegen den Souverän ziehe, und ergriff die nächstmögliche Gelegenheit, mit seiner Brigade zu den Alliierten überzulaufen.[39] Die Franzosen missverstanden seine Absetzbewegung im ersten Augenblick als couragierten Vorstoß ihrer sächsischen Verbündeten und feuerten die von Ryssel angeführten Soldaten sogar noch mit «Vive l'empereur»-Rufen an. Nur Zeschau, der sofort verstand, was sich dort abspielte, forderte seine Truppen auf zurückzukehren, doch nur ein kleinerer Teil von etwa sechshundert Mann folgte diesem Befehl. Dreitausend sächsische Soldaten gingen auf einen Schlag zum Feind über, wobei es zweifelhaft ist, ob die Truppe beim Vorrücken überhaupt wusste, was ihre Offiziere im Sinn hatten – sie folgte einfach den Befehlen. Die desertierenden Artilleristen führten sämtliche neunzehn sächsischen Geschütze mit sich, die auch sofort in die Batteriereihen der Alliierten integriert wurden, derweil die fahnenflüchtigen sächsischen Infanteristen nach einem Treffen ihres Befehlshabers von Ryssel mit dem russischen General von Bennigsen zum Biwakieren nach Engelsdorf hinter die Front geschickt wurden. Sie griffen nicht mehr in die Völkerschlacht ein, hatten aber den Alliierten bewiesen, dass Sachsens Bruch mit Napoleon unmittelbar bevorstand, wenn nur König Friedrich August nicht wäre.

Das war der große Übergang der sächsischen Truppen zu den Alliierten, der in den Folgejahren ganz unterschiedliche Gewichtungen erhielt. In der preußischen Geschichtsschreibung blieb die Episode weitgehend unbeachtet, weil man den Sieg nicht durch Untreue der Sachsen begünstigt sehen wollte; die französische Seite dagegen sprach ihr größte Bedeutung zu, weil so die eigene Niederlage durch Verrat erklärbar wurde. Im Heeresbericht Napoleons steht vermerkt: «Um 3 Uhr nachmittags war auf der Seite gegen die Armee von Schlesien, so wie auf der Seite, wo sich der Kaiser befand, der Sieg unser, allein in diesen Augenblicken ging die sächsische Armee, so wie die württembergische Cavallerie, zu dem Feinde über. Durch diese Verrätherei entstanden nicht nur Lücken in unsern Linien, sondern der Feind kam auch in Besitz der wichtigsten

Zugänge. Er war nunmehr nur noch eine halbe Stunde von Leipzig entfernt.»[40] Marschall Macdonald, der den linken Flügel der im Süden der Stadt agierenden französischen Hauptarmee befehligte, wollte mit dem Fernrohr beobachtet haben, was sich vor Stünz tat, und schilderte die desertierenden Verbündeten in seinen Memoiren so: «Da trat ein Ereignis ein, das mich fast erstarren ließ. Ich sah die Sachsen, als sie die vom Feinde verlassene Stellung erreicht hatten, plötzlich gegen das ihnen folgende zweite (französische) Treffen Front machen und feuern. Kalten Bluts, in himmelschreiender Weise, schossen sie die Ahnungslosen nieder, mit denen sie bisher in treuer Waffenbrüderschaft gefochten. Nirgends weist die Geschichte einen ähnlich schändlichen Verrat auf.»[41] Das behauptete Augenzeugnis Macdonalds widerspricht jedoch dem tatsächlichen Geschehen, und auch seine Behauptung, Napoleon selbst sei nach dem Seitenwechsel der sächsischen Truppen sofort herbeigeeilt und habe die Moral der fassungslosen französischen Soldaten dadurch wieder aufgerichtet, ist falsch; der Kaiser hatte alle Hände voll zu tun, zur gleichen Zeit in Probstheida den Durchbruch der Alliierten zu verhindern.

Immerhin aber schickte Napoleon aus Stötteritz Teile seiner berittenen Garde zu Hilfe, denen es tatsächlich gegen vier Uhr beinahe gelungen wäre, das Schlachtenglück bei Paunsdorf noch einmal zu wenden, wenn die russische Artillerie an dieser Stelle nicht durch die neu gewonnenen sächsischen Batterien verstärkt worden wäre. So aber konnten die Alliierten den Angriff der Garde abschlagen und durch russische Kavallerievorstöße beantworten, die schließlich zur Einnahme der Ortschaften Zweinaundorf und Mölkau führten, ehe weitere schwedische Verstärkung endgültig dafür sorgte, dass Paunsdorf gehalten werden konnte. Dadurch verlagerte sich das Hauptkampfgeschehen im Osten am Spätnachmittag in die Umgebung von Schönefeld, wo Marschall Ney sein Hauptquartier hatte. Nachdem die Alliierten dieses Dorf in der Abenddämmerung eingenommen hatten, standen sie im ganzen Norden und Osten vor den Toren der Stadt. Nun schützten nur noch die Garde in Stötteritz und das dorthin zurückgedrängte Kontingent von Reynier Napoleons Befehlsstand bei der Quandtschen Tabaksmühle vor einem Angriff aus Richtung Osten. Durch diese zweite Front war die Stellung des Kaisers der Franzosen viel zu stark gefährdet, als dass er es hätte riskieren dürfen, dort länger zu bleiben. Obwohl bereits alles für eine Übernachtung Napoleons in einem Weiler am nahe gelegenen Thonberg vorbereitet war, brach er bei Einbruch der Dunkelheit sein Quartier wieder ab und ritt nach Leipzig, wo er außerhalb der Innenstadt, aber nahe beim Peterstor im repräsentativen Hôtel de Prusse am Rossmarkt ein Zimmer bezog.

Auf der Gegenseite hatte sich Kaiser Franz I. schon vor Ende der Kämpfe um Probstheida zurück nach Rötha begeben, während Zar Alexander I. und König Friedrich Wilhelm III. ihren Beobachtungsstand bei Meusdorf beibehalten hatten, bis Schwarzenberg angesichts der Nachricht von der Eroberung Schönefelds die Kämpfe im Süden einstellen ließ. Der Weg zur Erstürmung Leipzigs war nun an anderer Stelle frei geworden, der Sieg damit nur noch eine Frage der Zeit, und deshalb könnte eine der berühmtesten Anekdoten rund um die Völkerschlacht zumindest einen wahren Kern haben: Schwarzenberg soll am frühen Abend des 18. Oktober persönlich die Siegesmeldung an Franz I., Alexander I. und Friedrich Wilhelm III. überbracht haben – an einer Stelle, die heute als «Monarchenhügel» bekannt ist. Daraufhin sollen die drei Herrscher dort spontan auf die Knie gefallen sein, um Gott für diesen Triumph zu danken. Diese Erzählung ist zumindest insofern zutreffend, als die beiden Kaiser und der König am Montag die Schlacht ja tatsächlich von einer Anhöhe neben der Ziegelei des Weilers Meusdorf beobachtet hatten, doch dabei handelte es sich weder um den Monarchenhügel, auf dem seit 1847 ein Obelisk an das angeblich hier stattgefundene Ereignis erinnert (der wahre Aussichtspunkt der drei Herrscher lag in der Nähe, aber auf der anderen Seite der Straße, wie auch die Tatsache beweist, dass russische Truppen just dort 1814 zum einjährigen Gedenken an die Schlacht ein Hochamt feierten[42]), noch konnte Schwarzenberg allen drei Monarchen die Siegesnachricht bringen, da sein eigener Kaiser, Franz I., ja schon gegen sechs Uhr, als die Dunkelheit einbrach, zurück nach Rötha gefahren war. Aber es wird Schwarzenberg möglich gewesen sein, die Siegesnachricht wenigstens an die zwei auf dem Schlachtfeld ausharrenden Monarchen zu überbringen.

Sie hatten gut daran getan zu bleiben, denn der Montag war der einzige Tag der Völkerschlacht, an dem die Kämpfe mit Einbruch der Dunkelheit nicht endeten. Auch wenn im Süden der Angriff auf Probstheida abgebrochen und im Norden die Erstürmung der Stadt auf den nächsten Tag verschoben wurde, gaben beide Seiten im Osten Leipzigs keine Ruhe. Die Franzosen versuchten verzweifelt zu verhindern, dass nach dem Fall von Schönefeld der alliierte Vorstoß weiter bis in die Stadt hinein ging, denn das hätte den Rückzug durch das Nadelöhr Leipzig unmöglich gemacht. Deshalb blieben kleinere französische Truppenteile an den Ausfallstraßen vor den äußeren Toren stehen und leisteten erbitterten Widerstand, um den Abzug ihrer Kameraden zu decken.

Das brachte Schwarzenberg dazu, am Abend seine Befehlshaber zu versammeln und für den Dienstag eine Angriffsorder zu erteilen, die sich speziell auf die Erstürmung der äußeren Leipziger Stadttore bezog. Jedem dieser neuralgischen Punkte wurde ein für die Erstürmung verantwortlicher General zugeordnet.[43] In diesem Plan fehlte jedoch bezeichnenderweise als Einziges das Ranstädter Tor, und da erst gar keine Rede davon war, wie die alliierten Truppen überhaupt so rasch an die anderen Tore herankommen sollten, damit direkt am Morgen solche Angriffe erfolgen konnten, kann man abermals folgern, dass Schwarzenberg über den bereits laufenden französischen Rückzug informiert war und ihn nicht zu behindern gedachte.

Aus den vorgerückten Artilleriestellungen im Osten nahmen die

Der Moment, den es so nie gab: Als Schwarzenberg die Siegesbotschaft überbrachte, hatte sich einer der Monarchen schon in sein Quartier begeben.

Alliierten noch am Abend den konsequenten Beschuss der Grimmaischen Vorstadt auf. Dort wollte man am kommenden Tag bevorzugt angreifen, denn über die sich dort treffenden Chausseen aus Richtung Grimma, Wurzen und Taucha konnte man sowohl aus dem Süden wie dem Osten die Truppen besonders schnell heranführen. Da bot es sich an, die Befestigung in diesem Teil der Stadt schon einmal sturmreif zu schießen. Erst um neun Uhr abends wurde der Kanonenbeschuss eingestellt, doch damit hörte die Zerstörung nicht auf, wie Johann Carl Gross vom Turm des Rathauses herab beobachtete, den er des Nachts bestiegen hatte: «Rund um unsre Stadt herum sah ich die Feuer der Bivouacs, aber auch der brennenden Dörfer leuchten, worunter sich besonders der Brand der Kirche von Schönefeld auszeichnete.»[44]

In der tiefen Nacht suchte die eine Seite die andere weiterhin über ihren Abzug im Unklaren zu lassen. Deshalb blieben etliche französische Fahrzeuge in den vorderen Linien stehen, deren Abfahrt nicht nur großen Lärm verursacht hätte, sondern auch verdächtig gewesen wäre: Eine Armee ohne Munitions- und Versorgungswagen war nicht denkbar. Gleichzeitig aber hatten die alliierten Truppen natürlich beobachten können, in welcher Lage ihre Gegner waren, und entsandten Kundschafter, um zu beobachten, ob sie sich für den kommenden Tag noch einmal rüsteten. Einer von ihnen war Hermann von Boyen, der an diesem Tag mit Bülows preußischem Korps die Kämpfe um Paunsdorf, Sellerhausen und Schönefeld mitgemacht hatte. Als die Waffen endgültig schwiegen, quartierte sich dieser Teil der Nordarmee im weitgehend niedergebrannten Paunsdorf ein. Von dort aus ging Boyen nach Stünz, um von einer leichten Anhöhe hinter dem Dorf das Feld bis nach Leipzig und die dortigen feindlichen Stellungen zu übersehen. «Es brannten eine sehr zahlreiche Menge gut unterhaltener Wachtfeuer, und die Soldaten schienen sich zwischen ihnen den gewöhnlichen Lagerbeschäftigungen hinzugeben, so daß ich mich mit der Überzeugung zurückschlich, daß wir am anderen

Morgen mit dieser Linie noch einen ernsthaften Kampf zu bestehen haben würden.»[45] Napoleons List, den Rückzug seiner Truppen durch vorgespielte Normalität an vorderster Front zu kaschieren, war aufgegangen. In der Nacht wurden die alliierten Soldaten noch durch die voreilige Meldung eines Marketenders aufgeschreckt, der von einem angeblichen französischen Entsatzheer berichtete, das aus der belagerten Festung Torgau ausgebrochen sei und nach Leipzig eile, um Napoleon beizustehen. Solche Tatarennachrichten waren gang und gäbe in angespannten Situationen wie dem Vorabend zum Finale der Völkerschlacht.

Am späten Nachmittag dieses Montags, kurz bevor mit der Dämmerung der dichte Verkehr der abrückenden Armee auf den südlichen und westlichen Promenaden von Leipzig einsetzte, war Gottfried Wilhelm Becker noch einmal in die dortigen nicht mehr umkämpften Vorstädte gegangen und hatte sich ein Bild von den Zuständen auf diesen früheren Flanierstrecken gemacht, «die, schon längst so schrecklich verunstaltet, sich doch nun schon nicht mehr ähnlich sahen, voll todter Pferde, Sterbender, Verwundeter waren und tausenden von Truppen zum Bivouak dienten. Vielleicht hoffte jeder, wird dies der letzte schreckliche Tag gewesen seyn! Vielleicht zieht die ganze Armee nun in der Nacht auf der Straße ab, auf der noch ihre Wagenkolonnen dahin rollten, deren Spitze, machte sie nicht Rast, bereits in Naumburg angekommen seyn konnte, wenigstens die Saale im Rücken haben mußte! Ach der Mensch hat immer Hoffnung und vergebens sieht sich derselbe so oft getäuscht, um ihr, dem einzigen Balsam, zu entsagen. Das Schrecklichste sollte ja erst kommen!»[46] Dieses Schrecklichste würde die Erstürmung der Stadt am nächsten Tag sein.

10. ROCKETEERS VOR LEIPZIG: DER DURCHBRUCH EINER NEUEN WAFFENTECHNIK

▼

1827, ein Jahr vor seinem Tod, saß William Congreve im Rollstuhl. Natürlich in einem von ihm selbst entworfenen, wie es sich für einen Konstrukteur von seinem Rang gehörte. Doch über diese Erfindung wollte der 1772 geborene englische Baron nicht schreiben, als er die Feder ergriff, um eine weitere Abhandlung zu beginnen, seine mittlerweile neununddreißigste seit 1806. Alle befassten sie sich mit eigenen wundersamen, häufig aber leider impraktikablen Erfindungen wie etwa neuartigen Uhrwerken, Sprinkleranlagen für Theaterhäuser, Feuermeldern, pneumatischen Kanalverschlüssen, Messinstrumenten, Dampfmaschinen, Gasretorten, verlässlichen Währungssystemen, Druckmaschinen, Schiffsschrauben oder Flugapparaten. Congreve war eines jener selbsternannten Universalgenies, wie sie das Zeitalter der Aufklärung so zahlreich hervorgebracht hat. Doch in einem Punkt immerhin war er tatsächlich ein Pionier, und diesem Thema widmete er allein fünfzehn seiner Abhandlungen: Raketen.

Nur eine unter diesen fünfzehn Schriften erläuterte deren friedliche Nutzung: «Fireworks – An Illumination» erschien 1824, und in der Tat hatten die Menschen in seiner englischen Heimat Congreves Lieblingsobjekt bislang vor allem in dieser Funktion kennengelernt. 1748 war der Frieden von Aachen im Londoner Green Park mit jenem berühmten königlichen Feuerwerk gefeiert worden, das nicht nur zehntausend Raketen zum Einsatz brachte, sondern auch von einer eigens zu diesem Anlass angefertigten Orchesterkompo-

William Congreve jun., der
britische Raketenbauer.

sition begleitet wurde: Händels bis heute populärer «Feuerwerks-
musik». Als allerdings ruchbar wurde, dass dieses Spektakel mehr
als vierzehntausend Pfund verschlungen hatte, war die Blütezeit
der Raketen zumindest als staatliches Vergnügungsinstrument
schnell wieder vorbei. Das nächste offizielle Feuerwerk in London –
durchgeführt von Congreve – gab es erst 1814, als man Napoleons
Verschickung nach Elba feierte. Und man darf bezweifeln, dass dieses Schauspiel opportun gewesen wäre, wenn nicht mittlerweile
der militärische Aspekt des Raketeneinsatzes viel größere Bedeutung gewonnen hätte. Den Keim zu Napoleons Abdankung als Kaiser der Franzosen sahen die Briten in der Völkerschlacht von Leipzig gelegt, und dort hatte sich eine britische Brigade besonders
ausgezeichnet. Sie kämpfte mit Raketen, die Sir William Congreve
konstruiert hatte.

Leipzig brachte dem ehrgeizigen Mann und seiner Wunderwaffe endlich den ersehnten Triumph, und man spürte den Stolz
darauf noch vierzehn Jahre danach, als die letzte seiner Raketen-

abhandlungen erschien. Man muss ihren Titel unbedingt in voller Länge zitieren, um den umfassenden – ingenieurstechnischen, strategischen, ökonomischen – Anspruch von Congreve sichtbar zu machen: «A Treatise on the General Principles, Powers and Facility of Application of the Congreve Rocket System as Compared with Artillery: Showing the Various Applications of this Weapon, Both for Sea and Land Service, and Its Different Uses in the Field and in Sieges. Illustrated by Plates of the Principal Exercises and Cases of Actual Service. With a Demonstration of the Comparative Economy of the System» (Eine Abhandlung über die allgemeinen Prinzipien, Kräfte und Anwendungserfordernisse des Congreveschen Raketensystems im Vergleich mit Artillerie: Mit Darstellung der verschiedenen Anwendungen dieser Waffe, sowohl im See- als auch im Landeinsatz, und ihres unterschiedlichen Gebrauchs auf dem Schlachtfeld und bei Belagerungen. Illustriert mittels Tafeln zur generellen Einübung und zu Beispielen des aktuellen Einsatzes. Samt einer Beweisführung der vergleichsweisen Wirtschaftlichkeit des Systems). Gleich zu Beginn dieser Schrift, in der Widmung an König Georg IV., der 1813, als man in Leipzig kämpfte, noch Thronfolger, aber zugleich schon Prinzregent für seinen mehr und mehr umnachteten Vater Georg III. gewesen war, beschwört Congreve die Erinnerung an die Völkerschlacht: Der jetzige König habe damals das größte Interesse an der neuen Waffe gezeigt, «ein Interesse, das durch die wichtigen Resultate, die in der Schlacht von Leipzig erzielt wurden, vollständig gerechtfertigt worden ist durch eine kleine Abteilung der britischen berittenen Artillerie, deren Angehörige damals als Rocketeers ausgerüstet und tatsächlich die einzigen britischen Truppen waren, die in dieser denkwürdigen Schlacht zum Einsatz kamen».[1]

Viel mehr als diese knappe Einschätzung der Effizienz des britischen Raketeneinsatzes vor Leipzig – mit wenigen Soldaten habe man große Wirkung erzielt – ist weder in den Zeugnissen noch in den Analysen zur Völkerschlacht zu finden. Die Zeitgenossen waren weitgehend sprachlos. Wenn doch einige ihre Eindrücke festhielten, dann bloß als Schreckensbilder, denn so eine Methode der Kriegsführung hatten sie noch nicht gesehen. Beobachter, die von den Aussichtspunkten in Leipzigs Innenstadt dem Schlachtgeschehen zu folgen versuchten, wollten die neue Wunderwaffe überall im Einsatz gesehen haben. Ferdinand Heinrich Grautoff, der nachmittags am 18. Oktober den Turm der Nikolaikirche bestiegen hatte, behauptet etwa, dass Napoleons beharrliche Verteidigung von Probstheida im Süden der Stadt dadurch gescheitert wäre: «Deutlich sah man, ... wie die kongreveschen Raketen diese französischen Massen auseinander sprengten.»[2] Die kleine englische Abteilung hatte an diesem Montagnachmittag allerdings genug damit zu tun, um Paunsdorf und später beim alliierten Angriff auf Schönefeld Angst und Schrecken unter den Feinden zu verbreiten. Nach Probstheida ist sie nie gekommen.

Die Kämpfe im Osten von Leipzig waren zudem der erste Einsatz der Raketenbatterie auf dem Schlachtfeld, denn da sie zur Nordarmee gehörte, stand sie überhaupt erst an diesem Montag bereit, als Kronprinz Karl Johann von dem Dorf Breitenfeld aus aufbrach, um endlich die entscheidende Verstärkung ins Feld zu führen und den Belagerungsring im Osten der Stadt zu schließen. Die britische Streitmacht schien dabei vernachlässigbar. Hundertvierundvierzig Reiter standen unter dem Kommando des einunddreißigjährigen Captain Richard Bogue von der Royal Artillery, und die fielen beim Aufmarsch des Achtzigtausend-Mann-Heeres von Karl Johann in erster Linie durch ihre exotische Erscheinung auf: intensiv rote Röcke über strahlend weißen Beinkleidern und mächtige Helme mit irokesenschnittartigem Federschmuck. Allerdings führten die Reiter auch lange Holzstangen mit sich, und unter den Satteldecken ihrer Pferde waren übereinander seltsame Lederröhren befestigt. Darin befanden sich die Raketen, die noch keiner von den Verbündeten im Einsatz gesehen hatte.

Bogues hundertvierundvierzig Mann starke Brigade war nur ein kleiner Teil der insgesamt rund dreitausendsechshundert englischen Soldaten, die bereits im Frühjahr 1813 zur Verstärkung der alliierten Truppen im schwedischen Vorpommern gelandet waren, aber das Gros dieses Expeditionstrupps hatte man zur Verteidigung der Festung Stralsund gegen einen etwaigen französischen Angriff zurückgelassen.[3] Mit Karl Johann, der zunächst vor allem darauf bedacht war, das eigene schwedische Territorium in Deutschland nicht wieder zu gefährden, zogen nur die Angehörigen der Raketenbatterie samt ihrer achtundzwanzig Abschussvorrichtungen.[4]

Es ist diese Zahl der Raketenwerfer, die später zu dem Trugschluss geführt hat, in der Völkerschlacht hätten lediglich dreißig Engländer gekämpft. Aber mit jeder der Vorrichtungen waren schon mindestens drei Mann beschäftigt: einer mit der Zündung der Waffe selbst, zwei mit der Vorbereitung des nächsten Abschusses. An den Körper der Geschosse musste vor dem Abfeuern seitlich ein meterlanger Holzstab fixiert werden, der den Flug stabilisierte, wie es noch bei heutigen Feuerwerksraketen der Fall ist, und je schwerer die Rakete, desto länger war der Stab: von zwei Metern für ein dreipfündiges Exemplar bis zu fünf Metern bei dem größten in Leipzig eingesetzten Kaliber von zweiunddreißig Pfund. Diese Lenkstäbe waren in mehrere Segmente geteilt, um den Transport auf den Pferden zu erleichtern, aber man musste sie vor dem Zünden durch Eisenschellen miteinander verbinden (nur beim Einsatz auf See wurden die Lenkstäbe in voller Länge mitgeführt).[5] Die Abschussrampen selbst bestanden aus langen Leitern, deren Neigungswinkel mittels zweier Stützstreben verändert werden konnte und auf die Laufschienen montiert waren, sodass in der Startphase eine gerade Flugbahn der Raketen sichergestellt war. Um all diese Ausrüstungsgegenstände zu transportieren, zu denen natürlich noch die notwendigen Vorräte an Geschossen für ein längeres Gefecht gehörten, wurden zusätzlich rund fünfzig Soldaten der Royal Artillery Rocket Brigade benötigt, darunter allein vierundzwanzig Kutscher.

In England war der Stolz auf diese winzige Truppe nach dem Sieg von Leipzig eine Zeitlang so groß, dass man auch dort meist vergaß, dass der britische Prinzregent neben den Soldaten, die Bogue dort im unmittelbaren Einsatz kommandierte, und dem in Stralsund stationierten Kontingent von knapp dreieinhalbtausend Mann noch weitere Soldaten zur Verfügung der Alliierten gestellt hatte: deutsche Angehörige der Hannoveraner Armee, die der englische König nach der Besetzung seines angestammten Kurfürstentums auf die Britischen Inseln abgezogen hatte und die nun nach Deutschland zurückkehrten. Sie waren in voller Stärke nach Leipzig gezogen, sodass die britische Krone insgesamt doch knapp zehntausend Mann in die Völkerschlacht schickte. Und es handelte sich dabei durchaus um kampferprobte Soldaten, denn England hatte bereits einige Jahre Landkriegseinsatz auf der Iberischen Halbinsel hinter sich, wohin die Hannoveraner Einheiten als Teil der Expeditionstruppen entsandt worden waren, die den spanischen Widerstand gegen Napoleon unterstützen sollten. Dort waren auch Congreves Raketen zum ersten Mal an Land eingesetzt worden, allerdings noch mit wenig Erfolg, weil die neuen Waffen damals nur von jeweils schnell angelernten Kräften bedient wurden. Von den entsprechenden Erfahrungen aber, die schließlich zur Gründung des ersten speziellen Raketenbataillons geführt hatten, profitierte man dann in Leipzig.

Kriegsraketen waren keine britische Erfindung, aber England lernte sie als erste europäische Macht kennen, weil sie in Indien verbreitet waren. Unter den dortigen einheimischen Truppen, die sich gegen die Kolonialherrschaft der Britisch-Ostindischen Kompanie auflehnten, befanden sich regelmäßig kleine Raketenschwadronen. Mit ihren aus verstärktem Papier gefertigten selbstangetriebenen Sprengsätzen suchten sie ihre Unterlegenheit gegenüber den mit mächtigen Geschützen operierenden britischen Einheiten auszugleichen. Die Raketen wurden während des Flugs zwar häufig vom

Wind abgetrieben, doch diese Unberechenbarkeit wurde akzeptiert angesichts des geringen Gewichts dieser Waffen. Ihr größter Vorteil lag darin, dass ihr Treibsatz in das Projektil integriert war, sodass man keine aufwendige Abschussvorrichtung benötigte; es genügte eine einigermaßen feste Basis, die dafür sorgte, dass die Flugbahn unmittelbar nach dem Abschuss stabilisiert wurde. Die englischen Truppen hatten sich dagegen mit schweren Kanonen abzumühen, die ihre Beweglichkeit auf dem wenig erschlossenen indischen Subkontinent mit seinen während der Regenzeit nahezu unpassierbaren Wegen massiv einschränkte. Entsprechend schlecht konnte die Ostindische Kompanie mit ihren Soldaten auf die in den unterschiedlichsten Regionen ausbrechenden Aufstände reagieren.

Als englische Einheiten im Jahr 1799 die feindliche Festung Seringapatam einnahmen, fiel ihnen erstmals ein Arsenal von rund neuntausend dieser Raketen in die Hände. Doch der Ostindischen Kompanie fehlte es trotz eines eigenen Militärrats, der sich um die Organisation von Artillerie- und Munitionsnachschub kümmerte, an geeigneten Fachleuten, um die Möglichkeiten der fremden Waffe auszuloten. Deshalb sandte man eine Auswahl der erbeuteten Raketen nach England ans Royal Laboratory in Woolwich.

Dessen Leiter hieß William Congreve, allerdings handelte es sich dabei um den gleichnamigen Vater des späteren Raketenpioniers. Der erfahrene Artillerist war vom waffentechnischen Talent seines Sohnes schon zu dessen Kindertagen überzeugt (über den Fünfjährigen schrieb der stolze Vater 1777, er sei «nie glücklicher gewesen, als zu dem Zeitpunkt, als ich ihm Papier und einen Bleistift gab, um Lafetten zu zeichnen»[6]) und ließ den inzwischen Siebenundzwanzigjährigen nun mit der frisch aus Indien gelieferten Waffentechnik experimentieren. Schon aus den mitgelieferten Berichten der Soldaten der Ostindischen Kompanie wusste Congreve junior, dass die Präzision der Raketen ebenso gering war wie ihre Reichweite, die kaum mehr als ein paar hundert Meter betrug, womit die neue Waffe der konventionellen Artillerie in beiderlei Hinsicht noch weit unterlegen war. Auch hatten die indischen Kämpfer sie vorrangig zur Verteidigung von befestigten Stellungen oder in Guerillataktik vereinzelt aus dem Hinterhalt eingesetzt. Mehr als zwei Raketen pflegte jedoch kein Soldat im schwierigen Terrain mit sich zu tragen, und von einer spezifischen Raketentaktik konnte in der Kriegsführung der Inder auch keine Rede sein.

Das alles wollte Congreve ändern. Dabei kam ihm zugute, dass im Jahr 1805 die Angst der Engländer vor einer Invasion Napoleons ihren Höhepunkt erreichte. Congreve sah im Raketenabschuss von Bord aus ein probates Mittel, um die feindlichen Schiffe, die im Kriegshafen von Boulogne an der Ärmelkanalküste versammelt waren, in Brand zu stecken. Dazu musste er allerdings die Zusammensetzung von Treib-, Explosions- und Brandsätzen ebenso verbessern wie die Flugeigenschaften der Raketen, damit man mit ihnen über größere Entfernungen genauer treffen konnte. Er profitierte davon, dass sein Vater als Leiter des Royal Laboratory die Herstellung von Schießpulver einer zentralen staatlichen Kontrolle unterworfen hatte, um der schleichenden Qualitätsverschlechterung durch geldgierige private Lieferanten ein Ende zu bereiten. Das nun unter staatlicher Regie hergestellte Pulver war besser und billiger als zuvor. England dankte Congreve senior diese Reform in dessen Todesjahr 1814 mit einem Grabstein, den die Aufschrift schmückte: «Er sparte seinem Land eine Million, starb aber selbst als unbereicherter Mann.»[7] Der Sohn sollte sich als weniger selbstlos erweisen.

Für Raketen war die Verbesserung des Schießpulvers noch wichtiger als für gewöhnliche Geschütze, weil für Letztere eine einmalige Explosion genügte, um ihre Geschosse abzufeuern – erfolgte die in ausreichender Stärke, war das Projektil auf seiner ballistischen Bahn. Congreves Raketen dagegen legten Entfernung dadurch zurück, dass sie während des ganzen Flugs weiter Schießpulver verbrannten, um die nötige Bewegungsenergie zu bekommen.

Traten dabei Qualitätsunterschiede im Treibsatz auf, wurde davon sofort die Flugbahn beeinflusst; noch das genaueste Zielen wurde dadurch zunichtegemacht. Erst der durch Congreves Vater wieder erreichte gleichbleibend hohe Standard des britischen Schießpulvers ermöglichte dem Sohn aussagekräftige Langzeitexperimente mit den Raketen, weil er nun sicher sein konnte, dass erreichte Verbesserungen oder auch Verschlechterungen tatsächlich nur auf unterschiedliche Konstruktionsprinzipien zurückzuführen waren. Zum Beispiel gelang es Congreve, die Länge des notwendigen Lenkstabs von anfangs sechs auf knapp unter vier Meter zu reduzieren. Und seine nach langen Versuchen ausgeklügelte Mischung der Treibladung (eine französische Analyse, für die man 1809 eine nicht explodierte Rakete benutzte, ergab eine Zusammensetzung von achtundfünfzig Prozent Salpeter, achtzehn Prozent Schwefel und zweiundzwanzig Prozent Holzkohle bei zwei Prozent weiteren Beimischungen) erwies sich als so erfolgreich, dass daraus ein Staatsgeheimnis gemacht wurde, obwohl sich Congreve als Privatmann das Patent daran gesichert hatte. Dass es der Sohn des Chefs einer staatlichen Einrichtung wie des Royal Laboratory war, der von der dortigen Bereitstellung all ihrer Einrichtungen profitierte, störte niemanden. Fairerweise muss man hierzu anmerken, dass Congreve die Beschaffung der für seine Experimente notwendigen Materialien immerhin aus eigener Tasche bezahlte. Von 1804 an konzentrierte er sich ganz auf die Verbesserung der Raketentechnik.

Er wusste, was dabei für ihn auf dem Spiel stand. Die Raketen waren das erste ernsthafte Projekt, das Congreve anging. Zuvor hatte er sich neben einem nur widerwillig betriebenen Versuch, eine juristische Karriere einzuschlagen, und einer gescheiterten Laufbahn als Publizist vor allem mit theoretischen Erwägungen zu technischen Fragen beschäftigt. Deren Resultat war 1798 ein Manuskript gewesen, das an ein im Jahr 1655 veröffentlichtes visionäres Vorbild anknüpfte: die Programmschrift «The Century of Inventions» des Erfinders Edward Somerset (1601–1667), in der dieser eine Liste all der ihn interessierenden Erfindungen aufgestellt hatte, um eine persönliche Herausforderung für seine Lebenszeit zu haben.[8] Congreve war ehrgeizig genug, knapp anderthalb Jahrhunderte später das Gleiche zu tun, und er gab seiner Abhandlung den Titel «A Second Century of Inventions», um deutlich zu machen, dass er in der Nachfolge der Pionierüberlegungen von Somerset nun eine neue Ära des Innovationsgeistes einzuläuten gedachte. Der noch unbekannte, bislang verhinderte Ingenieur trug hundert mechanische Probleme zusammen, von denen er glaubte, dass sie zu seinen Lebzeiten gelöst werden könnten – und damit meinte er unausgesprochen, auch von ihm selbst. Als besonders produktive Zeit für Innovationen bezeichnete Congreve in seiner Schrift Kriegszeiten und Umstürze. Doch obwohl England seit 1793 genau solche stürmischen Zeiten erlebte beziehungsweise auf dem Kontinent beobachtete, blieb die Abhandlung unveröffentlicht. Sein Debüt als Schriftsteller erlebte Congreve erst 1806, nachdem er eine seiner Erfindungen auch zum Einsatz gebrachte hatte, den es dann zu beschreiben und bekanntzumachen galt. Es waren die Raketen, die seinem Leben als Forscher Richtung und Ziel gaben.

Das Royal Laboratory sollte durch sein Wirken zum englischen Zentrum der Herstellung der neuen Waffen werden, und schon im September 1805, also nach nur einem Jahr Arbeit, hatte William Congreve seine eigenen Entwicklungen, die nach indischem Vorbild, aber auf der Basis einheimischer Feuerwerks- und Signalraketen erfolgten, so weit verbessert, dass er dem damaligen britischen Premierminister, William Pitt dem Jüngeren, in Woolwich eine Vorführung geben konnte. Die überzeugte den Politiker derart, dass er umgehend anordnete, mit den Raketen einen Angriff auf Boulogne zu versuchen. Zum ersten Mal brachte Congreve seine Raketenleidenschaft nun auch Geld ein: Er ließ zwölf Boote mit Abschussvorrichtungen ausstatten und verkaufte der Regierung für jedes der Boote achtundvierzig Geschosse. Es handelte sich bei den

Raketen noch um nach indischem Muster aus gewachstem Papier gefertigte Flugkörper, die aber nun eine Spreng- und Durchschlagskraft entwickelten, die der eines sechs- oder achtpfündigen Geschützes entsprach. Ihr großer Vorteil gegenüber Kanonen lag bei einem Einsatz auf Schiffen aber nicht im Gewicht, sondern darin, dass sie beim Abfeuern keinen Rückstoß erzeugten. Kanonen erforderten eine Fixierung und starke Konstruktionen an Bord, damit diese Belastung das Schiff nicht beschädigte. Die Raketenabschussvorrichtungen konnte man überall aufbauen, wo Platz war, auch auf kleinen Booten, mit denen es leichter war, nahe an den Feind heranzukommen.

Der Brand- oder Sprengsatz war jeweils vorne in der Rakete untergebracht, musste aber separat vom Treibsatz gezündet werden, was mittels Lunten erfolgte, die außen am Gehäuse durch kleine Röhren liefen, damit sie während des Flugs nicht gelöscht wurden. Die Kalkulation der notwendigen Länge dieser Lunten oblag den Raketenartilleristen, die aus der Entfernung zum feindlichen Ziel die Zeit zu schätzen hatten, die vom Abschuss bis zum Einschlag vergehen würde. Entsprechend schnitten sie vor dem Abfeuern die Lunten zurück und entzündeten sie dann gleichzeitig mit dem Treibsatz.

In der Nacht vom 18. auf den 19. November 1805 setzte das Dutzend Schiffe mit Congreves Raketen über den Kanal, doch das Herbstwetter machte den Angreifern einen Strich durch die Rechnung. Im Dauerregen weichten die Papierwandungen auf, heftige Winde veränderten die Flugbahnen, und nur die wenigsten der Abschüsse, die man überhaupt durchführen konnte, erreichten ihr Ziel. Kurz: Der Angriff auf Boulogne misslang vollständig, und das passte nur zu gut zu diesem Herbst des Jahres 1805. Der hatte für die Engländer eigentlich verheißungsvoll begonnen, da Premierminister Pitt eine neue, die Dritte antinapoleonische Koalition geschmiedet hatte, in der Russland, Österreich und Schweden an die Seite Großbritanniens getreten waren, und man glaubte, Frankreich mit dieser Allianz nun endlich besiegen zu können. Aber schon am 20. Oktober hatten die österreichischen Truppen bei Ulm eine verheerende Niederlage gegen Napoleons Armee einstecken müssen. Zwar gelang es der britischen Marine unter Admiral Horatio Nelson tags darauf, die französische Mittelmeerflotte bei Trafalgar zu vernichten (Nelson selbst wurde dabei tödlich verwundet), doch dann scheiterte Congreves Raketenexpedition, und kaum zwei Wochen später begrub die Schlacht von Austerlitz am 2. Dezember alle Hoffnungen der Engländer, ihre Koalitionspartner könnten Frankreich an Land besiegen. Als am 23. Januar 1806 zudem William Pitt im Alter von nur sechsundvierzig Jahren starb, schien der englische Widerstandsgeist gegen Napoleon gebrochen.

Die Raketen waren doppelt diskreditiert, denn ausgerechnet dem in seiner Heimat vergötterten Nelson waren im Vorfeld der Seeschlacht bei Trafalgar von der Admiralität Raketen angeboten worden, um den spanischen Seehafen Cádiz zu beschießen, in dem französische Schiffe vor Anker lagen, doch er hatte abgelehnt, und da Nelson wenige Wochen später tot war, bekam die Verweigerung des zum größten britischen Seehelden verklärten Mannes den Charakter eines Vermächtnisses: «Mehr als auf alle anderen Erfindungen setze ich auf den Hunger, um sie herauszutreiben, und auf die ritterlichen Offiziere und Mannschaften unter meinem Kommando, um sie zu vernichten», hatte Nelson seine Präferenz für eine klassische Blockade des feindlichen Ankerplatzes statt des neuartigen Raketenbeschusses begründet.[9]

Am 8. Oktober 1806 wurde ein zweiter Angriff auf Boulogne mit Congreves zwischenzeitlich verbesserten Waffen unternommen. Die Widerstandsfähigkeit der Raketenkörper gegen Feuchtigkeit war erhöht worden, und durch größere Mengen an Treibsatz war die Reichweite von größeren Kalibern bis auf fast drei Kilometer gesteigert worden. Allerdings ergaben die Beobachtungen bei diesem abermaligen Angriff, der unter kaum günstigeren Bedingungen als im Vorjahr stattfand, dass bei solch großer Reichweite die Abweichung vom anvisierten Ziel bis zu sechshundert Metern betrug.[10] Es gelang den Engländern dieses Mal auch nur, mit ihrem Beschuss zwei Großfeuer in Boulogne selbst auszulösen, das eigentliche Ziel hingegen, die französische Flotte, so stellte sich am folgenden Morgen heraus, hatten die Raketen abermals verfehlt.

Congreve hatte sich zu dieser Zeit nicht nur mit dem ausbleibenden Erfolg seiner Raketen auseinanderzusetzen, sondern außerdem mit den Bedenken wegen möglicher Kollateralschäden beim Einsatz dieser Waffe. Obwohl Thomas Grenville, der neue Erste Lord der Admiralität, im Dezember weitere Raketen bei Congreve bestellen und alsbald auch an die britische Mittelmeerflotte verschicken ließ, schrieb er doch an deren Kommandeur: «Ich vertraue darauf, dass Sie es wie ich bevorzugen, den Einsatz dieser Zerstörungsmaschinen gänzlich auf Angriffe gegen bewaffnete Transporte oder militärische Vorbereitungen zu beschränken, weil das bloße Anzünden einer Stadt oder eines Dorfes eine Art der Kriegsführung darstellt, die dem Geist unseres Dienstes weder würdig ist noch ihm entspricht. Was auch immer uns gegenüber ein feindliches Gesicht zeigt oder dazu beiträgt, die Feindlichkeiten fortzusetzen, ist ein geeignetes Objekt für einen Angriff, aber ansonsten sollte nichts den Einsatz dieser höchst destruktiven Erfindung herausfordern.»[11] Damit hatte Grenville der Nutzung von Raketen enge Grenzen gezogen – allerdings gab dafür weniger das Mitleid mit der Bevölkerung in Feindesland den Ausschlag, sondern die Furcht, dass die Gegenseite ihrerseits Raketen bauen und einsetzen würde, die dann in England große Schäden anrichten und viele Zivilisten töten könnten.

Solche Rückschläge aber ließen Congreve nicht an seiner Sache verzweifeln. Mit der Tageszeitung «The Times» hatte er einen mächtigen publizistischen Verbündeten an seiner Seite, und er genoss die Gunst des Kronprinzen, der just im Dezember 1806 seinen eigenen Garten in Brighton für eine Vorführung von zwei Congreveschen Raketen zur Verfügung stellte, deren Brandwirkung ihn überzeugte (der Zierrasen des Palastes wurde schwer beschädigt). Ihr Konstrukteur kam in den Genuss eines jährlichen Stipendiums von zweitausend Pfund, das ihm die Fortführung seiner privat finanzierten Versuche gestattete. Der spätere Georg IV. war vor allem durch ein Argument zu gewinnen, das an seine Verantwortung als künftiger Landesvater appellierte: Dem Einwand, die Feinde Englands könnten ebenfalls Raketen einsetzen, hielt Congreve entgegen, nur mit dieser Waffe lasse sich der Nachteil ausgleichen, der sich aus der geringeren Bevölkerungszahl seiner Heimat ergebe. «Es ist offensichtlich, dass die allgemeine Sache der Menschlichkeit durch jede militärische Erfindung gewinnen muss, die die Anstrengungen *bloßer numerischer* Überlegenheit neutralisiert.»[12] Der Horror einer Kriegsführung, die allein auf die Überzahl an Soldaten setzte und diese gedankenlos in die Schlacht warf, sollte durch den Raketeneinsatz gemindert werden, mit dem sich ein Gleichgewicht des Schreckens erreichen lasse. Selbst wenn der Feind also ebenfalls Raketen erlange, könne er nur noch gleichziehen. Damit wollte Congreve die Kritik an der neuen Waffentechnik entkräften. Diese englische Auseinandersetzung des frühen neunzehnten Jahrhunderts nahm etliches vorweg, was mehr als anderthalb Jahrhunderte später im Angesicht der atomaren Bedrohung debattiert wurde.

Congreve selbst entwickelte seine Raketen konsequent weiter. Er führte Metallhüllen statt des gewachsten Papiers ein und setzte nach den Enttäuschungen vor Boulogne vor allem auf den Einsatz seiner Waffe an Land, wo man zumindest nicht dem Wellengang auf offener See ausgesetzt war, der jeden Abschuss zum Glücksspiel machte. Trotzdem fand der nächste große Einsatz wieder auf dem Meer statt: bei der Belagerung von Kopenhagen, mittels derer England im August 1807 die befürchtete Übergabe der dänischen Flotte an Napoleon verhindern und selbst die Schiffe einkassieren wollte. Bei einem mehrtägigen Bombardement der Stadt wurden vom

2. September an bis zu deren Kapitulation am 6. September auch Raketen eingesetzt. Die Angaben über deren Zahl sind in den meisten Studien viel zu hoch; mitunter ist von vierzigtausend Raketen die Rede, die auf Kopenhagen abgefeuert worden sein sollen.[13] Congreve selbst aber brüstete sich im Rückblick damit, dass nur dreihundert seiner Waffen nötig gewesen seien, um die dänische Hauptstadt in die Knie zu zwingen, und es gibt keinen Grund, an dieser Zahl zu zweifeln, zumal er nur sechzehn Mann bei sich hatte, die den Raketenbeschuss durchführten.[14] Diese kleine Truppe hatte entscheidenden Anteil daran, dass im brennenden Kopenhagen mehr als zweitausend Menschen, überwiegend Zivilisten, starben und drei Fünftel der Stadt zum Raub der Flammen wurden. Von der Menschlichkeit, die Congreve in seinem Lob über die Wirkung der neuen Waffe so ausdauernd beschwor, war da nichts zu erkennen, und die englische Öffentlichkeit stand deshalb Raketen als Belagerungswaffen immer skeptischer gegenüber. Also freundete sich Congreve nun mit dem Gedanken an einen Einsatz in offenen Feldschlachten an.

Gelegenheit dazu bot von 1808 an der Krieg auf der Iberischen Halbinsel, die Napoleon weitgehend unter seine Gewalt gebracht hatte und wo die Engländer nun zusammen mit spanischen Widerstandskämpfern gegen die Franzosen kämpften. Allerdings verachtete der britische Befehlshaber Arthur Wellington die neue Waffe und sorgte dafür, dass sie kaum benutzt wurde. Beim Einmarsch eines Expeditionskorps von vierzigtausend Mann in den Süden des Königreichs Holland, wo die Bevölkerung zur Erhebung gegen Napoleon aufgestachelt werden sollte, gelang es dann zwar, mit Hilfe von Congreves Raketen schnell vorzurücken, doch bald brach unter den Soldaten eine Epidemie aus, die binnen weniger Wochen ein Zehntel von ihnen dahinraffte und im Dezember 1809 den englischen Rückzug erzwang. Große militärische Triumphe konnten also mit den neuen Waffen nicht verbunden werden – bis zur Völkerschlacht bei Leipzig.

Die dort von Captain Bogue angeführte Raketeneinheit war nicht nur die erste ihrer Art, sondern sie kam vor Leipzig auch erstmals auf eine Weise zum Einsatz, die Congreve in seiner vierzehn Jahre später erschienenen Abhandlung zum Gegenstand gleich mehrerer Abbildungen machte: «Tafel 1 stellt die im Verlauf von unter meiner Leitung 1811 in Bagshot durchgeführten Experimenten erarbeiteten Ausrüstungsweisen dar, um Raketen auf Pferden zu transportieren; wie sie sich anschließend auch im wirklichen Einsatz unter Captain Bogue in der für alle Zeiten denkwürdigen Kampagne von 1813 mit den alliierten Armeen in Deutschland bewährte.»[15] Diese Darstellung zeigt einen Kavalleristen auf seinem Pferd von beiden Seiten; unter dem Arm hält er Teile der Abschussvorrichtung für Raketen.

Die Raketenbrigade war in Woolwich über zwei Jahre hinweg von Congreve selbst für den Einsatz trainiert worden, und Bogue, Jahrgang 1783, war von Beginn an ihr Kommandeur. Er hatte bereits eine seit 1798 dauernde Karriere in der englischen Artillerie hinter sich und war 1806 zum Captain befördert worden. Auf sein Kommando hin saßen die Kavalleristen ab, und jeweils drei von ihnen stellten eine der dreibeinigen Abschussvorrichtungen auf, die dann mit einer Rakete bestückt wurde, an der zuvor der flugstabilisierende Holzstock festgeschraubt worden war. Die Zündöffnung musste danach sehr vorsichtig geöffnet werden, denn wenn zu viel Schießpulver austrat, drohte eine unregulierte Explosion der Kartusche. Aus dem gleichen Grund warnte Congreve selbst davor, das Zündholz zu tief ins Innere des etwas mehr als armdicken Raketenkörpers zu stecken.[16] Nach einem Abschuss wurde sofort das nächste Geschoss herbeigeschafft; die Leiterkonstruktion des Abschussgestells gestattete es den Rocketeers, zum Einlegen der nächsten Rakete in die Führungsschiene einfach hochzuklettern, ohne dass man die Vorrichtung wieder umständlich hätte niederlegen und neu aufrichten müssen.

Denn Bogue und seine Männer feuerten die Waffe in ganz flachen Winkeln, sodass die Raketen nahezu parallel zum Erdboden in Richtung Feind flogen. Auf diese Weise übten sie eine maximale Zerstörungskraft aus – und maximalen Schrecken. Carl Große beschrieb ihn aus eigener Anschauung: «Diese feuerspeienden Drachen, die nur britisches Raffinement erfinden und anwenden konnte, bringen die größte Verwirrung in die feindlichen Glieder. Mit entsetzlichem Zischen und Toben fahren sie daher in die dichten Vierecke der Franzosen und sprengen die lichterlohe brennenden Männer auseinander.»[17] Ein anderer Bericht präzisiert diese Wirkung: «Wen diese feurigen Drachen anspien, der mußte bei lebendigem Leibe verbrennen, denn der harzige Stoff ihrer Ladung haftete am Fleisch unabtrennbar und unauslöschlich. Ein ganzes Bataillon der Franzosen ergriff die Flucht, als einige von der Mannschaft so unglücklich waren, mit dieser neuen Art von Geschoß Bekanntschaft zu machen.»[18] Die beschriebene Attacke führten die Engländer in Paunsdorf durch, dem Zentrum der Kämpfe am frühen Nachmittag des 18. Oktober 1813, wo Napoleons Truppen nach anfänglichem Terrainverlust gegen drei Uhr das Dorf von einer österreichischen Division zurückgewonnen hatten. Weil die Franzosen nun unmittelbar vor der Schlesischen Armee standen, die nach den Kämpfen der ersten beiden Schlachttage extrem geschwächt war, lenkte Kronprinz Karl Johann seine Armee von Norden her gegen dieses Dorf und ließ Bogues Raketenbataillon etwa zwei Kilometer von der Siedlung entfernt Aufstellung nehmen. Von dort aus feuerten die englischen Rocketeers nicht nur ihre Geschosse direkt auf den Gegner ab, sondern setzten auch Paunsdorf selbst in Brand. Der Effekt war so beachtlich, dass der in der Nähe kommandierende schwedische Kronprinz unmittelbar nach dem Einsatz seine Gratulation an Bogue überbringen ließ und ihm befahl, mit seiner höchst mobilen Truppe schnell vorzurücken, um solche Angriffe zu wiederholen.

Nach der Vertreibung der französischen Soldaten aus der unmittelbaren Umgebung von Paunsdorf folgten die alliierten Truppen ihnen in Richtung auf Leipzig zu, wo sich die napoleonischen Einheiten in den Dörfern Sellerhausen und Stünz verschanzten, am Rande der Gemüsefelder, die die Stadt versorgten. Die Raketenbatterie war immer ganz vorn an der Verfolgung beteiligt, die für ihren Kommandeur jedoch tödlich endete. Der preußische Oberst Hermann von Boyen schildert in seinen Memoiren das Ereignis: «Etwa eine Stunde später brachen die Franzosen aus den von ihnen besetzten sogenannten Krauthäusern mit einer zwei bis drei Bataillone starken Kolonne vor; der Angriff schien sich gegen das etwas zurückstehende schwedische Armeekorps zu richten. Bei diesem war die englische Raketenbatterie unter dem Kapitän Boyd (sic). Er fuhr mit seiner Batterie sogleich der feindlichen Kolonne unerschrocken und so nahe entgegen, daß, ehe er noch sein Feuer anfangen konnte, ihn ein feindlicher Tirailleurschuß tötete; seine Untergebenen ließen sich durch diesen Verlust nicht erschüttern, und die Raketen äußerten bei der Nähe, in der sie angezündet wurden, eine ganz außergewöhnliche Wirkung. Die französische Kolonne, die bis dahin in guter Ordnung vorgedrungen war, wurde gänzlich aufgelöst und lief ohne alle Ordnung zu den Krauthäusern zurück.»[19]

Über die Umstände des Todes von Captain Bogue, der dafür sorgte, dass man fortan in England auch einen Raketenhelden haben würde, wie man im vor Trafalgar gefallenen Nelson einen Seehelden hatte, besteht jedoch keine letzte Klarheit. Die übliche Angabe zum Ort seines Todes ist Sommerfeld[20], allerdings lag dieses Dorf östlich von Paunsdorf, also der Richtung des französischen Rückzugs entgegengesetzt. Dort mögen zwar noch versprengte napoleonische Soldaten agiert haben, aber dieser Bereich wurde längst von Bennigsens Polnischer Armee kontrolliert; es gab also gar keinen Grund für die Raketenbatterie, sich dort aufzuhalten. Nach der glaubwürdigeren Erinnerung des preußischen Artillerieobersten Mente starb Richard Bogue an einem anderen Ort, zu einem späteren Zeitpunkt und durch eine andere Waffe. Mente selbst hatte zum fraglichen Zeitpunkt mit seiner Batterie zwischen Schönefeld und Sellerhausen Aufstellung genommen und sah die Engländer in unmittelbarer Nähe agieren. In seinem Bericht erklärt er, dass Bogue entgegen anderslautenden Gerüchten dort, in der Nähe von Schönefeld, einer feindlichen Kanonenkugel zum Opfer gefallen sei. «Zur Bestätigung dieser Angabe kann ich noch ergänzen, dass, als ich theils aus Langeweile, theils um Lebensmittel aufzuspüren, am 20. October mit mehreren Kameraden einen Theil des Schlachtfeldes durchwanderte, wir hierbei nicht allein den Ort der Aufstellung unsrer Batterie vom 18. October berührten, sondern auch die Stelle auffanden, wo die Raketenbatterie gestanden hatte. Sie war nämlich durch die Cadaver mehrerer englischer Pferde, und umherliegende englische Geschirrstücke unverkennbar bezeichnet. Bei der unmittelbaren Nachbarschaft der Raketenbatterie war das Sausen der die Luft fortwährend durchfurchenden Geschosse, besonders wegen der Neuheit des ungemein starken Getöses, äußerst nervenerschütternd; besonders war es aber den Pferden der Batterie so zuwider, dass dieselben kaum zu erhalten waren.»[21]

Der Raketeneinsatz wurde auch ohne das Kommando von Captain Bogue fortgesetzt; statt seiner übernahm Thomas Fox-Strangeways als Erster Leutnant die Führung der Brigade. Die französische Artillerie hatte auf einem Höhenzug zwischen Schönefeld und dem südlich davon gelegenen Volkmarsdorf Stellung bezogen, und von dort versuchten nun wiederum die Alliierten sie zu vertreiben, massiv unterstützt von den englischen Raketen. Am Ende des Tages durften sich die erschöpften Rocketeers nach Taucha zurückziehen, wo Captain Bogue aufgebahrt und später auch beerdigt wurde – außer ihm fiel in der Völkerschlacht nur noch ein weiterer Engländer, der Kutscher James Jenkins. Über einen Einsatz der Raketenbrigade am 19. Oktober 1813, dem Schlusstag des Kampfgeschehens, ist nichts bekannt. Dafür aber über den Nachruhm ihres vermutlich also lediglich einen Nachmittag umfassenden Kampfes in der Völkerschlacht: Fox-Strangeways empfing bei der Siegesparade der alliierten Truppen auf dem Leipziger Marktplatz stellvertretend für seine Einheit die Gratulation der verbündeten Monarchen[22], und auf Geheiß des englischen Königs durfte die Raketenbrigade nach ihrer Rückkehr in die Heimat fortan den Namen «Leipzig» auf den Helmen und den Schabracken ihrer Pferde führen.

War dieser durch die Völkerschlacht begründete Ruhm berechtigt? Der Einsatz der Raketenbatterie vor Leipzig verlief jedenfalls ganz anders als während des Herbstfeldzugs. Bei Görde hatte sie im September eine französische Truppe beschossen, die aus Magdeburg zum Entsatz der von der Nordarmee belagerten sächsischen Festungsstadt Wittenberg entsandt worden war. Dabei aber hatte sich erwiesen, dass die Raketen zu gefährlich für die eigenen Leute waren, wenn sie aus einer Position hinter den Angriffsreihen über diese hinweg abgeschossen wurden. Deshalb feuerte man die Geschosse bei der Völkerschlacht meist aus vorderster Front ab und belud sie mit Brandsätzen statt mit Sprengköpfen. Aufgrund der Beschaffenheit des Leipziger Schlachtfelds, das rund um Paunsdorf vor allem aus ebenen Feldern bestand und nur wenig Deckung bot, gab es auch keine Notwendigkeit, mit den Raketen Verteidigungsstellungen zu überwinden und sie deshalb in steilen Winkeln abzuschießen: Die ständige Bewegung der Kombattanten am Nachmittag des 18. Oktober, die Eroberung und mehrfache Rückeroberung Paunsdorfs, der französische Rückzug auf Sellerhausen und Stünz und schließlich nach Schönefeld, der aber immer wieder zugunsten des Versuchs von Gegenattacken auf die alliierten Verfolger unterbrochen wurde – das alles machte das Ausheben von Schützengräben oder den Aufbau von Palisaden unmöglich. Napoleons Soldaten waren den in offener Feldschlacht direkt auf sie abgefeuerten englischen Raketen unmittelbar ausgeliefert, und so unwahrscheinlich für jeden Einzelnen auch die Möglichkeit eines direkten Treffers war, so zuverlässig traf es doch in den dichten Reihen der napoleonischen Truppen irgendwen, und man sah zwar die anfliegenden Raketen auf sich zukommen, doch bei Geschwindigkeiten, die teilweise mehr als zweihundertsechzig Stundenkilometer betrugen[23], war ihnen nur schwer auszuweichen.

Ursprünglich hatte sich Congreve ganz andere Einsatzgebiete für seine Raketen vorgestellt. Für den Erfinder schien diese Waffe vor allem geeignet, um damit Städte oder Befestigungsanlagen zu erobern oder zumindest in Brand zu schießen. Mit der verheerenden unmittelbaren Wirkung auf Menschen hatte Congreve gar nicht gerechnet, denn er erwartete bei einem Raketeneinsatz, dass gegnerische Soldaten geschützt und etwaige Zivilisten im Vorfeld des Angriffs geflohen wären[24] (eine seltsame Annahme im Falle einer von allen Seiten eingeschlossenen Stadt). Nach Leipzig wurden die dort gewonnenen Erkenntnisse über die Verwendung der Rakete als Offensivwaffe auf dem Schlachtfeld sofort in Congreves Überlegungen eingebaut, wofür der Erfinder 1814 eigens die Abhandlung «Details of the Rocket System» publizierte. Deren Grundzüge finden sich dann in der Summa seines Plädoyers für den Einsatz von Raketen im Jahr 1827 wieder, die ganz konkrete Leipziger Erfahrungen einarbeitet. Neben der weit leichteren Handhabbarkeit der neuen Waffe biete sie vor allem den Vorteil, gegnerische Einheiten nicht nur auf bislang unerreichte Distanzen treffen, sondern außerdem eine deutliche höhere Ladung transportieren zu können als die konventionelle Artillerie. «Dadurch ist sie in der Lage, gegen Truppen im Felde eine weitaus schwerere Ausführung von Munition zum Einsatz zu bringen, als sie derzeit zu diesem Zwecke benutzt werden kann.»[25] Die Rakete war somit zur unmittelbaren Waffe gegen Menschen statt gegen Gebäude oder Schiffe geworden.

Und just dieses Ergebnis ihres erfolgreichen Einsatzes bei Leipzig bereitete zum Erstaunen des Erfinders ihren Niedergang vor, zumindest in England. Im weiteren Verlauf des Feldzugs gegen

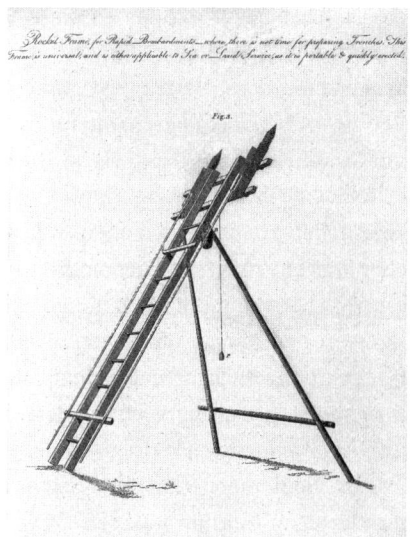

Aufstellung einer Raketen-
abschussvorrichtung an
Land, Kupferstich aus
Congreves 1814 erschiene-
ner Abhandlung über das
«Rocket System».

Napoleon sollte die Raketenbrigade bei den Truppen des schwedischen Kronprinzen verbleiben und nur noch einmal einen großen Auftritt haben: bei der Belagerung des französisch besetzten
Glückstadt, unweit der Elbemündung. Dort wurden die Raketen
zwar nach den ursprünglichen Vorstellungen ihres Entwicklers gegen eine befestigte Stadt eingesetzt, doch die Wirkung war abermals grässlich, weil die Bevölkerung sich angesichts der Umzinge-
lung eben nicht hatte zurückziehen können. Danach wurde die
Raketenbrigade kaum noch eingesetzt; auf den Schlachtfeldern in
Frankreich, wo im Frühjahr 1814 Napoleons Schicksal als Kaiser der
Franzosen fürs Erste besiegelt wurde, kämpften nur wenige Engländer, und als 1815, nach der Rückkehr Bonapartes von Elba und
der Herrschaft der hundert Tage, bei Waterloo die neben Leipzig
zweite Entscheidungsschlacht geschlagen wurde, stand die britische Armee unter dem Befehl von Wellington, der wie Nelson zu
den Verächtern der Congreveschen Raketen gehörte. Wie bereits

einige Jahre zuvor in Spanien hatte er auch im Frühjahr 1814 als Oberbefehlshaber der in Holland agierenden britischen Truppen angeordnet, dass die nun ihm unterstellte Raketenbatterie ihre Waffen im Depot einlagern und für den Rest des Feldzugs nur noch mit Gewehren ausgerüstet werde. Die in Leipzig gefeierten Männer sollten nach ihrer Rückkehr nach England im Januar 1816 nie mehr eine Raketenbatterie bedienen. Der nächste größere Einsatz solcher Waffen erfolgte in Europa erst im Krimkrieg.

Wenig Probleme hatte das englische Militär allerdings damit, Raketen in Übersee einzusetzen. Ausgerechnet Indien, von wo fünfzehn Jahre zuvor das Prinzip ihres militärischen Einsatzes übernommen worden war, wurde zum Hauptabnehmer der Produkte von Congreves Waffenschmiede. Die ersten Lieferungen trafen im September 1815 ein, beginnend mit nicht weniger als hundertzehn Tonnen Raketen.[26] Die Vorteile gegenüber der ungleich schwereren klassischen Artillerie kannte die Ostindische Kompanie, die als Käufer agierte, ja bereits aus leidvoller Erfahrung; nun aber bekam man zudem verbesserte Raketentechnik geliefert. Congreve selbst zitiert mit Stolz entsprechende Langzeituntersuchungen, die die von ihm zusammen mit den ersten Lieferungen nach Indien entsandten Experten angestellt hatten.[27] Jedoch diente diese Begleitung der in England hergestellten Waffen nicht vorrangig statistischen Erhebungen zur Qualitätssicherung; es handelte sich bei den Mitreisenden vielmehr um Instruktoren, die nicht nur den Truppen der Ostindischen Kompanie beizubringen hatten, wie die Raketen zu benutzen waren, sondern auch verhindern sollten, dass man in Indien einfach einzelne Stücke auseinandernahm, um ihre Konstruktion zu untersuchen und sie nachzubauen. Congreve war als Geschäftsmann ebenso gewieft wie als Erfinder.

Den fulminantesten Einsatz erlebten seine Raketen jedoch auf der anderen Seite der Welt, im britisch-amerikanischen Krieg, der 1812 ausgebrochen war. Ein Jahr später, noch vor der Völkerschlacht, waren im August 1813 während der Schlacht von Bladensburg Raketen von britischer Seite auf amerikanische Miliz abgefeuert worden, was auch schon eine heillose Flucht provoziert hatte, die vom britischen Militär aber im Resultat nicht ernst genommen worden war, weil man es auf Feindesseite ja nicht mit regulären Truppen zu tun hatte. Erst die Panik der doch sonst so für ihre Disziplin bewunderten napoleonischen Streitkräfte angesichts der Raketen von Leipzig lieferte den endgültigen Beweis für die Durchschlagskraft der neuen Waffe. Auch die anderen europäischen Mächte begannen nun, sich Raketen zuzulegen. Dänemark war nach Großbritannien die zweite Nation, die über diese Waffe verfügte – man hatte ein auf Kopenhagen abgefeuertes, aber nicht explodiertes Exemplar nachgebaut. Österreich, Frankreich und Russland folgten, wobei im Zarenreich vor allem Prinz Michail Woronzow die treibende Kraft war. Er hatte Congreves Raketen bei Leipzig im Einsatz beobachtet und setzte sie später als Oberbefehlshaber in den Kaukasuskriegen ein.[28]

An den Rändern und abseits des sich für so kultiviert haltenden Europas, das allerdings nach 1815 auch eine der längsten Friedensperioden seiner Geschichte erlebte, hatte man also wenig Skrupel. In Indien wurde die Rakete eine wichtige britische Waffe, die sich vor allem in der zweiten Hälfte der zwanziger Jahre des neunzehnten Jahrhunderts im Krieg mit burmesischen Angreifern bewährte, weil die Kämpfe sich vorrangig im unwegsamen Assam abspielten, wo traditionelle Artillerie kaum einzusetzen war. Und in den Vereinigten Staaten machten Congreves Raketen im Jahr 1814 beim Beschuss des Stützpunktes Fort Henry durch die britische Flotte dermaßen großen Eindruck, dass sie in den damals verfassten Text der amerikanischen Nationalhymne eingegangen sind: «And the rockets' red glare, / the bombs bursting in air, / Gave proof through the night / that our flag was still there.» («Und der Raketen roter Schein / das Bersten der Bomben in der Luft / gaben die Nacht hindurch Kunde / dass unsere Flagge noch da war.»)[29]

Umso enttäuschter war Congreve darüber, dass das eigene Land nicht durchgehend auf sein nun ja offensichtlich bewährtes Waffensystem setzte. Die Rede vom «System» war ihm wichtig, denn er verstand die Rakete als eigenständiges taktisches Mittel, das zwar zur Ergänzung der traditionellen Artillerie brauchbar war, aber die spezifischen Stärken in den Augen des Erfinders nur entfalten könnte, wenn man die ganze Armee damit ausstattete.[30] Dann erst wäre es möglich gewesen, Congreves Idealvorstellung eines aufeinander abgestimmten und umfassenden Feuerangriffs durchzuführen: Je dichter dessen Abfolge und je stärker die Intensität der Abschüsse, desto mehr Chaos beim Gegner versprach er sich davon. Und desto höher natürlich auch der Absatz seiner Raketen. Aber in seinem «Treatise» von 1827 wird gleich im ersten Satz des Haupttextes die Verbitterung spürbar: «Es ist ein bemerkenswerter Umstand, dass die Macht der Rakete auf dem Kontinent höher geschätzt wird als in diesem Land; und dass ausländische Mächte größere Anstrengungen bei der Bildung von Raketeneinrichtungen unternehmen, als es in unserem eigenen Land bei Fortführung und Ausbau des Gebrauchs dieser Waffe der Fall ist.»[31] Tatsächlich übernahmen im Laufe der nächsten drei Jahrzehnte alle kontinentalen Armeen einschließlich der französischen die Raketen (deren Konstruktionsprinzipien auf Dauer ohnehin nicht geheim zu halten waren, zumal Signalraketen längst in allen Staaten eingesetzt wurden), allerdings machte sich niemand die systematischen Überlegungen von Congreve zunutze. Durch William Hale wurde die britische Raketentechnik zwanzig Jahre nach Congreve dann zwar noch einmal entscheidend verbessert (er ersetzte den Lenkstab durch eine die Flugbahn stabilisierende Rotation), doch am 24. April 1866 beendete die britische Armee offiziell ihren Gebrauch von Raketen als Waffen und rangierte die noch vorhandenen Exemplare aus.[32]

So blieb Europa die von Congreve erhoffte Aufrüstung mit Raketen, die seiner Ansicht nach ein durchaus «modern» anmutendes Gleichgewicht des Schreckens etabliert hätte, im neunzehnten Jahrhundert erspart. Der heutige Gebrauch von tragbaren Raketenwerfern, die vor allem im Guerillakrieg in aller Welt gegen ansonsten überlegene Streitmächte eingesetzt werden, hat bedauerlicherweise die Richtigkeit seiner Überlegungen erwiesen – und als Congreve nach der Völkerschlacht seine Abschussrampen aus Leitern durch leicht tragbare Metallrohre ersetzte, hatte er auch den entscheidenden Schritt zu einem noch flexibleren Gebrauch der Waffe gemacht. Von Entwicklungen wie gepanzerten Fahrzeugen, die im zwanzigsten Jahrhundert die Raketentechnik als Panzerabwehrwaffen forcierten, konnte er noch nichts ahnen, aber der Wettlauf um Raketen mit immer größeren Reichweiten entsprach genau seinen Anfangsüberlegungen, mit denen er in Woolwich an die Verbesserung der primitiven indischen Vorbilder ging.

Zwar führte die Völkerschlacht bei Leipzig nicht, wie von Congreve erhofft, zum Durchbruch seines Waffensystems. Doch es war der größte Moment in seinem Leben, der auch ihm – wie Goethe und Thomas Fox-Strangeways als dem Nachfolger des gefallenen Bogue – den russischen Annenorden einbrachte, den er vom Londoner Botschafter des Zaren im November 1813 verliehen bekam. Das Bedauern, die Wirkung der Raketen nicht selbst beobachtet zu haben, merkt man einem Brief an, den Congreve im Dezember 1813 schrieb: «Obwohl ich nicht persönlich auf dem Schlachtfeld von Leipzig anwesend war, befand ich mich praktisch und im Geiste dort. Ich befand mich sowohl als Ursache als auch als Effekt dort. Ein Teil von mir, wenn mir diese Ausdrucksweise gestattet ist, nämlich die Essenz meiner persönlichen wie finanziellen Mühen, fand dort seinen Ausdruck.»[33] Die Realisierung seiner militärischen Träume hatte er verpasst, aber Congreve holte den Besuch nach, als er kurz vor seinem Tod, schon kaum noch in der Lage zu gehen, auf den Kontinent übersiedelte, um dem ihm nicht bekömmlichen englischen Klima zu entgehen, und dabei die Möglichkeit wahrnahm, sich im Rollstuhl über das Schlachtfeld von Leipzig fahren zu lassen – ein Veteran der Völkerschlacht, der gar nicht dabei gewesen war, aber durch ihren Verlauf seine Geistesleistung bestätigt sah. Ob er das Grab von Richard Bogue auf dem Friedhof von Taucha besucht hat, ist nicht überliefert.

11. TAG 4 DER SCHLACHT:
DIENSTAG, DER 19. OKTOBER

▼

Einer der populärsten Helden dieses Tages, der preußische Generalmajor Carl Friedrich Friccius, hatte die Nacht auf den Dienstag südlich der Gehöfte von Stünz verbracht, an vorderster Linie der preußischen Truppen des 3. Armeekorps unter Bülow. Erholsam war die Nachtruhe nicht, denn auf dieser vorgerückten Stellung galt erhöhte Wachsamkeit. Anderen indes erging es noch schlimmer; erst am frühen Morgen kamen die während der Kämpfe des vorigen Tages versprengten Angehörigen der Truppe von Friccius an: «Unsere Tirailleure waren, nachdem sie ihr gestriges Tagwerk vollbracht hatten, die ganze Nacht hindurch auf dem weiten Schlachtfeld umhergeirrt, um unser Bataillon zu finden.»[1] Als sich um sieben Uhr der Nebel auflöste, brach man auf in die Schlacht.

Heute erinnert im Volkshain Stünz eine der vom Schriftsteller Theodor Apel gestifteten Markstelen (die sogenannten Apelsteine) an dieses Lager – eine Besonderheit unter diesen Erinnerungsorten an die Völkerschlacht, die ansonsten nur Kampfschauplätze oder ewige Ruhestätten der Beteiligten verzeichnen. Aber Friccius sollte an diesem Dienstag zur Legende werden, weil es seine Einheit war, die als Erste in die Stadt Leipzig eindrang. Zumindest behauptet Friccius das in seinen Erinnerungen «Geschichte des Krieges in den Jahren 1813 und 1814». Darin singt er vor allem ein Loblied auf die neu ausgehobene Landwehr, über die auch er selbst, ein vierunddreißigjähriger Oberlandesgerichtsrat aus Königsberg, zu den Waffen gerufen worden war. Er befehligte ein Landwehrbataillon, hatte also Soldaten unter sich, die nur kurze Zeit ausgebildet worden waren und notgedrungen noch nicht die Disziplin des regulären Heeres besaßen. Nicht nur die altgedienten Soldaten, sondern auch der Generalstab und der preußische König ließen die Novizen deshalb spüren, dass sie eigentlich Kämpfer zweiter Klasse waren, und dieser Stachel saß bei Friccius so tief, dass er dreißig Jahre lang Material sammelte, um dann 1848 den ersten Band seiner sechshundertseitigen Erinnerungen zu publizieren, die sich nur mit dem heroischen Einsatz seiner Einheit in den Jahren 1812 und 1813 befassen. Friccius begründete denn auch die Notwendigkeit seiner Memoiren im Vorwort mit «den vielen Kränkungen», die die Angehörigen des Königsberger Landwehrbataillons «seit unserer Auflösung im Februar 1814 erlitten hatten».[2] In der Tat war sein Bataillon das einzige der Landwehr, dem Bülow beim Sturm auf Leipzig vertraute (der Rest blieb in Reserve), aber ob es wirklich eine solch entscheidende Rolle dabei gespielt hat, wie Friccius selbst glauben machen will, ist zweifelhaft. Der schieren Masse der alliierten Angreifer hätten die Verteidiger der Stadt auch ohne den Einsatz seiner Einheit nicht auf Dauer standhalten können.

Der militärische Verlauf der Völkerschlacht ist überwiegend nur aus solchen Zeugnissen rekonstruierbar, die lange nach dem Ereignis aufgeschrieben wurden. Die offiziellen Heeresberichte, wie sie etwa in den «Deutschen Blättern» von Brockhaus wenige Tage nach der Schlacht veröffentlicht wurden, beschränken sich auf grobe Verlaufsschilderungen, die nur selten einzelne Truppenteile hervorheben, dafür jedoch umso mehr Aufmerksamkeit auf die Befehlshaber verwenden. Friccius aber wird auch dort bereits lobend erwähnt, wobei man nicht außer Acht lassen darf, dass es durchaus ein propagandistisches Interesse für die Armeeführung daran gab, gerade die Leistung eines Landwehrbataillons hervorzuheben – diese Freiwilligentruppe, die erst acht Monate zuvor gebildet worden war, im ersten Moment der Auflehnung gegen Napoleon, verkörperte schließlich den Freiheitsdrang der preußischen Bevölkerung. Längst aber hatten die Befehlshaber den Krieg über die Grenzen Preußens hinausgetragen, und je stärker das Heldentum der Landwehrangehörigen hervorgehoben wurde, desto weniger, so hoffte man, würden diese an der Berechtigung ihres immer weiter fortdauernden Einsatzes zweifeln und möglichst auch nicht zu intensiv daran denken, dass sie sich ursprünglich nur zu den Waffen gemeldet hatten, um die Franzosen aus dem eigenen Land zu vertreiben – aber eben auch nicht weiter. Nun standen die Männer seit einem Dreivierteljahr im Krieg, und wenn es nach dem preußischen Kommando ging, sollten sie weitermarschieren, bis Napoleon endgültig besiegt war. Das hieß, bis in den Westen Deutschlands, wenn nicht gar nach Paris. Und wenn die Landwehr sich so tapfer schlug wie zunächst bei Großbeeren am 23. August, wo die erste Schlacht unter ihrer Beteiligung gewonnen wurde, und nun vor Leipzig, bewies das ja nur, dass man nicht auf sie verzichten konnte.

Der Mythos der allgemeinen Volkserhebung, der schon die französischen Revolutionstruppen zwei Jahrzehnte früher befeuert hatte, triumphierte also jetzt auch in Preußen, und in Friccius sowie seinem Hauptmann John Motherby – einem Königsberger Mediziner, der sich im Februar 1813 freiwillig zur Landwehr gemeldet hatte und beim Angriff auf Leipzig erschossen wurde – hatte man fortan auch individuelle Helden zu bieten. Motherby erhielt später ein auffälliges Grabdenkmal auf dem Leipziger Johannisfriedhof, das in der Gestalt des im März 1813 vom preußischen König eigens für den Kampf gegen Napoleon gestifteten Eisernen Kreuzes ausgeführt wurde. Der überlebende Friccius musste auf sein Denkmal länger warten; nach seinem Tod wurde es dann aber 1863 besonders aufwendig ausgeführt und an jener Stelle aufgestellt, an der seine Soldaten das Äußere Grimmaische Tor für die Angreifer öffneten. 1897 bekam er dann noch seinen eigenen Apelstein am erwähnten Ort des Nachtlagers, sodass Anfang und Ende seines längst mythisch gewordenen Eroberungszugs vom 19. Oktober 1813 markiert waren.

Die Nacht vom Montag auf den Dienstag hatte nur der einen Seite zur – relativen – Erholung, der anderen stattdessen zur Flucht gedient. Je tiefer die Dunkelheit, desto mehr Angehörige von Napoleons Armee setzten sich in Bewegung. Dabei wurde versucht, selbst die Schwerverwundeten aus den Lazaretten mitzunehmen. Ferdinand Heinrich Grautoff, der an der Straße vom Markt zum Ranstädter Tor sein Zimmer hatte, also am wichtigsten innerstädtischen Weg für den französischen Abzug, schildert die gespenstischen Szenen bei der beginnenden Räumung der Krankenlager: «Mit Gewalt wurden viele selbst aus den Lazaretten in das Gedränge der Fliehenden hinausgestoßen. Es war ein Anblick, der den rohesten Menschen empören mußte! Von Hunger und Durst gequält, den brennenden Schmerz in ihren eiternden Wunden, den grausigen Frost des Fiebers in allen Gliedern, wurden diese Unglücklichen, wie eine Herde zur Schlachtbank, fortgetrieben in das sichere Verderben; die Zögernden und Wankenden stieß man mit Flintenkolben, ohne weiter auf ihr Schreien zu achten. Schon in der Hainstraße, wo ich wohnte, fielen zwei dieser Armen tot nieder; gleichgültig schritten nun über ihre Leichen Pferde und Menschen fort; ja, schon am andern Tag waren sie so zertreten und zerfahren, daß man kaum noch eine Spur von ihnen sah, und ihr zermalmtes Gebein unter dem hoch aufgehäuften Gassenkot tief begraben blieb. Dessen ungeachtet mußte der größte Teil der Verwundeten und Kranken in den Lazaretten liegen bleiben, denn es fehlte an Wagen und Pferden, um von den Schwerverwundeten mehr als die angesehensten Offiziere fortzuschaffen.»[3]

Außerhalb des Stadtzentrums ging es etwas weniger chaotisch zu. Zunächst hatte man im Osten von Leipzig bis auf ein paar Bataillone, die den Eindruck weiter vollständig besetzter Stellungen vermitteln sollten, alle Gebiete, die außerhalb der Vorstädte lagen, geräumt und sämtliche Verteidigungskräfte auf die Straßen hinter dem Äußeren Grimmaischen Tor konzentriert, wo Napoleon zu Recht den Hauptvorstoß zur Eroberung Leipzigs erwartete. Es ging nicht mehr darum, die Stadt zu halten, es galt, Zeit zu gewinnen, um die unabsehbaren Menschenmassen des französischen Heeres sicher abziehen zu lassen. Dass dagegen bevorzugt deutsche und polnische Truppenteile der napoleonischen Armee in der Stadt zurückgelassen wurden, war nicht, wie man vermuten könnte, ein Zeichen dafür, dass der Kaiser der Franzosen schon den ganzen Krieg verloren sah und nur zweitrangige Einheiten zur Deckung des Abzugs in Leipzig einsetzte. Dafür waren die ebenfalls zur Nachhut zählenden mehr als zwanzigtausend französischen Soldaten, die von solch populären und prominenten Heerführern wie Macdonald, Reynier oder Poniatowski befehligt wurden, zu wichtig.

Gemeinsam sollten die zurückgelassenen Truppen die alliierten Kräfte binden, damit diese nicht doch noch versuchten, ihr Augenmerk auf den Westen der Stadt zu richten. Dazu war ein heftiger Abwehrkampf im Osten genau das Richtige, zumal sich damit auch die feindlichen Einheiten, die im Norden oder Süden der Stadt standen, beschäftigen ließen. Je länger dieser Kampf dauern würde, desto besser. Um zwei Uhr morgens bereits hatten die im Süden stationierten polnischen und französischen Soldaten ihre vorderste Linie in Connewitz endgültig geräumt und sich unmittelbar vor das Äußere Peterstor und das Münztor zurückgezogen, durch die der Weg in die südlichen Vorstädte führte. Der Plan, die alliierten Truppen an diesem Frontabschnitt hinter sich her und damit weiter fort von der Abzugsroute, also der Chaussee nach Westen am anderen Ufer von Pleiße und Elster, zu locken, ging jedoch nicht vollständig auf: Die österreichischen Truppen, die vor Connewitz übernachtet hatten, rückten nur langsam nach, weil die Heeresleitung der Alliierten, wie von Napoleon erwartet, ihre Anstrengungen auf den leichter zugänglichen Osten der Stadt konzentrierte.

Dahinter, in der Etappe, versuchten einige mutige Bewohner der in den ersten drei Tagen verwüsteten Dörfer, ihre Häuser zurückzugewinnen – wenn die noch standen. Dafür aber musste man erst einmal die überall einquartierten alliierten Soldaten loswerden und durfte es sich mit ihnen dabei natürlich nicht verscherzen. Geplündert waren die Gebäude sowieso alle, denn selbst im ständig wechselnden Kampfgeschehen, das fast jede Ortschaft mal in den Besitz der Franzosen, dann wieder in den der Alliierten hatte kommen lassen, war immer wieder genug Zeit für die Krieger gewesen, nach Beute zu suchen. Besonders für die auf beiden Seiten in Reserve stehenden Truppen war das ein beliebter Zeitvertreib, und man hatte diese Ausplünderung der Häuser sogar als notwendig rechtfertigen können, weil etliche davon als notdürftige Unterkünfte für die zahllosen Verwundeten der Vortage requiriert worden waren und somit ohnehin hatten ausgeräumt werden müssen.

Unter den schon vor dem letzten Tag der Völkerschlacht aus der Evakuierung zurückgekehrten Dorfbewohnern war der Seiffertshainer Pastor Carl Gottlieb Vater, dessen Tochter Auguste über die List berichtete, mit der er im bislang von Soldaten belegten Pfarrhaus weiteren unerwünschten Besuch verhinderte: «Dienstag früh, den 19. Oktober, da die nächtliche Einquartierung der beiden Stuben wieder fortging, die plündernden Scharen der Nachzügler aber fortwährend nach und nach einzogen, war es des Vaters erstes Geschäft, im Dorfe nachzusuchen, ob er irgendein paar verwundete Offiziere finden könnte, die, seinem Hause zum Schutz, ihr Quartier darin aufschlagen möchten. Dies gelang sehr bald. In einem ziemlich verwüsteten Bauerngut lag ein österreichischer Hauptmann und ein Oberleutnant, von denen der letztere eine Blessur hatte, die ihn nicht am Gehen hinderte. Beide waren bereit, ihr schlechtes Logis mit einem besseren zu vertauschen und den erbetenen Schutz zu gewähren. Als aber der Vater sein Unvermögen erklärte, sie zu beköstigen, weil er selbst nichts habe, meinte der Hauptmann: ‹Vor der Hand können Sie darüber ruhig sein, Herr Pastor, denn noch zwei Tage wenigstens haben wir Lebensmittel und so lange sind Sie unser Gast. Dann aber freilich müssen Sie sorgen, daß wir nicht Hunger leiden dürfen, wenn wir bei Ihnen bleiben sollen.› Der Vater versprach's. Die Offiziere zogen ein, und der Leutnant säuberte binnen wenig Minuten das ganze Haus von dem plündernden Troß.»[4] Wobei Vater zweifellos auch seine Funktion als Pfarrer zugutekam, weil es regelmäßig die Geistlichen waren, mit denen während der Völkerschlacht die Offiziere beider Seiten in Verhandlungen standen: Mehr noch als die Ortsbürgermeister galten sie als Sprecher ihrer Gemeinden, blieben zudem meist bis zum letztmöglichen Augenblick in den Dörfern und kehrten später als Erste wieder zurück. Umgekehrt gingen die Offiziere gern auf Angebote wie die von Vater ein, weil die Pfarrhäuser neben den Landsitzen der Leipziger und einigen Rittergütern zu den besten Gebäuden in der Umgebung gehörten; die Bauernstuben versprachen zwar größere Chancen auf Verpflegung, waren aber für die nahezu ausnahmslos adligen Herren indiskutable Unterkünfte.

Zar Alexander, König Friedrich Wilhelm und der alliierte Oberkommandierende Schwarzenberg waren noch vor Tagesanbruch in Rötha beziehungsweise Borna losgeritten und kamen mit einem prunkvollen Gefolge, das schon auf den Siegeseinmarsch in der Stadt vorbereitet war, um sieben Uhr morgens bei der Tabaksmühle auf dem Thonberg an, wo Napoleon am Vortag seinen Befehlsstand aufgeschlagen hatte – Kaiser Franz verweilte dagegen noch länger im Nachtquartier von Rötha.[5] Am Thonberg wurde den beiden Monarchen die Nachricht vom Abzug der Franzosen gebracht: Obwohl immer noch Reste des Herbstnebels über der Leipziger Ebene lagen, konnte die Zahl der über Nacht unterhaltenen Wachfeuer bei Morgengrauen nicht länger über die Stärke der zurückgelassenen Truppen hinwegtäuschen. Boyen, der sich in der Nacht zuvor noch hatte irreführen lassen, war im preußischen Lager von Paunsdorf sofort zu Pferd gestiegen: «Ich eilte, so schnell ich nur konnte, zu unseren Vorposten und sah hier nur noch die Arrièregarde der französischen Armee in ganz guter Ordnung Leipzig zueilen. ... Sobald Bülow Gewißheit von dem begonnenen Rückzug hatte, ließ er ohne weiteren Befehl sogleich sein Armeekorps antreten, um womöglich die feindliche Arrièregarde noch auf freiem Felde zum Gefecht zu bringen. Allein das war nicht mehr möglich. Die Feinde hatten, als wir uns auf einen kleinen Kanonenschuß näherten, schon die Umgebungen Leipzigs erreicht, und man sah, wie sie verschiedene Anstalten zur Verteidigung trafen; zu beiden Seiten des Weges waren mehrere Hundert von Munitions- und Trainwagen unbespannt stehengeblieben, so daß man sich an einzelnen Stellen durchdrängen mußte.»[6]

Die zur Täuschung zurückgelassenen Wagen dienten nun auch noch als Annäherungshindernisse, und so dauerte es mehrere Stunden, bis man in Schussentfernung vor den Vorstädten lag, in denen sich Napoleons Truppen verschanzt hatten. Sie räumten in der Grimmaischen Vorstadt den bislang als Kriegsgefangenenlager genutzten Friedhof der Johanniskirche und durchbrachen dessen Umfassungsmauer mit Schießscharten. Das benachbarte Haus des Totengräbers wurde besetzt, es «drangen ohngefähr 50 Mann in meine Wohnung, trieben mich mit meiner Familie hinaus, schlugen die Fenster hinaus, und postierten sich daran im ersten und zweiten Stock nach der Straße zu»[7]. Es wurde also alles für eine möglichst effiziente Verteidigung der Stadt an dieser neuralgischen Stelle vorbereitet.

Um zehn Uhr war Leipzig von drei Seiten her eingeschlossen, die Kanonade auf die Vorstädte hatte längst begonnen, und überall standen die Angreifer vor den äußeren Toren. Die Sonne hatte sich gegen den Nebel durchgesetzt, doch auf alliierter Seite vermisste niemand mehr den Regen vom Beginn der Völkerschlacht, der den Preußen als verheißungsvolle «Sonne von Beeren» erschienen war: Die von Napoleon für sich in Anspruch genommene «Sonne von Austerlitz» war vor Leipzig endgültig gesunken, und die Soldaten wussten das jetzt. Im Süden und Südosten sollte Alexander, im Norden und Nordosten der schwedische Kronprinz Karl Johann den

Angriff leiten. In einem letzten verzweifelten Versuch, sich und das Land noch einmal aus der Affäre zu ziehen, ließ König Friedrich August seinen Feldintendanten Anton Friedrich Karl von Ryssel, den Oberbefehlshaber der spärlichen verbliebenen sächsischen Truppen und jüngeren Bruder jenes Generalmajors von Ryssel, der am Vortag die Seiten gewechselt hatte, als Parlamentär zum Zaren schicken, um einen Waffenstillstand in letzter Minute auszuhandeln; der Leipziger Magistrat wiederum hatte eigene Boten entsandt, denen es vor allem um die Schonung der Stadt ging.

Diese Missionen waren schon deshalb äußerst schwierig, weil die Abgesandten gar nicht wussten, wo sich die alliierten Heerführer aufhielten, mit denen es zu unterhandeln galt. Einer der Leipziger Parlamentäre, ein des Französischen mächtiger Steuereintreiber namens Wichmann, war zusammen mit einem französischen Trompeter losgeschickt worden, der ihm freien Durchlass bei den Verteidigern garantierte. Ursprünglich sollte Wichmann die Leipziger Verhandlungsdelegation nur als Führer begleiten, aber die hohen Herren – der sächsische Hofrat Gehler, ein weiterer Abgesandter namens Köhler und ein französischer Offizier, der zu kontrollieren hatte, dass man auch nicht den Interessen seines Kaisers entgegenhandelte – ließen es sich ebenso wenig wie die Angehörigen einer zweiten städtischen Delegation nehmen, in einer Kutsche aufzubrechen, und kamen deshalb nicht weit. Der Stadtrat Johann Carl Gross, der zusammen mit einem Leipziger Bürger namens Dufour die zweite Abordnung bildete, berichtete, wie sein Fahrzeug geradewegs in ein intensives Gefecht bei der Pforte an der Hintergasse hineinsteuerte, bei dem Kanonenkugeln und Granaten über sie hinwegflogen. «Hier erklärte der bei uns im Wagen befindliche französische Adjutant, daß es nunmehr, da das Gefecht sich so weit engagirt habe, nicht mehr möglich sei, durch die fechtenden Truppen zu dem commandirenden General zu gelangen, weshalb der Wagen umlenkte.»[8] Genauso erging es auch der Parlamentärskutsche mit Gehler und Köhler, und so mussten sich nun die jeweiligen berittenen Begleiter mit den Botschaften aus Leipzig allein zu den gegnerischen Heerführern durchschlagen.

Wichmann und sein französischer Trompeter fingen es schlau an, indem sie sich beim ersten Treffen mit alliierten Soldaten sofort ergaben und darum baten, zu den verbündeten Monarchen geführt zu werden; auf diese Weise kamen die beiden früher als Ryssel am Thonberg an.[9] Die unterschiedlichen Missionen zeigten den Angreifern, dass es keine einheitliche Führung beim Gegner mehr gab. Der ungeduldige Zar überließ deshalb die Unterhandlungen dem preußischen König, der seinerseits Boten zu Friedrich August sandte. Er verlangte von diesem, Leipzig sofort von den Franzosen räumen zu lassen und die Kapitulation der sächsischen Soldaten zu erklären, wenn er verhindern wolle, dass die Stadt gestürmt werde. Pro forma wurde dafür ein Ultimatum von einer halben Stunde gesetzt; in dieser Zeitspanne aber konnten die Emissäre niemals bis zum sächsischen König ins Thomäsche Haus gelangen und wieder zurückkommen[10], geschweige denn auch noch über die Forderungen beraten. Sie versuchten es dennoch, aber während sie mit Friedrich August sprachen, begann schon der Angriff auf Leipzig.

Der Kaiser der Franzosen hatte derweil die Nacht auf Dienstag im Hôtel de Prusse beim Peterstor verbracht, in dem er schon zehn Monate zuvor eingekehrt war, als er auf dem Rückzug aus Russland von Dresden kommend in Leipzig haltgemacht hatte. Damals ging die Reise weiter nach Frankreich, um jene Truppen zu sammeln, die nun bei Leipzig geschlagen worden waren. Aber diesmal gedachte Napoleon den Großteil seiner Streitmacht aus der Schlacht zu retten, um nicht noch einmal eine neue Armee ausheben zu müssen. Deshalb gab es in dieser Nacht wenig Schlaf: Der Kaiser traf Anweisungen für die weitere Durchführung des Rückzugs. Dazu gehörte auch die Vermeidung aller vorzeitigen Gerüchte. Nachts um drei Uhr wurde der Magistrat von Leipzig zusammengerufen und durch General Arrighi darüber informiert, dass mit einer Räumung der Stadt nur für den Fall eines Waffenstillstands zu rechnen wäre, «wird er aber abgeschlagen, so werden wir uns verteidigen und zu halten suchen, solange ein Stein auf dem andern steht, und soll dann die Stadt nur durch Sturm erobert werden».[11] Es war auch gelungen, die in der französischen Armee umlaufenden Nachrichten über die sächsische Desertion vom Vortag wieder einzudämmen, indem man die über das Faktum informierten Offiziere zum Stillschweigen verpflichtete. Selbst die Gardesoldaten in der unmittelbaren Umgebung des Kaisers wussten deshalb nichts über die genauen Umstände dieses Ereignisses.[12]

Für einen reibungslosen Ablauf des Rückzugs stellte sich das größte logistische Problem gleich zu Beginn in der Ranstädter Vorstadt, wo der Weg nach Lindenau noch durch die Häuser am Ranstädter Steinweg begrenzt wurde und somit wenig Platz bot. Außerdem floss direkt neben der westlichen Promenade die Pleiße, die damit ein weiteres Hindernis für den Abzug bot. Und etwas weiter außerhalb folgte die noch breitere Elster, über die es nur eine benutzbare Brücke gab. Andererseits bot diese Topographie die Möglichkeit, den Alliierten eine Verfolgung zu erschweren: Angeblich planten die Franzosen, die Häuser am Randstädter Steinweg und längs des parallel dazu laufenden Mühlgrabens nach ihrem Abzug mit Hilfe von mehreren Zentnern Pech anzuzünden, das sie bereits beim Magistrat angefordert hatten. «Als ihnen, zur Verhütung des Unglücks die Lieferung des Pechs, unter dem Vorwande, es sei nicht zu haben, beim Rathause abgeschlagen wurde, hatten sie solches bei dem Seilermeister Leitheritz bereits in Beschlag genommen», berichtet der Oberstadtschreiber Werner, das Durcheinander des Rückzugs verhinderte allerdings die Durchführung dieses Plans: «Die Fliehenden rannten aber die mit den Pechtonnen beladenen Wagen an der Postsäule vor dem Ranstädter Tore um, und so blieb das Pech zu unserem Glück denn doch unbenutzt liegen.»[13]

Über solche peinlichen Pannen schweigen die französischen Quellen. Für den Heeresbericht, der das Ende der Völkerschlacht festhielt (und also irgendwie die Niederlage zu erklären hatte), wurden vielmehr die Nachteile der Topographie beim Abzug dramatisiert: «Die bevorstehende Bewegung war mit großen Schwierigkeiten verknüpft. Das von Leipzig nach Lindenau sich hinziehende, zwei Stunden lange Defilee, ist von 6 bis 8 Brücken durchschnitten.»[14] Die Zahl der Brücken wurde in dieser Beschreibung kurzerhand verdoppelt, denn nur Pleiße, Elstermühlgraben innerhalb und ein Nebenarm der Elster außerhalb der Stadt waren in der Tat zu überqueren, und die zu absolvierende Wegstrecke erscheint im Heeresbericht ums Vier- bis Fünffache verlängert – wobei es durchaus sein kann, dass die sich in einem gewaltigen Tross bewegenden Menschenmassen tatsächlich zwei Stunden bis Lindenau brauchten, das etwa drei Kilometer vor Leipzig liegt. Der entscheidende Engpass der Brücke über den Elstermühlgraben bot jedoch zugleich eine Option, um den Erfolg des Rückzugs zu sichern: Wenn es gelang, diesen Übergang nach dem Passieren durch die eigenen Truppen abzubrechen, hatten die alliierten Verfolger keine rasche Möglichkeit mehr, über den durch die ständigen Regenfälle der letzten Zeit stark angeschwollenen Fluss zu kommen. Allerdings war die Brücke aus Steinen errichtet, weshalb Napoleon Befehl gab, eine Sprengung vorzubereiten.

Die Arbeit daran ging schon in der Nacht los, und einer der ersten Zivilisten, die etwas davon erfuhren, war der Stadtrat Johann Carl Gross, der noch im Rathaus ausharrte: «Zu dieser Zeit erschien aber ein französischer Officier mit einer von dem Commandanten signirten Requisition von einer Tonne Pech und einem Schock Reisigbündel. Ich nahm zwar die Requisition an und versprach deren Erfüllung, allein da dieselbe offenbar zu einer Brandlegung bestimmt war, so begab ich mich zu dem sächsischen commandirenden General v. Gersdorff, welcher sich aber nicht in seinem Quartiere im Hommelschen, jetzt Dähneschen Hause am Markte, sondern im Hauptquartier des Kaisers im Hôtel de Prusse befand. Dort suchte ich ihn auf, fand ihn auch ungeachtet des unglaublichen Gewühls von Generalen, Adjutanten und Ordonnanzoffficieren auf, und er beruhigte mich durch die Versicherung, daß diese Brandmaterialien nur zur Abbrennung der Brücke von Lindenau bestimmt wären.»[15] Diese Auskunft an Gross sollte die wahre Absicht verschleiern, um in Leipzig keine Panik auszulösen; in Wirklichkeit wurden die Brandsätze nicht nach Lindenau, sondern in die westliche Vorstadt zur Elsterbrücke gebracht. Napoleon hatte da eine gute Idee gehabt, denn tatsächlich sollte ihm die Zerstörung des Mühlgraben-Übergangs später am Tag beim Rückzug einen komfortablen Vorsprung verschaffen, aber wie sich noch erwies, hatte er damit zugleich einen für Tausende seiner Soldaten verhängnisvollen Befehl erteilt.

Bis Viertel vor neun hatte der Kaiser im Hôtel de Prusse noch etwas ruhen und frühstücken können. Dank des Leipziger Oberstadtschreibers Werner ist der dafür in Rechnung gestellte Verpflegungspreis überliefert: siebzehn Groschen und sechs Pfennige – ein äußerst geringer Betrag für die Mahlzeit eines Kaisers. Es hatte allerdings auch kaum etwas gegeben, was man ihm überhaupt servieren konnte. «Ein einleuchtenderer Beweis», so der lakonische Kommentar Werners, «wie groß der Brotmangel in Leipzig war, kann wohl kaum geführt werden, und selbst dies will im Verhältnis nichts sagen, daß der General Margaron, welcher mehrere Wochen unser Oberkommandant, in den letzten Tagen aber bei hiesigem Kuhturme postiert war, zwei Goldcarolin mit der Bitte aufs Rathaus schickte: man möge ihm dafür aus alter Bekanntschaft nur ein Kommissbrot zukommen lassen.»[16] Nach seinem kärglichen Frühstück brach Napoleon in Begleitung seiner wichtigsten Heerführer, mit denen er sich die Nacht über beraten hatte, über die Promenade zum Inneren Grimmaischen Tor auf und ritt dort zum ersten Mal seit Donnerstag wieder in die Stadt selbst.

Friedrich Rochlitz beschreibt die seltsame Stimmung dieses Einzugs: «Jeder Posten seiner Soldaten empfing ihn mit Jubelgeschrei, in den Straßen ward kein Laut gehört.»[17] Napoleon suchte

König Friedrich August im Thomäschen Haus auf, zu dessen Schutz er in der Nacht das sächsische Leibregiment von seinen Pflichten im Feld entbunden und zurück nach Leipzig geschickt hatte. Der König erwartete den Kaiser mit Frau, Tochter und seinem gesamten in Leipzig anwesenden Hofstaat bereits vor dem Eingang zum Haus – ein Ausdruck ihres Rangunterschieds, der beiden nur zu bewusst und trotz der Umarmung für die zahlreichen Beobachter auf dem Marktplatz offensichtlich war.

Für die nächste halbe Stunde begaben sich Napoleon und Friedrich August in die königliche Wohnung in der ersten Etage, deren repräsentative Räume sich zum Marktplatz öffneten, sodass Schaulustige wie Rochlitz von außen verfolgen konnten, wie der Kaiser im Inneren dem König die Lage auseinandersetzte: «Aus der Nachbarschaft konnte man bemerken, wie er, indes sich Murat mit der Königin auf dem Sofa besprach, mit dem König im Erker redete. Die Bewegungen seiner Hände waren hastig und bezeichnend, seine Miene und übrige Haltung gefaßt und anständig. Er sprach viel und fast immerfort. Der König stand in seiner gewohnten, stillen Würde; er schien wenig und nur Bedeutendes zu sagen: dies glaubte man aus Napoleons Achtsamkeit und Miene lesen zu können.»[18] Nur einmal scheint Napoleon bei dieser Begegnung aus der Rolle des Souveräns auch im Moment der Niederlage gefallen zu sein, als er gegenüber der Königin von Sachsen eine in drastischen Worten gehaltene Einschätzung äußerte, die ihren Bruder betraf, den König von Bayern, der am 8. Oktober 1813 sein Bündnis mit Frankreich gebrochen und zu den Alliierten übergetreten war: «Madame, je n'ai qu'un mot à Vous dire, Votre frère est le plus grand coquin.»[19] (Madame, ich habe Ihnen nur ein Wort zu sagen: Ihr Bruder ist der allergrößte Spitzbube.)

Der Abschied der beiden Verbündeten ist das letzte Schlüsselereignis der Völkerschlacht, noch hätte sich der König im letzten Moment von Frankreich lossagen können – oder auch mit Napoleon zusammen fliehen. Doch der zweiundsechzigjährige Monarch, der vor einem halben Jahr noch so wankelmütig gewesen war, blieb nun gleich doppelt fest: in seiner Treue zum Bündnis mit Napoleon und zu seinem Land, das er nicht zu verlassen gedachte. Deshalb kam der Kaiser der Franzosen umsonst. Er konnte Friedrich August nicht dazu bewegen, ihn auf dem Rückzug zu begleiten und sich bis zur Erholung der französischen Militärstreitkraft in Paris aufzuhalten. Allerdings war der Kaiser sich der desillusionierenden Wirkung dieses Angebots bewusst, denn es enthielt ja das Eingeständnis, dass nicht nur die Schlacht von Leipzig verloren war, sondern – zumindest für absehbare Zeit – auch ganz Sachsen. Deshalb behauptete Napoleon gegenüber dem versammelten sächsischen Hofstaat, er ziehe sich nur für kurze Zeit zurück, um seine Kräfte neu zu sammeln, und wolle dann binnen drei Tagen Leipzig wieder entsetzen. Es werde mit ihm keinen Frieden geben, der Sachsen zum Nachteil gereiche.[20]

Die vor dem Haus wartenden Begleiter Napoleons wurden unruhig, weil ihr Kaiser so lange mit dem sächsischen König sprach, aber schließlich kamen beide Monarchen wieder herab. Wiederum vor der Tür, in aller Öffentlichkeit, fand der eigentliche Abschied statt, und Napoleon bewegte sich mit seinem Reiterzug unter der üblichen Führung des Leipziger Postillions Gabler vom Marktplatz in die Hainstraße, um die Innenstadt durch das westliche Ranstädter Tor zu verlassen, das direkt auf die Straße nach Lindenau führte. Das war aufgrund des Rückzugs leichter gedacht als getan, und als der Kaiser gegen Viertel vor zehn auf dem unmittelbar vor dem Tor gelegenen Fleischerplatz anlangte, war dort der Weg völlig verstopft. Auch die vorauseilenden Kürassiere konnten im Gewirr der Menschen und Wagen für Napoleon keinen Platz schaffen, weil sich alles im und vor dem Tor staute. Es war symptomatisch: Der immer noch mächtigste Mann der Welt konnte nicht einmal mehr nach eigenem Willen die Stadt verlassen. Und niemand wusste, wann der eigentliche Angriff auf Leipzig beginnen würde.

Der Rückzug wurde zur Farce, als Napoleons Reitertrupp umdrehte und unter Gablers Führung durch die schmale Fleischergasse zur Barfußpforte kam, einem der kleinen Durchlässe in der Stadtbefestigung, der natürlich verschlossen war und von einer Abteilung Soldaten aus Baden bewacht wurde. «Die Wache wollte erst die Schlüssel des Pförtchens vom Kommandanten holen», hat Gabler zu Protokoll gegeben, «worauf man natürlich nicht warten wollte.»[21] Es ging weiter in die Klostergasse, am nahegelegenen Haus von Rochlitz vorbei, der gerade einen Bekannten zu Gast hatte, der für den Magistrat tätig war und ihm von einer Zusage Blüchers berichtete, die Stadt zu schonen, soweit das bei der bevorstehenden Erstürmung möglich wäre. «Kaum hatte ich diesen halben oder Viertelstrost vernommen, als ich in der Klostergasse Napoleon mit großer Begleitung seiner Garde vorüberreiten sah. Er war im schlechten, kotbespritzten Überrock; sein Gesicht (ich stand ganz nahe, um es zu erkennen) war weder verlegen noch verwegen, noch auch sonst beunruhigt, sondern in der starren, scheue Ehrerbietung erzeugenden Kälte, die oft an ihm vor entscheidenden Momenten, eben wenn's in ihm kocht und sprudelt, bemerkt worden ist. Murat und Poniatowski waren glänzend geschmückt; die anderen schimmernden Herren zu erkennen, war nicht Zeit.»[22] Napoleon wollte selbst im Moment, in dem sein eigener Rückzug zu scheitern drohte, gute Figur machen – wie er auch unmittelbar nach dem Aufbruch vom sächsischen König nach dem Bericht des Oberstadtschreibers Werner noch ganz ruhig gewirkt hatte, «nur nahm er auffallend oft Tabak»[23], was aber viele andere ebenfalls taten, denn das Schnupfen diente dazu, den über der Stadt liegenden Gestank der Toten und Verwundeten zu mildern.

Hinter der Thomaskirche erwies sich auch die Thomaspforte als zuverlässig verbarrikadiert und für den Kaiser unzugänglich, also musste das nächste große Stadttor angesteuert werden. Das waren entweder das Peterstor im Süden oder das Ausfalltor der Pleißenburg, in der aber so viele Verwundete lagen, dass ein größerer Trupp deren Hof kaum hätte passieren können. Das Peterstor wiederum öffnete sich auf einen jener Bereiche außerhalb der Innenstadt, die schon seit Stunden unter alliiertem Beschuss lagen, sodass Napoleon und seine Begleitung nach dem schließlich geglückten Verlassen der Innenstadt erst einmal eine Zwangspause einlegen mussten, ehe sie über den westlichen Promenadenring doch noch vors Ranstädter Tor und dort endlich auf die Chaussee nach Lindenau gelangten – vorbei an den französischen Soldaten, die sich bemühten, die Brücken für spätere Verfolger unpassierbar zu machen, und unmittelbar am Ausgang der Ranstädter Vorstadt über die Elsterbrücke, die bereits vermint war, um nach dem Abzug der letzten Truppenteile gesprengt zu werden.

Diese Explosion war von den dem französischen General Rogniat unterstellten «Genietruppen» vorbereitet worden, einer Armeeabteilung, die auf Verminungen spezialisiert war. Nach Napoleons nächtlichem Befehl hatte Rogniat den Oberst Montfort mit der Durchführung der Sprengung betraut, und der Einfachheit halber hatte dieser nicht das bereits in den Vortagen verminte Brückenbauwerk selbst weiter mit Explosivstoffen versehen, sondern ein Boot mit drei Pulverfässern darunter auf dem Elstermühlgraben befestigen lassen. Diese massive Sprengladung konnte von einem unmittelbar an der Brücke auf der stadtabgewandten Seite gelegenen Gebäude aus gezündet werden, das passenderweise den Namen «Kleine Funkenburg» führte. Der Kaiser selbst war einer der Letzten, die hier durchkamen. Um elf Uhr erschütterte die gewaltige Detonation den gesamten Westen der Stadt: «Ehe noch Napoleon in Lindenau sein konnte», notierte Rochlitz, «hörten wir – und ich vornehmlich, nach der Lage meiner Wohnung – einen einzelnen, von allen andern Feuern unterschiedenen, entsetzlichen Krach. ‹Sie haben eine ganze Batterie gegen das verrammelte Tor gerichtet!› schrien mir einige Untenstehende herauf; aber es war die alte, sehr stark erbauete Elsterbrücke gewesen, welche gesprengt und mit eins in den Fluß zusammengestürzt war.»[24] Ferdinand Heinrich Grautoff dagegen wiegelt in seinen Aufzeichnungen kaltblütig ab: «Ich war in jenem Augenblicke in einem Hause nahe dem Ranstädter Tore, kaum 5 Minuten weit von jener gesprengten Brücke; dessen ungeachtet hörte ich nichts von der Explosion. So groß war der Tumult unter den Fliehenden, so laut krachte des Feindes und Freundes Geschütz!»[25] Der unerschrockene Theologiestudent war indes der einzige Leipziger Zeitzeuge, der die Explosion nicht gehört haben will.

Als wäre sie das Signal dafür gewesen, begann unmittelbar nach der Sprengung auch der eigentliche Angriff auf Leipzig. Er konzentrierte sich, wie schon angesichts des Aufmarschs zu erwarten, zunächst nahezu ausschließlich auf die Grimmaische Vorstadt, während auf der gegenüberliegenden Seite der Stadt die Ströme der abziehenden französischen Truppen nicht abrissen, die aus dem Ranstädter Tor und über die Promenaden quollen. Inwieweit die Alliierten beim Sturm auf die Stadt Rücksicht gegenüber der Leipziger Bevölkerung walten ließen, ist schwer zu sagen. Die Leipziger selbst beschreiben die Kanonaden, die über die Grimmaische Vorstadt hereinbrachen, als Inferno. Der von den französischen Verteidigern aus seiner Wohnung vertriebene Totengräber Ahlemann etwa erinnert sich: «So entschloß ich mich mit meiner Familie, ohngeachtet des Kugelregens, ins Hospital zu gehen, wo man in dem Hause der starken Mauer wegen, doch etwas sicherer war; glücklich kam ich mit meiner Familie und übrigen Habseligkeiten an die Thüre des Hospitals und bald darauf in der Pächter Wohnung an, allein nun erst da ich einigermaßen Schutz zu haben glaubte, hörte ich erst, was ich in der größten Angst nicht so geachtet hatte, nämlich den nahenden Donner der Cannonen, welcher in der Pächter Wohnung von denen Anwesenden, mit Angst und Schrecken Gehäule vermischt war, wenn die Kugeln durch die Scheunen Dächer saußten und die Gebäude alle um uns her in Brand zu stehen schienen, da lag ein jeder auf seinem Raum, und betete zu Gott um Errettung, denn es war als sollte die Welt in jedem Augenblick untergehen, und so hatte man vier Stundenlang, diese schreckliche Angst auszustehen ...»[26] Der preußische Offizier Mente dagegen, der als Angehöriger einer weit vorn eingesetzten Brigade der Bülowschen Truppen am Kampf vor dem Äußeren Grimmaischen Tor teilnahm, also in unmittelbarer Umgebung des Johannisspitals, in das sich Ahlemann und die Seinen geflüchtet hatten, beklagte sich in seinen Erinnerungen bitter über die angeblich humanitär bedingte Zurückhaltung beim Beschuss der Stadt, die letztlich zu höheren Verlusten auf Seiten der Alliierten geführt habe: «In Fällen wie dem vorliegenden, wo es allen zuallererst auf die sofortige und vollständige Niederwerfung eines gewaltigen Feindes ankommt, hätte man von diesen Humanitätsrücksichten aber um so mehr Abstand nehmen können und müssen, da die gegen die Mauer verwendeten Geschosse der eigentlichen Stadt keinen oder nur sehr unerheblichen Schaden zufügen konnten. Die innere Stadt liegt mindestens 1500 Schritt vom äußeren grimmaischen Thore entfernt; die Kanonenkugeln aber hätten dieselbe darum nicht sehr beschädigen können, weil sie an den größtentheils massiven Vorstadtgebäuden, welche übrigens mit wenigen Ausnahmen von den Bewohnern verlassen waren, erlahmt wären und vielleicht nur ganz vereinzelt bis zur Stadt hätten dringen können. Anstatt den geringen Schaden für die Stadt zu riskiren, welchen eine scharfe Kanonade verursachen konnte, verschmähte man diese sichere Maßregel zum Erfolg ... und opferte unverhältnismäßig viel Menschenleben. Gewiß schickte man die Angriffscolonnnen in dem irrigen Glauben vor, dass es leichten Kampfes gelingen werde, das Thor zu occupiren.»[27]

Dabei spielte aber auch eine Rolle, dass die alliierten Heerführer nicht mehr mit heftigem Widerstand durch die Franzosen gerechnet hatten. Schon gegen neun Uhr an diesem Morgen hatte es ein städtischer Türsteher namens Müller geschafft, mit Genehmigung der französischen Stadtverwaltung trotz des ständigen Beschusses der Vorstädte durchs Äußere Hallesche Tor zu kommen und den

eine Viertelstunde außerhalb lagernden Marschall Blücher aufzu-
suchen – Müller gehörte zur zweiten Delegation des Magistrats, die
den preußischen Feldherrn um die Schonung der Stadt bitten
sollte. Wie Wichmann war auch er ursprünglich nur als ortskundi-
ger Begleiter der eigentlichen Parlamentäre vorangeritten und
hatte die heikle Mission schließlich selbst übernehmen müssen, als
es den prominenten Emissären zu heikel geworden war. Blücher
kündigte gegenüber Müller die baldige Erstürmung an, sagte aber
zu, dass es keine Plünderungen geben werde; im Gegenzug erfragte
er von Müller die Stärke der noch in der Stadt verbliebenen französischen Einheiten. Weil der Türsteher nicht wusste, dass die
Marschälle Augereau, Marmont und Poniatowski noch mit ihren
Truppen in den Vorstädten standen, gab er aber eine zu niedrige
Schätzung an. Als die Eroberung der Stadt zwei Stunden später begann, trafen die Angreifer deshalb auf viel mehr Gegner, als sie erwartet hatten. Müller brachte dieser Irrtum nach der Einnahme
der Stadt noch eine Anklage als französischer Spion ein, doch bevor
er vor ein Militärgericht gestellt wurde, begnadigte man ihn.[28]

Das Augenmerk der Alliierten richtete sich auf die östlichen äußeren Tore links und rechts des in der Grimmaischen Vorstadt gelegenen Friedhofs- und Spitalsgeländes: also auf das Hospitaltor,
das die von Süden her kommende Landstraße nach Grimma ab-
riegelte, und insbesondere auf das Äußere Grimmaische Tor, das
mächtigste Vorwerk auf dieser Seite, mit dem man den Zugang
über die von Osten kommenden Straßen nach Taucha und Wurzen
kontrollierte. Die Soldaten der Verbündeten waren morgens hier
noch in aller Ruhe aufmarschiert, weil es bis zu den Vorstädten
kaum eine französische Gegenwehr mehr gegeben hatte – nur eine
vereinzelte Artilleriestellung nahe des Thonbergs im Südosten
bereitete noch ein paar Schwierigkeiten. Mente war mit seiner
Brigade in den sogenannten Kohlgärten angelangt, einem östlich
der Stadt gelegenen Gemüseanbaugebiet in den feuchten Niederungen des Riezschke-Baches. «Von diesem Standpunkt aus hatten

wir die Stadt Leipzig und insbesondere das äußere grimmaische Thor und die Stadtmauer auf etwa 1500 Schritt vor Augen; denn damals war das Feld zwischen der erwähnten Kirche und der Stadt noch nicht mit Häusern bebaut. Wir konnten daher alles, was sich diesseits der Mauer ereignete, genau beobachten. Wir sahen, dass unmittelbar dem Thor gegenüber zwei Batterien, eine preußische und eine russische, placirt waren, welche die außerhalb des Thores aufgestellten feindlichen Truppen und Geschütze aus einer ziemlich weiten Entfernung beschossen. In der Nähe dieser Batterien waren mehre Bataillone aufgestellt. Nach einer Weile gegenseitigen Geschützfeuers zog sich der Feind in das Innere des Thores zurück.»[29] Man mag es Pech für die Soldaten nennen, dass hier der Kronprinz von Schweden kommandierte, der nun die Chance gekommen sah, eine entscheidende Rolle in der Völkerschlacht zu spielen und deshalb das preußische Korps unter Bülow ohne Rücksicht auf Verluste angreifen ließ. An der Spitze dieses Verbands kämpfte das Landwehrbataillon von Friccius, dem es bald darauf gelingen sollte, über eine wenig gesicherte Mauerstelle in die Vorstadt einzudringen. Friccius selbst spottet in seinen Erinnerungen: «Die äußern Thore waren von innen zum Theil mit spanischen Reitern, Bäumen und anderen Hindernissen stark befestigt, was ohne allen Nutzen zu sein schien, da in der Nähe leichte Wände und Mauern waren, welche man leicht einschlagen konnte.»[30]

Bis es so weit war, musste aber das große freie Areal im Osten von Leipzig überwunden werden. Bülow ließ die Tiailleure seiner Einheiten ausschwärmen, um das Abwehrfeuer aus den Vorstädten zu erwidern, Friccius rückte mit seinem Bataillon zwischen den Weilern Anger und Crottendorf über den Feldweg vor, der von Leipzig nach Zweinaundorf führte. «Als wir hier auf dem freien Felde vor Leipzig hielten, schlug eine Kanonenkugel in unser Bataillon und riß vier Landsturmmännern die Köpfe vom Rumpf. Fast jeder war mit Blut und Gehirn bespritzt.»[31] Bis elf Uhr dauerte es, ehe das Landwehrbataillon an den Mauern zur Grimmaischen Vorstadt angekommen war, die es dann durch eine Mauerbresche unmittelbar rechts neben dem Äußeren Grimmaischen Tor überwand, sodass es in die Vorstadt eindringen konnte. Überrascht vom Angriff aus unerwarteter Richtung, zog sich die Besatzung des Tores etwa vierzig Schritte zurück, «um den persönlichen Kampf Mann gegen Mann zu vermeiden und ihn in der ferne durch Kugeln zu ersetzen».[32] Entsprechend wurde Friccius mit seinen Leuten in den Seitenstraßen aus den besetzten Häusern beschossen und verlor binnen kurzem die Hälfte seiner Soldaten, ehe es ihm doch noch gelang, das Schreiberhaus am Äußeren Grimmaischen Tor zu erobern. Dort hatten die Verteidiger ihre ganze Aufmerksamkeit auf die Angreifer von außerhalb der Stadt gerichtet, sodass die von innen ankommenden preußischen Soldaten sie auch hier überraschen konnten. Danach war auch das Tor selbst nicht mehr zu halten, und mit seiner Öffnung strömten die alliierten Angreifer in die Vorstadt, die nun im Häuserkampf erobert wurde. Nach der Völkerschlacht wurde dem Königsberger Landwehrbataillon von Friccius die Ehre, als Erste in Leipzig eingedrungen zu sein, streitig gemacht: Ein preußisches Füsilierbataillon unter Major Otto Freiherr von Mirbach soll noch früher die Grimmaische Vorstadt betreten haben.[33] Doch dessen Soldaten drangen zu weit vor und verzettelten sich in Straßengefechten, während Friccius zum Tor strebte, um der Hauptmasse des Heers Zutritt zu verschaffen. Es ist also völlig berechtigt, dass er als der entscheidende Angreifer des 19. Oktober gilt. Seinen Groll über die für ihn ehrabschneidenden Debatten hat das in den späteren Jahrzehnten nicht verhindert.

Ähnlich wie im Osten verhielt es sich bald auch in den Vorstädten im Norden und Süden Leipzigs – nur im Westen, wo die napoleonischen Soldaten weiter aus der Stadt strömten, wurde nicht gekämpft. Von Norden her nahmen die Korps von Osten-Sacken und Langeron die Hallesche Vorstadt ein, im Süden überwanden Sayn-Wittgensteins Männer die Befestigungen am Äußeren Peterstor. Hier gab es zunächst kaum größere Gefechte, lediglich am westlichen Alleenring, dem direkten Weg der alliierten Angreifer zum Ranstädter Tor, hatten die Franzosen die Gärten besetzt und nahmen Sayn-Wittgensteins Soldaten unter Feuer. Die größte Truppenmassierung in der Innenstadt dagegen streckte kampflos die Waffen: Auf dem Markt hatte sich das sächsische Leibgrenadierregiment zusammen mit einem badischen Infanteriebataillon aufgestellt, um König Friedrich August Schutz zu geben. Da der aber entschlossen war, sich den Alliierten zu ergeben, wenn Leipzig nicht zu halten sein würde, brauchten seine Wachen gar nicht in die Kämpfe einzugreifen. Der Stadtrat Gross, der nach seiner Rückkehr von erfolgloser Parlamentärsfahrt im Rathaus geblieben war, erinnert sich, dass die Grenadiere Gewehr bei Fuß standen, als die ersten alliierten Soldaten in die Innenstadt eindrangen, und die Offiziere weiße Tücher hielten, um den Angreifern zu signalisieren, dass auf dem Marktplatz niemand auf sie schießen würde.[34]

Nur anderthalb Stunden waren seit dem Beginn des Sturms auf die Vorstädte vergangen, als der Erfolg der Alliierten beim Angriff auf Leipzig feststand: «Denn halb ein Uhr mittags ertönten die Schlachthörner des preußischen Borstellschen Korps zum Grimmaischen Tore herein nach dem Markte zu, und die auf allen Straßen der Stadt wie ein scheues Wild fliehenden Franzosen dachten an keinen Widerstand mehr.»[35] Es dauerte dann nur noch eine Viertelstunde, ehe sich die eingedrungenen preußischen und russischen Truppen von dort aus in der ganzen Innenstadt verteilt hatten, wie man dank Friedrich Rochlitz' Aufzeichnungen weiß. Er, dessen Wohnung genau am anderen Ende der Innenstadt lag, notierte die erste Ankunft alliierter Soldaten für Viertel vor eins, als er mit seiner Familie im Keller das Ergebnis des Angriffs abwartete: «Endlich, endlich – es war etwa dreiviertel auf ein Uhr – erhebt sich auf der Straße nahe bei uns ein grässliches Zetergeschrei. Wir erschrecken – wir wissen nicht, was es ist, können's auch nicht erfahren. Ein wildes Geschrei anderer Art folgt; eilende Pferde und eilende Menschen hören wir dahinstürmen, alles dringt vorüber, anderes folgt nach: Gott, es war errungen! es war errungen! Jenes erste Geschrei kam von einem Trupp Franzosen und Deutschen, die sich verschossen, die Waffen von sich geworfen hatten und auf welche die ersten eindringenden Sieger im Siegesrausche einhauen wollten; das zweite war Freudenjubel, Jubel der Vereinigung mit denen, die sich vereinigen wollten. Das erste Korps Preußen, meist Infanterie, mit einem Trupp Kosaken, drang jauchzend die Straße herauf.»[36] Ähnlich übermütig ging der erste alliierte Soldat zu Werk, den Christian Gottlieb Schneider vom Fenster seines Studentenzimmers aus sah: «Ich selbst konnte das Gefühl der Freude, das mir fast die Brust zersprengte, nicht länger unterdrücken, als ich den ersten preußischen Jäger ganz allein, muthig und kühn die Katharinenstraße herunterreiten und sein Gewehr 2mal in die Luft abfeuern sah.»[37] Waffen wurden im Herzen von Leipzig bald nicht mehr gebraucht; sie erweisen sich aber im Überschwang des Sieges als willkommene Lärminstrumente.

Für die Innenstadt hatte sich der vorgeschobene Hauptkriegsschauplatz in der Grimmaischen Vorstadt als Segen erwiesen, denn alles Feuer der alliierten Artillerie war dorthin gerichtet, und als diese Verteidigungslinie gefallen war, sorgten sich die französischen Truppen nur noch um die Flucht und dachten kaum daran, die Gegenwehr in den Straßen und Gassen Leipzigs fortzusetzen. Nach ein Uhr nahmen sie zwar die vom Feind eingenommene Innenstadt unter Feuer, aber für eine gezielte Ausrichtung der Geschütze war im Durcheinander des Rückzugs keine Zeit; es blieb bei mehr oder minder zufälligem Beschuss. Diese französischen Kanonaden kamen aus dem Westen, wo sich vom späten Vormittag an mit der Elsterbrückensprengung das eigentliche Drama dieses letzten Tags der Völkerschlacht abgespielt hatte.

Die Brücke war um elf Uhr zwar wie vorgesehen gesprengt worden, aber das hatte sich als viel zu früh erwiesen, um den vollständigen Rückzug von Napoleons Truppen bewerkstelligen zu können. Denn auf der anderen Seite von Leipzig standen ja noch mehrere ihrer Einheiten im heftigen Abwehrkampf gegen die Alliierten. Neben weiteren hohen französischen Offizieren befanden sich auch die Marschälle Macdonald, Marmont und Poniatowski östlich der Elster, drei von Napoleons engsten Vertrauten, und insgesamt rund zwanzigtausend seiner Soldaten steckten entweder in der völlig überfüllten Innenstadt fest, strömten über den Promenadenring nach Westen oder verteidigten die Vorstädte gegen den gerade beginnenden alliierten Großangriff. Wie sollten sie jetzt noch über die angeschwollene Elster kommen?

Dass man mit der Sprengung nicht weiter gewartet hatte, obwohl jeder wusste, dass damit einem Teil des eigenen Heeres der Rückzug abgeschnitten wurde, war auf das überraschende Auftauchen der von Osten-Sacken kommandierten russischen Truppen der Schlesischen Armee am westlichen Rand der Innenstadt zurückzuführen. Anstatt die Vorstadt beim Halleschen Tor von Nor-

Die Sprengung der Elsterbrücke in der Ranstädter Vorstadt am späten Vormittag des 19. Oktober 1813.

den her direkt anzugreifen, hatten einige Soldaten es vorgezogen, in westlicher Richtung durch die gut gepflegte und somit leicht zu durchquerende Parkanlage des Rosentals in die ohnehin nur notdürftig bewachte Ranstädter Vorstadt vorzustoßen und von dort aus die nach Lindenau abrückenden Franzosen zu beschießen. Einige Jäger erreichten sogar die Rückseite der Kleinen Funkenburg auf der anderen Seite der Elster. Sobald man dort die Russen erblickte, wurde die Sprengladung auf dem Kahn unter der Brücke gezündet – ohne Rücksicht auf die zu diesem Zeitpunkt dort herüberziehenden Menschen oder eben die dadurch nun rettungslos Abgeschnittenen auf dem rechten Elsterufer. Für Napoleon bestand die Hauptsache darin, die unmittelbare Verfolgung seiner Armee durch die Alliierten zu verhindern, um nicht ein Opfer der eigenen Strategie zu werden, von der mittlerweile alle europäischen Heerführer gelernt hatten: nach gewonnener Schlacht nicht ruhen, sondern die Reste der geschlagenen Truppen verfolgen und vernichten. Nur ein Vorsprung auf dem Weg nach Westen beließ ihm die Möglichkeit, seine Truppen noch einmal neu zu formieren. Da war es wichtiger, den bereits entkommenen Großteil seiner Armee zu schützen, als auch dem nun in Leipzig festsitzenden Rest den Abzug zu ermöglichen.

In den meisten Darstellungen der Völkerschlacht, vor allem den zeitgenössischen, wird die Sprengung der Elsterbrücke zu diesem frühen Zeitpunkt als Versehen bezeichnet, und der Aufenthalt des Kaisers nahe der Brücke zum Zeitpunkt der Explosion scheint diese These zu belegen. Es lag allerdings auch im Interesse der französischen Armeeführung, diesen Eindruck zu erwecken, musste man doch sonst fürchten, in der Heimat mit dem Vorwurf konfrontiert zu werden, skrupellos die eigenen Leute zurückgelassen zu haben. Für die alliierten Beobachter dagegen schien die Explosion zur Unzeit ein weiteres Mal den Niedergang des napoleonischen Feldherrngenies zu belegen, und der Eindruck eines ungeordneten Rückzugs war blendend dazu geeignet, den Nimbus des Kaisers weiter zu zerstören. So stellten beide Seiten das Ereignis als Panne dar, deren genaue Ursache nicht zu ermitteln war. Das eigentliche große Rätsel ist jedoch, ob die Zündung der Sprengladung auch dann erfolgt wäre, wenn der eigentlich damit betraute Oberst Montfort am Ort des Geschehens geblieben wäre. Er hätte Autorität genug besessen, um den Zeitpunkt der Explosion noch hinauszuzögern, zumal es sich bei den russischen Angreifern nur um wenige Personen handelte, die man problemlos hätte zurückdrängen können, um sie dann in den Nebenstraßen der Ranstädter Vorstadt in Gefechte zu verwickeln. Der Rückzug über die Hauptstraße wäre in diesem Fall ungestört geblieben. Aber die französischen Offiziere waren längst selbst in Panik, und Montfort hatte sich am Morgen schon ins sicherere Lindenau zurückgezogen – angeblich, um dort eine weitere Brückenzerstörung vorzubereiten.[38] In der Kleinen Funkenburg war nun der Korporal La Fontaine verantwortlich, dem Montfort lediglich drei Soldaten belassen hatte, um die Sprengung auszuführen. Dadurch fehlte es am entscheidenden Punkt des Rückzugs auch an Kräften, die man gezielt gegen die russischen Jäger hätte einsetzen können, die so überraschend auf der unbewachten Rückseite des Gebäudes aufgetaucht waren.

Die Schilderungen der unmittelbaren Folgen der Explosion künden ungeachtet einiger Überdramatisierung von deren Ausmaß: «Der Schlag war so heftig, dass 15 Personen, die etwa 100 Schritte davon in einem Garten standen, betäubt zu Boden geworfen und eine ziemliche Strecke fortgekollert wurden. Große Quaderstücke und die Brustlehne der Brücke wurden zwei Stock hoch in den Saale der kleinen Funkenburg geschleudert, das Gebäude selbst aber in seinen Grundfesten erschüttert. Ein französischer General kam in dem Augenblick an die Brücke, als diese in die Luft flog. Er fiel halb zerrissen mit dem Pferde und der einen Hälfte seines Körpers in die Tiefe hinab, während seine andere Körperhälfte in einen benachbarten Garten flog.»[39]

Die französischen Soldaten, die noch nicht über die Elster gekommen waren, steckten nun auf dem Ranstädter Steinweg fest, dessen geschlossene Bebauung keinen Ausweg bot. Die Trümmer der Explosion und die Breite des angeschwollenen Flusses machten einen Übergang hier so gut wie unmöglich. Also mussten die Truppen wieder umkehren, um einen anderen Weg aufs jenseitige Ufer zu finden, und der Ort, an dem die zurückdrängenden Massen auf ihre immer noch aus der Stadt herausquellenden Kameraden trafen, war der Fleischerplatz direkt vor dem Inneren Ranstädter Tor. Hier trafen gleich vier Ströme aufeinander: von Osten die abziehenden Soldaten aus der Innenstadt, die durch das Tor hinauszogen, von Norden die bedrängten Besatzungen aus der Halleschen Vorstadt, die vor den Preußen und Russen über den nördlichen Promenadenring flohen, von Süden die dort durch Österreicher und Russen angegriffenen napoleonischen Truppen, die sich mit den durchs Peterstor aus der Innenstadt ziehenden Truppen gemischt hatten und über die westliche Promenade zum Fleischerplatz kamen, und schließlich von Westen ebenjene zurückeilenden Menschen, die schon auf dem Ranstädter Steinweg gewesen waren. Der Leipziger Zeichner Gottfried Geißler, der am Fleischerplatz wohnte, hat ein Aquarell angefertigt, das seinen Blick aus dem Dachfenster auf das unbeschreibliche Durcheinander zeigt, das am Vormittag des 19. Oktober 1813 vor seiner Haustür herrschte. Auf dem Skizzenblatt dazu ist vermerkt, dass er sich von seiner Familie in Matratzen einbinden ließ, um nicht von einer verirrten Kugel getroffen zu werden, während er am Fenster zeichnete.[40]

Napoleon war inzwischen in Lindenau angekommen und bezog dort den ersten Stock eines Mühlengebäudes. Hier hatte er ursprünglich auf die Ankunft seiner zurückgelassenen Marschälle warten wollen, der unerwartet frühe Zeitpunkt der Brückensprengung ließ nun aber fürchten, dass sie verloren waren. Einem allerdings gelang es doch, sich durchzuschlagen: Macdonald, dessen Memoiren wir einen eindrucksvollen Bericht über die Bemühungen verdanken, den nunmehr letzten Fluchtweg einzuschlagen:

Das Bild, das Gottfried Geißler in Matratzen gewickelt von seinem Fenster aus skizzierte: flüchtende Franzosen auf dem Fleischerplatz.

durch die reißende Elster. Er war zum Zeitpunkt der Explosion noch nicht auf dem Weg zur Brücke gewesen, kam aber nach der erfolglosen Verteidigung der Stadt in den Strom der weiterhin in Richtung Lindenau flüchtenden Truppen. «Auf dieses Chaos drängten die Massen jetzt hin. Ich habe schon erwähnt, daß ich mit davongetragen wurde, und zwar im wahren Sinne des Wortes, denn ich befand mich nicht zu Pferde, und meine Füße berührten den Boden nicht mehr. Endlich gelangten wir auf eine große Wiese, wo die Menge sich teilte. Ich irrte umher, gefolgt und umgeben von einem wirren Haufen, der überzeugt war, daß mir ein Übergang bekannt sein würde; meine Karte enthielt aber keinen ..., da sprengte mein Adjutant Beurnonville mit einem Kavallerieunteroffizier heran, der trotz aller eigenen Not sich die Zeit genommen hatte, ein lediges Pferd für mich einzufangen. Kaum saß ich im Sattel, als Beurnonville meine an den wackeren Mann gerichteten Dankesworte abschneidend, das Pferd am Zügel ergriff und mit den Worten:

‹Herr Marschall, dazu ist jetzt keine Zeit, es gilt das Leben!› sich in Galopp setzte und ohne weiteres mit mir davonjagte. Dabei teilte er mir mit, daß es dem Kommandeur meiner Genietruppen, Oberst Marion, gelungen wäre, mittels zweier langen, über den Fluß geworfenen und mit Türen, Brettern und Fensterladen belegten Baumstämme eine Verbindung mit dem jenseitigen Ufer herzustellen. Wir eilten dorthin, fanden aber den Platz ganz mit Truppen verstopft. Der Übergang war schon wieder vernichtet; denn trotz aller Bitten, den Belag erst befestigen zu lassen, waren die Generale Augereau und Viktor doch hinübergeritten. Dadurch hatte sich der Belag verschoben, er war infolge der Erschütterung allmählich ins Wasser geglitten und trieb nun in den Fluten. Auf die allein liegengebliebenen schlüpfrigen beiden Baumstämme wagte sich aber niemand. In meiner damaligen Stimmung, in welcher ich dachte: lieber tot als gefangen, besann ich mich nicht lange. Nachdem es mir geglückt war, in dem Gedränge vom Pferd zu kommen und mich meines Mantels zu entledigen, betrat ich die beiden etwa einen Schritt auseinanderliegenden Baumstämme und schritt behutsam vorwärts. Schon hatte ich über die Hälfte des Weges hinter mir, als andere sich entschlossen, mir zu folgen. Hierdurch entstand ein starkes Schwanken, und ich fiel ins Wasser. Zum Glück fand ich Grund, aber das Ufer war abschüssig und der fette Boden schlüpfrig, alle meine Anstrengungen, es zu erklimmen, blieben vergeblich. Zudem wurde ich von vorn durch feindliche Schützen beschossen, die, weiß Gott wo, über den Fluß gelangt waren. Wunderbarerweise kam ich aus dieser schrecklichen Lage heil davon, denn nachdem das Feuer eine Weile gedauert hatte, ohne mich zu treffen, wurde ich durch Leute von uns, die den Feind vertrieben, heraufgezogen.»[41]

Ein anderer Marschall Napoleons hatte weniger Glück. Fürst Józef Poniatowski, erst drei Tage zuvor vom Kaiser in den höchsten militärischen Rang seiner Armee erhoben, hatte mit seinem polnischen Korps die Verteidigung Leipzigs gegen Süden hin übernommen und kommandierte zunächst von der Pleißenburg aus; er stand also an dem Punkt der Stadt, der den Flüssen im Westen am nächsten war. Als der Fürst zweimal durch feindliche Gewehrschüsse verwundet wurde, entschloss er sich zur Flucht. Auch er kam in die Wirren des Fleischerplatzes und schlug sich in den zwischen Pleiße und Elster gelegenen Richterschen Garten durch. Im Gegensatz zu Macdonald stieg Poniatowski nicht von seinem Pferd ab, sondern trieb es in die Elster. Doch ihm wurde just der große Vorteil eines Reittiers zum Verhängnis, denn das Pferd verlor im Wasser seinen Halt, stürzte, fiel auf den Marschall und drückte ihn so lange unter Wasser, dass er ertrank. Er war der prominenteste Tote auf französischer Seite in der Völkerschlacht. Napoleon sollte Jahre später im Exil von St. Helena, wo er wieder und wieder seine früheren Pläne gegenüber den eifrig mitnotierenden Getreuen rekapitulierte, höchste Wertschätzung für den einzigen in Leipzig gefallenen Marschall seiner Truppen äußern: «Ich hätte ihn zum König von Polen gemacht.»[42]

Den übrigen Befehlshabern und Offizieren gelang ganz überwiegend die Flucht (zumal die meisten Marschälle und Generale schon vorzeitig abgerückt waren), bei den Mannschaften sah das anders aus. «Bis an den Rand des Wassers getrieben, standen unsere ratlosen Truppen in dichtgedrängten Haufen», beobachtete Macdonald vom rettenden anderen Ufer der Elster. «Zu Hunderten stürzten sie sich in die Fluten. Nur wenigen gelang es, das Ufer zu erreichen, die anderen fanden in dem reißenden Gewässer ihren Tod. Es war ein trostloser, herzzerreißender Anblick, und durch all den Lärm, das Geschrei der Massen und den Hilferuf der Ertrinkenden drang deutlich zu mir herüber: ‹Monsieur, le maréchal, sauvez vos soldats! sauvez vos enfants!› Ach Gott, ich konnte ja nicht helfen!»[43] Auf der Gegenseite war das Entsetzen über das klägliche Ende der französischen Verteidiger nicht geringer. Boyen, der nach der Schlacht auf die Promenade am Pleißeufer ritt, um sich ein Bild der dortigen Lage zu verschaffen, war erschüttert: «Alles, was der

Mensch nur von seinem Leibe trennen kann, lag zur Erleichterung der Flucht umher; auf keinem anderen Schlachtfelde habe ich ein solches Bild gänzlicher Auflösung gesehen.»[44] Dabei hatte er das Schlimmste gar nicht erwähnt, nämlich die zahllosen Toten, die in den Flüssen trieben; es sollte Tage dauern, ehe man alle geborgen hatte. Auch über Poniatowskis Schicksal bestand erst am folgenden Mittwoch Klarheit, als man seine Leiche endlich gefunden hatte – die Suche war vor allem von den in Leipzig ansässigen polnischen Studenten betrieben worden.[45]

Die Bergung der Ertrunkenen begann schon am Tag der Schlacht selbst, geschah allerdings häufig aus weniger ehrenvollen Motiven als im Falle des polnischen Marschalls. Der preußische Offizier Mente ließ sich von einem pommerschen Grenadier erzählen, wie es nach dem Ende der Kampfhandlungen an Pleiße und Elster zu-

Flucht über Leichen hinweg: Poniatowskis Tod in der Elster am 19. Oktober.

ging. Der Grenadier war im Gerhardschen Garten angelangt, wo er auf russische Soldaten traf, die dort gekämpft hatten: «Diese Waffenbrüder, welche für das Aneignen herrenlosen Eigenthums einen besonderen Trieb haben, waren denn auch sehr bald damit beschäftigt, die Leichen der in der Pleiße ertrunkenen Franzosen und Polen aus dem Wasser zu ziehen, um sich deren Habseligkeiten anzueignen. Da dies nun mit bloßen Händen nicht recht gehen wollte, nahmen sie mehre der zahlreich umherliegenden französischen Gewehre, hielten deren Bajonette in die Bivouakfeuer bis dieselben glühend waren, und bogen sie dann krumm zusammen, so dass ein Haken entstand, mittels dessen es um so leichter wurde, die auf den Grund des Flusses gesunkenen Leichen und Geräthschaften herauszuangeln. Nachdem wir Pommern das eine Weile mit angesehen hatten, betheiligten wir uns auf gleiche Weise an diesem oft recht einträglichen Geschäft.»[46]

Während sich außerhalb der Innenstadt solche Szenen abspielten, die aus Dantes «Inferno» stammen könnten, bereitete man in Leipzig selbst die Siegesparade der verbündeten Monarchen vor. Zar Alexander, König Friedrich Wilhelm und Kronprinz Karl Johann waren schon um ein Uhr in die Stadt eingezogen, als in den Vorstädten noch die Kämpfe tobten. Das durfte als mutig gelten, aber es war auch die einzige Möglichkeit, an diesem Dienstag einen hochsymbolischen Triumph zu erringen. Noch während die Truppen des schwedischen Kronprinzen um die Grimmaische Vorstadt kämpften, hatte mittags im Befehlsstand von Schwarzenberg eine Konferenz des österreichischen Befehlshabers mit Alexander und Friedrich Wilhelm stattgefunden, in der das weitere Vorgehen nach der Einnahme Leipzigs beraten wurde.[47] Aufgrund der Sprengung der Elsterbrücke war es unmöglich, Napoleon gleich im Anschluss an den Sieg in der Völkerschlacht zu verfolgen, also musste man längerfristig planen. Dass die französischen Truppen sich auf Erfurt als nächstgelegene befestigte Stadt zurückziehen würden, war klar; es galt nun, sie von dort weiter zurückzudrängen, um sie dem von Süden her anrückenden Heer des bayerischen Generals Wrede in die Arme zu treiben. Der neue Verbündete sollte dann auch die Hauptlast der weiteren militärischen Auseinandersetzung mit Napoleon übernehmen, während die bisherigen Alliierten ihre Kräfte schonen wollten. Noch war ja nicht klar, wie viele Opfer die laufende Erstürmung von Leipzig und die Kämpfe mit den vom Rückzug abgeschnittenen französischen Truppen kosten würden – genauso unklar war allerdings, ob man damit rechnen durfte, dass nach Bayern noch weitere Rheinbundstaaten die Seite wechselten. Wenn nicht, so müssten es Wredes Truppen mit Napoleons immer noch großem Heer allein aufnehmen.

Gerade deshalb sollte der Sieg von Leipzig ein Fanal für die Verbündeten des Kaisers der Franzosen sein. Der Einzug der Monarchen in die Stadt würde ein entsprechendes Zeichen setzen, und er wurde so durchgeführt, dass er der Besichtigung eines Schlachtfeldes glich. Nur dass in der Innenstadt selbst kaum gekämpft worden war, während rundum der Krieg immer noch im Gange war. Doch das focht den russischen Zaren und den preußischen König nicht an, die gemeinsam mit Kronprinz Karl Johann außerhalb der Stadt Aufstellung nahmen. Der Student Christian Gottlieb Schneider stand am Straßenrand, als der Einzug begann: «Eine unzählige Menge Generale ritten ihnen zur Seite, von denen ich nur Schwarzenberg, Bennigsen, Wittgenstein, Blüchern, Sacken pp. nennen will. War zuerst das Vivat- und Hurrahrufen stark gewesen, so übertraf das bey dem Einzug der Monarchen alle Beschreibung. Sie nickten dem Volke freundlich lächelnd ihren Dank zu, besonders Alexander. Nun folgten unübersehbare Regimenter von Cosaken, Baschkiren, Uhlanen, Tragonern, Kürassieren und Infanterie in Menge, die sogleich dem Feind nachsetzten.»[48]

Durch das noch kurz zuvor heftig umkämpfte Grimmaische Tor ging dieser Zug direkt auf den Marktplatz, wo die sächsische Königsfamilie wohnte. Preußische und russische Soldaten schossen vorsichtshalber den Weg dorthin frei, wie der vor dem Thomäschen Haus stehende sächsische Gardekapitän Dressler in seinem Tagebuch festhielt: «Das kleine Gewehrfeuer begann in der Nähe des Grimmaischen Tores und schleuderte eine Menge kleiner Kugeln längs der Grimmaischen Gasse hinab, welche, nachdem sie mehrmals an das Gemäuer der Häuser abgeprallt waren, auch auf dem Marktplatz einschlugen, wo das Gardebataillon einige Verwundete erhielt ... Plötzlich erschallte lautes Hurrageschrei und Preußen näherten sich dem Marktplatz. Ein Wedeln von weißen und bunten Tüchern empfing sie seitens der Leipziger Bewohner.»[49] Widerstand der versprengten napoleonischen Truppen war in der Innenstadt nicht mehr zu erwarten; die Franzosen suchten ihr Leben zu retten, und die Bevölkerung war froh, die Belagerung endlich überstanden zu haben. In der Rückschau wurde diese Erleichterung zur deutschnationalen Begeisterung verklärt, etwa von Boyen, der sich an den Einzug in die Stadt so erinnert: «Sowie die letzten Schüsse verhallt waren, zeigten sich auch die Bewohner an den Fenstern ihrer Häuser, mit jenem wahrhaften Ausdruck der Freude, die aus der deutschen Gesinnung entsprang, die in diesem Augenblick die Sachsen von der Politik ihres Landesfürsten losriß. Frauen und Mädchen winkten uns freundliche Grüße zu, und ohne Worte zu wechseln, verstanden sich beide Teile; es war ein herrlicher Augenblick, eine allgemeine Ordensverleihung, an der jeder Krieger teilnahm.»[50] Realistischer beschreibt der Leipziger Stadthistoriograph Carl Große den Einzug des Zaren von Russland und des Königs von Preußen, «der von einem tausendstimmigen Hurrah und Freudengeschrei des Volkes begleitet war, das im Verein mit der rauschenden Kriegsmusik einen gar merkwürdigen Contrast gegen den Kriegslärm, das Getöse der Feindesflucht und ihre Verfolgung, den Sturmmarsch, Kanonendonner und das Flintengeprassel machte»[51].

Aber schon bevor Alexander, Friedrich Wilhelm und Karl Johann nach Leipzig einritten, hatte der sächsische König alliierten

Besuch erhalten. Carl Rudolf von Schulenburg, ein sächsischer Graf, der 1807 als neunzehnjähriger Offizier aus Unzufriedenheit über den Friedensschluss seines Landes mit Napoleon in österreichische Dienste getreten war und nunmehr als Schwarzenbergs Adjutant fungierte, war von seinem Feldmarschall bei erster Gelegenheit zu Friedrich August entsandt worden, um den Monarchen aufzufordern, sich den Österreichern zu ergeben und als Zeichen dafür seinen Degen zu überreichen. Schwarzenberg hoffte, der sächsische König werde seine Kapitulation eher gegenüber einem Landsmann erklären, doch vor allem wollte der österreichische Oberbefehlshaber damit preußischen Initiativen zuvorkommen, ihrerseits Friedrich August gefangen zu nehmen.[52] Schulenburg folgte kurz vor zwölf Uhr den in die Stadt vordringenden alliierten Soldaten durchs Äußere Grimmaische Tor: «Unsere Truppen hatten bereits die Straße, welche nach dem innern Thore führte, vom Feinde gereinigt; tausende von Menschen versperrten aber noch das innere Thor und auf beiden Seiten der Allee hörte ich noch stark schießen. Nach einigen Minuten war das Thor zur Grimmaischen Gasse von den wenigen Feinden gesäubert und ich ritt in dieselbe ein, wobei ich noch genötigt war, gegen einen auf mich anlegenden französischen Dragoner mich zu verteidigen. Durch das ungeheure Gedränge, welches in der Grimmaischen Gasse und auf dem Markte herrschte, mich langsam durcharbeitend, hielt ich endlich vor dem Hause des Königs.»[53] Dort ergaben sich ihm im Treppenhaus zum ersten Stock, wo Friedrich August untergebracht war, einige polnische Offiziere, die keinesfalls in russische Kriegsgefangenschaft kommen wollten, und auch der König willigte, nachdem Schulenburg seine Botschaft überbracht hatte, in dessen Mission ein und ließ dem Grafen seinen Degen aushändigen.

Schwarzenberg selbst war ebenfalls noch vor den alliierten Monarchen in die Stadt eingeritten, um dort neben den sächsischen und badischen Soldaten, die das Thomäsche Haus bewachten, aber sofort die Waffen gestreckt hatten, vorsorglich ein russisches Grenadierregiment Aufstellung nehmen zu lassen. Hauptsache, die Preußen erhielten keinen Zugriff auf Friedrich August. Schulenburg übergab ihm den Degen des Königs, bevor der Feldmarschall wieder zurückkritt, um den vor der Stadt wartenden Monarchen das Signal zu geben, dass ihrem Einzug nun nichts mehr entgegenstehe. Der geschlagene sächsische König wartete vor seinem Quartier auf die Sieger, doch sein Pech wollte es, dass Kaiser Franz I. als der ihm Wohlgesinnteste der gegnerischen Herrscher beim Einmarsch fehlte. Während dem abwesenden Österreicher von seinen Verbündeten das Heft aus der Hand genommen wurde, bekam Friedrich August nun einen Vorgeschmack auf die Demütigungen der folgenden Tage: «Der König von Sachsen, bei dessen Wohnung dieser Zug vorbeiging, war vor die Haustür getreten und wollte den Souveränen wahrscheinlich hier den gegenwärtigen Wechsel seiner Gesinnungen persönlich anzeigen ..., aber der Kaiser Alexander ritt kalt und entschieden vorbei, und da der König von Preußen dasselbe tat, so zog das ganze Gefolge, ohne Sachsens Herrscher zu begrüßen, vorüber; jener zog sich sichtbar betreten schnell in das Haus zurück.»[54] Um zwei Uhr, noch vor der eigentlichen Siegesparade auf den Marktplatz, suchte dann Kronprinz Karl Johann von Schweden Friedrich August auf[55] und setzte ihn über seine neue Lage in Kenntnis: Fortan werde der sächsische König von den Siegern als Gefangener betrachtet.

Der Triumphzug Alexanders, Friedrich Wilhelms, Karl Johanns und Schwarzenbergs quer durch die Stadt wurde vom Trommelwirbel der in Paradeformation aufgestellten badischen Truppen auf dem Marktplatz begleitet[56], zugleich aber auch immer wieder durch feindliches Feuer gestört, das die vom Rückzug abgeschnittenen französischen Truppen weiterhin ziellos auf Leipzig abfeuerten, und es fiel den Siegern kaum leichter, sich ihren Weg durch die mit Verwundeten, zurückgelassenem Gerät, Wagen und Artillerie verstopften Straßen der Innenstadt zu bahnen, als Napoleon ein paar Stunden zuvor. «Als der Zug den Fleischerplatz erreichte, fielen vom jenseitigen Ufer der Pleiße Kleingewehrschüsse und Granatwürfe», schreibt der preußische Offizier Reiche in seinen Erinnerungen. «Es hatten sich längs dieses Ufers noch einzelne feindliche Tirailleure aufgehalten. Natürlich kam der Zug ins Stocken. Alles suchte die Monarchen zurückzuhalten und zum Umkehren zu bewegen. Geschütz und Truppen sollten vorgeholt werden, um den Feind gegenüber zu vertreiben. Das eine wie das andere war aber keine Kleinigkeit, indem die Straße durch die zahlreiche Suite zu Pferde dicht angefüllt war und sich rückwärts zusammendrängte, um die Monarchen aus der Schusslinie zu bringen.»[57] Es herrschte große Erleichterung, als die Herrscher darauf verzichteten, sich das Terrain außerhalb der Innenstadt anzusehen.

Es wurde drei Uhr, bis auf dem Marktplatz schließlich die eigentliche Siegesparade durchgeführt werden konnte, was aber insofern passend war, weil bis zu diesem Zeitpunkt auch immer noch in der Grimmaischen Vorstadt gekämpft worden war; von dem unübersichtlichen Geschehen an Pleiße und Elster, wo sich immer wieder einzelne napoleonische Soldaten zur abgerückten Hauptarmee durchschlagen wollten und niedergemetzelt wurden, wenn sie sich nicht ergaben, ganz zu schweigen. Das Defilee der Soldaten im Stadtzentrum bot in seiner militärischen Ordnung ein Bild großer Ruhe nach dem Sturm, doch dieser Eindruck wurde vom Chaos rund um die Stadt aufs grellste kontrastiert. Und die Siegesfeier musste auch ohne Bereitstellung von städtischen Gaben stattfinden, die im Mai 1813, als die Franzosen Leipzig zurückerobert hatten, noch selbstverständlich gewesen waren. Das Magistratsmitglied Gross erinnerte sich an die Vorsichtsmaßnahmen, mit denen man damals die neuen Herren der Stadt hatte günstig stimmen wollen: «Am Eingange des Rathhauses wurde durch die Rathsdiener Bier und Semmeln, auch Branntwein bereit gehalten, um bei dem ziemlich heißen Tage die etwaigen ersten Bedürfnisse der einrückenden Truppen befriedigen zu können.»[58] Dazu fehlten dem ausgebluteten Leipzig am 19. Oktober die Vorräte. Es gelang gerade einmal, in der Ratsstube ein paar Speisen für die höchsten Offiziere bereitzustellen «und den von Einigen ausgesprochenen Wunsch, ein Paar Flaschen Champagner mit in das Bivouac zu nehmen, zu erfüllen»[59]. Die Stadtspitze hatte sich schon beim Einzug der Monarchen nicht eben mit Ruhm bekleckert, denn sie hatte wieder ihre erfolglosen Deputierten vom Vormittag als Empfangskomitee losgeschickt, doch Gross, Dufour und Köhler waren von einem russischen Offizier, der sie zum Zaren begleiten sollte, zum falschen Stadttor geleitet worden, sodass sie nur noch zusehen konnten, wie Alexander und König Friedrich Wilhelm durch ein anderes einzogen. Als Gross schließlich, sich am Steigbügel seines russischen Führers festhaltend, den Zaren doch noch einholte, war er vom Laufen so außer Atem, dass er die Begrüßung und die abermalige Bitte, die Stadt zu schonen, kaum noch vorbringen konnte.[60]

Die deutschen Soldaten aus Napoleons Armee wurden von den Siegern weitgehend unbehelligt gelassen; sie behielten Waffen und Ausrüstung und wurden in einem Sammellager vor dem Peterstor untergebracht.[61] Es war den Alliierten klar, dass nach dem Sieg in der Völkerschlacht die Rheinbundstaaten einer nach dem anderen von Napoleon abfallen würden und somit deren Truppen ohnehin bald Verbündete wären.

Kaiser Franz war klug gewesen, als er sich gar nicht erst an dem chaotischen Zug durch die Stadt beteiligte; er traf erst am frühen Nachmittag vor dem Grimmaischen Tor ein und stieß dort auf den Zaren und den preußischen König, die das Kommando über Leipzig dem schwedischen Kronprinzen überlassen hatten. Die drei Monarchen beglückwünschten sich, und Franz ritt einmal quer durch die Stadt über den Marktplatz zum Peterstor, hatte dann aber genug vom Elend und zog sich schleunigst wieder ins beschauliche Rötha zurück. Er sollte Leipzig nicht mehr betreten, obwohl man für ihn bereits ein Quartier in Hommels Haus direkt am Marktplatz reserviert hatte[62], während seine beiden Herrscherkollegen noch bis zum 22. Oktober in der Stadt blieben. Zar Alexander bezog das Hilligsche Haus in der Katharinenstraße, Friedrich Wilhelm wählte Stieglitzens Hof am Markt, wo auch Kurprinz Karl Johann abstieg.[63] Obwohl sie damit in der unmittelbaren Nachbarschaft des besiegten sächsischen Königs wohnten, der in seinem alten Domizil unter Hausarrest stand, gab es in den nächsten Tagen keine persönlichen Begegnungen der beiden alliierten Souveräne mit Friedrich August. Selbst die offizielle Nachricht, dass er sich als Gefangener zu betrachten habe, wurde ihm nur von einem preußischen Geheimrat überbracht.[64]

Man darf sich aber nicht vorstellen, dass nach dem Abschluss der Siegesfeier am Nachmittag endlich Ruhe in der Umgebung von Leipzig eingekehrt wäre. Es dauerte bis in die Abendstunden, ehe eine alliierte Reiterbrigade schwimmend die Elster überqueren konnte, um die dahinter verbliebene französische Artillerie auszuschalten. Und in der Zeit bis dahin durchkämmten Einheiten der Verbündeten das Gebiet zwischen Innenstadt und Elster nach zurückgelassenen feindlichen Soldaten, die sich freilich nicht alle widerstandslos festnehmen (oder bisweilen auch umbringen) ließen, sondern mitunter weiterkämpften, weil sie hofften, sich doch noch irgendwie durchschlagen zu können. In dieser Absicht wurden sie durch das weiter herrschende Chaos auf der Straße nach Lindenau bestärkt. An eine systematische Verfolgung der abgezogenen napoleonischen Truppen war gar nicht zu denken, da erst die zerstörte Elsterbrücke notdürftig wiedererrichtet werden musste, was aber allein schon deshalb nicht schnell erfolgen konnte, weil man weder das benötigte Material noch die dafür abgestellten Arbeiter sofort dorthin transportiert bekam. Ohnehin durfte es als ein Wunder gelten, überhaupt Holz für eine Behelfskonstruktion aufzutreiben, weil in den Nächten und regnerischen Vortagen der Völkerschlacht alles Brennbare in der Umgebung verfeuert worden war.

Die Leipziger Bevölkerung wagte sich in der Dämmerung erstmals seit Tagen wieder aus den Mauern ihrer Stadt hinaus – stets äußerst vorsichtig, weil ja immer noch geschossen wurde, wie sich der Theologiestudent Grautoff später erinnerte. «Mich trieb schon nachmittags die Neugier, die aber bald bezwungen war; denn der Anblick, den die sonst so freundlichen Alleen, welche die Stadt von den Vorstädten trennen, jetzt darboten, war über alle Begriffe schrecklich. Viele der höchsten Pappeln lagen von Kugeln zerschmettert auf dem Boden, jede Barriere war umgeworfen; Kanonen, Munitions- und Bagagewagen, alles war wild durch- und ineinander gefahren, und aus den zerschlagenen Wagen Reis, Mehl, Papiere und Charpiere weit ausgestreut über den Weg.»[65] Solche Güter indes konnte man in der ausgehungerten Stadt voller Verwundeter gut gebrauchen, weshalb sich im Schutz der Dunkelheit immer mehr Bewohner hervortrauten und nun ihrerseits plünderten, was zuvor die napoleonischen Truppen zwangsweise requiriert hatten.

In der Stadt selbst kehrte in der Nacht auf den 20. Oktober zum ersten Mal seit vier Tagen Ruhe ein. In der Ranstädter Vorstadt aber waren am späten Abend des Dienstags zu allem Überfluss noch verspätet drei Häuser in Brand geraten, die nicht gelöscht werden konnten, weil die zuständige russische Militärkommandatur das Läuten der Feuerglocke untersagte: Sie wollte ihre Truppen und die Stadt nicht in neue Unruhe versetzen; es liefen unter den Mannschaften ohnehin genug Gerüchte um über einen möglichen Gegenschlag des gefürchteten Napoleon. Durch das Feuer in der Vorstadt jedoch schwebte Leipzig während der ersten Nacht nach der Völkerschlacht in noch größerer Gefahr als während des Kampfgeschehens: «Im Eifer des Verfolgens der Franzosen hatten sich nun aber Kanonen und Pulverwagen auf dem Ranstädter Steinwege so verfahren, daß besonders wegen der da liegenden vielen zerbrochenen Wagen, auch wahrer Haufen toter Menschen und Pferde, ein Entwirren dieses Knäuels unmöglich war, und fiel nur ein Funken aus den kaum zwanzig Schritt entfernten brennenden Häusern auf einen Pulverwagen, so war nicht nur die Ranstädter Vorstadt, sondern da sich an diesen Knäueln Reihen von Pulverwagen um die Stadt herum anschlossen, vielleicht die ganze Stadt verloren!»[66] Es war der Aufmerksamkeit vor allem preußischer Soldaten zu verdanken, dass nichts passierte, denn die kippten die Pulverladungen kurzerhand in den Elstermühlgraben. Einmal an diesem letzten Tag der Schlacht bedeutete das Elsterwasser die Rettung.

12. OKTOBERRESTAURATION:
DIE FOLGEN DER VÖLKERSCHLACHT

▼

Die erste Ausgabe der «Leipziger Zeitung» nach den Tagen der Völkerschlacht erschien am 21. Oktober 1813 und setzte zwar die Seitenzählung des Jahrgangs fort, nicht aber den Tenor der Berichterstattung. War vorher alles napoleonfreundlich gewesen, so war die Redaktion nun mit fliegenden Fahnen ins publizistische Lager der alliierten Sieger gewechselt: «Der entscheidendste Sieg war für die gute Sache erkämpft», konstatierte der Leitartikel. Für das Blatt war die wieder einsetzende Berichterstattung ein Fest: Die eigene Stadt war der Mittelpunkt des Interesses der Welt. Und die Leipziger selbst waren nach dem Ende der Kämpfe, deren Verlauf niemand mehr hatte übersehen können, nicht minder nachrichtenhungrig. Gute Zeiten für eine Zeitung: «Ungeachtet die Zeit noch nicht vergönnt hat offizielle Berichte über die, für die ganze Welt so denkwürdigen und entscheidenden Ereignisse, welche seit fünf Tagen bey und in unsrer Stadt vorfielen, zu erhalten, so eilen wir doch, unsern Lesern eine kurze Uebersicht von den ewig denkwürdigen Begebenheiten zu geben, deren Augenzeugen wir waren.»[1]

Schlechte Zeiten aber für die Stadt, und dafür musste man keine Zeitung lesen. Im Umkreis von mehreren Stunden, so schrieb später der Stadtgeschichtsschreiber Carl Große, gab es in diesen Tagen «kein Vieh, kein Getreide, kein Stroh – nichts, gar nichts mehr. Da waren es die speculirenden Marketender, die Leipzig mit den ersten Lebensmitteln versorgten, bis nach einigen und 8 Tagen Landleute aus weiterer Ferne sich in die Nähe des Jammers wagten und

Lebensmittel brachten. Aber zu welchen Preisen! Ein Rösel Salz kostete 3 Gr., ein Stück Butter 8–10 Gr., ein Glas Schnaps 4 Gr.; das erste Fuder Holz ward mit 26 Thalern bezahlt.»[2] Schnelle Abhilfe war nicht zu erwarten, weil die Zahl der einquartierten Soldaten nach dem Abzug der Franzosen noch gestiegen war, und die mussten versorgt werden. Woher aber sollten die dazu notwendigen Lebensmittel kommen, wo es doch in der Umgebung von Leipzig noch schlimmer aussah als in der Stadt? Die Scheunen mit der Ernte waren verbrannt, das Vieh längst geschlachtet – in den Dörfern gab es keine Vorräte mehr. Pfarrer Schlosser aus Großzschocher verließ mit seiner Familie am 19. Oktober sein Versteck: «Am Tage nach der Schlacht wagten wir es, aus dem Schlosskeller und einem nahen Gebüsche, wo wir abwechselnd gewesen waren, wieder in unsere Wohnung zurückzukehren. Aber in welchem ekelhaften und entblößten Zustand fanden wir sie! Kosaken und Oesterreicher hatten Alles fortgetragen, was sie irgend hatten brauchen können, sogar die Kleider von den Puppen meiner kleinen Töchter genommen, Alles aufgezehrt, was verzehrbar war, sogar die flüssigen Arzneien meiner kleinen Hausapotheke ausgetrunken. In der Wohnstube hatten sie, Geld suchend, aber freilich vergebens, alle meine Papiere und meiner Frauen Lappen zusammen getragen, Sauerkraut- und Gurken-Fässer aus dem Keller geholt und ausgeschüttet, die Köpfe, Beine und Gedärme der geschlachteten Gänse, Enten und Hühner umhergestreut, und die an die Tischbeine gebundenen Pferde, feste und flüssige Beweise ihrer Anwesenheit zurückgelassen.»[3]

Der Großteil der Alliierten brach erst am 21. und 22. Oktober auf, um sich an die Verfolgung der abgezogenen Franzosen zu machen. Die Brücke über die Elster war am Morgen des 20. Oktober so weit repariert, dass man sie wieder benutzen konnte, aber nach vier Kampftagen von nie gekannter Intensität brauchten die alliierten Soldaten Erholung, sodass der Beginn ihres Auszugs nicht vor dem Folgetag erfolgte. Nur einige Kavallerieeinheiten waren schon vorausgeschickt worden, um den Kontakt zu den napoleonischen Truppen nicht abreißen zu lassen. Man vermutete weiterhin, dass sich der Kaiser der Franzosen bei Erfurt zum Kampf stellen würde, aber dazu reichten seine militärischen Kräfte nicht. Was niemand auf der Gegenseite ihm zugetraut hatte, tat er nun: Napoleon strebte eine Rückkehr nach Frankreich an, um dort zum dritten Mal in nicht einmal zwei Jahren seine Grande Armée neu aufzustellen. Abgesehen von den Schwierigkeiten, die dieser Plan angesichts der Tatsache machen musste, dass der Kaiser schon Anfang 1813 alle waffenfähigen jungen Männer seiner Heimat ausgehoben hatte, war das ein Geniestreich, weil es die Alliierten spaltete. Österreich hatte nichts anderes im Sinn als die Befreiung Deutschlands vom napoleonischen Einfluss, ein Einmarsch in Frankreich war ihm höchst unerwünscht. Preußen und Russland dagegen hatten den Krieg von 1813 mit einer anderen Intensität betrieben und wollten dem verhassten Kaiser, dessen Sturz das Ziel all ihrer Propaganda gewesen war, nicht die Möglichkeit zur abermaligen Erholung geben. Schon seine Rückkehr im April 1813 war schneller und erfolgreicher verlaufen, als man vermutet hatte. Die Früchte des großen Triumphs von Leipzig sollten nicht wieder so rasch verfaulen wie die des russischen Siegs von 1812.

Doch es kam anders. Der Keim zum Wiederaufstieg Frankreichs wurde in der Stunde von Napoleons Niederlage in der Völkerschlacht gepflanzt. Dass der sächsische König zwar einem Österreicher seinen Säbel übergeben hatte, sich nun aber in der Gewalt der Preußen befand, trieb einen ersten Keil zwischen die Alliierten. Im Tagebuch des preußischen Staatskanzlers Karl August von Hardenberg findet sich nach einem Treffen mit Metternich in Leipzig am 21. Oktober der Eintrag: «Die Oesterreicher sehen es nicht gerne, daß wir den König v. Sachsen haben.»[4] Man konnte Österreich verstehen. Preußen war nunmehr sein einziger ernstzunehmender Kontrahent um die Vorherrschaft in Deutschland und der gefangene König ein Faustpfand für den Besitz Sachsens, dessen Annexion durch Preußen zwischen dem Zaren und König Friedrich Wilhelm III. schon ausgemachte Sache war. Im Vertrag von Kalisch vom 27. Februar 1813 war der Untergang des wettinischen Königreichs faktisch festgelegt worden. Damit hätte sich der langgehegte politische Traum des Hauses Hohenzollern erfüllt, den Friedrich II. in seinem 1752 angefertigten und seitdem streng geheim gehaltenen Politischen Testament formuliert hatte. Seinen Nachfolgern hatte er die Einverleibung Sachsens bei einer passenden Gelegenheit angeraten, und passender würde die Gelegenheit nie wieder sein. Doch damit hätte Preußen nicht nur einen unmittelbaren Nachbarstaat Österreichs annektiert und das Machtgefüge im ehemaligen Reich entscheidend zu seinen Gunsten verändert, sondern auch eine seit acht Jahrhunderten regierende Dynastie und ihren Staat ausgelöscht. Dagegen empörte sich der in traditionellen Kategorien denkende Kaiser Franz I., der 1803 allerdings keine größeren Bedenken gehabt hatte, im Reichsdeputationshauptschluss Hunderte von alten selbständigen Herrschaften aufzulösen. Aber da hatte es sich ja auch nicht um seinesgleichen, nicht um einen König gehandelt.

Mit der Einverleibung Sachsens durch Preußen wäre für Österreich zudem die Hoffnung verloren gewesen, nach dem Tod Friedrich Augusts dessen Bruder Prinz Anton auf dem Thron in Dresden zu sehen, der in zweiter Ehe mit einer Schwester von Franz I. verheiratet war. Da allerdings auch diese Ehe ohne männliche Nachkommen geblieben war, würde die Krone irgendwann unweigerlich an den zweiten Bruder von Friedrich August, Maximilian, oder dessen Sohn fallen. Es gab also nur ein schmales Zeitfenster, in dem Österreich seinen Einfluss in Sachsen festigen konnte. Wenigstens vertrat Prinz Anton schon jetzt Friedrich August, solange der König von den Alliierten festgehalten wurde. Wobei es da wenig genug zu vertreten gab, denn Sachsen war bis auf weiteres unter russische Militärverwaltung gestellt – dieses Zugeständnis war ein kluger

Schachzug der Preußen, um die größten Sorgen der verbündeten Österreicher zu beruhigen, zugleich aber nicht diesen selbst die sächsischen Angelegenheiten zu überlassen.

Der Konflikt, der die gerade erst siegreiche Allianz in den nächsten beiden Jahren bis an den Rand eines neuen Kriegs brachte, war also schon zwei Tage nach der Völkerschlacht absehbar. Hardenbergs Notat lässt zudem erkennen, dass die Gefangennahme Friedrich Augusts nicht mit Österreich abgestimmt war. Dass man den besiegten König unter Aufsicht halten musste, war klar, aber es waren preußische Soldaten, die ihn nun im Thomäschen Haus bewachten, und Friedrich Wilhelm III. ließ keinen Zweifel daran, dass er diese prominente Geisel nicht wieder aus den Händen geben würde. Da der preußische König nach Berlin abgereist war, statt mit den verbündeten Monarchen Napoleon zu verfolgen, konnte er auch nicht mehr umgestimmt werden, und seine in Leipzig zurückgebliebenen Truppen hatten sich an die Befehle ihres abgereisten Herrschers zu halten. Die besagten, dass der König von Sachsen mit russischer Billigung in die preußische Hauptstadt überführt werden sollte, wo er sicherer in Gewahrsam zu halten war. Österreich war gegenüber den vereinigten Interessen seiner beiden Alliierten hilflos. Daraus sollte es den Schluss ziehen, dass es im absehbaren Machtkampf nach Napoleons Sturz einen neuen Verbündeten im nun diplomatisch auszutragenden Krieg um Sachsen brauchte: Frankreich.

Darin war sich Kaiser Franz mit England einig, dessen Geld den Sieg der Alliierten erst ermöglicht hatte. Das Inselreich hatte kein Interesse an einer gravierenden Verschiebung des vornapoleonischen Machtgefüges auf dem Kontinent. Ganz zu verhindern war das allerdings nicht, denn Russland wollte ja Polen als Satellitenkönigreich wiederherstellen, auf dessen Thron Zar Alexander kommen sollte, und Österreich und Preußen für ihre dann abzutretenden polnischen Gebiete mit anderen Territorien kompensieren. Preußen hatte sich im Februar 1813 von Russland eben Sachsen versprechen lassen und daraus auch bei den späteren Bündnisverhandlungen mit England und Österreich nie ein Hehl gemacht. Um angesichts des absehbaren Konflikts die frische Allianz nicht sofort wieder zu schwächen, hatte man sich geeinigt, die Frage auf die Zeit nach dem Sieg zu vertagen. Der war nun in Leipzig erfochten. Die gefeierte Entscheidungsschlacht, das trat nun immer klarer hervor, hatte noch gar nichts entschieden.

Aber wir greifen vor. Zunächst gilt es, in Leipzig zu verweilen, auch wenn der Großteil der alliierten Soldaten und auch die Entouragen der Monarchen die Stadt bald nach der Völkerschlacht wieder verließen. Zar Alexander und Kaiser Franz schlossen sich der Hauptarmee an, die sich auf den Weg machte, um Napoleon zu stellen, der schwedische Kronprinz führte die Nordarmee gegen das französisch besetzte Hamburg, und König Friedrich Wilhelm reiste am 22. Oktober als letzter Sieger ab; ihn trieb es zurück in seine Hauptstadt Berlin, die er im Januar verlassen hatte. Es blieben allerdings noch Zehntausende Soldaten weiter in und um Leipzig stationiert, und weil die Alliierten das Militärregiment im sächsischen Königreich Russland übertragen hatten, waren dies vor allem Truppen des Zaren. Der erst fünfunddreißigjährige Fürst Nikolai Grigorjewitsch Repnin-Wolkonski wurde am 21. Oktober zum Generalgouverneur von Sachsen ernannt und bezog wenige Tage später standesgemäß eine Wohnung im Thomäschen Haus – natürlich jene Beletage, in der Friedrich August sein Domizil gehabt hatte; die Militärverwaltung wurde in den Stockwerken darüber eingerichtet. Dadurch war die Präsenz russischer Truppen in der Region auf Dauer hergestellt. Im Haus von Pfarrer Schlosser in Großzschocher zum Beispiel blieben sie für weitere achtzehn Wochen zwangsweise einquartiert, bis Mitte März 1814.[5]

Der sächsische König, der nun als russischer Gefangener galt, weil sein Land von Repnin verwaltet wurde, war am 23. Oktober noch vor dem Morgengrauen von preußischen Soldaten abgeholt und dann nach Schloss Friedrichsfelde östlich von Berlin überführt worden. Der Zar hatte Repnin angewiesen, den Gefangenen auszuliefern, was diesem am 22. Oktober mitgeteilt wurde. Daraufhin hatte Friedrich August dem Leipziger Rathaus ausrichten lassen, «daß es ihm angenehm sein würde, bei der Abreise den Stadtrath bei sich zu sehen, weshalb wir sämmtlich aufgefordert wurden, den 23. October früh halb 4 Uhr in Hofkleidung auf dem Rathhause zu erscheinen; allein das russische Gouvernement hintertrieb diese Audienz»[6]. Man spürt in dieser Schilderung die Verärgerung des Stadtrates Gross, aber die Alliierten legten Wert darauf, dass es kein symbolträchtiger Abschied werden sollte, und so verließ der König die Stadt, ohne dass seine Untertanen davon etwas mitbekamen.

Für Leipzig wurde vom russischen Generalgouvernement ein eigener Stadtkommandant eingesetzt: Oberst Victor von Prendel. Im Gegensatz zum ehrgeizigen jungen Repnin erwarb sich dieser Endvierziger alsbald große Sympathien. Als gebürtiger Südtiroler, der in russische Dienste getreten war, sprach er Deutsch, und seine Leutseligkeit erinnerte die Leipziger an den vorherigen Stadtkommandanten, den Franzosen Bertrand, der am 19. Oktober auf dem Marktplatz verhaftet worden war, jedoch eine bevorzugte Behandlung erfuhr, weil die Bevölkerung zu seinen Gunsten intervenierte.[7] Sein von den Russen eingesetzter Nachfolger bezog die schon von Bertrand benutzten Räumlichkeiten am Markt im Thomasiusschen Haus, obwohl dieses Gebäude an der Ecke zum Barfußgässchen schon anderthalb Jahrzehnte früher als veraltet gegolten hatte.[8]

Auf Prendel wartete eine höchst unerfreuliche Aufgabe. Die ihm unterstellte Stadt lag noch für Monate in Agonie. In einem Band mit frühen Publikationen zur Völkerschlacht, der sich in der Leipziger Universitätsbibliothek befindet und schlicht «Zur Erinnerung an das Jahr 1813» betitelt ist, sind neben den ersten zwölf Ausgaben der «Deutschen Blätter» von Brockhaus, amtlichen Sammlungen von Proklamationen und Gottfried Wilhelm Beckers «Leipzigs

Schreckensszenen im September und Oktober 1813» auch die offiziellen städtischen Leichenzettel der letzten acht Wochen des Jahres 1813 eingebunden. Jeweils von Samstag bis Freitag laufend, listen sie namentlich alle verstorbenen Bewohner der Stadt auf, mit Alter, Familienstand und Ort des Todes. Danach folgen als Zusatzangaben die Zahl der Taufen der jeweiligen Woche (was den Lebendgeborenen entsprach) sowie die Messfeiern in der Kirche Sankt Nikolai, die ja als einziges Leipziger Gotteshaus nicht zum Lazarett umgewidmet war, und die Namen der dabei Predigenden. Die Gegenüberstellung der Zahlen von Gestorbenen und Geborenen für die letzten beiden Monate des Jahres 1813 ist schockierend: hundertsiebenundsechzig Kinder wurden getauft, aber mehr als tausendvierhundert Menschen starben, darunter auffällig viele, die noch kein hohes Alter erreicht hatten. Das war die Folge der Typhusepidemie, die sich nach den vier Tagen der Völkerschlacht in der Stadt ausgebreitet und im November und Dezember ihren Höhepunkt erreicht hatte. Johann Daniel Ahlemann, der Totengräber des Johannisfriedhofs, notierte: «Durch den Schreck der vorhergehenden Tage und die dazukommende üble Luft in der ganzen Gegend, wurde ansteckende Krankheit und dadurch viel gute Einwohner Leipzigs der Todt zugeführt, denn die Sterblichkeit wurde im Monat Novbr. und Decbr. so groß, dass ich nicht mehr wusste, wo ich die Leichen beerdigen solte.»[9]

In den drei vorangegangenen Wochen vom 16. Oktober bis zum 5. November, also auch im Zeitraum während der Schlacht selbst, als Leipzig bombardiert worden war und man auch als Zivilist leicht zum versehentlichen Ziel der Tirailleure beider Seiten werden konnte, waren dagegen nur rund zweihundertachtzig Bewohner gestorben. Das entsprach zwar dem Vier- bis Fünffachen der normalerweise bei den damals rund achtunddreißigtausend Leipziger Einwohnern zu erwartenden Zahl, blieb aber deutlich unter den amtlichen Sterbeziffern der folgenden Monate. Und selbst deren Zahl umfasst längst nicht alle, die in den ersten drei Monaten nach der Schlacht gestorben sind, da die städtischen Leichenlisten keine Angaben über die Soldaten enthielten, die in den Notlazaretten oder einfach auf der Straße verstorben waren. Deren zunächst noch überall verstreut verwesende Leichen taten das Ihrige dazu, dass sich die Krankheiten weiter ausbreiteten.

Insbesondere der Anblick der Toten, die während der Schlacht den zahlreichen Bränden zum Opfer gefallen waren, versetzte die Überlebenden in größten Schrecken, weil er Ausdruck der eigenen Hilflosigkeit war. Ein erschütterndes Zeugnis dieses Eindrucks liefert der Brief, den Christian Gottlieb Schneider am 23. Oktober an seine Familie schrieb: «Doch der Anblick, der sich mir gestern in Pfaffendorf darstellte, wo sich ein starkes Lazareth befand, das ganz mit verbrannt ist, übertrifft an Grässlichkeit alles übrige. Halb und ganz verbrannte Menschen ragen frei unter den Trümmern aus der Asche heraus, und mit Entsetzen denkt man sich das schauervolle Ende dieser Unglücklichen, die, entblößt von aller Hilfe, daliegen und den schrecklichen Tod des Verbrennens auf sich eindringen sahen, ohne ihm entgehen zu können. Zu Hunderten liegen die Leichname der Elenden und Unglücklichen da, und die Gesichtszüge drücken im Tode noch die Angst und Verzweiflung aus, mit der sie ihr jammervolles Leben endeten. Mich umfasste ein Grausen und ein Entsetzen bey diesem das Menschengefühl durchschneidenden Anblick, daß ich hinwegsehen mußte, um nicht laut aufheulen zu müssen.»[10] Das Schicksal dieses zum Massengrab gewordenen Hospitals war kein Einzelfall; in einer notdürftig zum Lazarett umgewidmeten Scheune bei Meusdorf wurden zehn Tage nach dem Ende der Völkerschlacht die Überreste von mehr als hundertsiebzig französischen Soldaten entdeckt, die hier verbrannt waren, weil sie sich nicht aus dem Gebäude hatten retten können, als es während der Kämpfe in Brand geschossen worden war.[11]

Die Masse der Leichen schuf ein gewaltiges logistisches Problem. Die städtischen Behörden fühlten sich für deren Beseitigung zunächst nicht zuständig, weshalb sich also auch niemand um so profane Fragen wie die Ausschachtung einer ausreichenden Anzahl von Gräbern kümmerte. Der Totengräber Ahlemann beklagte, dass von ihm für den folgenden Tag ausgehobene Gruben «von den Soldaten mit ihren Todten belegt und wieder zugemacht waren. Es war zwar Bürger Wache die Ordnung zu erhalten, auf den Gottes-Acker gestellt, allein von diesen ließen die Russen sich nichts sagen.»[12] Erst als die Stadtverwaltung die Bevölkerung zur Beseitigung der Leichen verpflichtete, und zwar pro Leipziger Haus jeweils einen Bewohner, kamen auf einen Schlag beinahe tausendvierhundert Männer zum Einsatz. Mit dieser Gruppe, so berichtete der Theologiestudent Grautoff, «fing man zunächst mit der Reinigung der Vorstädte und der Promenaden an, aber bei der Menge der Leichen, besonders auch der gefallenen Pferde, ging die Arbeit langsam vorwärts, bis man dann auch die französischen Gefangenen dazu verwendete. Freilich fehlte es den ausgehungerten Gestalten an aller Kraft; aber da ihnen gegen diese Arbeit von der Stadt tägliche Rationen ausgesetzt wurden, so drängten sie sich bald zu diesem widerlichen Geschäfte, und das Werk wurde nun schneller gefördert. Ich sah aber, daß oft zwanzig oder mehrere anziehen mußten, um ein gefallenes Pferd bis in die nächste Grube zu ziehen. Das größte Grab, das vielleicht jemals gezogen ist, war zwischen dem äußeren Grimmaischen und dem Hintertore angelegt. An 3000 Leichen wurden in ihm geherbergt, und darüber eine Schicht ungelöschten Kalkes gelegt.»[13]

Für den Totengräber Ahlemann, der immerhin auf die Hilfe mehrerer erwachsener oder halbwüchsiger Söhne zurückgreifen konnte, wurde die Arbeit aber noch lange nicht weniger. Selbst im Januar 1814 summierten sich die in den Leichenzetteln genannten Toten noch auf mehr als vierhundert; erst im April näherte sich die Sterberate mit fünfzig Todesfällen pro Woche wieder dem Normalmaß an. Die Völkerschlacht hatte die Stadt für ein halbes Jahr in ihrem Griff gehalten.

Der Typhus war schon vor dem Oktober 1813 durch die hohe Zahl von in Leipzig versorgten Verwundeten der französischen Truppen eine Bedrohung gewesen, der man begegnete, indem die Erkrankten in den außerhalb der Stadt liegenden Hospitälern isoliert wurden. Nun aber lagen in den Straßen und auf den Schlachtfeldern rund um die Stadt unzählige Leichen, um die sich, zumal wenn es sich um Angehörige von Napoleons Streitmacht handelte, zunächst niemand kümmerte. Zeitgenössische Darstellungen zeigen, dass die Toten systematisch aller Kleidung und sonstiger Gegenstände beraubt und zum Verwesen liegengelassen wurden. Als Auguste Vater Ende Oktober aus Grimma, wo die Pfarrerstochter mit Mutter und Geschwistern Zuflucht gefunden hatte, ins heimatliche Seifertshain zurückkehrte, wurden gerade erst die letzten Gefallenen des dortigen Kampfgeschehens von den Bauern beerdigt: «Der Vater hatte durch Vorstellungen, wie nachteilig für die Gesundheit der Dorfbewohner das Liegenlassen der Toten werden könnte, die Leute bewogen, innerhalb der Dorfgrenzen dieses Geschäft selbst zu übernehmen, da es von den requirierten Totengräbern, die von der Behörden angestellt worden waren, sehr saumselig betrieben wurde.»[14] Wo derlei private Initiativen ausblieben, lagen die Leichen hingegen weiter unter freiem Himmel. Als sich Carl Gottlieb Vater mit seinen beiden Töchtern dann Anfang November erstmals nach deren Rückkehr auf den Weg nach Leipzig machte, der durch die Fluren von Liebertwolkwitz, Probstheida und Stötteritz führte, also drei Schwerpunkten des Gemetzels, war die jüngere Auguste schockiert über den Anblick längs der Straßen: «Mit dem ersten Schritte über die Dorfgrenze erblickten wir voll Schrecken die ganze Grässlichkeit des noch unaufgeräumten Schlachtfeldes, welches wir nun Schritt für Schritt durchwandern sollten. Pferde und Menschen lagen noch überall in größter Menge herum und hemmten oft geradezu den Weg mit den schaudervollsten Anblicken. Der Kolmberg war wie übersät von dunklen Pferden und dunkelte grauenhaft herüber ... Schrecklich waren die von den Totengräbern zu-

Die tödliche Ruhe nach der Schlacht: Das Hallesche Tor am 20. Oktober 1813 auf einer Zeichnung von Gottfried Geißler.

sammengeschleppten Haufen der Toten anzusehen und ihre Art, sie schichtenweise in großen Gruben zu verscharren.»[15]

In der Stadt selbst hatte man sich in Kenntnis der Risiken des als «Lazarettfiebers» berüchtigten Typhus bemüht, die Verwüstungen der Völkerschlacht rasch zu beseitigen, doch wurden diese Anstrengungen konterkariert durch die Fäkalien und Abfälle der hier während und nach der Schlacht stationierten Truppen sowie die Anwesenheit der zahllosen Verwundeten. In der Pleißenburg hatte man die Obergeschosse zum Lazarett umgewidmet und von dort aus eine Rutsche in den Innenhof verlegt, über die während der Operation Verstorbene und amputierte Körperteile herabsausten und dort unter jene fielen, die auf ihre eigene Behandlung warteten. Der in Berlin an der neu gegründeten Königlichen Universität lehrende Mediziner Johann Christian Reil, der sich mit vierundfünfzig Jahren noch freiwillig zum Militärdienst gemeldet hatte und Leiter der alliierten Lazarette links der Elbe geworden war, berichtete dem Freiherrn vom Stein im November von seiner Dienstreise nach Leipzig und über die Situation der dort liegenden Verwundeten: «Viele sind noch gar nicht, andere werden nicht alle Tage verbunden. Die Binden sind zum Teil von grauer Leinwand, aus Dürrenberger Salzsäcken geschnitten, die die Haut mitnehmen, wo sie noch ganz ist. In einer Stube stand ein Korb mit rohen Dachschindeln zum Schienen der zerbrochenen Glieder. Viele Amputationen sind versäumt, andere werden von unberufenen Menschen gemacht, die kaum das Barbiermesser führen können und die Gelegenheit nützen, ihre ersten Ausflüge an den verwundeten Gliedern unserer Krieger zu machen. Einer Amputation sah ich zu, die mit stumpfen Messern gemacht wurde. Die braunrote Farbe der durchsägten Muskeln, die fast schon zu atmen aufgehört hatten, des Operierten nachmalige Lage und Pflege gaben mir wenig Hoffnung zu seiner Erhaltung. Doch hat er den Vorteil davon, dass er auf einem kürzeren Wege zu seinem Ziele kömmt.»[16] Der Mediziner kritisierte jedoch nicht nur die Tätigkeit der medizinischen Dilettanten, sondern auch die Leipziger Bürger, von denen kein einziger seine Privatwohnung zum Spitalbetrieb freigegeben habe. Er übersah allerdings, dass diese Wohnungen zum großen Teil durch die Einquartierungen der hier verbliebenen alliierten Truppen belegt waren und die dort logierenden Offiziere kein Interesse hatten, sich das Lazarettfieber ins Haus zu holen. Reil selbst infizierte sich bei seinem Ausflug nach Leipzig mit Typhus und starb am 22. November in Halle, wo er seinen Dienstsitz hatte. Seine Vorwürfe erregten erst Jahrzehnte später öffentliche Aufmerksamkeit, als der Bericht an den Freiherrn vom Stein 1848 in der Zeitschrift «Die Grenzboten» publiziert wurde. Sie trafen in Leipzig auf heftigen Widerspruch. Insbesondere das ehemalige Magistratsmitglied Gross fühlte sich berufen, für eine der nächsten Ausgaben einen Artikel zu verfassen, in dem er die hygienischen Maßnahmen nach der Völkerschlacht verteidigte.

Tatsächlich hatte man sich verzweifelt um Sauberkeit bemüht, als einziges probates Mittel gegen die Ausbreitung des Typhus. Dennoch waren sämtliche Maßnahmen, wie Grautoff bemerkte, nur begrenzt erfolgreich: «Mochte man auch in allen Gassen den Kehricht verbrennen, und im Strohfeuer Räucherungen aller Art versuchen, mochte man in den Lazaretten selbst, als dem Sitze der Krankheit, die Luft fast stündlich durch chemische Räucherung verdünnen und reinigen, die bange Sorge in den Tagen des Schreckens, der Ekel bei allen den Greueln, die man täglich erblickte, die Entbehrung der gewohnten Speise, dazu die dicke, naßkalte Herbstluft, und vielleicht noch mehr als dies, die Furcht vor der Ansteckung, alles vermehrte das Übel mit jedem Tage.»[17]

Für die Kranken und Verwundeten wurden noch weitere Lazarette errichtet; allein im Stadtgebiet gab es schließlich deren dreiundvierzig[18], von denen die meisten aber wie schon während der Schlacht improvisiert waren, weshalb deren Kapazität längst nicht ausreichte. Am 27. Oktober sah sich der Stadtkommandant Prendel genötigt, sämtliche in und um Leipzig ansässigen Maurer und Zimmergesellen aufzufordern, «bey den jetzt so dringenden Lazarett-Bauten mit zu arbeiten, und sich schleunigst bey dem Herrn Bauschreiber Kanne zu melden. Der Tagelohn wird ihnen richtig bezahlt werden, aber es sollen auch diejenigen, welche sich zu stellen und mit zu arbeiten unterlassen sollten, durch die nachdrücklichsten Zwangsmittel dazu angehalten werden».[19] Zwei Tage später folgte eine weitere Proklamation von Prendel: «Die Unreinlichkeit in denen Straßen und auf denen Plätzen will noch nicht abnehmen. Ich frage nicht um die Ursache, sondern vor welchem Hause sich nach 24 Stunden eine Unreinlichkeit finden wird, bezahlt der Hauseigenthümer in die Spitalscasse 10 Thlr. Courant, und der Herr Polizeipräsident bleibt für die Ausführung verantwortlich.»[20] Ohne Strafandrohung durch die russischen Besatzer war der Situation nicht mehr Herr zu werden.

Eine Leipziger Institution, die unbeschadet aus den Wirren der Völkerschlacht hervorging, war die Bürgergarde, obwohl allgemein erwartet wurde, dass diese von den Franzosen initiierte Truppe schleunigst aufgelöst würde. Doch wie der Pseudonymus Degenknopf in seinem Buch von 1827 festhielt, geschah genau das Gegenteil. Die Rolle der Gardisten wurde aufgewertet: «Als die Verbündeten sich der Stadt nahten, soll man hin und wieder Weiber gesehen haben, die, mit Recht ängstlich, ihren auf Wacht seienden, Männern bürgerliche Kleidung zutrugen. Doch die Furcht war unnötig; denn die Sieger, die bald einsahen, daß ein so wohl geordnetes Bürger-Militär-Corps, augenblicklich zu Allerlei und Mancherlei, und besonders zum Spitaldienst nützlich seyn könne, und daß sie so von ihm eher zu hoffen, als zu fürchten hätten, bestätigten bei ihrem Einzuge seine einstweilig, fernere Existenz. Diesem zu Folge wurden wir, außer dem gewöhnlichen Dienste, denn auch zum Ausposaunen schnell bekannt zu machender Befehle gebraucht, wobei uns dann ein wirbelnder Tambour begleitete; auch wurden wir zu Todtengräber-Aufsehern und zu dergleichen Ämtern berufen.»[21]

Aber auch militärisch sollte Sachsen die Sieger fortan unterstützen, denn der Krieg war ja noch nicht vorbei. Nach preußischem Vorbild schuf Generalgouverneur Repnin eine Landwehr, die allerdings nicht eingesetzt wurde, weil es Napoleon nie mehr gelang, nach Sachsen zurückzukommen. Fast genauso verhielt es sich mit dem «Banner der Freiwilligen Sachsen», einem Verband, der am 31. Oktober 1813 durch eine Proklamation Repnins in Leipzig gegründet wurde. Mit ihm sollte eine militärisch schlagkräftige Freiwilligeneinheit gebildet werden, für die man vorrangig die vom Kriegsdienst befreiten Angehörigen des sächsischen Adels und der Beamtenschaft gewinnen wollte. Deshalb achtete man darauf, die neue Truppe von den alten Gepflogenheiten der sächsischen Armee abzusetzen. So stand jedem Angehörigen des Banners die höfische Anrede «Sie» zu, und körperliche Strafen waren untersagt.[22]

Bereits nach einer Woche hatten sich vierhundert Freiwillige allein aus Leipzig und seiner Umgebung gemeldet, was angesichts des gerade überstandenen Horrors der Völkerschlacht überraschen musste. Nach zwei Wochen waren es durch vermehrte Werbung in weiter entfernten Regionen schon tausendeinhundert, und Mitte Februar 1814 hatte man die angestrebte Zahl von dreitausend erreicht. Dabei mussten die Angehörigen dieser Truppe für ihre Ausrüstung selbst aufkommen und jeweils ein Pferd stellen, was großen finanziellen Aufwand bedeutete, denn Reittiere kamen nach der Völkerschlacht, für die alle Pferde der Umgebung requiriert und dann in den Kämpfen massenhaft getötet worden waren, teuer.

Der erste Einsatz der neuen Soldaten hätte in Holland erfolgen sollen, wo auch schon die seit dem 19. Oktober unter alliiertem Be-

Spott für Napoleon: «Die Leipziger Barbierstunde», Karikatur von 1813.

fehl stehenden regulären sächsischen Truppen agierten. Doch dort kommandierte Herzog Carl August von Weimar, dessen Ambitionen auf die sächsische Königskrone ebenso bekannt waren wie seine Hoffnung auf territoriale Zugewinne für sein Land. Deshalb traf die Aussicht, unter ihm dienen zu müssen, auf wenig Gegenliebe bei der im Banner versammelten sächsischen Elite. Fürst Repnin akzeptierte diese Bedenken und bat im Namen des Banners der Freiwilligen Sachsen den Zaren, er möge es in seine Gardeeinheiten aufnehmen, was dieser auch tat. Da Alexander noch in Frankreich im Krieg stand, bekamen seine frisch ernannten Gardisten Anweisung, nach Darmstadt zu ziehen, zu dessen Fürstenhaus der Zar enge familiäre Bindungen besaß, und dort auf den endgültigen Marschbefehl zu warten. Als die Sachsen am 19. April in der Hauptstadt des Großherzogtums Hessen eintrafen, war Paris schon von den Alliierten erobert worden, sodass das Banner vor die nahegelegene Festung Mainz beordert wurde, die sich noch immer in der Hand der Franzosen befand.[23] Wieso es weitere zehn Tage dauerte, bis die sächsischen Freiwilligen dort Stellungen bezogen, ist nur mit einer gewissen Zurückhaltung gegenüber dem ersten ernsthaften Einsatz zu erklären. Das Zögern zahlte sich aus, denn Mainz fiel bereits am 4. Mai, und die Bannermitglieder blieben noch für etwas mehr als einen Monat als Besatzungssoldaten in der Etappe, ehe sie Mitte Juni 1814 wieder zurück in die Heimat durften, wo die meisten sofort beurlaubt wurden. Im Sommer 1815 wurde das Banner der Freiwilligen Sachsen schließlich aufgelöst: Nachdem der Urteilsspruch des Wiener Kongresses über Sachsen gefallen war, gab es keinen Grund mehr für Freiwillige aus dem Königreich, sich für die alliierte Sache einzusetzen.

Die regulären Truppen des Königreichs Sachsen hatten nicht das Glück, von weiteren Kampfeinsätzen verschont zu werden, doch nach der Völkerschlacht mussten sie wenigstens nicht sofort wieder in den Krieg ziehen. Die Verfolgung Napoleons oblag vorerst den Soldaten der Böhmischen und der Schlesischen Armee, während die Nordarmee in Richtung Hamburg aufbrach. Es bestand insoweit Einigkeit zwischen den Verbündeten, das gesamte Territorium des ehemaligen Deutschen Reiches von französischer Herrschaft zu befreien, und das bedeutete, dass man im Nordwesten jene Territorien anzugreifen hatte, die 1811 zu französischem Staatsgebiet erklärt worden waren, um die Kontinentalsperre sicherzustellen. Wichtigster Ort in den damals neu gebildeten vier «hanseatischen Departements», die die gesamte deutsche Nordseeküste und deren Hinterland entlang der großen Flüsse Elbe, Weser und Ems umfassten, war Hamburg, das schon vor der Völkerschlacht von den Alliierten einmal angegriffen, von den Franzosen aber gehalten worden war. Im Westen mussten das Königreich Westphalen zerschlagen und die linksrheinischen deutschen Regionen wiedergewonnen werden, die nach dem Friedensschluss von Campo Formio 1797 an Frankreich gefallen waren. Letzteres allerdings war unter den Alliierten schon wesentlich umstrittener als die Rückeroberung Nordwestdeutschlands: Die Gebietsverluste des Ersten Koalitionskriegs waren durch Friedensschlüsse legitimiert worden, und sowohl Preußen als auch Österreich hatten später als Kompensation für ihre linksrheinischen Verluste etliche Territorien der durch den Reichsdeputationshauptschluss aufgelösten geistlichen Fürstentümer zugesprochen bekommen. Da aber auch diese Reichsreform in der Öffentlichkeit als unmittelbare Folge der Herrschaft Napoleons galt, mussten die neuen Landesherren fürchten, ihre Zugewinne von 1803 im Gegenzug für die Rückkehr ihrer linksrheinischen Gebiete wieder zu verlieren. Diplomatisch sollte der im September 1814 einberufene Wiener Kongress, an dem rund zweihundert souveräne Staaten teilnahmen (der Großteil dabei aus dem Bereich des ehemaligen Deutschen Reichs), die Antwort auf dieses Problem finden.

Militärisch aber wurde es schon früher gelöst, als sich die Befehlshaber der alliierten Hauptarmee zur Jahreswende 1813/14 entschlossen, den Rhein zu überschreiten. Damit wurde deutlich, dass man sämtliche Gebietsveränderungen in Frage stellte, die in der Folge der Französischen Revolution eingetreten waren; die linksrheinischen Territorien aber gehörten nun schon seit fast zwei Jahrzehnten zum französischen Staat. Und wenn es über den Rhein ging, konnte nicht an den Grenzen des alten Reiches haltgemacht werden, man würde auf Paris marschieren müssen, um Napoleon endgültig niederzuringen, von dem kein Zugeständnis betreffs der ehemaligen deutschen Gebiete zu erwarten war. Vor allem Österreich zögerte, diesen Schritt zu tun, und auch Teile der russischen Armee wollten lieber früher als später zurück nach Osten ziehen, um in Polen die bisherigen Ergebnisse der Feldzüge von 1812 und 1813 zu konsolidieren. Nach der Niederlage in der Völkerschlacht hielten französische Truppen zudem immer noch wichtige sächsische und preußische Festungen besetzt – Dresden, Königstein, Torgau und Wittenberg sowie Stettin, Küstrin, Glogau und Magdeburg –, und diese feindlichen Stellungen hinter der Front bedrohten die bisherigen militärischen Erfolge. Deshalb mussten Teile der alliierten Streitmacht zur Belagerung zurückbleiben, was den numerischen Vorteil gegenüber den geschlagenen französischen Truppen minderte und von den russischen Generalen mit Sorge gesehen wurde. Zar Alexander jedoch brannte darauf, Napoleon endgültig zu besiegen, und damit wurde er zum wichtigsten Fürsprecher der Überquerung des Rheins. Unterstützt wurde diese Haltung von Preußen, das aber auch die größten territorialen Interessen links des Flusses hatte.

Unmittelbar nach der Völkerschlacht indes hatte sich diese strategische Frage noch gar nicht gestellt, weil die Alliierten rätselten, was Napoleon nun vorhatte. Allgemein erwarteten sie, dass er seine abgezogenen Truppen in Erfurt sammeln würde, der nächsten Festungsstadt, die im Westen zu erreichen war, und tatsächlich zog seine Armee über Weißenfels in Eilmärschen dorthin. Die Alliierten folgten ihr und schlossen die jeweils auf ihrem Wege gelegenen Rheinbundstaaten dem eigenen Bündnis an. Nachdem Bayern als erstes Mitglied den von Napoleon begründeten Staatenbund verlassen und das Königreich Sachsen durch die Niederlage in der Völkerschlacht die Seiten gewechselt hatte, folgten bald auch die sächsischen Herzogtümer und Reußschen Fürstentümer, die alle zunächst dem Generalgouvernement von Fürst Repnin unterstellt wurden. Deren Bewohner hatten unter den wechselhaften Ereignissen des Jahres 1813 einiges zu erdulden. Im Frühjahr waren sie von Napoleon zur Erfüllung ihrer Bündnispflichten gezwungen worden, nun im Herbst marschierte erst die geschlagene französische Armee und danach die der Alliierten durch ihre Territorien. Der Direktor der Gothaer Sternwarte, Bernhard August von Lindenau, schrieb am 7. November 1813, als beide Truppenverbände seine Stadt schon hinter sich gelassen hatten, an einen Bekannten: «Ihre Sorge um mich war nicht eben grundlos; wir haben hier böse Tage erlebt und ich wurde am 25. morgens auf eine sehr unangenehme Weise ausgeplündert ... Seit dem wohne ich in Gotha u. die Sternwarte steht leer. An Instrumenten geschah nichts, nur ein Fernrohr wurde mitgenommen. Die jetzigen Augenblicke gehören nach gerade nicht unter die glücklichen; doch keine Crisis ohne Catastrophe. Ich bin in diesen Tagen im russischen u. oesterreichischen Hauptquartier gewesen, u. habe von da wenigstens die beruhigende Ueberzeugung mitgebracht, daß man mit uns unterhandeln will. ... Seit vierzehn Tagen hat alles wissenschaftliche Leben in u. außer mir aufgehört u. mein Unmut ist umso größer, da eine Menge meiner Papiere, in einem vor der Sternwarthe angezündeten Wachfeuer verbrannt wurde.»[24]

Napoleon hatte sich also nicht in Erfurt aufgehalten, um die alliierten Verfolger zu erwarten. Er zog zurück nach Frankreich, quer durch das Territorium des nun zerfallenden Rheinbunds, in der Hoffnung, jenseits des Rheins noch einmal, wie schon im vergangenen Winter, seine Armee reorganisieren zu können. Zwar zehrte die zweite Niederlage nach dem Debakel des Russlandfeldzugs an der Moral der Truppe, trotzdem gelang ihr am 30. und 31. Oktober bei Hanau ein Sieg über die mit dreiundvierzigtausend Mann allerdings deutlich unterlegene bayerisch-österreichische Armee von General Wrede, die den napoleonischen Rückzug stoppen sollte. Noch einmal fielen auf beiden Seiten mehr als fünfzehntausend Soldaten, und Napoleon büßte neben seinen rund sechstausend Toten weitere zehntausend Angehörige seiner Armee ein, die aufgrund von Krankheiten, Verwundungen oder Hunger so geschwächt waren, dass sie zurückbleiben mussten und gefangen genommen wurden. Aber zwölf Tage nach Leipzig war die Schlacht bei Hanau ein wichtiger Prestigeerfolg für den Kaiser der Franzosen, der ihm zudem den Weg nach Westen über den Rhein endgültig öffnete, denn die von Zar Alexander und Kaiser Franz angeführten Verfolger dachten gar nicht daran, das abziehende feindliche Heer zu stellen.

Der Kaiser der Franzosen zog sich tatsächlich nach Paris zurück, während der Zar vom 4. November an erst einmal Halt in Frankfurt am Main machte und auf Kaiser Franz wartete, der dort zwei Tage später eintraf. Das noch zögerlichere Tempo des österreichischen Herrschers bei der Verfolgung Napoleons entsprach seinen Bedenken gegen eine Fortführung des Feldzugs. Mit Mainz lag die erste Festungsstadt auf französischem Staatsgebiet nicht weit entfernt, und am 9. November versuchte der österreichische Außenminister Metternich, Friedensverhandlungen mit Frankreich in Gang zu bringen, um den Krieg zu beenden, und bot die abermalige Anerkennung des Rheins als natürliche Grenze an. Am 1. Dezember wiederum wurde ein Manifest der Alliierten in Frankreich verbreitet, dass man im Falle der Fortsetzung des Krieges nicht gegen das französische Volk, sondern nur gegen Napoleon ins Feld ziehen werde. Das entsprach genau dem Tonfall und der Argumentation der entsprechenden Botschaften von Frühjahr und Herbst, mit denen die Sachsen für die alliierte Sache gewonnen werden sollten. Vor allem aber nutzten diese Ausführungen dem Bourbonen Ludwig XVIII., dem Bruder des 1793 enthaupteten französischen Königs, der sich auf die Übernahme des Throns vorbereitete. Und da man ihm das von alliierter Seite erleichtern wollte, durfte Frankreich nicht als Verlierer des Krieges behandelt werden, sondern in gewisser Weise auch als Sieger: über Napoleon. Genau so sollte es im Jahr darauf bei den Verhandlungen des Wiener Kongresses kommen.

Zunächst aber nutzte Napoleon die neue Atempause, in der die gegen ihn Verbündeten überlegten, ob sie tatsächlich in Frankreich einfallen sollten. Er sammelte ein Heer von hundertfünfzigtausend Soldaten zusammen, die allerdings nur zu etwas mehr als der Hälfte einsatzfähig waren; der Rest bestand aus Rekonvaleszenten des Herbstfeldzugs. Ihm standen am Rhein mehr als eine Viertelmillion alliierte Soldaten gegenüber, denn die Böhmische Armee unter Schwarzenberg war durch Zuwächse aus den ehemaligen Rheinbundstaaten und frische österreichische Truppen wieder auf zweihunderttausend Mann angewachsen; Blüchers Schlesische Armee zählte sechsundfünfzigtausend Soldaten. Dazu kam die Nordarmee, namentlich das preußische Korps von Bülow. Er war mit seinen Truppen auf Befehl Karl Johanns in die seit 1806 zum französischen Staatsgebiet zählenden Niederlande einmarschiert. Der schwedische Kronprinz wollte Napoleon möglichst rasch besiegt sehen, weil er sich selbst Chancen auf den französischen Thron ausrechnete, die er aber immer mehr zugunsten der Bourbonen schwinden sah. Währenddessen fielen in Sachsen und Preußen die französisch gehaltenen Festungen: Dresden als erste schon am 11. November, dann die anderen, bis am 26. Dezember schließlich Torgau kapitulierte. Nun fiel es Zar Alexander leichter, seine besorgte Generalität doch noch zum Vormarsch über den Rhein zu gewinnen. Am Neujahrstag überquerte Blücher mit seiner Armee den Fluss zwischen Mainz und Koblenz, ließ die Hälfte seiner Männer zur Belagerung der Festungen an Rhein und Mosel zurück und zog mit den achtundzwanzigtausend verbliebenen Soldaten über Nancy an die Marne und die Aube. Schwarzenberg folgte aus Richtung Süden, wo die Hauptarmee in den ersten Januartagen den

Oberrhein bei Basel überquert hatte und dann in vier Teilen durchs Burgund vorwärts zog, gleichfalls ins Gebiet von Marne, Aube und Seine. Dort erlitten die Verbündeten ihre bittersten Niederlagen gegen Napoleon, der mit nur fünfundvierzigtausend Soldaten den verschiedenen Armeen seiner Gegner Mitte Februar 1814 eine Schlappe nach der anderen beibrachte. Erst Ende des Monats und dann vor allem im März wechselte das Kriegsglück erneut, und am 31. März zogen die wieder von russischem Zar, österreichischem Kaiser und preußischem König angeführten Alliierten in Paris ein, das von Joseph Bonaparte, dem ältesten Bruder des Kaisers, hätte verteidigt werden sollen, der aber einen Tag zuvor kapituliert hatte. Napoleons einstiger Außenminister Talleyrand, der sich seit dem Friedensschluss von Tilsit zum innenpolitischen Gegner des Autokraten entwickelt hatte, wurde an die Spitze einer provisorischen französischen Regierung berufen; schon am 2. April setzte der Senat den Kaiser ab.

Napoleon selbst jedoch wollte den Krieg außerhalb der Hauptstadt weiter fortsetzen. Nachdem ihm aber Teile seiner Soldaten untreu wurden, dankte er seinerseits am 4. April zugunsten seines Sohnes, des gerade dreijährigen Königs von Rom, ab, für den bis zur Volljährigkeit dessen Mutter, die Kaiserin Marie-Luise, hätte regieren sollen. Die Absicht, durch diese Inthronisierung des Enkels von Kaiser Franz I. die Alliierten zu spalten, misslang. Dem Habsburger waren die Ansprüche der Bourbonen (und somit die Festigung der traditionellen Herrschaftsverhältnisse) wichtiger als ein Machtzuwachs der eigenen Familie, zumal er den Usurpator Bonaparte nicht auf diese Weise nachträglich legitimieren wollte. Am 6. April verzichtete Napoleon, der sich dem Beschluss des französischen Senats nicht zu beugen gedachte, aus eigenem Entschluss für sich und die Seinen auf alle Thronansprüche und unterzeichnete fünf Tage später den Vertrag von Fontainebleau, der ihm nur noch die Insel Elba als Herrschaftsgebiet beließ, wohin er am 4. Mai übersetzte, einen Tag, nachdem Ludwig XVIII. in Paris eingezogen war.

Die alliierten Truppen verließen die Hauptstadt Mitte Mai wieder, und bereits Ende des Monats war ein Friedensvertrag abgeschlossen, der Frankreich die Position einer europäischen Großmacht beließ. Erst danach räumten die französischen Truppen auch den letzten noch von ihnen gehaltenen Stützpunkt auf deutschem Boden, die Hansestadt Hamburg, die allen Belagerungen durch die Nordarmee widerstanden hatte.

Die Alliierten erkannten Frankreich ohne Einschränkungen als gleichberechtigten Partner an – am deutlichsten war dies während des Wiener Kongresses zu beobachten, auf dem seit dem 14. September 1814 über die territoriale Neuordnung Europas nach dem Ende der napoleonischen Herrschaft beraten wurde. Eigentlich hätte Frankreich nur im Ausschuss für die gesamteuropäischen Angelegenheiten als eine von fünf Großmächten beteiligt sein sollen, aber dann nahm es auch eine wichtige Position im zweiten Ausschuss ein, der sich speziell um die deutsche Frage kümmerte. Diese Entwicklung war für das Königreich Sachsen von größter Bedeutung, denn Frankreich konnte kein Interesse daran haben, Preußen übermäßig erstarken zu sehen, also wirkte es im Verbund mit Österreich und dem gleichfalls skeptischen Großbritannien gegen die weiterhin von Russland unterstützten Pläne Friedrich Wilhelms III., Sachsen als Ganzes zu annektieren.

Als der Widerstand der anderen drei Großmächte deutlich wurde, rückte Friedrich Wilhelm von seiner Maximalforderung ab, verlangte aber, dass auf jeden Fall die Stadt Leipzig mit weiteren sächsischen Gebieten an Preußen fallen müsse. Dem Verhandlungsgeschick Talleyrands und der britischen Diplomaten war er letztlich jedoch nicht gewachsen. Der preußische Offizier Adolf von Thile erinnert sich an den Moment, in dem auch der Traum seines Königs vom Besitz Leipzigs platzte: «Der Hauptzankapfel war Sachsen. Der König überzeugte sich bald, dass er bei der Feindseligkeit von Österreich, England und Frankreich, für welches letz-

Der Wiener Kongress auf einer Zeichnung von Jean-Baptiste Isabey.

tere sich Talleyrand als Mitkontrahent eingeschmuggelt hatte, nicht auf das ganze jetzige Königreich rechnen könnte. Desto mehr bestand er darauf, wenigstens das wichtige Leipzig zu erhalten. Hardenberg, dahin instruiert, stellte diese bestimmte Forderung, erhielt auch eine allgemeine mündliche Zusage, versäumte aber, dieselbe schriftlich machen zu lassen. Bald wollten die Gegner nichts mehr von Leipzig hören. Der König, höchst erbittert, befahl Hardenberg die entschiedenste, selbst Krieg in Aussicht stellende Sprache. Die Gegner wurden stutzig. Kaiser Alexander hielt noch fest zu uns, und Leipzig wäre vielleicht zugestanden worden, als Friedrich Wilhelm selbst das Spiel verdarb. Es befand sich auf englischer Seite mit Wellington ein ziemlich dreister Herr, Lord Londonderry, der sich gegenüber dem König viel erlaubte. In einer Soiree, in der der König ihn freundlich anredete und fragte, wie es ihm gehe, antwortete er: ‹Ach, wir sind alle sehr traurig.› – ‹Wieso?› – ‹Ew. Majestät wollen ja wieder ganz Europa in Krieg verwickeln.› – ‹Fällt mir nicht ein›, war die unvorsichtige Antwort des Königs.

Londonderry lief höchst vergnügt sofort zu Metternich und all den anderen, ihnen zu verkünden, was der König gesagt. Als Hardenberg bald darauf wieder seine ernste Sprache führen wollte, lachte man innerlich, da man wusste, wie wenig ernster Wille dahinter steckte. Leipzig blieb verloren!»[25]

Das Königreich Sachsen ging also nicht unter, und Leipzig blieb ihm erhalten. Der Wiener Kongress endete jedoch am 9. Juni 1815 mit der Unterzeichnung einer Akte, die Sachsens Fläche nahezu halbierte; die abgetretenen Regionen gingen sämtlich an Preußen. Das war in gewisser Weise schon vorweggenommen worden, als am 10. November 1814 die Zeit des russischen Generalgouvernements ihr Ende gefunden hatte und auf Beschluss der Alliierten die Regierungsgewalt in Sachsen nunmehr von Preußen ausgeübt wurde: Eberhard Friedrich von der Reck, der ehemalige Justizminister, wurde Zivilgouverneur im weiterhin besetzten sächsischen Königreich, als Leipziger Stadtkommandant löste der preußische Generalmajor Friedrich Adolf Ludwig von Bismarck, ein Onkel des späteren Reichskanzlers, den beliebten Victor von Prendel ab, den die Stadt prompt zu ihrem Ehrenbürger ernannte.

Fürst Repnin dagegen war verhasst geblieben, vor allem, als er den Sachsen nach der Völkerschlacht verboten hatte, ihren König Friedrich August im Kirchengebet zu erwähnen.[26] Die Beliebtheit des nach Preußen abgeführten Monarchen, der am 23. Dezember 1813 in Gefangenschaft seinen dreiundsechzigsten Geburtstag feierte und sechs Tage vorher das fünfzigste Jubiläum seines Herrschaftsantritts als Kurfürst hätte begehen können, war auch nach der Niederlage nicht gesunken. Den Beinamen «der Gerechte» trug er im Volksmund schon, und nun strahlte diese Bezeichnung noch heller, seitdem man ihn aus Sicht seiner Untertanen so ungerecht behandelte: Selbst Napoleon war ja im April 1814 von den Alliierten nicht gefangen gesetzt, sondern sogar noch mit einem Fürstentitel abgefunden worden – wenn auch nur über ein Zwergherrschaftsgebiet mit zehntausend Einwohnern.

Friedrich August hatte sich am letzten Tag der Völkerschlacht noch in Privatdiplomatie betreffs seiner eigenen Person versucht, war jedoch gescheitert, wie er selbst einen Monat danach in einem Rechtfertigungsschreiben an die damals in Frankfurt residierenden alliierten Monarchen und in einem weiteren nicht datierten Memorandum über die eigene Rolle im Bündnis mit Napoleon festhielt, denn außer dem schwedischen Kronprinzen war kein Herrscher bereit, mit ihm zu sprechen. Aus dem eigenhändig verfassten Memorandum klingt die Enttäuschung des von sich in dritter Person sprechenden sächsischen Königs über den damaligen Affront seiner Herrscherkollegen an, sein Ersuchen um eine Zusammenkunft auszuschlagen: «Der Kaiser von Russland antwortete, dass er ihm eine Antwort zukommen lässt; der Kaiser von Österreich aber entgegnete, dass er nicht durch Leipzig kommen werde, und der König von Preußen weigerte sich anscheinend, diese Bitte entgegenzunehmen. An diesem Abend sandte der Kaiser Russlands den Baron von Anstett zum König, um ihm zu sagen, dass er es für unannehmbar hält, ihn bei einem Treffen zu sehen ...»[27] Stattdessen überbrachte Anstett dem sächsischen König die Nachricht, dass der Zar ihn als seinen Gefangenen betrachte, weil Russland die Verwaltung seines Reichs übernehmen werde. Als dann Kronprinz Karl Johann am 20. Oktober zu Besuch ins Thomäsche Haus kam, erläuterte er dem sächsischen Monarchen lediglich die Pläne der Alliierten betreffs Polen: Als Herzog von Warschau werde Friedrich August nicht mehr amtieren können, die Personalunion mit Sachsen werde aufgelöst. Über das, was seinem Königreich sonst noch bevorstehen könnte, erfuhr Friedrich August nichts. Da der endgültige Beschluss dazu dem Wiener Kongress oblag, blieb Sachsens Zukunft offen. Bei den Verhandlungen in Wien waren die Diplomaten des Königreichs dann offiziell gar nicht zugelassen – eine groteske Situation, die an die Praxis der Aushandlung des Versailler Vertrags ein Jahrhundert später erinnert, bei der die Vertreter des Deutschen Reichs ausgesperrt blieben.

Auch aus der Gefangenschaft heraus aber bemühte sich Friedrich August, seine Interessen und die des Landes zu wahren: An den Höfen in Wien und London versuchten die sächsischen Diplomaten, Geheimverhandlungen in Gang zu bringen, um die Front der Alliierten aufzusprengen; es misslang.[28] Entgegen seiner Beteuerungen war der sächsische König jedoch auch nur wenig kompromissbereit. Einer Vollmacht, die er am 17. Januar 1815 auf Schloss Friedrichsfelde seinem Bruder Anton erteilte, kann man entnehmen, dass Friedrich August damals auf das Scheitern des Wiener Kongresses setzte und für den Fall eines daraus entstehenden Krieges zwischen den Großmächten seinen Bruder zum Stellvertreter ernannte, der den militärischen Widerstand gegen die preußische und russische Besatzung organisieren sollte. Friedrich August forderte ihn zudem auf, Allianzen mit den «freundschaftlich gesinnten Mächten» Österreich, Frankreich, England und Bayern zu schließen und keinesfalls Gebietsabtretungen oder den Verzicht auf die polnische Herzogskrone zuzulassen.[29] Der König pokerte also hoch und hatte sich nicht in die Rolle eines demütigen Gefangenen gefügt.

Hätte nicht Napoleon noch einmal das europäische Konzert gestört, wäre das Zuwarten von Friedrich August auf eine Entzweiung der Siegermächte womöglich erfolgreich gewesen. Die Verhandlungen des Wiener Kongresses über die deutschen Angelegenheiten stockten, und im Dezember 1814 erklärte Metternich für Österreich, dass man eine Annexion Sachsens durch Preußen nicht dulden werde. Er bot lediglich ein Fünftel des Landes an – Zar Alexander fand diese Offerte so empörend, dass er Metternich zum Duell forderte.[30] Im Januar 1815, als der König seine Vollmacht an Prinz Anton ausstellte, stand der Wiener Kongress also tatsächlich kurz vor dem Scheitern, zumal England am 3. Januar ein Geheimbündnis mit Österreich und Frankreich gegen die preußischen und russischen Ambitionen auf dem Kontinent abgeschlossen hatte und auch die anderen deutschen Staaten das Übergewicht Preußens fürchteten. Am 12. Januar wurde Frankreich nun offiziell an den Verhandlungen über Sachsens Zukunft beteiligt, und plötzlich schien sich die Nibelungentreue Friedrich Augusts zu Napoleon doch noch auszuzahlen, weil auch der Bourbonen-König dieses Verhalten als Verpflichtung ansah, zur Mäßigung gegenüber dem früheren Verbündeten seines Landes aufzurufen. Die Entlassung des sächsischen Königs aus preußischer Gefangenschaft im Februar 1815 zeigte diesem allerdings, dass sich die fünf Großmächte doch noch zusammengerauft haben mussten, wenngleich sie sich immer noch nicht über die Aufteilung Sachsens einig waren. Sonst hätte Friedrich Wilhelm III. das Faustpfand des in seiner Hand befindlichen Friedrich Augusts nicht aufgegeben. Frei indes war der König noch nicht, die Rückkehr in sein Land war ihm noch verboten. So ging er auf Einladung des österreichischen Kaisers in das in der Nähe Wiens (und somit des Verhandlungsorts) gelegene Pressburg und verfolgte von dort die Nachrichten von der Landung Napoleons am 1. März in Frankreich, den sofortigen Zusammenbruch der dortigen Bourbonen-Monarchie und den Beginn der Herrschaft der hundert Tage des zurückgekehrten Kaisers, die bis zur Schlacht von Waterloo am 22. Juni 1815 währte.

In diesem Vierteljahr, als sich die Alliierten mit ihren schlimmsten Befürchtungen konfrontiert sahen, wurde in Wien keine Rücksicht mehr auf sächsische Empfindlichkeiten genommen. Schon am 7. März einigten sich die fünf Großmächte (von denen die französische Delegation nach dem Sturz Ludwigs XVIII. gar kein Mandat mehr besaß) auf die Teilung Sachsens und das Ende des Herzogtums Warschau. Die befürchtete vollständige Annexion durch Preußen unterblieb, und damit blieb auch die Herrschaft des Hauses Wettin unangetastet. Nicht einmal die sächsische Königswürde von Napoleons Gnaden wurde angetastet, und da man sich in den Zeiten der neuen Usurpation des französischen Throns besonders Legitimität auf die Fahnen schrieb, trat man nun endlich in direkte

Verhandlungen mit Friedrich August, den man ja praktischerweise gleich in der Nachbarschaft hatte. Wenn es denn weiterhin ein sächsisches Königreich geben sollte, musste dessen Monarch dem Territorialverzicht zustimmen.

Der unerwartete Wiederaufstieg des Kaisers der Franzosen hatte jedoch das Selbstbewusstsein Friedrich Augusts abermals gestärkt, und je erfolgreicher Napoleon in Frankreich das Feld aufrollte, desto weniger dachte er daran, den ihm abverlangten Zugeständnissen zuzustimmen. Die Rücknahme der Territorialverluste gelang ihm zwar nicht, aber die Friedensbedingungen betreffs der wirtschaftlichen Folgen für Sachsen wurden erheblich gemildert. Schließlich verloren seine Verhandlungspartner allerdings die Geduld, zumal der ganze Abschluss des Wiener Kongresses plötzlich vom sächsischen Verhalten abhängig war, und stellten dem König am 27. April ein Ultimatum für die Unterzeichnung eines Friedensvertrags mit Russland und Preußen als den Staaten, die durch die sächsischen Einbußen begünstigt wurden. Sie erfolgte in Pressburg am 18. Mai 1815.

Damit verbunden war auch die Erlaubnis für Friedrich August, in sein Königreich zurückzukehren. Er tat es rasch, aber doch in einem Tempo, das die sorgfältige Vorbereitung eines triumphalen Einzugs in Dresden ermöglichte. Zum fünfzigsten Jahrestag dieses Ereignisses findet sich in den «Grenzboten», jener deutschnationalen Zeitschrift, die sich in den sechziger Jahren des neunzehnten Jahrhunderts wie keine andere Publikation der Erinnerung an den Krieg gegen Napoleon widmete, um seine Leser für die bevorstehenden Einigungskriege zu begeistern, ein Bericht, der die Rückkehr des Königs wie eine aktuelle Reportage schildert: «Wir schreiben den 7. Juni 1815, befinden uns in Dresden ... Sachsen wird geteilt, der Norden fällt an Preußen, aber der Rest wird heute seinen alten König wiederbekommen. Das Provisorium ist glücklich überstanden. Die Glocken läuten den Morgen einer neuen Epoche ein, und unter Posaunenschall singen vom Thurme die Kreuzschüler ihr ‹Nun danket alle Gott› auf den vom Frühroth bestrahlten Altmarkt hinab. Schon gestern war die Stadt ungewöhnlich bewegt. An den Ecken Anschläge des Stadtraths, welche bestimmten, in welcher Ordnung der erwartete Landesvater von der Einwohnerschaft eingeholt werden soll, und die als ‹Losung› des Festes ‹ehrfurchtsvolle Bescheidenheit, innige Herzlichkeit und treue Liebe› bezeichneten ... Es ist etwa halb vier Uhr, als der König eintrifft. Die Kanonen donnern von den Wällen, die Glocken läuten, von der Galerie der Ehrenpforte fällt ein Blumenregen in den Paradewagen, in welchem die alte Majestät mit der Prinzessin Auguste sitzt. Die ehrfurchtsvolle Bescheidenheit der Menge bricht in ein Vivat aus, und der Wagen hält ... Dann Weiterfahrt unter fernerem Glockengeläut und Vivatgeschrei, bis der Gefeierte endlich im Schlosse verschwindet.»[31]

Die vielfach dokumentierte Freude der Sachsen über den wiedergewonnenen König war auch Folge der fast zweijährigen Besatzungszeit, die nun ihr Ende fand. Den Zorn über die massiven Gebietsverluste minderte das nicht, und das nächste halbe Jahrhundert brachte Sachsen in ständigen Antagonismus zu Preußen, bis man sich 1866 wieder einmal für die falsche Seite entschied und diesmal gemeinsam mit Österreich geschlagen wurde. Auch das aber trug zum eigenen Mythos vom aufrichtigen und fleißigen, jedoch stets ausgenutzten Sachsen bei, den Carl Große schon 1841 in die Formulierung gekleidet hatte: «Freunde und Feinde betrachteten es stets als eine milchende Kuh und haben es zum öfteren ausgenagt bis auf das Skelett.»[32]

Und die anderen Akteure der Völkerschlacht? Preußen sollte sich mit seinem Machtzuwachs, der ja nicht nur die sächsischen Territorien umfasste, sondern vor allem das Rheinland mit seinem Reichtum an Menschen und Industrie, zur Führungsmacht im neu gebildeten Deutschen Bund aufschwingen, gegen die Österreich auf Dauer nicht viel zu bestellen hatte. Friedrich Wilhelm III. regierte noch bis zu seinem Tod 1840, während Zar Alexander I. schon im Jahr 1825 und Kaiser Franz I. im Jahr 1835 verstarb. Beim Zaren war dessen schon zuvor tiefe Gläubigkeit umgeschlagen in das Gefühl einer spirituellen Mission, die ihren Ausdruck in der Heiligen Allianz fand, in der ein russisch-orthodoxer, ein katholischer und ein protestantischer Herrscher zusammenfanden, um den Kern eines Bündnissystems zu bilden, das schließlich mit Ausnahme Englands, des Osmanischen Reiches und des wiederhergestellten päpstlichen Kirchenstaats alle Staaten Europas umfasste. Die Betonung des Glaubens als Instrument der politischen Legitimation sollte die Heilige Allianz unter der Herrschaft von Alexanders Sohn Nikolaus I. dann aber aufsprengen und wegen des Streits, ob das orthodoxe Russland oder das katholische Frankreich der wahre Beschützer der Heiligen Stätten in Palästina sei, schließlich im Krimkrieg münden.[33] Die russische Niederlage beendete die Dominanz des Zarenreichs in Kontinentaleuropa nach noch nicht einmal einem halben Jahrhundert wieder und ließ Frankreich abermals zu einer Führungsmacht aufsteigen, die nun sogar wieder auf Augenhöhe mit Großbritannien und Österreich agierte.

In Paris hatte inzwischen mit Napoleon III. ein Kaiser den Thron bestiegen, der nicht nur Bonapartes Neffe war, sondern auch denselben Weg zur Alleinherrschaft eingeschlagen hatte – von den Wurzeln in der Revolution über Staatsämter zur plebiszitär begründeten Diktatur. Louis Napoleon profitierte dabei vom Ruhm seines Onkels, der 1821 im Exil auf der Insel St. Helena im Süd-Atlantik gestorben war, wohin ihn die Alliierten verbannt hatten, nachdem er ihnen während der Herrschaft der hundert Tage noch einmal den Krieg aufgezwungen hatte. Das Risiko, das charismatische Genie Napoleons ein weiteres Mal in der Nähe Frankreichs ruhigstellen zu wollen, waren die Sieger von Waterloo nicht eingegangen; diesmal hatten sie den früheren Kaiser der Franzosen ans Ende der Welt geschickt, wo er in langen Gesprächen mit den wenigen Getreuen, die ihn begleiteten, seine Karriere Revue passieren lassen und die Niederlage in der Völkerschlacht wahlweise dem Wetter, dem Verrat der Sachsen oder der verfrühten Sprengung der Elsterbrücke zuschreiben sollte – über den geschönten Heeresbericht der Grande Armée von 1813 reichte Napoleons Einsicht auch später nicht hinaus. Seinem Nimbus in der französischen Heimat tat das keinen Abbruch, und der postume Ruhm wuchs sogar noch, als die Überreste des früheren Kaisers 1840 von St. Helena nach Paris überführt und mit großem Pomp im Invalidendom bestattet wurden. Das begünstigte den Aufstieg seines Neffen Louis Napoleon, dem wie schon dem Onkel eine Revolution den Weg auf den Kaiserthron ebnete: die von 1848, die den sogenannten Bürgerkönig Louis Philippe vom Thron fegte, der seinerseits die Unruhen von 1830 genutzt hatte, um die Bourbonenherrschaft zu beenden.

Auch in Deutschland fand die von Frankreich ausgehende Revolution von 1848 begeisterten Widerhall, weil nun die Einlösung jener Versprechungen erhofft wurde, die 1813 die Befreiungskriege ausgelöst hatten: staatliche Einheit, Beseitigung der Fürstenwillkür, bürgerliche Freiheiten. Fünfunddreißig Jahre waren seit der Völkerschlacht vergangen, doch was die deutsche Bevölkerung erhalten hatte, waren erneuerte Kleinstaaterei und die Zensurbestimmungen der Karlsbader Beschlüsse von 1819. In den zahlreichen Publikationen über die Völkerschlacht, die bis zur Mitte des neunzehnten Jahrhunderts erschienen, wird immer wieder das Leid der Soldaten und der sächsischen Bevölkerung in den Mittelpunkt gestellt – die Opfer der einfachen Menschen, für die es seitens der Fürsten keine politische Kompensation gegeben hatte. 1848 schien es nun endlich möglich, diese Schuld einzutreiben. In ganz Europa erhoben sich die Menschen gegen die autokratischen Systeme. Doch die russische Militärhilfe im Rahmen der Heiligen Allianz sorgte dafür, dass die revolutionäre Bewegung besiegt wurde, und so stand das Zarenreich im Jahr 1849, nachdem es nacheinander die polnische Erhebung im eigenen Einflussbereich und die ungarische im habsburgischen niedergeschlagen hatte, auf dem Höhepunkt seiner Macht. Nikolaus I. galt als Schutzherr der anderen europäischen Herrscherhäuser, was großes Misstrauen in England hervorrief, wo man das seit dem Wiener Kongress mühsam austarierte Gleichgewicht auf dem Kontinent gefährdet sah. Österreich wurde durch die nationalen Unabhängigkeits- und Demokratiebewegungen in den slawischen Reichsteilen, Ungarn und Italien geschwächt, während Preußen zwar 1848 wie der ganze Deutsche Bund einen Revolutionsversuch erlebte, aber daraus gestärkt hervorging, weil der politisch stockkonservative König Friedrich Wilhelm IV. die ihm vom Paulskirchenparlament im Jahr danach angetragene deutsche Kaiserkrone ablehnen sollte. Das sicherte ihm die Sympathien Russlands und Österreichs, und damit war zum zweiten Mal seit den Resultaten des Wiener Kongresses die deutsche Nationalbewegung gescheitert. Als sie beim dritten Versuch 1871 reüssierte, sollte Preußen sie anführen, und wieder war Frankreich der Katalysator in diesem Prozess, nur dass dann der Krieg auf dessen Territorium stattfand.

Da wurde schließlich nachgeholt, was die deutschen Patrioten schon 1813 erhofft hatten, wenn auch ohne Österreich, und so konnte die Völkerschlacht doch noch zum mythischen Kampf für die deutsche Einheit taugen. Hingegen schwieg man im wilhelminischen Deutschland über die Tatsache, dass Preußen und Sachsen nach 1813 keine Verfassung erarbeitet hatten, um den Blutzoll ihrer «Völker» vor Leipzig auszulösen, ganz im Gegensatz zu den süddeutschen Staaten von Nassau über Bayern, Baden und Württemberg bis zu Hessen-Darmstadt.[34] Doch diese von Napoleon ehedem begünstigten und durch den Wiener Kongress in ihrem Bestand bestätigten Mittelmächte blieben im neuen Deutschen Bund zweitrangig neben Preußen und Österreich. Nur Hannover, wie Hessen-Kassel wiedererstanden aus den Trümmern des zerschlagenen Königreichs Westphalen, genoss als Stammland des englischen Königshauses und in Personalunion mit Großbritannien verbundenes Territorium eine gewisse Unabhängigkeit gegenüber den beiden großen Hegemonen im Deutschen Bund.

England selbst wiederum suchte sein Heil immer mehr abseits Europas und baute ein nie dagewesenes Kolonialreich auf. Der Krieg gegen Napoleon war bis 1914 der letzte auf dem Kontinent, in den britische Truppen eingriffen; beim Krimkrieg kämpften sie außerhalb dessen, was man damals als Europa verstand. Schweden verschwand als Militärmacht von der Bildfläche, weil Karl Johann nach seiner Thronbesteigung vor allem daran interessiert war, die dank seinem Beitritt zur Allianz gegen Napoleon errungene Personalunion mit Norwegen zu bewahren. Das Land schlug den noch heute gültigen Kurs zur Neutralität ein, und die Familie Bernadotte ist neben den Windsors, wie sich das ehemalige Haus Hannover mittlerweile nennt, die einzige Dynastie, deren Herrschaft seit den Tagen der Völkerschlacht überdauert hat. Die Romanows, Habsburger, Hohenzollern und Bourbonen wurden alle von den Thronen gejagt, wie sie es mit ihrem großen Gegenspieler Napoleon gemacht hatten. Sein Beispiel machte also Schule in vielfacher Hinsicht. Der Kriegsgott, wie ihn Clausewitz genannt hatte, war tot, aber sein Credo verstummte nicht mehr. Die totalen Kriege, die Napoleon vorgedacht hatte, begründeten ein neues Zeitalter, obwohl er in der Völkerschlacht damit gescheitert war. Doch er scheiterte nur, weil seine Gegner das Rezept übernommen hatten.

13. SCHLACHTENBUMMLER:
VIER TAGE IM OKTOBER,
FAST ZWEIHUNDERT JAHRE SPÄTER

▼

Am 16. Oktober 2012, hundertneunundneunzig Jahre nach der Völkerschlacht, dämmert der Tag kurz vor sieben Uhr. Noch ist Sommerzeit, die gab es 1813 nicht, also wäre es entsprechend erst knapp sechs. Die Himmelsfärbung setzt ein, das erste Licht erscheint am Rand der Ebene im Südosten von Leipzig. Die Verkehrsgeräusche schwellen an, moderat, es ist ein Dienstag, aber es sind auch Herbstferien in Sachsen.

Vier Tage lang werde ich mich auf die Spuren der Völkerschlacht begeben, auf das, was heute noch von ihr übrig ist oder was an sie erinnert. Jene vier Tage lang, an denen vor hundertneunundneunzig Jahren die Kämpfe stattfanden, an jenen Plätzen, die besonders bedeutsam waren, und möglichst zu jenen Zeitpunkten, an denen sie stattfanden. Das wird allerdings nur bedingt möglich sein, obwohl mir ein Auto und der öffentliche Personennahverkehr zur Verfügung stehen, während die Kombattanten von 1813 bestenfalls Pferde oder Kutschen und meist nur ihre Füße zur Verfügung hatten. Aber ungeachtet größerer Schnelligkeit beim Fortkommen bewege ich mich allein, und die Völkerschlacht war ein synchrones Phänomen: Zahlreiche Ereignisse spielten sich gleichzeitig ab, und das an Orten, die bis zu zwanzig Kilometer Luftlinie voneinander entfernt liegen. Und als Schlachtenbummler werde ich auch weitgehend allein bleiben – an den meisten Gedenkorten rund um und in Leipzig ist es einsam, die einzige veritable Touristenattraktion unter den historischen Stätten ist das Völkerschlachtdenkmal. Das wird sich zwar zum zweihundertsten Jahrestag der Kämpfe ändern, und genau dafür werden die Denkmale schon eifrig herausgeputzt, doch auch 2013 werden etliche Monumente und ehemalige Kriegsschauplätze bestenfalls für ein paar Tage aus ihrem Dornröschenschlaf erwachen und danach wieder bis zum nächsten Jubiläum vergessen sein. Dabei ermöglicht der Weg auf den Spuren der Völkerschlacht noch ein ganz anderes Verständnis für das Geschehen von 1813 als das Studium von Büchern oder Quellen.

Heute gehören die ehemaligen Schlachtfelder fast zur Gänze zum Leipziger Stadtgebiet, und dementsprechend ist zu großen Teilen bebaut, was 1813 noch freies Feld war. Unterbrochen war es damals nur von einzelnen Dörfern oder Höfen, die mittlerweile zu Stadtteilen geworden sind: Paunsdorf etwa, Meusdorf, Möckern, Gohlis, Wahren, Großzschocher, Stötteritz, Thekla, Eutritzsch – alles nun Endstationen der Linien des Leipziger Straßenbahnnetzes, das dadurch selbst wie ein Gedächtnisspeicher wirkt. Taucha, Markkleeberg und Schkeuditz, auch sie Endhaltestellen, sind noch selbständige Gemeinden, aber nur wenige Hauptereignisse der Völkerschlacht spielten sich außerhalb des heutigen Leipziger Stadtgebiets ab. Innerhalb seiner Grenzen wohnen 2012 mehr als eine halbe Million Menschen (am 31. Juli 2012 waren es laut amtlicher Statistik 535 316), ein Vielfaches der Einwohnerschaft von 1813, doch gebaut ist Leipzig für noch größere Massen. Im Jahrhundert nach der Völkerschlacht erlebte die Stadt als Handels- und Industriemetropole eine Bevölkerungsexplosion: Bei der Reichsgründung 1871 hatte sich die Einwohnerzahl gegenüber dem Beginn des neunzehnten Jahrhunderts schon auf hunderttausend verdreifacht, und danach war gar kein Halten mehr. Schon 1890 waren es, bedingt durch Zuzug, Kinderreichtum und Eingemeindungen, dreihunderttausend, 1895 noch einmal hunderttausend mehr, und 1905 war die halbe Million erreicht. Sechshunderttausend Einwohner zählte die Stadt unmittelbar nach dem Ersten Weltkrieg, und den Höhepunkt bezeichnete das Jahr 1930, an dessen letztem Tag knapp siebenhundertzwanzigtausend Menschen in Leipzig lebten. Danach sorgten Wirtschaftskrise, Nationalsozialismus und vor allem der Zweite Weltkrieg für einen Rückgang auf unter sechshunderttausend, und bis zum Ende der DDR nahm diese Zahl weiter ab bis auf fünfhundertdreißigtausend am 31. Dezember 1989. Die folgende massive Abwanderung gen Westen drückte seit dem Jahr der Wiedervereinigung die Bevölkerungszahl bis 1998 auf unter vierhundertvierzigtausend, ehe durch neue Eingemeindungen (schon 1999 hatte man wieder fast vierhundertneunzigtausend) und danach vor allem durch kontinuierlichen Zuzug der bis heute anhaltende Zuwachs einsetzte.

Dennoch stehen im Stadtgebiet immer noch zahlreiche Häuser leer, denn die riesigen Wohngebiete, die in der Gründerzeit und nach der Jahrhundertwende überall in den neu hinzugekommenen Außenbezirken erschlossen wurden, sind in den Jahren seit 1939 größtenteils heruntergekommen. Erst herrschte zu Kriegszeiten Renovierungsverbot, dann Mangelwirtschaft im Sozialismus. Das ist immer noch besonders auffällig in den weniger feinen Stadtteilen, die vor allem im Osten Leipzigs liegen: Schon knapp hinter dem Innenstadtring, in Reudnitz, Volkmarsdorf, Schönefeld, Sellerhausen, Stünz, Anger-Crottendorf, Stötteritz, Mölkau und Paunsdorf, alles Orten mit furchtbarer Völkerschlachtvergangenheit, ist vom Aufschwung und vor allem der Verschönerung Leipzigs in den letzten Jahren nicht viel zu merken. Die Grenzen zwischen den Stadtteilen sind fließend, doch gemeinsam ist ihnen ein großer Teil unrenovierter, oft verlassener, nicht selten verfallener Wohngebäude.

Im äußersten Südosten der Stadt beginnt meine viertägige Suche nach den Stätten der Völkerschlacht. Ganz im Gegensatz zur Wettersituation vor hundertneunundneunzig Jahren steht ein strahlender Herbsttag bevor. Geregnet hat es schon seit Tagen nicht mehr, und die Tagestemperaturen werden sich bis zum Ende meiner viertägigen Begehung auf mehr als zwanzig Grad steigern –

zum wärmsten deutschen Spätoktober seit Beginn der Wetterauf-
zeichnungen. Ob die Teilnehmer der Völkerschlacht solche Tempe-
raturen für ideal gehalten hätten, darf man bezweifeln, denn sie
kämpften in Uniform und mit schwerer Ausrüstung, aber angeneh-
mer als das nasskalte Wetter des Oktobers 1813, das es so gut wie
unmöglich machte, sich in den Nächten von den Kampfstrapazen
zu erholen, wäre es allemal gewesen. Durch die Milde der letzten
Tage hängt das Herbstlaub 2012 noch weitgehend an den Bäumen,
während die Vegetation von den Regenstürmen in der Mitte des
Oktobers vor hundertneunundneunzig Jahren teilweise schon ent-
laubt worden war, was die ohnehin spärliche Deckung im Umland
von Leipzig noch weiter vermindert hatte.

Am 16. Oktober, dem Jahrestag der größten Ausdehnung der
Schlacht, bin ich mit dem Auto unterwegs, und der Weg führt vom
Leipziger Stadtzentrum hinaus über Probstheida nach Holzhausen. Gegen acht Uhr zeichnet sich dort an der Ortsausfahrt gen
Osten eines der fünf Österreicherdenkmale gegen den nun endgültig aufgehellten Himmel ab. Sie wurden 1913 zur Hundertjahrfeier
vom Kaiserreich Österreich-Ungarn an Stellen gesetzt, wo österreichische Truppen besonders entscheidend in die Völkerschlacht
eingegriffen haben. Die anderen beiden Hauptverbündeten des
Jahres 1813, Russland und Preußen, das seit 1871 das Deutsche
Reich dominierte, zeigten zur hundertsten Wiederkehr des Ereignisses noch viel entschiedener den Willen zur Erinnerung. Russland errichtete unweit vom Thonberg, einer der wichtigsten und
entsprechend heiß umkämpften Verteidigungsstellungen der Franzosen, eine orthodoxe Gedächtniskirche, die am 17. Oktober 1913
eingeweiht wurde. Zahlreiche Kaufleute hatten für diesen Bau ge-
spendet, weil Leipzig nicht nur ein Erinnerungs-, sondern vor allem auch ein wichtiger Messeort war, an dem viele Russen vertreten waren und sich Symbolpolitik somit lohnte. Einen Tag später
fand dann – in Anwesenheit Kaiser Wilhelms II. und des sächsischen Königs, der pikanterweise als Friedrich August III. den Na-

men seines vor hundert Jahren unterlegenen Vorfahren trug – die große deutsche Gedächtnisfeier statt, bei der das gigantische Völkerschlachtdenkmal der Öffentlichkeit übergeben wurde, das man etwas weiter stadtauswärts ebenfalls vor allem mit privaten Spenden errichtet hatte.

Der Vergleich der jeweiligen Erinnerungsästhetik der drei Siegerstaaten ist aufschlussreich: Das Deutsche Reich, das in den Ereignissen von 1813 seit der sechs Jahrzehnte später erfolgten Reichseinigung unter Ausschluss Österreichs vor allem einen Triumph des preußischen Beharrungswillens gegen Napoleon sah, setzte einen Koloss in die flache Landschaft, der Wehrhaftigkeit und Opferbereitschaft symbolisiert und noch heute in seiner Massivität unübersehbar ist, egal, aus welcher Richtung man sich der Stadt nähert. Russland stellte dagegen die Erinnerung an seine gefallenen Soldaten und die spirituelle Basis des Zarenreiches in den Mittelpunkt seiner Gedenkstätte: Die Kirche mit ihrer schlanken Gestalt und der goldenen Kuppel ist ein Richtungsweiser in den Himmel und ein Fingerzeig auf den göttlichen Beistand der Romanow-Dynastie. Auch das Völkerschlachtdenkmal trägt an zentraler Stelle die Aufschrift «Gott mit uns», doch dieser Wahlspruch, den der 1701 zum König in Preußen erhobene Hohenzollern-Herzog Friedrich seiner neuen Dynastie gab und der dann auch auf die Armee seines Staates und später des Deutschen Reiches übertragen wurde, steht über einer Skulptur des martialisch gerüsteten Erzengels Michael. Die Kirche ist direkter Verweis auf Gott und zeigt Vertrauen auf höheren Beistand, das Bild des Erzengels auf dem Schlachtfeld dagegen erhebt auf solchen Beistand Anspruch. Russisches Vertrauen in und deutsche Erwartung an Gott wurden weniger als ein Jahr nach den feierlichen Einweihungsakten vom Oktober 1913 auf die Probe gestellt, als die beiden Staaten gegeneinander in einen Krieg zogen, der die Völkerschlacht als größtes Massenschlachten der Geschichte ablösen sollte.

Gegenüber der kostspieligeren, repräsentativeren und in ihrer symbolischen Bedeutung auch weitaus anspruchsvolleren deutschen und russischen Erinnerungskonkurrenz hielt sich das österreichische Kaiserreich 1913 mit seinen fünf übers ganze Gebiet des ehemaligen Schlachtfeldes verteilten Denkmalen sehr zurück: Auf einem jeweils bloß etwa zweieinhalb Meter hohen Sockel, in den groß die Jahreszahl 1813 eingraviert ist, breitet ein in Lauerstellung befindlicher Doppelkopfadler, das Wappentier der Doppelmonarchie, gerade seine Schwingen aus. Alle fünf Denkmale wurden in identischer Gestalt errichtet, nur durch die jeweils in den Sockelinschriften erwähnten Ereignisse unterscheiden sie sich.

Der Entwurf stammte von Gustav König, einem Major der k. u. k. Armee, und das Martialischste daran war die Verwendung der Bronze von eingeschmolzenen französischen Kanonen, die man hundert Jahre lang als Kriegsbeute aufbewahrt hatte, für die Adler, Schrifttafeln und Girlanden.[1] Hätte sich die Geschichte seit 1813 anders entwickelt, nämlich so, wie es die meisten Freiwilligen in den von deutscher Seite «Befreiungskriegen» genannten Feldzügen der Jahre 1813 bis 1815 gegen Napoleon erhofft hatten: zu einer Wiederherstellung des 1806 aufgelösten Reichsverbunds unter Einschluss Österreichs, dann wären diese fünf Denkmale nie errichtet worden. Aber da das deutsche Völkerschlachtdenkmal bewusst als nationale Ehrensache propagiert worden war, für die man keine ausländischen Gelder verwenden wollte – und Österreich galt seit der kleindeutschen Reichseinigung von 1871 endgültig als Ausland –, musste die Habsburgermonarchie ihre eigenen Erinnerungszeichen setzen.

Das Holzhausener Ehrenmal ist das einzige des Quintetts, das gleich drei Kampftagen gewidmet ist, und das erste genannte Datum liegt noch vor der eigentlichen Völkerschlacht: Es erinnert an den 14. Oktober 1813, als nur zwei Kilometer südlich von diesem Punkt das Reitergefecht von Liebertwolkwitz ausgetragen wurde, die erste Kampfhandlung zwischen den beiden Hauptarmeen, ausgefochten vor allem zwischen Franzosen und Österreichern. Bis zum 18. Oktober, als Napoleon seine Stellungen über Nacht zurückgenommen hatte, aber in Holzhausen immer noch Marschall Macdonald mit seinen Truppen stehen ließ, wurde hier gekämpft und gestorben. Doch das wichtigste Datum für den Ort ist der Morgen des 16. Oktobers, an dem achtundzwanzigtausend österreichische Soldaten unter General Klenau die napoleonischen Truppen angriffen. Sie bildeten den äußeren rechten Flügel der alliierten Hauptarmee, die von Süden her gegen Leipzig aufmarschiert war, und hier in Holzhausen wie auf ganzer Breite bis nach Markkleeberg wurde vor genau hundertneunundneunzig Jahren extrem verlustreich gekämpft, ohne dass die Alliierten an diesem Tag einen wesentlichen Geländegewinn erzielt hätten.

Der genaue Ort des Österreicherdenkmals, das hier an diese blutigen Ereignisse erinnert, liegt an einer Straßengabelung; links geht es nach Kleinpösna, rechts nach Seifertshain, Letzteres schon jenseits des Leipziger Stadtgebiets. Das Ehrenmal steht allein vor einer freien Ebene, die einen Eindruck davon erlaubt, wie das Schlachtfeld von 1813 ausgesehen hat: weite Felder, nur gelegentlich unterbrochen von Bäumen, Hecken, Zäunen. Häuser sieht man von hier aus gar nicht. Dafür erhebt sich weiter im Südwesten, jetzt umkränzt von den ersten Sonnenstrahlen, ein leichter Höhenzug. Dort muss der Kolmberg sein, um den am 16. Oktober so verzweifelt gekämpft worden ist und wo Marcellin de Marbot bei Anbruch des Tages um ein Haar Zar Alexander und König Friedrich Wilhelm gefangen genommen haben wollte. Dorthin, wo die alliierten Truppen ihre erste wichtige Stellung mit Blick auf Leipzig hatten, die dann aber mittags von den Franzosen erobert wurde und ihrerseits zur wichtigsten Artilleriestellung in diesem Abschnitt des Schlachtfeldes ausgebaut wurde, ehe Napoleon den Berg in der Nacht auf den 18. Oktober kampflos räumen ließ – dort hinauf soll nun der Weg führen.

Das ist leichter gesagt als getan. Zunächst einmal: Welche der Anhöhen ist der Kolmberg? Mutmaßlich doch die rechts gelegene, die vom Österreicherdenkmal als höchste auszumachen ist und einen besonders guten Blick auf die Umgebung verheißt. Doch sie erweist sich beim Näherkommen als ehemalige, nun weitläufig abgesperrte Mülldeponie. Der Abfall der Gesellschaft hat für höhere Berge gereicht als die Natur. Also muss der Kolmberg der vergleichsweise niedrig wirkende Höhenzug links davon sein, aber die auf dem Stadtplan eingezeichnete schmale Straße hinauf ist nicht zu finden. Es wird wohl die durch eine Schranke versperrte schmale Einfahrt gewesen sein, an der ich achtlos vorbeigefahren bin, denn danach kommt nichts mehr, und ich bin mittlerweile schon übers Leipziger Stadtgebiet hinaus in Seifertshain, der Ortschaft, die Auguste Vater am Morgen des 16. Oktober verlassen hatte.

Auch das wird wohl um diese Zeit gewesen sein, mittlerweile ist es Viertel nach acht. Gegenüber der Kirche liegt das schmucke Pfarrhaus, das vor hundertneunundneunzig Jahren ausgeplündert worden ist; eine Tafel verweist darauf, dass Auguste Vater hier 1797 geboren wurde. In einer ehemaligen Stallung neben der Friedhofsmauer, die sich rund um die Kirche zieht, ist heute ein mittels privater Initiative betriebenes Sanitäts- und Lazarettmuseum eingerichtet, das die Geschichte der medizinischen Versorgung während der Völkerschlacht erzählt, aber geöffnet hat es nur sonntags für wenige Stunden. Dafür steht der Friedhof offen, das Grab der Eltern von Auguste Vater liegt gleich hinter dem Chor der Kirche. Blickfang der weitgehend leeren Rasenfläche auf der Nordseite aber ist die Grabstele für den einundzwanzigjährigen Südtiroler Grafen Cajetan Alberti de Poja, der als Leutnant im österreichischen Heer diente und laut Aufschrift der Gedenktafel am 14. Oktober 1813 auf dem Kolmberg durch eine französische Kanonenkugel getötet wurde, als er General Klenau eine Depesche überbringen wollte. In der Tat wurde bereits beim Reitergefecht von Liebertwolkwitz Artillerie eingesetzt, Klenaus Truppen aber kamen erst am 16. Oktober auf dem Kolmberg zum Einsatz. Auguste Vater berichtet, dass schon bald die Sicht vom Kirchturm hinüber zum Kolmberg, wo sich Klenaus Artillerie festgesetzt hatte, durch Pulverdampf behindert wurde.[2] Heute wird der Blick nach Westen immer klarer, der Steinquader jedoch, den man 1856 auf der damals noch kahlen Anhöhe zur Erinnerung an die Bedeutung dieser Stätte aufstellte, ist zwischen den mittlerweile dort emporgeschossenen Bäumen in deren früher Herbstfärbung nicht mehr auszumachen.

Auf der Süd- und der Westseite soll es weitere Auffahrtwege geben, also fahre ich um den Kolmberg herum. Dazu geht es erst einmal über die erst vor wenigen Jahren gebaute Autobahn 38, die Leipzig südlich umgibt. Jenseits von ihr liegen die riesigen Braunkohleabbaugebiete, die in den Jahren der DDR bis kurz vor das Stadtgebiet ausgebeutet wurden. Durch diesen Tagebau ist ein Großteil des südlichen Schlachtfelds vom 16. Oktober 1813 verschwunden, ebenso wie einige der Dörfer, um die damals gekämpft wurde. Mittlerweile sind die tiefen Förderlöcher rund um Markkleeberg zu einer Seenlandschaft renaturiert worden, die nichts mit dem gemein hat, wie diese Gegend einmal ausgesehen hat, aber nur so ließ sich die Vergewaltigung der Landschaft wieder unsichtbar machen.

Der Abstecher über die Autobahn ist jedoch sofort wieder beendet, denn noch vor Großpösna geht es wieder in Richtung Leipzig ab und zurück auf die andere Seite, wo sich der Kolmberg nun tatsächlich als ansehnliche Höhe präsentiert, wenn auch die Müllkippe gleich dahinter noch viel eindrucksvoller im flachen Sonnenlicht aufragt. Der Weg, der laut Karte viel schmaler hätte sein sollen als der auf der Nordseite übersehene, ist leicht zu finden und bis auf den Kolmberg hinauf befahrbar. Oben angekommen steht direkt am Wegrand der erste Apelstein. Diese nach Theodor Apel, dem akribischsten Chronisten der Völkerschlacht, benannten Erinnerungsstelen sind seit 1861 errichtet worden, zunächst allein auf Initiative und auch eigene Kosten des Juristen und Publizisten, der damit rund um die Stadt die wichtigsten Orte des Geschehens von 1813 markieren wollte. Zu Apels Lebzeiten – er starb bereits 1867 im Alter von sechsundfünfzig Jahren – wurden vierundvierzig Apelsteine gesetzt, bis heute sind noch sechs dazugekommen, die letzten erst in den neunziger Jahren des zwanzigsten Jahrhunderts. Sie haben unterschiedliche Größen, aber ein gemeinsames Programm: Auf der jeweiligen Vorderseite ist der Anlass der Errichtung genannt, hier auf dem Kolmberg die Schlacht bei Wachau vom 16. Oktober, auf der Rückseite sind die konkreten Heerführer vermerkt, die an der vom Erinnerungsmal markierten Stelle kommandierten, in diesem Fall Marschall Macdonald, der diese Höhe am Mittag des ersten Tags der Völkerschlacht eingenommen hatte. Außerdem finden sich die Truppenstärken der von ihnen befehligten Soldaten vermerkt. Die Apelsteine geben dabei durch ein N (für Napoleon) oder ein V (für die Verbündeten) deren Zugehörigkeit an, ergänzend weisen die an napoleonische Einheiten erinnernden Stelen eine Halbkugel als Abschluss auf, während Gedenksteine für die Alliierten eine Pyramide als Bekrönung tragen. Die Himmelsrichtungen sind auf den vier Seiten vermerkt, und durch Pfeile werden die Bewegungsrichtungen der genannten Truppen gekennzeichnet.

Im Vorgriff auf die großen Jubiläumsfeierlichkeiten des Jahres 2013 sind bereits jetzt die meisten Apelsteine restauriert worden. Auch der auf dem Kolmberg ist herausgeputzt, steht indes derart dicht am Waldrand, dass man ins Unterholz treten muss, um die rückseitige Aufschrift zu Macdonald, dem Herzog von Tarent, lesen zu können. Keinen Hinweis gibt es auf das eigentliche Kolmbergdenkmal, also geht es durch das von wildem Vogelgezwitscher erfüllte Wäldchen zur Nordwestecke der Anhöhe, die von hier ganz sanft nach Leipzig hin abfällt. Zwischen den Bäumen steht das verfallene Skelett eines ehedem gewaltigen Holzturms, dessen Funktion nicht mehr zu erschließen ist. Er hätte eine großartige Aussicht geboten, aber auch der normale Blick mit der Sonne im Rücken über die Felder, Alleebäume und Teiche hinüber zur Stadt ist beeindruckend. Dort unten dürfte sich seit 1813 nicht allzu viel geändert haben.

Vom Denkmal aber keine Spur. Also zur anderen Seite. Nach Südwesten und Süden hin zeigen sich die Wunden des letzten halben Jahrhunderts: die Braunkohle-Abbaugebiete, die tief eingeschnittene Autobahn, deren Lärm hier heraufbraust, obwohl der Berufsverkehr bereits nachgelassen hat. Es ist Viertel vor neun. Dann führt ein Trampelpfad zur Nordwestseite des Kolmbergs, und gleich rechts steht endlich der Steinquader auf einer kleinen Erhebung, die derart zugewachsen ist, dass man ihn erst aus zwei Metern Entfernung sieht, obwohl auch dieses Denkmal jüngst restauriert worden ist. Der alte Sandsteinblock von knapp anderthalb Metern Höhe bei einer Grundfläche von etwa einem Quadratmeter steht über zwei Stufen auf einem brutalistischen Kalksteinfundament, das der Konstruktion in ihrer engen bewaldeten Umgebung übermenschliche Ausmaße zu verleihen scheint. «Stätte des Kampfes zwischen Klenau und Macdonald» hat der 1841 gegründete «Verein zur Feier des 19. Oktober» eingravieren lassen – als hätte es hier oben bloß einen Zweikampf gegeben. Theodor Apel gehörte selbstverständlich diesem Zusammenschluss Leipziger Bürger an, die es sich im Zeichen deutschen Nationalbewusstseins zur Aufgabe gemacht hatten, den großen Sieg von 1813 im Gedächtnis späterer Generationen zu bewahren, doch fand er die Aktivitäten des Vereins unbefriedigend, nicht zuletzt wegen dessen Beschränkung auf die großen Namen, und hatte daraus gelernt, als er auf seinen eigenen Erinnerungssteinen immer auch die Mannschaftsstärken angeben ließ.

Die Fahrt hinunter vom Kolmberg gestaltet sich abermals schwierig, weil die nach Westen herabführende Straße vor einem Gatter endet, also geht es doch wieder zurück über den anscheinend einzigen nutzbaren Zugangsweg. Binnen weniger Minuten bin ich in Liebertwolkwitz, auch hier natürlich ein Apelstein, diesmal

Das Kolmbergdenkmal, errichtet 1856, auf einer Darstellung des neunzehnten Jahrhunderts.

für Mortier, den Herzog von Treviso, der von hier aus am 16. Oktober das benachbarte Niederholz einnehmen sollte – ein heute verschwundenes Wäldchen auf dem Gelände der späteren Mülldeponie, das den heranrückenden Alliierten gute Deckung bot und in dem sich ein ungarisches Regiment eingenistet hatte, das von dort aus Macdonalds Stellung auf dem Kolmberg bedrohte. In den Turm der Kirche von Liebertwolkwitz, die im Gegensatz zu den meisten Gebäuden des Dorfs die heftigen Kämpfe der Völkerschlacht weitgehend unbeschädigt überstand, ist über der Glockenstube eine Kanonenkugel eingelassen – eine in der ganzen Umgebung beliebte Praxis, mit der die Bewohner, die noch bis heute immer wieder solche Relikte bei Arbeiten auf den Feldern oder bei Ausschachtungen finden, an die Völkerschlacht erinnern.

Der Weg führt von Liebertwolkwitz nach Güldengossa, eine schnurgerade, kaum befahrene neue Straße entlang, die zu DDR-Zeiten ausgebaut wurde, um den weiter südlich beginnenden Braunkohletagebau zu erschließen. Hier, mitten im Nichts der plattesten Ebene, in der nur die längs der Straße gepflanzten, stark durch Miniermotten geschädigten Kastanien einen Haltepunkt fürs Auge bieten, steht ein kleines Denkmalensemble, das eigentümlichste meiner ganzen vier Tage Spurensuche: wieder ein Apelstein, diesmal für den General Eugen von Württemberg, der von dieser Stelle aus gegen acht Uhr morgens am 16. Oktober 1813 mit seinen russischen und preußischen Truppen gegen Wachau vorrückte, dessen heutige Einfamilienhausreihen weit jenseits der Felder im Westen zu sehen sind, und ein Erinnerungsmal der ganz besonderen Art, das erst 1988 zum 175. Jubiläum der Völkerschlacht errichtet wurde, als die DDR im vorletzten Jahr ihres Bestehens die deutsch-sowjetische Waffenbrüderschaft mit Verweis auf das preußisch-russische Bündnis von 1813 historisch legitimieren wollte. Es ist ein Obelisk auf einem Sockel, mit einer Kugel als Abschluss und Inschriften auf Deutsch und auf Russisch. Immerhin sind auch der zaristische Doppeladler und das alte preußische Wappen als Schmuck angebracht worden.

Der Tag wird immer strahlender, im Nordwesten ist die Silhouette des Völkerschlachtdenkmals zu sehen, das in der Nähe zum einstigen Befehlsstand Napoleons vom 18. Oktober errichtet wurde. Von hier aus dürften es gut anderthalb Stunden Fußweg bis zum Denkmalkoloss sein, eine Strecke, die schon für sich genommen die riesigen Dimensionen des Schlachtfelds verdeutlicht, für die die Alliierten aber schließlich drei Tage brauchten, denn erst am 19. Oktober, als die Franzosen längst den Rückzug eingeleitet hatten, erreichten die verbündeten Truppen die Quandtsche Tabaksmühle. Davor standen die Schlachten bei Wachau und Probstheida und mehr als hunderttausend napoleonische Soldaten, die an diesem Abschnitt kämpften. Was für ein Vormarsch das gewesen sein muss, kann man erahnen, wenn man die monotone Ebene gen Leipzig betrachtet, in der man lange über freies Feld laufen müsste, um zur nächsten Ortschaft oder Baumreihe zu gelangen.

Und dort hätten 1813 die feindlichen Schützen gelauert. Eugen von Württemberg wäre deshalb überglücklich gewesen, wenn seine Truppen vor hundertneunundneunzig Jahren ähnlich gleißendes Sonnenlicht gehabt hätten: Die Franzosen wären wenigstens geblendet worden.

Kurz geht es wieder über die Autobahn und über die Stadtgrenze, erst nach Güldengossa und dann nach Auenhain. Von der am 16. Oktober 1813 so heiß umkämpften Schäferei ist keine Spur mehr zu sehen, neben der Straße erstreckt sich jetzt der Markkleeberger See auf der Fläche des ehemaligen Tagebaus. Die Einfallstraße Richtung Leipziger Zentrum führt nach Wachau, den Fokus der Kämpfe am ersten Tag der Völkerschlacht. Doch das Einzige, was bei der Einfahrt in den Ort martialische Gefühle weckt, ist die riesige Reklame für eine Gulaschkanone, die aber offenbar längst abgerüstet wurde oder erst zur Mittagszeit ins Geschehen eingreifen wird. Es ist zehn Uhr morgens, und die Siedlung liegt still wie in der Nacht, eine Abfolge neu errichteter oder neu renovierter Häuschen. Der historische Kern von Wachau befindet sich unsichtbar links von der Bornaer Chaussee, die ihren Namen aus dem achtzehnten Jahrhundert bewahrt hat. Nichts verweist auf seine Existenz außer einem direkt an der Straße gelegenen schönen Eingang zu einem herrschaftlichen Gartengrundstück. Die beiden spätbarocken Pfeiler, die das breite Gitter halten, spielten in der Völkerschlacht eine wichtige Rolle, allerdings nicht an dieser Stelle. Es handelt sich um die letzten noch existierenden Spolien eines Leipziger Stadttors aus jener Zeit, des Windmühlentors, einem der Zugänge zu den Leipziger Vorstädten, die am 19. Oktober von den Alliierten gestürmt wurden. An seinem ursprünglichen Standort im Südosten der Stadt führte es allerdings auf keine der wichtigen Landstraßen, sondern nur auf Feldwege. Die elegante Gestalt des Tors macht klar, dass es bei seiner Errichtung im achtzehnten Jahrhundert schon nicht mehr zur Verteidigung gedacht war, und ein Torhaus wie an den wichtigeren Eingängen im Befestigungsgürtel der Innenstadt gab es am Windmühlentor auch nicht. Zwar war es wie alle anderen Zugänge zu den Vorstädten schon vor dem 16. Oktober verbarrikadiert worden, aber die am 19. Oktober angreifenden russischen Truppen hatten trotzdem wenig Mühe, die Sperre zu überwinden; erst in der dahinter liegenden extrem langen und engen Windmühlengasse, die zum Rossmarkt führte, waren heftige Kämpfe gegen die Verteidiger zu bestehen.[3] Als das Tor 1862 abgebrochen wurde, kaufte der Eigentümer des Ritterguts von Wachau die gut erhaltenen Bestandteile und ließ sie hier wieder aufbauen.

Der Garten dieses Herrensitzes hätte am 14. Oktober beinahe kriegsentscheidende Ereignisse gesehen, denn Napoleons Schwager Murat, der König von Neapel, hatte hier sein Hauptquartier und war im Park auf der Suche nach einem Aussichtspunkt, um im Vorfeld des Reitergefechts von Liebertwolkwitz das Herannahen der Alliierten zu beobachten: «Er bestieg mit mehreren Offizieren eine hohe Linde im herrschaftlichen Garten, die mit einer Gallerie versehen ist, zu welcher eine Treppe führt, um die Russische und Preußische Reiterey zu rekognoszieren. Der Feind, der die Menschen auf der Gallerie bemerkt haben mochte, sandte eine Kanonenkugel dahin, die aber nur einen Ast wegschleuderte. Der König stürzte sich mit seinem Gefolge Hals über Kopf die Treppe hinunter.»[4] Von dem riesigen Baum, den alte Stiche zeigen, ist nichts mehr zu sehen, und vom Herrensitz ist nur noch das später aufgebaute Windmühlentor erhalten geblieben: Die Gebäude des Ritterguts wurden im Dezember 1943 durch eine britische Luftmine weitgehend zerstört, amerikanische Brandbomben besorgten im Februar 1945 den Rest.

Das war die zweite Zerstörung Wachaus, 130 Jahre nach der Völkerschlacht, die das Dorf schon seine Kirche gekostet hatte. Deren 1865 endlich errichtete Nachfolgerin aber steht auf ihrem Hügel über dem Marktplatz gleichfalls als Ruine, denn in das seit 1945 schon schwer beschädigte Gebäude war 1974 der Blitz eingeschlagen und hatte zerstört, was noch intakt war. Die immerhin mittlerweile gesicherte Ruine macht das stille Wachau nolens volens zu einem Ort, an dem man erahnen möchte, wie die Dörfer rund um Leipzig nach der Völkerschlacht ausgesehen haben, auch wenn kaum noch etwas erhalten ist, was damals hier stand.

Erinnerungsmale dagegen gibt es an diesem Flecken viele, allerdings gehören sie alle nicht unmittelbar hierher. Mitten auf dem Marktplatz steht ein weiterer Quader, den der «Verein zur Feier des 19. Oktober» 1854 errichtet hat, der aber ursprünglich auf dem Wachtberg stand, eine halbe Stunde südlich von hier. Dort befand sich am 16. Oktober 1813 der Befehlsstand der Alliierten, von dem aus Zar Alexander, Kaiser Franz und König Friedrich Wilhelm das Geschehen rund um Wachau verfolgten und wo sie am späten Mittag fast von Napoleons Kavallerie überrannt worden wären, als die ihren großen Ausfall von Auenhain her unternahm. Doch der Wachtberg ist weg, abgeräumt im Zuge der Braunkohleförderung, und den Erinnerungsstein hat man hierhin gesetzt, genauso wie das verstümmelte Österreicherdenkmal, das im Rittergutspark zu finden ist. Es stand früher neben der Bornaer Chaussee vor Auenhain, und heute ist nicht mehr davon übrig als eine Tafel im Sockelfragment. Eine Ähnlichkeit zu seinen vier gut erhaltenen Geschwistern rund um Leipzig gibt es nicht mehr: Alles, was aus Bronze war, Adler, Kränze, Umzäunung, ist 1942 eingeschmolzen worden, weil das Denkmal ohnehin schon beschädigt war. Als dann in den siebziger und achtziger Jahren der Tagebau weiter vorstieß, wurde das Denkmal hierher verlegt, und weil man bei der Kohleförderung auch noch auf Überreste von Gefallenen des Jahres 1813 gestoßen war, deren Armeezugehörigkeit anhand ihrer Ausrüstung identifiziert werden konnte, stehen aus DDR-Zeiten zusätzlich zwei unscheinbare Gedenktafeln für russische und französische Soldaten im Rittergutspark.

Landschaftlich dürfte mit dem Wachtberg nicht allzu viel verlorengegangen sein, denn mit seinen ehemals hundertvierundfünfzig Metern Höhe über dem Meeresspiegel erhob er sich gerade einmal fünfzehn bis zwanzig Meter über das Durchschnittsniveau der Umgebung. Immerhin elf Meter höher ist der Galgenberg an der Straße von Wachau nach Liebertwolkwitz, wo Napoleon sich während der Schlacht am 16. Oktober aufhielt. Aber was für ein kläglicher Anblick! Man bemerkt bei der einen Kilometer langen Anfahrt von Wachau kaum etwas von der Erhöhung, auf der natürlich auch ein Gedenkstein steht, der 1852 errichtet wurde. Er befindet sich rechts der Straße, und links liegt die künstliche Aufschüttung eines neuen Trinkwasserspeichers, der nun den eigentlichen Galgenberg deutlich überragt. Der Blick wird zusätzlich durch ein paar Bäume im Süden gehemmt, allerdings ist sonst die ganze Ebene zwischen Liebertwolkwitz und Wachau bis nach Güldengossa zu übersehen. Es ist halb elf, und Napoleon ist zu diesem Zeitpunkt vor hundertneunundneunzig Jahren genau hier gewesen. Auf der Rückseite des Denkmals ist eine winzige gravierte Platte eingelassen: «Hiob 38,11». Das immerhin hat ein witziger Mensch getan, denn die entsprechende Stelle des Alten Testaments lautet: «Bis hierher sollst du kommen und nicht weiter; hier sollen sich legen deine stolzen Wellen!» Ansonsten ist der Galgenberg der enttäuschendste Punkt der ganzen viertägigen Tour.

Das Schlachtfeld von Wachau aber wäre nicht komplett ohne einen Ausflug über Markkleeberg nach Dölitz, wo sich vom späten Vormittag des 16. Oktober an die Österreicher bemüht hatten, die Pleiße zu überqueren. Auch hier hat der Braunkohleabbau seine Spuren hinterlassen, die der Cospudener See zu kaschieren versucht. Von der versumpften Auenlandschaft, die den insgesamt achtundzwanzigtausend alliierten Soldaten des Generals Merveldt so gewaltige Schwierigkeiten bereitete, kann man sich jedoch auf dem Gelände des Agra-Parks – eines im späten neunzehnten Jahrhundert angelegten Landschaftsgartens, der heute von der auf Betonstelzen balancierenden vierspurigen Bundesstraße 2 zerschnitten wird – eine Vorstellung machen. Hier befand sich während der

Völkerschlacht die einzige Pleißebrücke im Süden, die von den napoleonischen Soldaten nicht abgetragen worden war. Sie führte zum Rittergut Dölitz, einem im siebzehnten Jahrhundert errichteten Renaissanceschloss, in dem sich am 16. Oktober 1813 dreißigtausend polnische Soldaten unter General Poniatowski verschanzt hatten. Die Brücke wollten sie als Ausfallmöglichkeit nutzen, doch ein österreichisches Regiment konnte sie bereits am Vormittag erobern, und in der Folge belegte die polnische Artillerie diesen Punkt mit heftigem Beschuss, während die Österreicher durch das feuchte Terrain keine eigenen Kanonen herbeischaffen konnten. Zeugnis vom Kugelhagel legt das um 1670 erbaute Torhaus zum Renaissanceschloss ab, das einzige Relikt der 1947 nach Kriegszerstörungen abgerissenen Anlage. Gleich zehn Kanonenkugeln sind in die Fassade über dem früheren Wassergraben eingelassen, und im Inneren, in dem sich seit 1959 eine Zinnfiguren-Ausstellung mit Völkerschlacht-Schwerpunkt befindet, kann man sich seine eigenen Geschosse aus Schlachtfeldfunden kaufen. Die schlichte Musketenkugel ist für zwei Euro erhältlich, für das stattliche Zwölf-Pfund-Geschoss aus einer Kanone werden sechzig Euro fällig. Geöffnet ist das kleine Museum normalerweise nur von Mittwoch bis Sonntag, an diesem Jubiläums-Dienstag jedoch wird im Obergeschoss vor dem großen Diorama der Schlacht um Probstheida vom 18. Oktober 1813 gefilmt: Das Fernsehen begleitet eine Führung für eine kleine Schülergruppe. Da wird auch mir als einzelnem Besucher pragmatisch Einlass gewährt.

Die alliierten Truppen mussten sich am Nachmittag wieder über die Pleiße zurückziehen, nachdem ihr Kommandeur, General Merveldt, in Gefangenschaft geraten war. Auch am 18. Oktober wurde diese Gegend durch Poniatowskis polnisches Heer noch erfolgreich gegen die Österreicher verteidigt; erst nachdem es in der Nacht zum 19. Oktober den Abzug der französischen Hauptstreitmacht mittels heftiger Gefechte gedeckt hatte, gab auch Poniatowski diese Stellung auf. Nirgendwo haben sich Napoleons Truppen so hartnäckig gegen die Angreifer behauptet. Daran erinnert nicht nur ein Apelstein am Rembrandtplatz, der den Verteidigern gewidmet ist, die hier unter Poniatowskis Oberbefehl gekämpft haben, sondern im kleinen Park auch ein weiteres Österreicherdenkmal, das hier wenn auch nicht an einen großen Sieg, so doch zumindest an die Opfer der Soldaten von Kaiser Franz an dieser Front erinnern kann. Offensichtlich wollte man, als zum Jubiläum von 1913 das neue Denkmal errichtet wurde, diesen Abschnitt des Schlachtfelds nicht allein dem Gedenken an die Heldentaten der Gegner überlassen, an die der Apelstein erinnert.

Das nächste Exemplar der fünf damals gestifteten österreichischen Siegesmale steht nur ein paar Autominuten entfernt weiter westlich an der Antonienstraße in Kleinzschocher. Diese Ortschaft hatte General Gyulai mit seinem Heer auf dem linken Flügel der alliierten Hauptarmee am 16. Oktober erobert, als er in Richtung Lindenau marschierte. Weil er sich von den numerisch weit unterlegenen Franzosen aber gleich wieder zurückdrängen ließ, nennt dieses Denkmal nur die Schlachttage vom 18. und 19. Oktober. Allerdings wurde an dieser Stelle von den Österreichern generell nichts sonderlich Heldenhaftes geleistet: Sie sahen an den beiden letzten Tagen der Schlacht nur zu, wie die französische Armee sich über die nahe Chaussee nach Weißenfels zurückzog.

Das südliche Schlachtfeld des 16. Oktober ist damit abgeschritten, doch die vorentscheidenden Kämpfe dieses Tages hatten ja ohnehin im Norden zwischen Blüchers Schlesischer Armee und den Franzosen stattgefunden. Bis sie in voller Gewalt entbrannt waren, war es später Mittag geworden, und wegen der Verschiebung infolge der modernen Sommerzeit steuere ich meine erste dortige Station eine Stunde versetzt um halb zwei an: den Höhenzug bei Lützschena am nördlichen Ufer der Elster, über den die alliierten Truppen am Vormittag angerückt waren. Der beste Aussichtspunkt, von dem aus Blücher 1813 die französischen Verteidigungsstellungen in Lindenthal und Wahren beobachtete, wird heute vom

Bismarck-Turm gekrönt. Seine architektonische Verwandtschaft mit dem Völkerschlachtdenkmal kann das 1914/15 errichtete Bauwerk nicht verleugnen, obwohl die expressiven Jugendstilelemente bei diesem kleineren und schlankeren Turm weitaus eleganter zur Geltung kommen. Für ihn wurde das Gelände noch einmal kräftig aufgeschüttet, weshalb ich auf die Felder hinaustrete, um Blüchers Blick zu haben. 1813 lagen ihm an dieser Stelle die seinerzeit teilweise durch Hochwasser überschwemmten Niederungen der Elster zu Füßen, an die sich südlich das damals riesige Auengebiet im Westen von Leipzig anschloss.

Die ersten Kämpfe fanden weiter nördlich genau um diese Zeit statt, bei Radefeld gegen halb eins mitteleuropäischer Zeit. Das Korps des in russischen Diensten stehenden Grafen Alexandre de Langeron hatte morgens den Weg vom Nachtlager in Schkeuditz zur Landstraße von Landsberg nach Leipzig genommen, während Blücher selbst mit dem preußischen Korps Yorck über die Hallesche Chaussee vorrückte. Nachdem die französischen Verteidiger nach Osten abgedrängt worden waren, bezog der preußische Marschall dann seinen Gefechtsstand vor dem Dorf Lindenthal bei der dortigen Windmühle. Solche Gebäude wurden zu diesem Zweck gern gewählt, weil sie auf den exponiertesten Höhen errichtet waren, während die Dorfkirchen, für die das meist ebenfalls gilt, häufig von Häusern oder den Bäumen von Friedhöfen umgeben waren, die keine freie Sicht aufs Umland gestatteten. Noch heute hat man von der Lindenthaler Windmühle aus einen herrlichen Blick über die Hügel und Flussauen nach Leipzig, doch ins Bauwerk selbst, das die beiden Jahrhunderte überlebt hat, kann ich nicht, weil es seit kurzem von einer Lindenthaler Familie renoviert wird. Vor dem Eingang zu ihrem Grundstück steht direkt der Blücher gewidmete Apelstein, nach dem auch die Straße benannt ist, die gleich gegenüber in den architektonischen Albtraum eines Neubaugebiets führt.

Im historischen Kern aber, den ich um halb drei erreiche, ist Lindenthal intakt geblieben. Die Lindenthaler Hauptstraße zeichnet genau den Verlauf des alten breiten Dorfangers nach, und auf der südlichen Seite liegt die alte Kirche, vor der 1913 zur Zentenarfeier ein Gedenkstein aufgestellt wurde, der von vier Kanonenkugeln und einem Eisernen Kreuz geschmückt wird und die Stelle bezeichnet, wo am 16. Oktober getötete Kämpfer beider Seiten in einem Gemeinschaftsgrab beigesetzt worden sind. Der zur Mittagszeit vollkommen ausgestorbene Kirchenvorplatz wird von einer großen Eiche beschattet; es ist das Klischeebild einer Erinnerungsstätte in Deutschland.

Der am weitesten nach Norden hin aufgestellte Apelstein findet sich am neuen Friedhof, fast schon in Breitenfeld, dem winzigen Dorf, das durch den Sieg des schwedischen Königs Gustav Adolf in einer Schlacht des Dreißigjährigen Kriegs berühmt wurde und deshalb vom symbolbewussten Kronprinzen Karl Johann am 17. Oktober 1813 zum Lagerplatz seiner Nordarmee bestimmt wurde. Auch er wählte dafür den Hügel einer Windmühle, direkt an der Straße nach Delitzsch gelegen (heute erstreckt sich dort ein riesiges Gewerbegebiet, das von der nahen Autobahn 14 profitiert, die Leipzig nördlich umfängt).

In Wahren, das Blüchers Truppen am frühen Nachmittag angriffen, und im unmittelbar daneben an der Halleschen Chaussee gelegenen Dorf Möckern fanden am 16. Oktober 1813 besonders erbitterte Kämpfe statt. Die Chaussee heißt heute Georg-Schumann-Straße, durchläuft seit hundert Jahren ein durchgehendes Stadtgebiet, das die früheren Grenzen zwischen den Dörfern nicht mehr erkennen lässt, und ist von mehreren Apelsteinen gesäumt, die im neunzehnten Jahrhundert noch an damals ruhigen Plätzen errichtet wurden, heute aber mitten auf dem Bürgersteig der zu allen Tageszeiten dicht befahrenen Ausfallstraße stehen. Auch der «Verein zur Feier des 19. Oktober» wurde hier tätig: 1850 ließ er in Wahren einen weiteren seiner genormten Sandsteinblöcke errichten, auf dem hier aber fünf Kanonenkugeln montiert wurden, vier kleine im Quadrat auf den Ecken, eine große in der Mitte. Dieses Denkmal wurde 1903 zum Opfer der explosionsartigen Entwicklung Leipzigs: Als an seinem angestammten Platz im alten Dorfkern ein Straßenbahndepot gebaut werden sollte, wurde es auf seinen jetzigen, schon beinahe in Möckern gelegenen Standort versetzt. Im Gegensatz zu den weiter auswärts gelegenen Ortschaften Lützschena oder Lindenthal ist in Wahren und Möckern infolge der Verstädterung zu Beginn des zwanzigsten Jahrhunderts kaum eine Spur der alten Dorfstrukturen übrig geblieben.

Blüchers Armee kämpfte hier bis in die Abenddämmerung, die gegen halb sechs einsetzte. Eine Stunde später war es stockdunkel. Ein weiteres Vordringen wäre am 16. Oktober aber ohnehin unmöglich gewesen, denn noch einen Häuserkampf wie um Möckern hätte das ausgeblutete Korps Yorck nicht bestehen können, und nach Süden war der Weg durch die Niederungen von Elster und Pleiße versperrt. Brücken gab es hier keine, die wenigen Stege über die angeschwollenen Flüsse waren von den Franzosen abgetragen worden. Somit war verhindert, dass die alliierten Truppen auch aus dem Norden auf Lindenau marschierten.

Dorthin geht mein letzter Weg vor Einbruch der Dunkelheit. Von der einst dörflichen Gestalt hat sich noch weniger erhalten als in Wahren oder Möckern. Lindenau wurde 1891 nach Leipzig eingemeindet, war aber zuvor schon eine prosperierende Gemeinde, in der sich seit der Mitte des neunzehnten Jahrhunderts Industrie angesiedelt hatte. Bei der Leipziger Stadterweiterung in dieser Richtung wurde hier ein eigenes Zentrum errichtet, das alle Einrichtungen einer selbständigen Stadt bot. Bei Ausbruch des Ersten Weltkriegs lebte ein Zehntel der Leipziger Bevölkerung, also an die siebzigtausend Menschen, in Lindenau. Entsprechend viele Wohnhäuser waren seit der Gründerzeit gebaut worden, und die hiesigen drei Apelsteine an Enders-, Karl-Heine- und Saalfelder Straße stehen dadurch nun mitten in Stadtgebieten, die nichts mehr mit den ländlich-beschaulichen Umgebungen gemein haben, die Theodor Apel vor 150 Jahren dazu herausforderten, seine Erin-

nerungsmale zu setzen, damit die nur wenige Jahrzehnte zurück-
liegenden Kämpfe an diesen idyllischen Stätten nicht vergessen
würden. Deshalb findet sich in der Leipziger Innenstadt kein einziger Apelstein; die dem Zentrum nächstgelegenen sind jene an
Stephanieplatz und Nordplatz, die schon in den sechziger Jahren
des neunzehnten Jahrhunderts ihre heutige großzügige Gestalt gefunden hatten und darum Apels Bedürfnis nach exponiert ein-
samer Stellung seiner Steine gerade noch entsprachen.

Der Nordplatz ist denn auch das erste Ziel der Fortsetzung meiner
Spurensuche am 17. Oktober 2012, einem Mittwoch, der bis zum frühen Nachmittag noch sonniger werden soll als der Vortag, ehe
es dann zumindest zeitweise dünn zu regnen beginnt. Der hiesige
Apelstein gilt allerdings dem 18. Oktober 1813, als an dieser Stelle ein
polnisches Regiment im Dienste Napoleons das Vorwerk Pfaffendorf, das den nördlichen Zugang durchs Gerbertor in die Leipziger
Vorstädte deckte, gegen die Alliierten verteidigte. Doch ganz in der
Nähe, rund um Gohlis, war auch bereits am 17. Oktober gekämpft
worden, obwohl an jenem Sonntag die Waffen überwiegend ruhten.
Blücher, der vom alliierten Hauptquartier in Rötha noch nicht darüber informiert worden war, dass für diesen Tag eine Kampfpause
vorgesehen war, wollte mit Langerons russischen Soldaten östlich
von Eutritzsch die Parthe überschreiten, während er dem zweiten russischen Korps seiner Schlesischen Armee, das vom Baron
Osten-Sacken kommandiert wurde, den Angriff auf das wohlha-
bende Dorf Gohlis unmittelbar vor Leipzig befahl. Das dortige sogenannte Schlösschen, ein Rokoko-Bau, den ein reicher Leipziger Bürger in der Mitte des achtzehnten Jahrhunderts hatte errichten
lassen, war im Frühjahr für einige Wochen das Hauptquartier der
russischen Invasionstruppen gewesen; der Ehrgeiz zur Rückgewinnung bei Osten-Sackens Männern musste also groß sein.

Der Kampf wurde vor allem zwischen Reiterabteilungen beider
Seiten ausgetragen, die sich gegen zehn Uhr auf freiem Feld östlich

von Gohlis attackierten, wobei es der russischen Kavallerie gelang, die französischen Gegner in die Flucht zu schlagen und auch deren dahinter aufgestellte Infanterie nach Leipzig zurückzudrängen. Das Vorwerk Pfaffendorf war dabei der erste Punkt, wo die napoleonischen Einheiten wieder Deckung hatten und die Angreifer unter Artilleriefeuer nehmen konnten. Während dieses Reitergefechts nahm Osten-Sacken Gohlis ein, das mit seinen paar Dutzend Häusern, die von den Einwohnern längst geräumt waren, keinen großen Widerstand bot. Blüchers Plan der Überquerung der Parthe war inzwischen noch dadurch bestärkt worden, dass eine berittene Vorhut der Nordarmee bei ihm eintraf, sodass er wusste, dass die ersehnte Verstärkung nahe war. Doch ehe er seine Truppen vorrücken ließ, erreichte ihn ein Bote der drei Monarchen mit der Botschaft von der beabsichtigten Kampfpause, worauf der General sich in Eutritzsch einrichtete, was später Anlass war, in der Delitzscher Straße durch eine Gedenktafel und einen Apelstein seines Aufenthalts zu gedenken.

Weil der 17. Oktober 1813 wenig Anlass zum unmittelbaren Nachvollzug von Truppenbewegungen bietet, nutze ich die Zeit, um ein Gebiet zu besichtigen, das am morgigen Tag, wenn ich ganz zu Fuß unterwegs sein will, nicht abzudecken sein wird. Mit der Straßenbahn geht es hinaus in Richtung Nordosten nach Thekla, einem Stadtteil, den es unter diesem Namen erst seit dem späten neunzehnten Jahrhundert gibt, als die Dörfer Neutzsch, Ceuden und Plösen eingemeindet wurden und die neue Verwaltungseinheit nach dem ältesten erhaltenen Gebäude der heutigen Stadt Leipzig benannt wurde: Hohen Thekla, einer kleinen Kirche auf einem steilen Felsen am Ufer der Parthe. Das einer frühchristlichen Märtyrerin geweihte romanische Gotteshaus stammt aus der Zeit vor 1100 und versah durch seine exponierte Lage immer auch Verteidigungszwecke. In der Völkerschlacht hatte Marschall Ney hierhin eine Artilleriestellung beordert, die das gesamte Umland beherrschte. Das war deshalb wichtig, weil die Parthe, ein zwar schmales, aber tief eingeschnittenes Flüsschen, hier am leichtesten zu passieren war, zumal die alte Straße nach Eilenburg als einziger fester Weg in dieser Gegend nur in Mockau, gleich gegenüber von Neutzsch, das Nordufer berührte. Hier würden die Alliierten den Übergang wagen müssen.

Es ist neun Uhr morgens, und mein erster Weg führt von der Endhaltestelle der Linie 14 zur Parthe, die von der Straßenbahn kurz vorher überquert wurde. Unter der Brücke fließt ein Gewässer, das rund fünf Meter breit ist und bestenfalls hüfttief. Zudem durchquert die Parthe hier ein Wiesengebiet, und man mag kaum glauben, dass sie 1813 ein ernsthaftes Hindernis gewesen sein kann. Doch der Eindruck täuscht. Der Fluss, der heute eher wie ein Bach erscheint, ist im Laufe des neunzehnten Jahrhunderts reguliert worden, um die dauernden Überschwemmungen zu verhindern, und gerade im Oktober 1813 führte er nach den starken Regenfällen der Wochen zuvor besonders viel Wasser. Schon der Weg auf die nächste Brücke an der Göteborger Straße zeigt ein tieferes Bett, und hinter Thekla, auf dem Weg ins auf dem anderen Ufer gelegene Plaußig, wo der schwedische Kronprinz am 18. Oktober mit dem größten Teil der Nordarmee über die Parthe gegangen ist, kann man noch den dichten Baumbestand und die recht steilen Ufer sehen, die einem Heer damals nur wenige Möglichkeiten ließen, um das Flüsschen zu passieren.

Vorher aber geht es hinauf nach Hohen Thekla, und das ist die Mühe des kurzen Aufstiegs wert: Die leider verschlossene massive Bruchsteinkirche, die 1959 ausbrannte, aber danach wieder restauriert wurde, ist das eindrucksvollste Gebäude der ganzen vier Tage, weil sie wie ein Drache auf ihrem Felsen thront und sich rund um sie herum über den ganzen Hügel ein alter Friedhof erstreckt, der von hohen Bäumen bestanden ist. Zwei Kanonenkugeln sind auch hier in die frisch verputzte Fassade eingelassen, denn beim Kampf um Hohen Thekla kam die Artillerie beider Seiten zum Einsatz: Nachdem die hier befindliche französische Stellung schon morgens am 18. Oktober erobert worden war und damit dem großangelegten Übergang von Nord- und Schlesischer Armee in der Nähe keine unmittelbare Gefahr mehr drohte, wurden vor der Kirche alliierte Geschütze aufgestellt. Die aber mussten wiederum eine französische Kanonade erdulden, die aus der Richtung des Vorwerks Heiterer Blick kam, eines an der Chaussee von Leipzig nach Taucha gelegenen, damals sehr beliebten Ausflugsziels der Stadtbewohner. Dorthin hatten sich französische Einheiten zurückgezogen, die zuvor noch rund um die Thekla-Kirche stationiert gewesen waren.[5] Der Heitere Blick ging im Zuge des Artilleriegefechts mit den auf Hohen Thekla aufgestellten Batterien am späten Vormittag in Flammen auf, der Kirche blieb dieses Schicksal 1813 erspart.

Für die Weiterfahrt nach Taucha empfiehlt sich der Bus. Diese Stadt hatte am 17. Oktober einige kleinere Kampfhandlungen zu erdulden, als zur Nordarmee gehörige Kosaken, die der Hauptmacht vorangeritten waren, hier einfielen und laut Heeresbericht mehrere Hundert Gefangene machten[6], ehe sie wieder abzogen. Sie waren letztlich doch auf einen zu starken Gegner getroffen, denn in Taucha war gleichfalls am 17. die einzige französische Verstärkung angekommen, die während der Völkerschlacht eintraf: das Korps von General Reynier, der mit seinen zwölftausend Mann, darunter fast den gesamten verbliebenen sächsischen Truppen am Vortag aus Düben, wo man bis dahin gelagert hatte, nach Eilenburg gezogen war, ehe Napoleon diese Verstärkung schnell weiter nach Leipzig beorderte. Am Sonntag, dem 17. Oktober, erreichten sie Taucha und stellten sich dann dort und am Heiteren Blick auf. Je nachdem, wo Angriffe der Alliierten erfolgen würden, konnten sie von dort aus sowohl die Parthe-Übergänge als auch die südlicher gelegenen Ortschaften Sommerfeld, Engelsdorf und Baalsdorf schnell erreichen. Eine glückliche Rolle spielten diese Einheiten indes nicht: Am Ankunftstag des Korps erfolgte gleich der Überraschungsangriff der Kosaken, und am Montag ging der Vormarsch des Gegners auf so breiter Front voran, dass Reyniers Soldaten zurückgedrängt wurden und schließlich vor allem bei der verlorenen Schlacht um Paunsdorf zum Einsatz kamen.

Was heute eine breite Straße ist, die von Thekla über Portitz durch etliche Neubaugebiete nach Taucha führt, war 1813 nur ein Feldweg. Die eigentliche Straße zwischen Taucha und Leipzig, eine gut ausgebaute Chaussee, verlief südlich davon. Die kleine Stadt an der Parthe hatte sich auch noch nicht auf das linke Ufer des Flüsschens ausgebreitet, bot aber die einzige größere Brücke darüber. Deshalb war Taucha ein besonders geeigneter Verteidigungspunkt; man konnte einen von Osten gegen Leipzig anrückenden Feind schon auf dem jenseitigen Ufer abfangen. Das hier existierende Schloss war Anfang des neunzehnten Jahrhunderts verfallen, denn der Magistrat von Leipzig, dem das Anwesen seit 1569 gehörte, hatte kein Interesse, es zu erhalten – die Stadt profitierte vom Grundbesitz, nicht vom Herrenhaus. Ein halbes Jahrhundert vor der Völkerschlacht war die von etwa tausend Einwohnern bewohnte Ortschaft durch zwei Feuer schwer zerstört worden[7], und 1813 waren noch immer nicht alle Ruinen beseitigt. Immerhin aber war die Kirche neu aufgebaut worden, an der man vorbeigeht, wenn man den Weg zum im Nordosten der Innenstadt gelegenen Friedhof nimmt.

Gleich links nach dessen Eingang stehen die beiden bedeutenden Monumente zur Völkerschlacht, die Taucha aufzuweisen hat. Beide erinnern an gefallene höhere Offiziere der Alliierten: an den russischen Generalmajor Gotthard Johann von Manteuffel und an den englischen Captain Richard Bogue. Manteuffel starb in Taucha am 20. Oktober, nachdem er in der Nacht zum 19. verwundet hierhergebracht worden war, wo man das Pfarrhaus für ihn und seine Entourage requiriert hatte. Aufsehen erregten in der Stadt vor allem ein Kamel, das zu den Reittieren seiner Begleiter gehörte, und die ruppige Wesensart der Kosaken. Der damalige Pfarrer Seyfart berichtet über die chaotischen Zustände nach den Kämpfen vom 18. Oktober: «Nachts gegen 10 Uhr traf endlich ein Kosakenoffizier, der sich für einen Adjutanten des Generals Manteuffel ausgab, hier ein, brachte auch sein Pferd mit in die Stube und verlangte mit großem Ungestüm Essen und Trinken. Ein hiesiger Bürger, welcher das Pferd aus der Stube führen wollte, bekam dafür eine derbe Ohrfeige und büßte auch zugleich seine Tabakpfeife ein. ... In den Morgenstunden des 19. Oktober traf auch der tödlich verwundete russische Generalmajor Graf Manteuffel hier ein und starb am folgenden Tage im Hause No. 231 und die feierliche Beerdigung desselben erfolgte am 21. Oktober.»[8] Auf dem Grabdenkmal, das Manteuffels Frau später errichten ließ, ist in den russischen und deutschen Inschriften als Todestag der 18. Oktober angegeben, doch davon ist am 17. Oktober 2012 nichts zu sehen, denn die gesamte prächtige Erinnerungsstätte, ein zweieinhalb Meter hoher Baldachin auf vier kleinen Säulen, unter dem der eigentliche Grabstein auf vier Sockeln ruht, die aus jeweils mehr als einem Dutzend zusammengeschmiedeten Kanonenkugeln gebildet werden, ist mit Brettern verschalt, weil sie für das kommende Jubiläumsjahr restauriert werden soll. Das hat das direkt rechts davon liegende Grabdenkmal für Richard Bogue schon hinter sich: ein Quader von etwas mehr als einem Meter Kantenlänge, in dessen Seiten Inschrifttafeln mit deutschem und englischem Text eingelassen sind. Englische Kaufleute, die 1814 erstmals nach vielen Jahren wieder zu den Leipziger Messen reisen konnten, hatten die Grabstelle des nach der Völkerschlacht in seiner Heimat gefeierten Bogue besucht und sich entschlossen, für ein würdiges Andenken Geld zu sammeln. Der Stein wurde 1816 aufgestellt und mit einem gusseisernen Zaun umgeben. Die Aufschrift lautet: «Gewidmet Richard Bogue, geboren in Hampshire in England, Kapitän im Königlich großbritannischen Regiment der reitenden Artillerie und Kommandeur der Kongreveschen Raketenbrigade. Er fiel im Alter von 31 Jahren rühmlichst fechtend für die vereinigte Sache Deutschlands und seiner Verbündeten in der Schlacht von Leipzig am 18. Oktober 1813. Durch die wichtigen Dienste seiner Raketenbatterie beim Dorfe Paunsdorf hat er sich bei dem glänzenden Siege dieses denkwürdigen Tages sehr ausgezeichnet.»

Der Weg zurück nach Leipzig erfolgt mit der Straßenbahn, die exakt dem Verlauf der früheren Chaussee folgt, am Heiteren Blick vorbei, von dem nicht mehr übrig geblieben ist als der Name des großen neuen Wohngebiets Heiterblick jenseits der riesigen Gewerbeflächen direkt an der Straße, wo Amazon ein mehrere Hundert Meter langes Auslieferungslager errichtet hat, zur Einmündung der Leupoldstraße, wo ein weiterer Apelstein an Kronprinz Karl Johann erinnert, dessen Truppen von hier aus Paunsdorf angriffen. Am Nachmittag, als sich das strahlende Wetter ein einziges Mal an diesen vier Herbsttagen eintrübt und schließlich in dünnen Regen übergeht, breche ich abermals mit dem Auto in den Nordosten der Stadt auf, nach Plaußig, wo der schwedische Feldherr zuvor die Parthe überquert hatte. Noch einmal also nach Thekla und Richtung Taucha, bis es links nach Plaußig abgeht, dessen gedrungene Kirche auf ihrer Uferanhöhe ein sicherer Blickfang ist. Rechts hinter der Brücke über die Parthe liegt die Ruine einer Schmiede aus dem Jahr 1801, deren Hammer vom Wasser angetrieben wurde, und gleich gegenüber auf der linken Straßenseite erinnert ein kleiner Findling an Karl Johanns Übergang. Es ist eine verwunschene Flusslandschaft: Bäume neigen sich von beiden Seiten über die Parthe und tunneln sie ein, dichtes Gestrüpp zieht sich darunter bis unmittelbar an die Ufer, die hier einen guten Meter zum tief eingeschnittenen Bachbett abfallen. Es ist leicht vorstellbar, wie lästig ein solches Hindernis dem riesigen Heer mit Geschützen und Wagen fallen musste, zumal auf der anderen Seite Scharfschützen in den Uferwäldchen lauerten und auf jeder Anhöhe Artilleriestellungen standen. Dann bricht langsam die Dunkelheit herein, und das Wetter wird immer hässlicher; der 17. Oktober als Datum des einzigen halbwegs erträglichen Tags der Völkerschlacht ist hundertneunundneunzig Jahre später der einzig unangenehme unter den vier Tagen.

Am 18. Oktober 2012, einem Donnerstag, ist die Sonne wieder da, und der Weg führt mich natürlich zunächst in den Süden der Stadt, wo die Kämpfe zwischen den von Schwarzenberg kommandierten Angreifern und den von Napoleon persönlich angeführten Verteidigern am Morgen des Völkerschlacht-Montags gegen acht Uhr wieder begonnen hatten. Zum selben Zeitpunkt hat mich die Straßenbahn nach Meusdorf hinaus gebracht, in jene Ortschaft, in deren Schäferei der Kaiser der Franzosen in der ersten Nacht der Schlacht übernachtet hatte, ehe er seine Truppen zurücknahm und für die Nacht vom 17. auf den 18. Oktober sein eigenes Quartier nach Stötteritz verlegen ließ. Daran ist die Tram ebenso vorbeigerollt wie an der Stelle, wo einst die Quandtsche Tabaksmühle stand, und an Probstheida. Von dort an folgt sie dem blutigsten Pfad der Völkerschlacht, denn längs der ehemaligen Chaussee nach Grimma, der heutigen Prager Straße, kämpfte sich am 18. Oktober die Böhmische Armee in der Gegenrichtung mühsam voran und blieb immer wieder vor oder in Probstheida stecken, das die Franzosen verbissen verteidigten. Heute steht am Rande dieses Leipziger Stadtteils das Napoleon-Brauhaus, ein später Erbe einer ganzen Reihe von Gasthäusern in dieser Gegend, die sich den Namen des Kaisers nach der Völkerschlacht zunutze machten. Hinter Probstheida folgt ein breiter Wiesenstreifen, dann ein Wäldchen. 1813 aber war hier alles freies Feld. Was hätten die angegriffenen Franzosen für den Schallschutzwall gegeben, der ein neu errichtetes Wohngebiet vor dem Verkehrsgeräusch der Prager Straße schützt.

Gleich gegenüber der Endhaltestelle Meusdorf, auf der rechten Seite der Prager Straße, steht am Rand eines kleinen Parks das Schwarzenberg-Denkmal. Wie sein Pendant für den russischen Generalmajor Manteuffel auf dem Friedhof von Taucha verdankt es seine Existenz der Witwe des in Leipzig Verstorbenen. Wobei Schwarzenberg die Völkerschlacht um sieben Jahre überlebt hat; er fand 1820 den Tod aber doch noch hier, als er zur Feier des Jahrestages seines Siegs zurückkehrte und als besondere Ehre im Thomäschen Haus untergebracht wurde. Kurz vor Beginn der Feierlichkeiten am 15. Oktober 1820 starb er dort, noch keine fünfzig Jahre alt. In der «Weiheschrift» zur Fertigstellung des Völkerschlachtdenkmals aus dem Jahr 1913 wird daran erinnert, dass das Gedenken an die Ereignisse von 1813 durch Schwarzenbergs Tod einen anderen Verlauf nahm. Im pathetischen historischen Präsens heißt es da: «Es ist der 18. Oktober 1820. Unsere Freunde kommen vom Bette eines Toten. Der Oberfeldherr der verbündeten Truppen in der Völkerschlacht, Fürst Schwarzenberg, ist in Leipzig gestorben und liegt auf dem Paradebette. Am nächsten Tag, zur selben Stunde, da er vor sieben Jahren als Sieger eingezogen, soll sein Leichnam hinausgetragen und auf dem Schlachtfelde eingesegnet werden.»[9] Begraben wurde Schwarzenberg in der österreichischen Heimat, an der Stelle aber, wo der Feldmarschall am Nachmittag des 18. Oktober 1813 den drei Monarchen die Siegesnachricht überbracht haben soll, ließ seine Familie 1838 den Stein zu seinen Ehren errichten.

Wo genau dieses Ereignis stattgefunden hat, ist indes umstritten. Der sogenannte Monarchenhügel liegt etwa zweihundert Meter weiter südlich auf der anderen Seite der Prager Straße. Dort hat der «Verein zur Feier des 19. Oktober» im Jahr 1847 sein erstes Denkmal setzen lassen, einen Sandstein-Obelisken, der an den Beobachtungsposten von Zar Alexander, Kaiser Franz und König Friedrich Wilhelm erinnert. Allerdings hätten die geschichtsbewussten Leipziger Bürger das schlecht direkt neben dem schon bestehenden gewaltigen Schwarzenberg-Denkmal tun können, und diese Konkurrenz mag die historische Überlieferung des eigentlichen Aussichtspunkts verfälscht haben. Für den Monarchenhügel spricht seine exponierte Lage auf gut hundertsechzig Metern Höhe über dem Meer, für den Standort des Schwarzenberg-Denkmals die Nähe zur ehemaligen Schäferei Meusdorf, wo Napoleon übernachtete. Der Kaiser der Franzosen pflegte seine Quartiere auf den Schlachtfeldern neben guten Aussichtspunkten aufzuschlagen.

Heute jedenfalls dürfte das Schwarzenberg-Denkmal sogar höher liegen als der Obelisk, denn die Witwe und ihre drei Söhne ließen eine künstliche Anhöhe aufschütten, auf der nun über einem zweistufigen Podest der riesige «Denkstein», wie ihn die Inschrift nennt, ruht: drei Meter lang, jeweils anderthalb Meter hoch und breit. Die Widmung an der Längsseite zur Straße hin für den «Führer der am 18. Okt. 1813 auf den Ebenen von Leipzig für Europas Freiheit kämpfenden Scharen» ist frisch vergoldet, für die Inschrift auf der Rückseite, wo sich die Lebensdaten Schwarzenbergs finden, hat es jedoch nicht mehr gereicht. Rund um den kleinen Hügel herum stehen dafür riesige Eichen – auch hier entspricht der Ort ganz dem Klischeebild eines deutschen Geschichtsdenkmals.

Hundert Meter weiter stadtauswärts begrüßt ein Leipziger Löwe auf hohem Sockel die von außerhalb kommenden Autofahrer. Diese Steinskulpturen finden sich an allen großen Einfallstraßen, aber hier wirkt das Wappentier der Stadt zusätzlich wie ein Grenzwächter zwischen Schwarzenberg-Denkmal und Monarchenhügel. Letzterer liegt jenseits des Löwen, also außerhalb des eigentlichen Stadtgebiets, und nach Alexander I., Franz I. oder Friedrich Wilhelm III. ist in Leipzig auch keine Straße benannt (die Alexanderstraße hat ihren Namen von einem Mitglied der hiesigen Kaufmannsfamilie Reichel), während der österreichische Feldherr über den Schwarzenbergweg ebenso eingemeindet wurde wie der bei den Leipzigern beliebte russische Stadtkommandant Prendel, nach dem sogar eine Allee benannt ist. Für die Herrscher hatte man in Leipzig nichts übrig, dafür geben sich im Probstheidaer Neubaugebiet «Sonnenpark» Russenstraße, Franzosenallee, Österreicherweg, Preußenstraße und Polenweg ein friedliches Stelldichein (Schweizer- und Tschechenbogen ehren dort noch weitere, weniger prominente Völker der Schlacht). Aber immerhin gibt es die Straße Monarchenhügel, die das Auffinden der gleichnamigen Gedenkstelle erleichtert, denn von der Prager Straße weist kein Schild den Weg dorthin. Über einen Fußpfad, der vor einem zugewachsenen Grundstück mit einer verfallenden Jugendstilvilla links abgeht, gelangt man auf einen kleinen baumbestandenen Platz zwischen modernen Einfamilienhäusern, auf dem sich ein heruntergekommener Apelstein für den russischen General Barclay de Tolly und der erst jüngst restaurierte Obelisk erheben. Nachdem dessen ursprünglicher Sandstein schon nach wenigen Jahren verwittert war, hatte man ihn aus Gusseisen nachgebildet, hergestellt von der Leipziger Gießerei C. & G. Harkort.

Das verweist auf eine eigentümliche Nebengeschichte der Völkerschlacht, denn der Eisenbahnpionier Gustav Harkort hatte als preußischer Freiwilliger am Herbstfeldzug 1813 teilgenommen und war dabei im Oktober erstmals nach Leipzig gekommen. Sieben Jahre später kam er wieder, um dort eine Textilhandelsfirma zu gründen, die von den nach dem Ende der Kontinentalsperre wieder aufblühenden englischen Garnexporten profitierte. Durch seine englischen Geschäftskontakte lernte Harkort die neu erfundene Eisenbahn kennen, und seit 1829 engagierte er sich für den Bau eines solchen Verkehrswegs in Sachsen. Der einstige preußische Feind wurde 1842 Mitglied des sächsischen Landtags und gründete im selben Jahr gemeinsam mit seinem Bruder Carl eine Gießerei, die schließlich den Obelisken auf dem Monarchenhügel anfertigte. Auf dem Sockel des Denkmals aus Rosengranit ist eingraviert: «Hier verweilten in der Schlacht bei Leipzig vom 18. Oktober 1813 die verbündeten Monarchen Kaiser Franz I. von Oesterreich, Kaiser Alexander von Russland und König Friedrich Wilhelm III. von Preußen und waren Zeugen der ausserordentlichen Tapferkeit ihrer Truppen.» Der Text klingt, als hätten drei Kurgäste hier gelustwandelt und sich an einem Spektakel ergötzt.

Auf der Bank vor dem Obelisken sitzt eine Frau, die mit dem Auto eigens hierhergefahren ist, um ihre Zigarette zu rauchen. Kaum ist sie abgefahren, enttäuscht über die Störung durch den Schlachtenbummler, kommt ein alter Mann, der sich dafür interessiert, warum ich hier fotografiere. Er hat keine Sympathie für den

Ort: «Das sind ja Heldendenkmale, nicht für die Opfer wie in Buchenwald.» Mit der Erinnerung an die Völkerschlacht kann der Herr nichts anfangen, die Zusammenkünfte von Gruppen aus aller Welt in historischen Kostümen, die jedes Jahr um diese Zeit in Leipzig stattfinden, sind ihm zuwider: «Acht Mark nehmen sie in Liebertwolkwitz fürs Kriegspielen.» Das demonstrierte kleinbürgerliche Ideal findet seinen Ausdruck auch im Memorialensemble, denn neben Obelisk und Apelstein beherbergt der winzige Platz auch noch einen gewaltigen Findling, auf dem mittels aufgeschraubter Aluplaketten des von 1998 bis 2000 hier in der Nachbarschaft durchgeführten «Baus des Wassersystems und des grundhaften Ausbaus des Straßennetzes auf Initiative und durch Finanzierung der Anwohner mit Unterstützung aus dem Europäischen Fonds für regionale Entwicklung und der Stadt Leipzig» gedacht wird. So hat der Hügel, auf dem drei Monarchen gelagert haben sollen, auch drei Gedenkstätten, und man wäre in hundert Jahren gern wieder mal hier, um zu sehen, ob das Lob der Infrastruktur die Zeiten überdauert haben wird.

Die Straße «Zum Denkmal» sticht durch das Wohngebiet um den Monarchenhügel bis zu einer weiten Weidefläche, über die hinweg man am Horizont genau im Osten gegen die Sonne den Kolmberg sehen kann. Das Gefühl für die Entfernungen der Völkerschlacht ist nunmehr ausgeprägter, und die Bewunderung für die logistische Leistung der Heeresbewegungen oder besser: das Erduldungsvermögen der Soldaten beider Seiten steigt. Von hier aus, wo der alliierte Kommandostand seinen Platz hatte, galt es am 18. Oktober 1813, die Strecke in Richtung Leipzig bis zur Quandtschen Tabaksmühle freizukämpfen, wo sich Napoleon aufhielt. In friedlichen Zeiten entsprach dies einer runden Stunde Fußweg. Dorthin breche ich um Viertel vor zehn nun auf, auch zu Fuß.

Früher, als hier noch keine Häuser standen, wird man vom Monarchenhügel aus die Anhöhe mit der Tabaksmühle gesehen haben.

Jetzt ragt, wenn man rechts auf dem Bürgersteig der Prager Straße bleibt, das Völkerschlachtdenkmal, das nahe bei Napoleons Befehlsstand liegt, über den Häuserzeilen vor mir auf. Fünfundzwanzig Minuten dauert der Marsch nach Probstheida, an einer Straße entlang, deren dichte Bebauung es schwermacht, sich vorzustellen, dass hier jenes offene Feld war, auf dem am 18. Oktober 1813 der Kampf vom Morgen bis in den späten Nachmittag hin und her wogte. Probstheida umfasste damals nur um die zwanzig Häuser und Höfe, doch die Struktur seines alten Dorfangers ist in der Russenstraße noch perfekt erhalten. Hier steht die nach den Zerstörungen vom 18. Oktober im Biedermeierstil neu errichtete Kirche, und davor liegt im Gras des Angers ein weiterer Findling, aber viel kleiner als der zu Ehren des Wassersystems von Meusdorf. «Stätte der Erinnerung ungezählter Gefallener» steht darauf zu lesen und «Gott mit uns», das Motto der preußischen Armee aus dem Wappen der Hohenzollern, dazu die Jahreszahl 1913. In den Jahren der DDR wurde auch hier und gleich neben dem alten Denkmal mit einer weiteren Inschrift daran erinnert, dass Probstheida sich als «Ort deutsch-russischer Waffenbrüderschaft» verstehen durfte.

Dies ist die Stelle, wo aller Denkmalskult zur Völkerschlacht begann, und das geschah auf alles andere als heroisierende Weise. Schon 1814, zum ersten Jahrestag des Sieges, wurde hier der Gefallenen gedacht und deshalb auf dem Dorfanger ein etwa zehn Meter hohes Holzkreuz errichtet, an dem eine Sammelbüchse angebracht war, in der Spenden für den Wiederaufbau der Kirche von Probstheida deponiert werden konnten. Hier hätte nach dem Willen der Leipziger Bürger wie auch der russischen Kommandantur, die das Aufstellen des Kreuzes genehmigt hatte, das Totengedenken jährliche Tradition werden sollen. Als aber die Alliierten im Jahr darauf auf dem Wiener Kongress die Teilung Sachsens beschlossen, wurde das Kreuz heimlich umgesägt, «wobei in die an dem Stamme desselben angebrachte Büchse zur Aufnahme von milden Beisteuern für die Bewohner des fast ganz zerstörten Dorfes zwei Louisd'or in

einem Papier mit der Aufschrift eingelegt waren: ‹Von den Vertil-
gern des Kreuzes›».[10] Die stolzen Sachsen, die angesichts der Demütigung ihres Landes die Völkerschlacht nunmehr nicht länger
als Befreiung, sondern als Niederlage ansahen, wahrten also immerhin Anstand, als sie das christliche Symbol abräumten.

Links und rechts der Russenstraße stehen noch einige alte Hof-
anlagen und Häuser in Fachwerk, die den Angriff und die Feuer
vom 18. Oktober 1813 überstanden haben, über einzelnen Toren
sind wieder Kanonenkugeln in den Fassadenputz eingelassen. Ein
barockes Gartenhaus steht hinter der Kirche und verfällt vor sich
hin. Ein Vierteljahrtausend mindestens muss dieses Gebäude überlebt haben, ehe die DDR es verkommen ließ, und seit der Wende ist
auch nichts dafür getan worden, es zu erhalten. Das Denkmal-
schutzschild auf dem kleinen zugewachsenen Gebäude wirkt wie
ein Hohn.

Das größte Baudenkmal Leipzigs ist das Völkerschlachtdenkmal
selbst, gut neunzig Meter hoch, rund dreihunderttausend Tonnen
schwer, ein Zementstampfbetonbau mit Fassadenverkleidung aus
Granitporphyr, der im nahen Beucha gebrochen wurde, einer Ortschaft, die im Oktober 1813 durch dort lagernde napoleonische
Truppen ausgeplündert worden war. Vierzehn Jahre dauerten die
Bauarbeiten am Völkerschlachtdenkmal seit dem ersten Spaten-
stich am 18. Oktober 1898, was seine Ursache darin hatte, dass der
vier Jahre zuvor eigens zur Finanzierung dieses Vorhabens gegründete Deutsche Patriotenbund den Riesenbau fast ausschließlich
mittels Spenden errichten ließ, die dann doch nicht so reichlich
flossen wie erwartet, und ausländisches Geld unerwünscht war.
Schließlich trug die Stadt Leipzig große Teile der Baukosten bei.
Treibende Kraft war Clemens Thieme, ein Leipziger Architekt, der
Bruno Schmitz für den Bau gewann, einen Kollegen, der schon
zuvor mit dem Kyffhäuserdenkmal und dem Deutschen Eck in Koblenz zwei der bedeutendsten Nationalgedenkstätten im wilhelminischen Kaiserreich entworfen hatte. Je weiter das Projekt

fortschritt, desto mehr setzte Thieme allerdings seine eigene Vorstellung vom Aussehen des Denkmals durch, immer mit dem Argument, man müsse Kosten sparen.[11]

Heute, ein Jahr vor dem zweihundertsten Jahrestag des Ereignisses, an das es erinnert, und dem eigenen hundertsten Geburtstag, ist das Völkerschlachtdenkmal ein ungewohnter Anblick. Die jahrzehntelang vertraute dunkle Verschmutzung des Mauerwerks ist in mühsamer Arbeit beseitigt worden, sodass der Koloss erstmals seit seiner Einweihung wieder hell erscheint. Von der Prager Straße aus habe ich den Hügel, auf dem er liegt, zur Hinterseite des Denkmals hin erklettert – auch dies wieder eine künstliche Anhöhe, die aus dem Aushub aufgeschüttet wurde, der beim Bau der Fundamente angefallen war. Links unter mir liegt der Südfriedhof, der 1886, also noch vor dem Beginn des benachbarten Denkmalbaus, angelegt worden ist. Da hier die Stadterweiterung wegen der vielen Massengräber der Völkerschlacht unmöglich schien, machte man aus der Not eine Tugend und schuf den größten Leipziger Friedhof. Wenn man ihn betritt und die im Osten gelegenen Abteilungen XII und XVI aufsucht, kann man die Wirkung des Denkmals bestaunen – nicht nur seine Gigantengestalt auf dem Hügel gleich neben dem Friedhof, sondern mehr noch seine ideologische Wirkung, weil hier von 1914 an Grabstätten für im Ersten Weltkrieg gefallene Offiziere ausgewiesen wurden. Im Schatten des Monuments liegen fast ausschließlich Soldaten und deren Familien. So wurde das Völkerschlachtdenkmal zu einer Totenstätte, die noch über ihr eigenes Areal hinausgeht.

Tatsächlich sollte der Bau nicht nur den Sieg von 1813 feiern, sondern auch der Toten gedenken, die damals starben. Doch um das zu verstehen, muss man ins Gebäude hinein. Von außen sieht man den Kranz der zehn Meter hohen, mit Schwertern bewaffneten Wächterfiguren («Hüter der Freiheit und Stützen des Reiches» werden sie in der Weiheschrift des Denkmals genannt[12]) hoch oben am Bau und an der Vorderfront die genauso große einzelne Skulptur des gepanzerten Erzengels Michael, der beim Jüngsten Gericht das Urteil sprechen wird, aber hier als Personifikation des göttlichen Beistands für die deutschen Soldaten auftritt: Über ihm steht das «Gott mit uns» der preußischen Armee, das 1913 auch zum Wahlspruch der Truppen des Kaiserreichs geworden war. Zu beiden Seiten Michaels erstreckt sich zwischen den beiden Treppen zum Eingang auf den gesamten rund zwanzig Metern der Breite des Denkmalsockels ein Relief mit einer expressionistischen Schlachtenszene, dessen Bildprogramm aus übereinanderstürzenden Menschen- und Pferdeleibern wie eine Vorwegnahme von Picassos «Guernica» erscheint. Dem Herannahenden zeigt sich das Völkerschlachtdenkmal vor allem kriegerisch.

Im Inneren ist das anders, wenn man vom Reiterzug-Relief in der hohen Betonkuppel absieht. In der Krypta, durch die man das Innere betritt, stehen abermals weit überlebensgroße Skulpturen von auf ihre Schwerter gestützten Ehrenwachen, die jeweils paarweise riesige Totenmasken einrahmen. Hier ist die eigentliche Totengedenkstätte, während auf dem oberen Umgang vier Monumentalfiguren als Sinnbilder deutscher Volkskraft, Opferwilligkeit, Frömmigkeit und deutschen Heldenmutes stehen. Sie alle wie auch die Ehrenwächter in der Krypta haben geschlossene Augen und scheinen zu schlafen, aber ihre Wirkung ist darauf ausgelegt, dass sie das Gefühl vermitteln, jederzeit erwachen zu können. Vom Kaiserreich über die Weimarer Republik, die Diktatur des «Dritten Reichs» bis zum SED-Regime der DDR bedienten sich alle deutschen Staatsformen, die sich den Nationalismus zunutze machten, dieses Geländes und Gebäudes – bevorzugt mit Fackelzügen und Aufmärschen. Hier wurde auch das letzte Gefecht bei der Einnahme Leipzigs durch amerikanische Truppen im April 1945 geführt: Nationalsozialistische Fanatiker hatten sich im Völkerschlachtdenkmal verschanzt, und die Amerikaner mussten Artillerie einsetzen, um die Belagerten zu überzeugen, dass die dicken Wände sie nicht schützen konnten. Dieses Erbe wird das «Völki»,

Friedlich ist anders: die Wächterfiguren unterhalb der Krone des Völkerschlachtdenkmals kurz vor dessen Fertigstellung.

wie die Leipziger Presse ihr Monument rechtzeitig vor dem Jubiläum verniedlicht hat, nicht wieder los.

Die schönste Gedenkstätte der Völkerschlacht aber liegt nur dreihundert Meter entfernt. Auf dem südlichen der beiden Wälle längs des künstlichen Sees vor dem Denkmal, in dem sich der Koloss spiegelt, kann man unter Bäumen entlangspazieren und kurz vor dem Ende der Gesamtanlage über eine Rampe nach links auf den gigantischen Parkplatz vor dem Eingang zum Südfriedhof heruntergehen. Auf der anderen Seite sind es dann nur noch ein paar Schritte bis zum ehemaligen Standort der Quandtschen Tabaksmühle, die am 19. Oktober 1813 abbrannte, vermutlich von den Franzosen beim Abzug noch angesteckt oder durch ein spätes Artilleriegefecht in Brand geschossen. Ihre Errichtung im Jahr 1743 durch Johann Gottfried Quandt verdankte sich vor allem der Nachbarschaft von Calvinisten, die im siebzehnten Jahrhundert als Glaubensverfolgte aus Frankreich nach Sachsen geflüchtet waren und sich bevorzugt in der und um die Handelsmetropole Leipzig angesiedelt hatten. In Stötteritz bauten sie Tabak an, und die nahe Marienhöhe bot den richtigen Platz für den Bau einer Mühle. Siebzig Jahre später hatte Napoleon von hier den besten Ausblick aufs südliche Schlachtfeld – eine Perspektive, die man heute erahnen muss, denn ringsum wachsen Bäume, und das Völkerschlachtdenkmal mit seinen imposanten Ausmaßen dominiert derart die Umgebung, dass man sich nach Süden hin kaum die frühere Ebene vorstellen kann.

Von der ehemaligen Anhöhe ist also nichts mehr zu merken. Doch inmitten einer runden Lichtung steht seit 1857 auf einer maulwurfshügelartigen, umzäunten Aufschüttung das aufwendigste Denkmal, das der «Verein zur Feier des 19. Oktober» hat aufstellen lassen: der Napoleonstein. Wie auf Kolm- und Galgenberg wird ein großer Sockel von einem Granitquader gekrönt, doch hier hat man das Denkmal noch mit bronzenen Accessoires geschmückt. Obenauf sind der typische Zweispitz, Landkarten, ein Degen und ein Fernrohr nachgebildet, die auf einem Kissen liegen, als hätte der

Kaiser der Franzosen den Ort seines Feldstuhls gerade erst hastig verlassen. Was ich an diesem Denkmal liebe, zu dem sich trotz der direkt daneben verlaufenden Hauptstraße kaum noch jemand verirrt, ist der subtile Humor dieser Darstellung und der Respekt für den geschlagenen Feind, der hier durch Feldherrenattribute personifiziert ist. Zugleich aber nimmt das Motiv dieser niedergelegten Kriegsausrüstung einen seit Julius Cäsars Schilderung der gallischen Kapitulation bei Alesia[13] klassischen Topos des Triumphs über einen hartnäckigen Feind auf. Nach dem verlorenen Krieg von 1870/71 sollte die im «De bello Gallico» geschilderte Übergabe der Waffen durch den Gallierfürsten Vercingetorix im gleichfalls geschlagenen Frankreich zum Nationalmythos avancieren. Die Darstellungen auf Gemälden, Reliefs und in Buchillustrationen sind Legion. Das Leipziger Denkmal jedoch entstand vor dieser Zeit, kann also weder als Spott noch als Ironie gedeutet werden. Es zeigt aber, wie geschichtsbewusst die Denkmalbauer dachten.

Ehre wird Napoleon auch dadurch zuteil, dass nur bei diesem vorletzten von insgesamt sieben Denkmalen, die der «Verein zur Feier des 19. Oktober» errichtet hat, der Name desjenigen, dem es gewidmet ist, in Großbuchstaben eingraviert ist. In frisch aufgetragenem Gold heißt es auf der Vorderseite: «Hier weilte NAPOLEON am 18. Oktober 1813, die Kämpfe der Völkerschlacht beobachtend.»

Nicht weit entfernt, auf der anderen Seite der Chaussee von Leipzig nach Grimma, hatte die Gastwirtsfamilie Bertsch seit 1889 ihr Lokal «Napoleonstein» betrieben, das zu einem beliebten Ausflugslokal auf dem Weg zu Denkmal und Friedhof wurde. Die eigentliche Sensation war eine Sammlung von Objekten und Dokumenten zur Völkerschlacht, und im Garten der Gaststätte ließen die Eigentümer einen auf eigene Kosten angefertigten Apelstein aufstellen, der daran erinnerte, dass sich die drei alliierten Monarchen am Morgen des 19. Oktober 1813 an den Überresten der Quandtschen Tabaksmühle versammelten, um den Sturm auf Leipzig zu begleiten. Von diesem alten Wirtshaus ist heute nicht mehr übrig als der 1988 zum Jahrestag der Völkerschlacht nachgebildete Apelstein, der auf die gegenüberliegende Straßenseite versetzt wurde, als man in den neunziger Jahren das Grundstück des 1943 ausgebrannten Gebäudes neu bebaute.

Den stärksten Gegensatz zur trotz aller Aufhübschung düsteren Erscheinung des Völkerschlachtdenkmals bietet die Erinnerungsstätte, die am 17. Oktober 1913, nur einen Tag vor der feierlichen Eröffnung des deutschen Nationaldenkmals eingeweiht wurde: die orthodoxe St.-Alexej-Kirche. Benannt nach dem Heiligen, dessen Name der Zar trug, wurde sie auf einem von der Stadt Leipzig gestifteten Grundstück errichtet. Ihre elegante Form nimmt das Vorbild der Christi-Himmelfahrts-Kirche in Kolomenskoje bei Moskau auf, und mit ihrer schlanken Gestaltung, dem weißen Verputz und der goldenen Turmbekrönung ist sie das genaue Gegenteil zum gedrungen wirkenden Völkerschlachtdenkmal einen Kilometer weiter südlich: Wo dieses vor allem schwere Last auszudrücken scheint, strebt die Russische Gedächtniskirche himmelwärts. Den kleinen, aber immens hohen Innenraum schmückt eine achtzehn Meter hohe Ikonostase. Leider ist der Kirchhof hinter dem Gebäude nicht zugänglich, in dem sich mehrere Grab- und Erinnerungssteine befinden, die hierher überführt wurden, weil man die zugehörigen Gebeine in der Völkerschlacht gefallener russischer Soldaten von Leipziger Friedhöfen in die neu errichtete Kirche umgebettet hatte. Nicht einmal ein Jahr vor dem Ausbruch des Ersten Weltkriegs wurde anlässlich der großen Denkmalseinweihungen vom 17. und 18. Oktober 1913, an denen jeweils der deutsche Kaiser Wilhelm II., der sächsische König Friedrich August III. und der russische Großfürst Kyrill Wladimirowitsch, ein Cousin von Zar Nikolaus II., teilnahmen, zum letzten Mal die einstige Waffenbrüderschaft beschworen, die nichts mehr mit der Gegenwart zu tun hatte. Diese Tradition jedoch wurde nach 1945 wieder aufgenommen, und es kam vor allem der Russischen Gedächtniskirche zugute, dass die DDR jeden Anlass nutzte, um die Freundschaft mit der Sowjetunion zu feiern. Aber auch das Völkerschlachtdenkmal und generell sämtliche Erinnerungsstätten der Ereignisse vom Oktober 1813 entgingen dadurch dem Verfall, dass man in der DDR schlecht Mahnmale vernachlässigen konnte, die an den größten gemeinsamen deutsch-russischen Triumph erinnerten.

Der Nachmittag des 18. Oktober gehört dem östlichen Schlachtfeld rund um Paunsdorf. Dorthin führt die Straßenbahn der Linie 8, die eine Haltestelle direkt vor der Kirche hat, die nach der nahezu völligen Zerstörung des Dorfs in der Völkerschlacht neu aufgebaut wurde. Hier haben die mit Brandsätzen bestückten Raketen von William Congreve ihre verheerendste Wirkung entfaltet, und deshalb muss es hier einen Apelstein geben, der an Captain Richard Bogue erinnert, der die englische Raketenbatterie vor Paunsdorf noch befehligte, ehe er später beim Vormarsch seiner Einheit getötet wurde. Dieser Gedenkstein aber erfordert einen Fußweg wieder aus Paunsdorf hinaus in Richtung Taucha und dann in eine endlose Seitenstraße, die mit ihren Schrebergärten auf der rechten Seite und weiten Brachflächen zur Linken kaum friedlicher gedacht werden kann. Ganz am Ende, als die Straße längst in eine ungeteerte Piste übergegangen ist, steht direkt vor dem letzten Eingang zu den unzähligen Laubenkolonien winzig klein, aber gleichfalls erst jüngst restauriert, der Apelstein für Bogue, der in dieser Gegend am 18. Oktober seine Stellung bezogen hatte. Wäre das Areal ringsum im Jahr 1813 schon so zersiedelt und überwuchert gewesen, wie es sich heute darbietet, hätte der Einsatz seiner Raketen gegen die heranstürmenden napoleonischen Truppen anders aussehen müssen, denn ein Abschuss in flachem Winkel parallel zum Boden wäre unmöglich gewesen. Doch wenn man noch ein kleines Stück weitergeht und am Ende der Schrebergärten dem Knick der Straße nach rechts folgt, bietet sich eine Felderlandschaft mitten im Stadtgebiet dar, die mit ihrem weiten Blick eine Anschauung davon vermittelt, wie fürchterlich leicht dieser Teil des Schlachtfeldes zu übersehen gewesen sein muss. Verstecken konnten sich Soldaten hier nur, wenn sie sich zu Boden warfen oder den Schutz der wenigen Häuser suchten. Deshalb wurden diese so systematisch mit Feuer belegt.

Um Viertel nach zwei bin ich wieder an der Paunsdorfer Kirche, neben der 1913 ein weiteres der fünf Österreicherdenkmale errichtet wurde. Doch die wahre Erinnerungsstätte liegt nur wenige Meter entfernt in der Häuslergasse, einem schmalen Weg, der in lediglich zehn Metern Abstand parallel zur breiten Theodor-Heuss-Straße verläuft und auf einer Seite noch die geduckten Bauernhäuser mit ihren heruntergezogenen Dächern und kleinen Fenstern aufweist, wie sie hier zu Beginn des neunzehnten Jahrhunderts üblich waren. Sie liegen in kleinen Gärten hinter verwitterten Holzgattern – eine schmale Straße lang sieht Paunsdorf hier aus wie vor hundertneunundneunzig Jahren.

Nachdem die napoleonischen Truppen aus diesem Dorf vertrieben worden waren, zogen sie sich nach Sellerhausen und Stünz zurück, westlich von Paunsdorf. Im Dreieck zwischen diesen drei Ortschaften ging am 18. Oktober gegen drei Uhr der Großteil der sächsischen Truppen zu den Alliierten über, und daran erinnert auf dem Friedhof von Sellerhausen ein erst 1994 aufgestellter Apelstein, den damals ein Verein der Leipziger Zinnfigurenfreunde finanzierte. Ungewollt ironisch spricht die Aufschrift von der «letzten Stellung», die die dreitausendfünfhundert Mann unter dem sächsischen General von Zeschau hier eingenommen haben sollen – als wären sie standhaft wie Zinnsoldaten geblieben und dann aufgerieben worden. Vom Seitenwechsel ist keine Rede; Zeschaus Division und der kommandierende französische General Reynier sind auf dem Denkmal harmonisch vereint, obwohl der durchaus überlegten und angesichts der Lage konsequenten Entscheidung einiger sächsischer Offiziere bis heute der Makel des Verrats anhängt.

Den zweiten Friedhof auf dem Weg übers östliche Schlachtfeld erreiche ich um drei Uhr mit dem Bus: den weiter südlich gelegenen Bergfriedhof Mölkau. Es ist der kleinste, den man sich denken kann, und der «Berg» besteht aus einer Erhebung, die man über zwanzig Stufen von der Engelsdorfer Straße aus erreicht; die Hinweise auf den Weg übersieht man leicht. Doch dann öffnet sich hinter einem Holztor ein Gottesacker wie aus dem Bilderbuch der Romantik, mit windschiefen und gestürzten verwitterten Grabsteinen, kleinen Grasflächen und alten Bäumen und mit einem Apelstein, der wiederum General Reynier gilt, der sich nach dem Verlust von Paunsdorf und dem Verlust der sächsischen Soldaten am Nachmittag des 18. Oktober hierher zurückgezogen hatte. Mölkau war auch der Ausgangspunkt eines Gegenangriffs, der aber am heftigen Beschuss durch die preußische Artillerie des Bülowschen Korps scheiterte. Mit der Ortschaft hatte Reynier eine gut zu verteidigende Position bezogen, wie man heute noch erkennen kann: Nicht nur bot die Anhöhe des damals schon bestehenden Bergfriedhofs eine hervorragende Artilleriestellung, auch das winzige Ratsdorf (ein Weiler also, der im Besitz des Leipziger Stadtrats war) selbst, dessen Kern bis heute aus einem langgestreckten Dorfplatz besteht, an dem auch der ehemalige Rittersitz liegt, hätte durch diese Kreisgestalt leicht befestigt und verteidigt werden können. Aber am 18. Oktober sollten Napoleons Truppen sich nicht mehr vor Leipzig einigeln. Der Rückzug war schon seit dem Morgen beschlossene Sache und eingeleitet. So wurde auch Mölkau nach dem Misslingen von Reyniers letzter Offensive am späten Nachmittag weitgehend kampflos geräumt und entging der Zerstörung.

Am Abend schlug oberhalb des Dorfs – wieder mal auf dem Gelände einer hochgelegenen Windmühle – der russische General von Bennigsen, der auf diesem Teil des Schlachtfelds den Befehl über die alliierten Truppen hatte, seinen Gefechtsstand auf. Von hier aus hat man noch heute einen herrlichen Blick in alle Richtungen, vor hundertneunundneunzig Jahren aber wird man bei einbrechender Dunkelheit vor allem die Feuer gesehen haben, die nördlich und westlich von Mölkau in den zuvor so hart umkämpften Ortschaften loderten. Die alliierten Soldaten mussten damals überwiegend auf den Feldern übernachten, denn die wenigen noch unversehrten Gebäude auf dem Schlachtfeld, wie etwa die großen Bauernhöfe von Stünz, waren von den höheren Chargen belegt. Es gab keine friedlicheren Momente während der Völkerschlacht als diese nur wenige Stunden währende Nachtruhe, aber selbst ihr ist ein eigener Apelstein gewidmet, der an den Schlaf des preußischen Landwehrmajors Friccius unter freiem Himmel erinnert. Da dieses Denkmal im heutigen Volkshain Stünz direkt an einem Weiher liegt, hat es auch den lauschigsten Standort. Als es gegen sechs Uhr abends dunkel geworden war, fanden die alliierten Truppen am 18. Oktober 1813 tatsächlich die sprichwörtliche Ruhe vor dem Sturm.

Der brach am Dienstag der Völkerschlacht, dem 19. Oktober, gegen neun Uhr morgens los, als die alliierte Artillerie die Vorstädte und letzten napoleonischen Verteidigungslinien im Süden, Osten und Norden von Leipzig unter Feuer nahm. Zum gleichen Zeitpunkt machte Napoleon seinen Abschiedsbesuch beim sächsischen König Friedrich August im Thomäschen Haus am Marktplatz. Heute heißt es nach der Prominenz, die darin früher logiert hat, «Königshaus», doch dafür stand nicht der unglückliche Friedrich August Pate, sondern sein Urgroßvater August der Starke, der auch hier abstieg, wenn er Leipzig besuchte. Tatsächlich kann man, wie es zahlreiche Beobachter am Morgen des 19. Oktober 1813 getan und beschrieben haben, vom Markt aus hervorragend in den Erker des ersten Stockwerks hineinsehen, wo der Kaiser der Franzosen mit dem König sprach. Dann begann Napoleons Irrweg durch die Innenstadt, auf Straßen, die heute alle noch so heißen wie vor hundertneunundneunzig Jahren: durch die Hainstraße erfolglos zum Ranstädter Tor, dort umgedreht und durch Fleischergasse, Klostergasse, über den Thomaskirchhof in die Burgstraße und Schlossgasse und dann auf der Petersstraße durchs gleichnamige Tor hinaus.

Allerdings liegt außer der Thomaskirche, dem Haus Zum Arabischen Coffe Baum und dem erhaltenen Turmstumpf der 1897 zugunsten des neuen Rathausbaus abgerissenen Pleißenburg kein Gebäude mehr auf diesem Weg, das auch 1813 hier gestanden hätte. Im späten neunzehnten und frühen zwanzigsten Jahrhundert hat Leipzig nahezu seine gesamte Innenstadt niedergelegt und mit Messepalästen bebaut, und im Nordwesten, wo noch alte Substanz überlebt hatte, beseitigten die Bombenangriffe des Zweiten Weltkriegs den Rest. Zum «Hotel de Saxe» in der Klostergasse notierte Friedrich Gottlob Leonhardi in seinem anderthalb Jahrzehnte vor der Völkerschlacht veröffentlichten Stadtführer: «Hier pflegen fast immer Fremde von dem angesehensten Range abzusteigen, und man trifft beständig eine auserlesene Tischgesellschaft und die beste Bewirthung an.»[14] Tatsächlich wählten dann auch Blücher und Gneisenau das Haus nach der Völkerschlacht zu ihrer Unterkunft – in unmittelbarer Nachbarschaft zum Wohnhaus von Friedrich Rochlitz, das eigentlich für den preußischen König requiriert werden sollte[15], der dann doch lieber ein Haus am Markt bezog. Vom «Hotel de Saxe» aber hat außer dem Namen nur das alte Portal den Zweiten Weltkrieg überlebt.

Vom ehemaligen Standort des Peterstors am heutigen Rossplatz folge ich kurz Napoleons Fluchtweg über die Promenade, am heutigen Martin-Luther- und Dittrich-Ring entlang bis zum Richard-Wagner-Platz, auf dessen Freifläche früher das Ranstädter Tor stand. Dann geht es stadtauswärts nach Westen zum Brückensprengungsdenkmal, das an die Explosion der Elsterbrücke erinnert. Der alte Elstermühlgraben, der nach dem Zweiten Weltkrieg überwölbt worden war, als die Friedrich-Ludwig-Jahn-Allee, wie der frühere Ranstädter Steinweg umgetauft worden war (nachdem er ein halbes Jahrzehnt als Stalinallee firmiert hatte), in bester sozialistischer Magistralenbauweise neu angelegt wurde, ist hier in den letzten Jahren wieder freigelegt worden, doch das kanalisierte, ruhig fließende Wässerchen in seinem tiefen Betonbett hat nichts mehr gemein mit dem früheren Mühlgraben und vor allem der eigentlichen Elster, die 1813 zum tödlichen Hindernis für so viele Menschen wurde. Der Verlauf des Flusses, der hier in einem Bogen bis unmittelbar an die Ranstädter Vorstadt herankam, ist heute begradigt und deshalb einige hundert Meter weiter nach Westen verlegt – eine Folge seiner Regulierung in den Jahren 1913 bis 1925, die den regelmäßigen Hochwasserüberschwemmungen durch den Bau des Elsterbeckens ein Ende bereiten sollte. Dieses künstliche, mehr als zweieinhalb Kilometer lange und hundertfünfzig Meter breite aufgestaute Gewässer hat das gesamte Landschaftsbild westlich der Innenstadt drastisch verändert, sodass es heute unmöglich ist, die dramatischsten Schauplätze des 19. Oktober 1813 wiederzufinden. So steht etwa das Poniatowski-Denkmal zwar genau an dem Punkt, wo in den Tagen nach der Schlacht die Leiche des polnischen Marschalls geborgen wurde, doch es gibt das Gewässer nicht mehr, in dem er ertrank. Deshalb hat die Aufschrift, die mit den Worten anhebt «Hier in den Fluten der Elster hat Fürst Josef Poniatowski sein Leben beendet», etwas Seltsames.

Es ist das älteste aller erhaltenen Völkerschlacht-Denkmale, denn der eigentliche Gedenkstein mit der pathetischen polnischen und deutschen Inschrift – sie endet mit dem Satz «Dies mit Tränen besprengte bescheidene Andenken hinterließ seinem Führer der Soldat, ein Pole seinem Landsmann» – stammt aus den ersten Monaten nach der Völkerschlacht, und der als Stifter genannte «Soldat» war immerhin ein polnischer General.[16] Sein Stein wurde in den siebziger Jahren im Hof eines nahegelegenen Mietshauses geborgen und am heutigen Standort auf einen neuen Sockel gestellt. Das repräsentativere Denkmal aus dem neunzehnten Jahrhundert, das dort einige Jahrzehnte gestanden hatte, wurde von den Nationalsozialisten während des Zweiten Weltkriegs abgerissen, da sie keine Erinnerung an einen polnischen Helden dulden wollten. Kleine Poller fassen nun diese Gedenkstätte auf dem kleinen Poniatowskiplan ein, auf dem Sockel liegen zwei vertrocknete Rosen.

Und etwas weiter Richtung Innenstadt ist zwischen Gründerzeithäusern auf einer Länge von etwa zweihundert Metern durch zwei Metallbänder auf dem Boden eines Fußwegs zwischen hohen Gründerzeitmietshäusern hindurch der Verlauf des Elstermühlgrabens nachgezogen, der hier noch unterirdisch verläuft.

Am Brückensprengungsdenkmal aber, das ich um Viertel nach elf erreiche, öffnet sich der tiefe Graben des Gewässers. Hier wurde vor wenigen Jahren die Kleine Funkenburg abgerissen, ein 1850 errichtetes Wohnhaus, das die gleichnamige Gaststätte aus der Völkerschlachtzeit ersetzt hatte. Seitdem besitzt der Platz eine unangemessene Größe, aber wenigstens kommt das Denkmal nun gut zur Geltung, das wieder einmal der «Verein zur Feier des 19. Oktober» hatte errichten lassen. Auf einem der für seine Stiftungen typischen hohen Sockeln ist hier eine eiserne Kanonenkugel montiert, die eine neckische vergoldete Blüte krönt – eine befremdlich verspielte Erinnerung ans Unglück von etlichen Tausend Mann, die in der Nähe ertranken oder mangels Fluchtweg in Gefangenschaft gerieten. Es ist der Jahrestag des Ereignisses, das Wetter ist prachtvoll, aber kein Mensch kümmert sich darum, niemand von den Passanten bleibt stehen, kein Kranz wird abgelegt, als um zwölf Uhr genau der Zeitpunkt erreicht ist, als vor hundertneunundneunzig Jahren die Sprengladung unter der Brücke detonierte. Wenigstens aber beschloss der Stadtrat im Jahr 2005, als man die Kleine Funkenburg schleifte, diesen Abschnitt der Jahnallee wieder in Ranstädter Steinweg umzubenennen.

Von hier aus gehe ich durchs Leipziger Stadtzentrum hindurch auf die andere Seite der Stadt, wo von elf Uhr an am 19. Oktober 1813 die alliierten Angreifer die östlichen Vorstädte stürmten. An die reizvolle Struktur dieser von riesigen Gärten durchsetzten Stadtteile erinnert der Straßenname «Czermaks Garten». In den Pausenanlagen eines Schulzentrums liegt nahezu unauffindbar ein zerklüfteter Findling, ein Gedenkstein für den zwanzigjährigen preußischen Leutnant Carl Ludwig von Borcke, der hier morgens beim Angriff auf Leipzig vor den Augen seines Bruders von französischen Tirailleuren erschossen wurde. Die Aufschrift ist beinahe unleserlich, und unter all den zahlreichen geschmacklosen Skulpturen, die ansonsten noch die Grünflächen des Pausengeländes verunstalten, bleibt das pittoreske Gebilde von den Schülern, die gerade hier den Sonnenschein genießen, unbeachtet.

Nicht viel weiter, nur zweimal um die Ecke, steht das 1845 von einem Privatmann errichtete und 1863 zum fünfzigsten Jahrestag der Völkerschlacht erneuerte Kugeldenkmal, das seinen Namen den zunächst zwanzig und heute dreiunddreißig Kugeln verdankt, die den dreistufigen Porphyrsockel schmücken. Hier, unmittelbar vor dem Hinter- oder Schönefelder Tor, das in die nördliche Grimmaische Vorstadt führte, lag die Milchinsel, das stadtnächste Ausflugsziel für die Leipziger, mit mehreren Gartenraststätten. Nur die wenigsten Bäume hatten im Oktober 1813 die Vortage überlebt, aber die Gebäude, Zäune und Gärten boten doch den französischen Verteidigern Schutz, und so entwickelte sich hier ein heftiges Gefecht, von dessen Opfern ein Massengrab mit den Überresten von hundertsechsundzwanzig Soldaten kündet, das später bei Bauarbeiten gefunden wurde.[17]

Das Stadtbild weiter nördlich, jenseits der Eisenbahnstraße, ist durch den Bau des riesigen Hauptbahnhofs im frühen zwanzigsten Jahrhundert völlig verändert worden. Wo die Geleise in Richtung Dresden abknicken, befand sich 1813 die winzige Ortschaft Volkmarsdorf, von deren leichtem Höhenzug aus man nach Schönefeld herüberblickte, dem Hauptstützpunkt der französischen Truppen im Nordosten von Leipzig. Nachdem die Alliierten schon am Abend des 18. Oktober Volkmarsdorf erreicht hatten, entwickelte sich über die Niederung zwischen den beiden Dörfern hinweg ein heftiger Artilleriekampf. Heute bietet nur die Hermann-Liebmann-Straße mit ihrer Brücke über die Eisenbahngeleise die Möglichkeit, von hier nach Schönefeld zu gehen, wo sich im Mariannenpark noch Reste des einstigen Ritterguts erhalten haben, das auf Befehl von Marschall Ney während der Völkerschlacht angezündet worden war. Doch es ist schon ein Uhr geworden, und deshalb gehe ich rasch wieder zurück durch das nunmehr mit Plattenbauten gefüllte Gelände der einstigen Kohlgärten zum Platz des vor hundertneunundneunzig Jahren so heiß umkämpften Äußeren Grimmaischen Tores. Daneben steht das 1929 eröffnete Grassi-Museum; der grandiose Art-déco-Bau hat seinen Platz auf Teilen des ehemaligen Friedhofs der Johanniskirche gefunden, der Wirkungsstätte des Totengräbers Johann Daniel Ahlemann während der Völkerschlacht, die aber nach 1846 wegen der Erschließung des Neuen Johannisfriedhofs weiter südlich nicht mehr benutzt wurde. Allerdings findet sich auf den verbliebenen Flächen des alten Gottesackers noch die Ehrentafel für Marschall Poniatowski und auch der Grabstein des 1842 verstorbenen Friedrich Rochlitz.

Doch wenn es um den 19. Oktober 1813 geht, heißt der Held des neunzehnten Jahrhunderts – berechtigt oder nicht – Friccius, und deshalb steht gleich neben dem Museum an der Stelle, wo sich früher das Äußere Grimmaische Tor erhob, ein Denkmal für den preußischen Landwehrmajor. Was dagegen heute fehlt, ist das normalerweise leicht versetzt dahinter stehende Gedenkkreuz für John Motherby, jenen Arzt in der Truppe von Friccius, der beim Sturm auf Leipzig fiel – das Denkmal in der Gestalt eines Eisernen Kreuzes wird einer Schönheitsoperation für das nächstjährige Jubiläum unterzogen. Weit hinten in Richtung Stadt öffnet sich der Augustusplatz, den es als Anlage 1813 noch nicht gab, doch auch damals war seine heutige Fläche unbebaut, weil hier vor den Innenstadtmauern eine Parkanlage zum Lustwandeln einlud. Dazu gehörte auch der Schneckenberg im nördlichen Teil des Areals, auf dem im April 1813, als Leipzig in den Händen der Alliierten war, der Freischärler Theodor Körner sein Gedicht von «Lützows wilder verwegener Jagd» gedichtet hatte. Heute steht davor das Opernhaus, doch dahinter ist noch eine Grünfläche, die mit einem Teich und schmalen Wegen das damalige Erscheinungsbild heraufbeschwört.

Dieses arkadische Gelände bot den in der Stadt verschanzten napoleonischen Verteidigern freies Schussfeld auf die Angreifer, die aus den Gassen der Grimmaischen Vorstadt hervorbrachen, nachdem sie dort den Widerstand überwunden hatten. So starben noch auf den letzten zweihundert Metern weitere Soldaten, obwohl die Völkerschlacht mit dem vormittäglichen Abzug Napoleons längst entschieden war. Da durch dessen Abwesenheit jedoch auch eine wichtige Motivation für seine Truppen entfiel, war die Gegenwehr nach dem Durchbruch der Alliierten in den Vorstädten nicht mehr so heftig wie befürchtet. Das erleichterte offenkundig General Bülow die Entscheidung, nunmehr die Landwehr wieder zurückzurufen und den Einfall in die Innenstadt von Leipzig den regulären preußischen und russischen Soldaten zu überlassen. Das Innere Grimmaische Tor, das dort stand, wo nun der Grimmaische Steinweg auf den Augustusplatz stößt, wurde nahezu widerstandslos eingenommen, und über die damals schon breite Straße ging es dann unter ständigem ungezieltem Schießen, mit dem etwaige feindliche Kräfte demoralisiert werden sollten, zum Marktplatz, wo Friedrich August im Torbogen vor dem Thomäschen Haus auf die Sieger wartete und ignoriert wurde, weil Zar Alexander und König Friedrich Wilhelm erst einmal durch die Hainstraße zum Inneren Ranstädter Tor ans andere Ende Leipzigs kommen wollten, in dessen Nähe die letzten heftigen Kämpfe der Völkerschlacht tobten.

Hauptsächlich spielten sich diese Gefechte in den zur Barockzeit von Leipziger Handelsherren angelegten Gärten ab, die sich westlich der Stadt unmittelbar an die Promenaden anschlossen. Von denen findet sich nichts mehr; auf der anderen Seite des Martin-Luther-Rings folgt ein dichtes Straßennetz, in dem nur noch der Name der Gaststätte «Apels Garten» die Erinnerung an einen der früher berühmten Parks bewahrt. Parallel zur Ringstraße ist mittlerweile ein Teil des Pleiße-Mühlgrabens wieder freigelegt worden, der wie der Elstermühlgraben nach dem Zweiten Weltkrieg überwölbt worden war, als die Verschmutzung des Gewässers durch den Braunkohleabbau im Süden der Stadt zu stark wurde, als dass man den Bürgern diesen Anblick noch zumuten wollte. Dadurch ist immerhin zumindest eine Andeutung jener Vielzahl von Wasserläufen erhalten, die westlich von Leipzig den Abzug des napoleonischen Heers erschwerten, gleichzeitig aber auch dessen Verfolgung durch die Alliierten unmöglich machten, solange die am Vormittag gesprengte Elsterbrücke nicht repariert war.

An der Thomaskirche vorbei, die 1813 voller Verwundeter war, gehe ich zurück auf den Markt. Es ist vier Uhr, und hier endet nach vier Tagen der Schlachtenbummel. Vor hundertneunundneunzig Jahren begann zu dieser Stunde (also um drei Uhr mitteleuropäischer Zeit) die Siegesparade vor dem Rathaus, das heute noch fast genauso aussieht wie während der Völkerschlacht. Es läuteten die Glocken von Nikolai-, Thomas-, Peters-, Pauliner- und Neuer Kirche, von denen nur die ersten beiden heute noch stehen. Das war ein Dank an den «Gott, der Eisen wachsen ließ», wie Ernst Moritz Arndt ihn 1812 in seinem «Vaterlandslied» bedichtet hatte. Die Sieger der Völkerschlacht glaubten Gott an ihrer Seite; sie waren Traditionalisten, auch im Religiösen. Moderner war Napoleon, der zwar auch gern höhere Mächte beschwor, aber um die Wankelmütigkeit der Gunst des Schicksals wusste. Als Herzog Carl August von Weimar-Eisenach ihn im April 1813 in Eckartsberga getroffen hatte, war der Kaiser von dem deutschen Fürsten auf dessen gerühmte unverwüstliche Gesundheit angesprochen worden. Carl August notierte über Napoleons Reaktion: «Er wurde sehr Ernst, schwieg ein paar Augenblicke, u. sagte Endl. ‹il est certain qu'il y a beaucoup de materiel dans notre etre, mais enfin – il faut croire a quelque chose: pour moi, je crois a mon etoile›, u. wies mit dem Finger in die Höhe, ‹qui luit au dessus de moi.›» (Natürlich ist viel Materielles in unserer Existenz, aber man muss auch an etwas glauben: Ich glaube an meinen Stern, der über mir leuchtet.) Dann trennten sich Kaiser und Herzog: «Beym Abschiede sagte ich ihm die gewöhnl. Compl. u. das ich wünschte ihn balde, recht gesund u. recht zufrieden wieder zu sehn. Da hob Er wieder den finger in die Höhe u. sagte sehr Ernst: ‹cela depent de la haut!›»[18] (Das hängt von da oben ab.) Napoleons Stern war am 19. Oktober 1813 gesunken. In Leipzig bricht hundertneunundneunzig Jahre später gegen sechs Uhr die Abenddämmerung an.

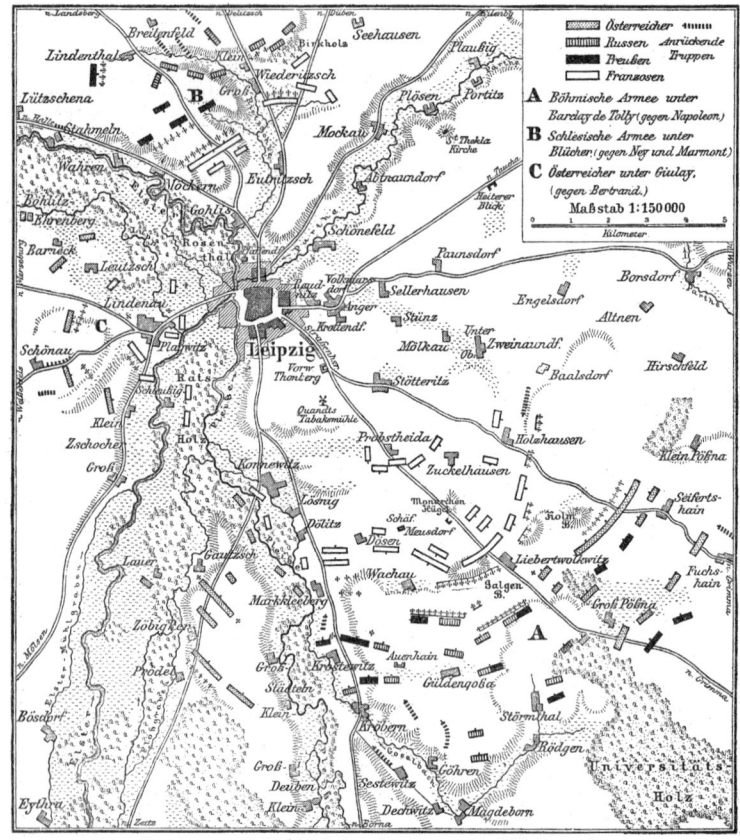

	Österreicher	⚊⚊⚊
	Russen	Anrückende
	Preußen	Truppen
	Franzosen	

A Böhmische Armee unter
Barclay de Tolly (gegen Napoleon.)
B Schlesische Armee unter
Blücher (gegen Ney und Marmont.)
C Österreicher unter Giulay,
(gegen Bertrand.)

Maßstab 1:150 000

0   1   2   3   4   5
Kilometer

Karte zur Schlacht bei Leipzig am 16. Oktober 1813.

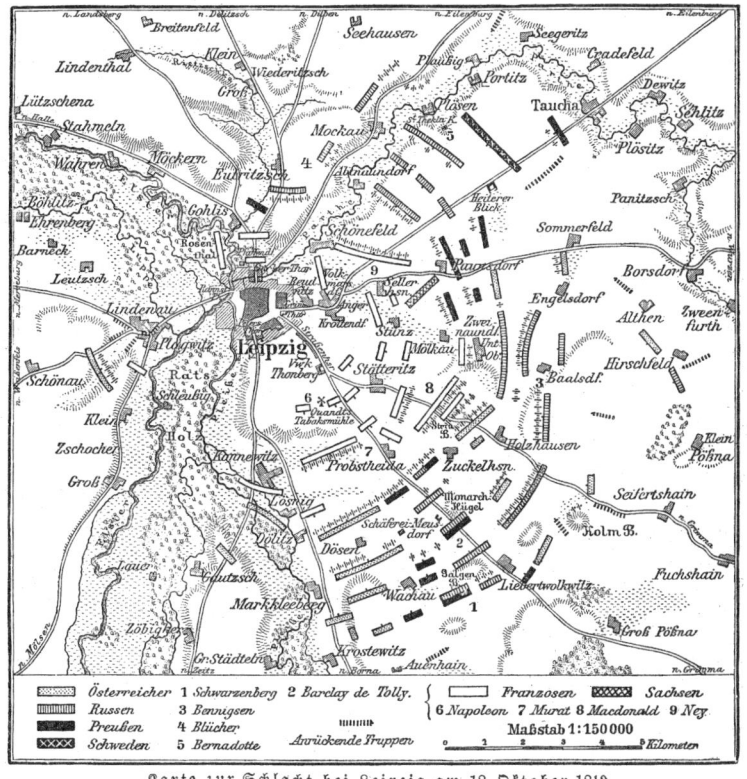

Karte zur Schlacht bei Leipzig am 18. Oktober 1813.

ANMERKUNGEN

1. Die Ankunft des Kriegsgottes: Napoleon in Leipzig

1 Zit. bei Günter Brüning: «Militär-Strategie Österreichs in der Zeit Kaiser Franz II. (I.)», Münster 1986, S. 125.

2 Carl August: «Noch etwas über Napoleon». In: Jahrbuch der Sammlung Kippenberg, Jg. 6., Leipzig 1926, S. 320–322, hier: S. 321.

3 Alan Palmer: «Alexander I.» Gegenspieler Napoleons, Esslingen 1982, S. 122.

4 «Leipziger Zeitung». Nr. 201, 21. October 1813, S. 2117.

5 Michael Erbe: «Geschichte Frankreichs von der Großen Revolution bis zur 3. Republik», Stuttgart 1982, S. 115.

6 Zit. bei Günter Müchler: «1813». Napoleon, Metternich und das weltgeschichtliche Duell von Dresden, Darmstadt 2012, S. 236.

7 Gustav von Diest (Hrsg.): «Aus der Zeit der Not und Befreiung Deutschlands in den Jahren 1806 bis 1815», Berlin 1905, S. 251.

8 Carl Große (Hrsg.): «Die große Völkerschlacht bei Leipzig im Jahre 1813». Eine Erinnerungsschrift an Leipzigs Schreckenstage während derselben, Leipzig 1841, S. 17 f.

9 Ludwig Wilhelm Gottlob Schlosser: «Erlebnisse eines sächsischen Landpredigers in den Kriegsjahren von 1806 bis 1815», Leipzig 1846, S. 82.

10 «Die Befreiung 1813, 1814, 1815». Urkunden, Berichte, Briefe mit geschichtlichen Verbindungen von Tim Klein, Ebenhausen 1913, S. 213.

11 Johann Carl Gross: «Erinnerungen aus den Kriegsjahren», Leipzig 1850, S. 82.

12 Ebenda, S. 49.

13 Das berichten sowohl Schlosser, a. a. O., S. 7, wie auch Gross, a. a. O., S. 56.

14 Große, a. a. O., S. 15 f.

15 Ebenda, S. 16.

16 Wolfgang Hocquél: «Leipzig – Baumeister und Bauten». Von der Romanik bis zur Gegenwart, Leipzig 1990, S. 264.

17 Schlosser, a. a. O., S. 9.

18 Johann Adam Bergk: «Die Siegesplätze der Völkerschlacht oder Ansichten der Dörfer bei Leipzig, merkwürdig geworden durch die Schlacht am 16ten bis 19ten Oktober 1813». Heft 2 (1815). In: «Zeugen des Schreckens». Erlebnisberichte aus der Völkerschlacht in und um Leipzig, Leipzig 2012, S. 114–141, S. 129 f.

19 Große, a. a. O., S. 20.

20 Maximilian Poppe: «Chronologische Uebersicht der wichtigsten Begebenheiten aus den Kriegsjahren 1806–1815. Mit besonderer Beziehung auf Leipzigs Völkerschlacht und Beifügung der Original-Dokumente», Leipzig 1848, S. 167 f.

21 Joseph Alexander Freiherr von Helfert: «Kaiser Franz und die europäischen Befreiungskriege gegen Napoleon I.», Wien 1869, S. 141.

22 Poppe, a. a. O., S. 176.

23 Große, a. a. O., S. 24.

24 «Deutsche Blätter». 1. Jg., Nr. 1–54. Altenburg und Leipzig 1813. Nr. 15, S. 120, und Nr. 21, S. 168.

25 Gottfried Wilhelm Becker: «Leipzigs Schreckensszenen im September und Oktober 1813», Leipzig 1813, S. 19.

2. Vier gegen einen: Die verbündeten Monarchen

1 Willy Andreas: «Das Zeitalter Napoleons und die Erhebung der Völker», Heidelberg 1955, S. 467.

2 Thomas Stamm-Kuhlmann: «König in Preußens großer Zeit». Friedrich Wilhelm III. Der Melancholiker auf dem Thron, Berlin 1992, S. 197.

3 Andreas, Napoleon, a. a. O., S. 484.

4 Ebenda, S. 562 f.

5 Palmer, a. a. O., S. 71.

6 Stamm-Kuhlmann, a. a. O., S. 190.

7 «Briefwechsel König Friedrich Wilhelm's III. und der Königin Louise mit Kaiser Alexander I. nebst ergänzenden fürstlichen Korrespondenzen». Hrsg. von Paul Bailleu. Publicationen aus den K. Preußischen Staatsarchiven, Bd. 75, Leipzig 1900, S. 258.

8 Stamm-Kuhlmann, a. a. O., S. 202.

9 Ebenda, S. 249.

10 Palmer, a. a. O., S. 82 f.

11 «Die Befreiung», a. a. O., S. 47.

12 Ebenda, S. 141.

13 Ferdi Akaltin: «Die Befreiungskriege im Geschichtsbild der Deutschen im 19. Jahrhundert», Frankfurt am Main 1997, S. 27.

14 Palmer, a. a. O., S. 245.

15 A. v. Janson: «König Friedrich Wilhelm III. in der Schlacht», Berlin 1907, S. 224.

16 Helfert, a. a. O., S. 138 f.

17 «Briefwechsel König Friedrich Wilhelm's III.», a. a. O., S. 256.

18 Janson, a. a. O., S. 194.

19 Günter Brüning: «Militär-Strategie Österreichs in der Zeit Kaiser Franz II. (I.)», Münster 1986, S. 230.

20 Hartley, a. a. O., S. 12 f.

21 Albert Prinz von Sachsen Herzog zu Sachsen: «Die Albertinischen Wettiner». Geschichte des Sächsischen Königshauses 1763–1932, Bamberg 1989, S. 32.

22 Rudolf Jenak (Hrsg.): «Mein Herr Bruder». Napoleon und Friedrich August I. Der Briefwechsel des Kaisers der Franzosen mit dem König von Sachsen 1806–181, Markkleeberg 2010, S. 35.

23 Müchler, a. a. O., S. 157.

3. Der gute Mensch der Völkerschlacht?
Friedrich August von Sachsen

1 Zit. bei Peter Wiegand: «Friedrich August I. von Sachsen als Verbündeter Napoleons». In: Guntram Martin, Jochen Vötsch und Peter Wiegand (Hrsg.): «Geschichte Sachsens im Zeitalter Napoleons». Vom Kurfürstentum zum Königreich 1791–1815, Beucha 2008, S. 83–122, hier S. 98.

2 Jenak, a. a. O., S. 139.

3 Ebenda, S. 142 f.

4 Ebenda, S. 143.

5 Ebenda, S. 96.

6 Karlheinz Blaschke: «Sachsens Erhebung zum Königreich im Jahre 1806». In: Martin u. a. (Hrsg.): «Geschichte Sachsens im Zeitalter Napoleons», a. a. O., S. 15–25, hier S. 20.

7 Ebenda, S. 16.

8 Lutz Heydick: «Leipzig». Historischer Führer zu Stadt und Land, Leipzig 1990, S. 46.

9 Zit. bei Dorit Körner: «Sachsen und Preußen am Ende des Alten Reichs». In: Martin u. a. (Hrsg.): «Geschichte Sachsens im Zeitalter Napoleons», a. a. O., S. 69–81, hier S. 70.

10 Jenak, a. a. O., S. 33.

11 Ebenda, S. 89.

12 Ebenda, S. 35.

13 Ebenda.

14 Ebenda, S. 11

15 Ebenda, S. 170.

16 Ebenda.

17 Ebenda, S. 99.

18 «Leipziger Zeitung» vom 30. Dezember 1806, zit. bei Wiegand, a. a. O., S. 88.

19 Lisa Zeitz, Joachim Zeitz: «Napoleons Medaillen», Petersberg 2003, S. 160 f.

20 Ebenda, S. 176.

21 Werner Tschacher: «Sire! À Votre entrée dans ce temple auguste, les ceindres de Charles se raniment …». Die Funktion Karls des Großen und Aachens für die Symbolpolitik Napoleons. In: Jürgen Wilhelm (Hrsg.): «Napoleon am Rhein». Wirkung und Erinnerung einer Epoche, Köln 2012. S. 37–58, hier S. 41.

22 Ebenda.

23 «Aktenstücke für die Deutschen, oder Sammlung aller offiziellen Bekanntmachungen in dem Kriege von 1813». Erstes bis viertes Heft, Dresden 1813. Erstes Heft, S. 8.

24 «Die Grenzboten». Zeitschrift für Politik und Literatur. Jg. 24, I. Semester, II. Bd., Leipzig 1865, S. 412.

25 Ebenda, S. 408.

26 Jenak, a. a. O., S. 148.

27 Ebenda, S. 141.

28 Ebenda, S. 157.

29 Ebenda.

30 Ebenda, S. 158.

31 Diest, a. a. O., S. 245.

32 Schlosser, a. a. O., S. 75 f.

4. Die Völker der Schlacht

1 Thomas Nipperdey: «Deutsche Geschichte 1800–1866». Bürgerwelt und starker Staat. Fünfte, durchgesehene Aufl., München 1991, S. 87.

2 Ludwig Hußell: «Leipzig während der Schreckenstage der Schlacht im Monat Oktober 1813 als Beytrag zur Chronik dieser Stadt», Leipzig 1814.

3 Nipperdey, a. a. O., S. 438.

4 Hans Delbrück: «Geschichte der Kriegskunst im Rahmen der politischen Geschichte». Neuausgabe des Nachdrucks von 1962, Berlin 2000, Bd. 4: Die Neuzeit, S. 546 f.

5 Zit. bei Peter Paret: «Clausewitz und der Staat». Der Mensch, seine Theorie und seine Zeit, Bonn 1993, S. 17.

6 Sebastian Schaar: «Über den Feldzugsalltag eines einfachen sächsischen Soldaten». In: Oliver Benjamin Hemmerle und Ulrike Brummert (Hrsg.): «Zäsuren und Kontinuitäten im Schatten Napoleons.» Eine Annäherung an die Gebiete des heutigen Sachsen und Tschechien zwischen 1805/06 und 1813, Hamburg 2010, S. 51–61, hier S. 51 f.

7 Delbrück, a. a. O., S. 541.

8 Zit. ebenda, S. 542.

9 Schaar, a. a. O., S. 54.

10 Hermann von Boyen: «Erinnerungen 1771–1813». Herausgegeben von Christfried Coler, Berlin 1953, S. 555 und S. 558.

11 Poppe, a. a. O., S. 177.

12 Delbrück, a. a. O., S. 534.

13 Zit. bei Schaar, a. a. O., S. 57.

14 Ingeborg Titz-Matuszak: «Bernhard August von Lindenau (1779–1854) – ‹Feind der Reaction und der Revolution›». Eine politische Biographie, Weimar 2000, Bd. 1, S. 27 f.

15 Zit. bei Delbrück, a. a. O., S. 557.

16 Reinhard Köpping: «Sachsen gegen Napoleon». Zur Geschichte der Befreiungskriege 1813–1815, Berlin 2001, S. 40.

5. Tag 1 der Schlacht: Samstag, der 16. Oktober

1 Becker, a. a. O., S. 33.

2 Auguste Vater: «Was wir erlebten im Oktober 1813». In: «Zeitgenössische Berichte über die Leipziger Schlacht vom 16.–19. Oktober 1813». Zusammengestellt und erläutert von Otto Eduard Schmidt, Leipzig 1913, S. 13–76, hier S. 39.

3 Janson, a. a. O., S. 224.

4 «Die Befreiung», a. a. O., S. 300 ff.

5 «Deutsche Blätter», a. a. O., Heft 3, S. 24.

6 Diest, a. a. O., S. 163.

7 «Die Befreiung», a. a. O., S. 168.

8 Ebenda, S. 242 f.

9 Friedlieb Degenknopf: «Memoiren des Friedlieb Degenknopf im Jahr 1813, Feldwebel einer Compagnie Bürger-National-Garde zu Lerchenstadt», Leipzig 1827, a. a. O., S. 117.

10 Friedrich Rochlitz: «Tage der Gefahr». Ein Tagebuch der Leipziger Schlacht, 4. erw. Aufl., Frankfurt am Main 1988, S. 28 f.

11 Ebenda, S. 85.

12 Stendhal: «Voyages en France», Paris 1992, S. 373.

13 Rochlitz, a. a. O., S. 23.

14 Poppe, a. a. O., S. 169.

15 Rochlitz, a. a. O., S. 41.

16 «Die Befreiung», a. a. O., S. 162 f.

17 Becker, a.a.O., S. 33.

18 Christian Gottlieb Schneider: «Ein Brief aus dem Jahre 1813». In: Sächsische Heimatblätter, Jg. 9, 1963, S. 458–464, hier S. 460.

19 Vater, a. a. O., S. 56 f.

20 Akaltin, a. a. O., S. 23.

21 Helfert, a.a O., S. 142.

22 «Die Befreiung», a. a. O., S. 308 f.

23 Ebenda, S. 309 f.

24 Reinhard Münch: «Vive l'Empereur». Napoleon in Leipzig, 2. Aufl., Leipzig 2009, S. 49 f.

25 Vater, a. a. O., S. 58.

26 «Die Befreiung», a. a. O., S. 119.

27 Ebenda, S. 162 f. und S. 168.

28 Poppe, a. a. O., S. 179 f.

6. Die Siege des Hauses Brockhaus in der Völkerschlacht

1 «Deutsche Blätter», 1. Jg., Nr. 1–54, Altenburg und Leipzig 1813, Heft 1, S. 1.

2 «Aktenstücke für die Deutschen», a. a. O.

3 «Deutsche Blätter», a. a. O., Heft 15, S. 113.

4 «Deutsche Blätter», a. a. O., Heft 3, S. 17.

5 «Deutsche Blätter», a. a. O., Heft 1, S. 2.

6 «Deutsche Blätter», a. a. O., Heft 14, S. 112.

7 «Deutsche Blätter», a. a. O., Heft 18, S. 144.

8 «Deutsche Blätter», a. a. O., Heft 1, S. 2.

9 Ebenda, S. 5.

10 «Briefwechsel König Friedrich Wilhelm's», a. a. O., S. 258.

11 «Deutsche Blätter», a. a. O., Heft 2, S. 16.

12 «Deutsche Blätter», a. a. O., Heft 3, S. 24.

13 «Deutsche Blätter», a. a. O., Heft 4, S. 31.

14 Ebenda.

15 «Deutsche Blätter», a. a. O., Heft 5, S. 48.

16 Ebenda.

17 «Deutsche Blätter», a. a. O., Heft 7, S. 56.
18 «Deutsche Blätter», a. a. O., Heft 11, S. 83.
19 «Deutsche Blätter», a. a. O., Heft 12, S. 96.

7. Tag 2 der Schlacht: Sonntag, der 17. Oktober

1 Johannes Forner (Hrsg.): «Die Gewandhaus-Konzerte zu Leipzig». 1781–1981, 2. Aufl., Leipzig 1983, S. 54.
2 Poppe, a. a. O., S. 181.
3 Johann Daniel Ahlemann: «Wie die Schatten schlichen sie langsam und entkräftet umher». In: «Zeugen des Schreckens», a. a. O., S. 63–71, hier S. 64.
4 Gottlob Wilhelm Werner: «Aus dem Bericht des Oberstadtschreibers Werner in Leipzig». In: «Zeitgenössische Berichte über die Leipziger Schlacht», a. a. O., S. 90–100, hier S. 92 f.
5 Schneider, a. a. O., S. 458.
6 Hocquél, a. a. O., S. 264.
7 Becker, a. a. O., S. 3.
8 Degenknopf, a. a. O., S. 117.
9 Werner, a. a. O., S. 92.
10 Ferdinand Heinrich Grautoff: «Von den Tagen vor Leipzig datiert sich ein Schuldbrief, wie er noch keine Zeit gedrückt hat». In: «Zeugen des Schreckens», a. a. O., S. 73–83, hier S. 76.
11 Ahlemann, a. a. O., S. 70.
12 Rochlitz, a. a. O., S. 12.
13 Ebenda, S. 38.
14 Gross, a. a. O., S. 102 f.
15 Poppe, a. a. O., S. 175.
16 Heinz Füßler (Hrsg.): «Leipzig 1813». Die Völkerschlacht im nationalen Befreiungskampf des deutschen Volkes, Leipzig 1953, S. 157.
17 Becker, a. a. O., S. 25.
18 Schneider, a. a. O., S. 460.
19 Becker, a. a. O., S. 29 f.
20 Volker Rodekamp (Hrsg.): «Völkerschlacht». Stadtgeschichtliches Museum Leipzig Forum 1813, 3. Aufl., Leipzig 2008, S. 57.
21 Schneider, a. a. O., S. 461.
22 Ebenda, S. 460 f.
23 Rochlitz, a. a. O., S. 40.
24 Roman Töppel: «Die sächsische Wirtschaft, Kriegslasten und die Kontinentalsperre». In: Oliver Benjamin Hemmerle und Ulrike Brummert

(Hrsg.): «Zäsuren und Kontinuitäten im Schatten Napoleons. Eine Annäherung an die Gebiete des heutigen Sachsen und Tschechien zwischen 1805/06 und 1813, Hamburg 2010, S. 37–51, hier S. 40.

25 Ebenda, S. 41.

26 Rodekamp, a. a. O., S. 51.

27 Töppel, a. a. O., S. 43.

28 Gérard Gayot: «Kaufeute aus Westeuropa auf den Leipziger Messen». Kommerzielle Interessen und internationale Konjunkturen (1750–1830). In: Hartmut Zwahr, Thomas Topfstedt, Günter Bentele (Hrsg.): «Leipzigs Messen 1497–1997», Teilband 1: 1497–1914, Köln 1999, S. 243–258, hier S. 249.

29 Ebenda, S. 246.

30 Heydick, a. a. O., S. 45.

31 Ebenda, S. 51.

32 Stefan Sammler: «Die Bedeutung der Leipziger Messen für den Absatz von Lyoner Seidenwaren nach Ost- und Südosteuropa zwischen 1760 und 1830». In: Zwahr u. a. (Hrsg.): «Leipzigs Messen 1497–1997», Teilband 1, a. a. O., S. 259–270, hier S. 262.

33 Gayot, a. a. O., S. 244.

34 Große, a. a. O., S. 2.

35 Becker, a. a. O., S. 15 f.

36 Gayot, a. a. O., S. 244.

37 Rochlitz, a. a. O., S. 41.

38 Becker, a. a. O., S. 10.

39 Rochlitz, a. a. O., S. 39.

40 Ebenda, S. 52.

41 Ebenda, S. 67.

42 Gross, a. a. O., S. 101.

43 Rochlitz, a. a. O., S. 42.

44 W. Mente: «Erinnerungen aus der Leipziger Schlacht». In: «Die Grenzboten». Zeitschrift für Politik und Literatur. 23. Jg., II. Semester, IV. Bd., Leipzig 1864, S. 54–65 und 104–117, hier S. 56.

45 «Die Befreiung», a. a. O., S. 312.

8. Opium für die jetzige Zeit: Goethe und sein Kaiser

1 Johann Wolfgang Goethe: «Sämtliche Werke». Münchner Ausgabe, München 2006, Bd. 14, S. 235.

2 Ebenda, Bd. 19, S. 113.

3 Ebenda, S. 660.

4 Ebenda, S. 92.

5 Ebenda, Bd. 6.2, S. 564.

6 Ebenda, Bd. 19, S. 159.

7 Gustav Seibt: «Goethe und Napoleon». Eine historische Begegnung. Ergänzte Taschenbuchausgabe, München 2010, S. 28 f.

8 Flodoard Freiherr von Biedermann: «Goethes Gespräche». Gesamtausgabe. Erster Band: Von der Kindheit bis zum Erfurter Kongreß, 1754 bis Oktober 1808, Leipzig 1909, S. 537.

9 Goethe, a. a. O., Bd. 19, S. 314 f.

10 «Die Befreiung», a. a. O., S. 165 f.

11 Biedermann, Erster Band, a. a. O., S. 537 f.

12 Goethe, a. a. O., Bd. 14, S. 577.

13 Ebenda, S. 858.

14 Charles Maurice de Talleyrand: «Memoiren des Fürsten Talleyrand». Herausgegeben und mit einer Vorrede und Anmerkungen vom Herzog von Broglie. Deutsche Original-Ausgabe von Adolf Ebeling, Köln und Leipzig 1891, Bd. 1, S. 316 ff.

15 Goethe, a. a. O., Bd. 14, S. 579.

16 Biedermann, Erster Band, a. a. O., S. 539.

17 Goethe, a. a. O., Bd. 14, S. 578.

18 Biedermann, Erster Band, a. a. O., S. 540.

19 Ebenda, S. 538.

20 Goethe, a. a. O., Bd. 14, S. 848.

21 Ebenda, Bd. 19, S. 315.

22 Ebenda, S. 490.

23 Ebenda, S. 605.

24 Talleyrand, a. a. O., S. 320.

25 Ebenda, S. 322.

26 Palmer, a. a. O., S. 146.

27 «Aktenstücke für die Deutschen», a. a. O., Erstes Heft, S. 8.

28 Johann Gottfried Gruber: «C. M. Wielands Leben». Mit Einschluß vieler noch ungedruckter Briefe Wielands. Dritter Theil. V. und VI. Buch, Leipzig 1828, S. 421.

29 Christoph Martin Wieland: «Sämmtliche Werke», Hamburg 1984, Buch X, Bd. 31, S. 88 f.

30 Goethe, a. a. O., Bd. 9, S. 957.

31 Talleyrand, a. a. O., S. 324 f.

32 Ebenda, S. 332 f.

33 Biedermann, Erster Band, a. a. O., S. 538 f.

34 Goethe, a. a. O., Bd. 19, S. 308.

35 Wilhelm Bode: «Goethe in vertraulichen Briefen seiner Zeitgenossen». Die Zeit Napoleons 1803–1816, Berlin 1921, 171 f.

36 Ebenda, S. 172.
37 Biedermann, Erster Band, a. a. O., S. 540.
38 Ebenda, S. 546.
39 Goethe, a. a. O., Bd. 20.1, S. 199 f.
40 Biedermann, Erster Band, a. a. O., S. 549.
41 Bode, a. a. O., S. 399.
42 Ebenda, S. 400.
43 Goethe, a. a. O., Bd. 14, S. 235.
44 Flodoard Freiherr von Biedermann: «Goethes Gespräche». Gesamtausgabe. Zweiter Band: Vom Erfurter Kongreß bis zur letzten böhmischen Reise, Oktober 1808 bis September 1823, Leipzig 1909, S. 199.
45 Goethe, a. a. O., Bd. 9, S. 266 f.
46 Bode, a. a. O., S. 399.
47 Biedermann, Zweiter Band, a. a. O., S. 202.
48 Bode, a. a. O., S. 405.
49 Ebenda, S. 405 f.
50 Goethe, a. a. O., Bd. 14, S. 234 und S. 236.
51 Jenak, a. a. O., S. 188.
52 Seibt, a. a. O., S. 202.
53 «Die Befreiung», a. a. O., S. 185.
54 Bode, a. a. O., S. 394 f.
55 Wilhelm von Kügelgen: «Jugenderinnerungen eines alten Mannes», Leipzig 1971, S. 177 f.
56 Bode, a. a. O., S. 398.
57 Biedermann, Zweiter Band, a. a. O., S. 178.
58 «Die Befreiung», a. a. O., S. 174.
59 Bode, a. a. O., S. 396.
60 Ebenda, S. 396 f.
61 Biedermann, Zweiter Band, a. a. O., S. 194.
62 Willy Andreas: «Carl August von Weimar und Napoleon», Leipzig 1942, S. 26.
63 Ebenda, S. 27.
64 Biedermann, Erster Band, a. a. O., S. 528 ff.
65 Titz-Matuszak, a. a. O., S. 29.
66 Goethe, a. a. O., Bd. 9, S. 1016.
67 Ebenda, Bd. 20.1, S. 326.
68 Ebenda, Bd. 9, S. 1196.
69 Ebenda, S. 262.
70 Johann Wolfgang Goethe: «Tagebücher». Historisch-kritische Ausgabe. Herausgegeben von Wolfgang Albrecht, Stuttgart 2007, Bd. V,1: 1813–1816. Text, S. 96.

71 Zit. ebenda, Bd. V,2: 1813–1816. Kommentar, S. 604.

72 Ebenda, Bd. V,1: 1813–1816. Text, S. 99.

73 «Die Befreiung» a. a. O., S. 338 f.

74 Ebenda, S. 339.

75 Goethe , a. a. O., Bd. 19, S. 424.

9. Tag 3 der Schlacht: Montag, der 18. Oktober

1 Poppe, a. a. O., S. 181.

2 Ferdinand Grautoff: «In Leipzig während der Völkerschlacht und anderes von der Franzosenzeit aus alten Familienpapieren», Leipzig 1913, S. 125.

3 Gross, a. a. O., S. 106.

4 Schneider, a. a. O., S. 462, bzw. Rochlitz, a. a. O., S. 46.

5 Grautoff, «In Leipzig», a. a. O., S. 126.

6 Schneider, a. a. O., S. 461.

7 Rochlitz, a. a. O., S. 41.

8 Ebenda, S. 46 f.

9 Schneider, a. a. O., S. 462.

10 Rochlitz, a. a. O., S. 47 f.

11 Ebenda, S. 51.

12 Gross, a. a. O., S. 105.

13 Rochlitz, a. a. O., S. 47.

14 Große, a. a. O., S. 76.

15 Gross, a. a. O., S. 105 f.

16 Becker, a. a. O., S. 37.

17 Grautoff, «In Leipzig», a. a. O., S. 129 f.

18 Schneider, a. a. O., S. 461.

19 Rochlitz, a. a. O., S. 45.

20 Ebenda, S. 48.

21 Stefan Poser: «Denkmale zur Völkerschlacht», Leipzig o. J., S. 139.

22 Zitiert bei Carl Friccius: «Geschichte des Krieges in den Jahren 1813 und 1814». Mit besonderer Rücksicht auf Ostpreußen und das Königsbergsche Landwehrbataillon. Erster Theil, bis nach der Schlacht von Leipzig, Altenburg 1843, S. 498.

23 «Die Gefangennahme König Friedrich Augusts im 19. Oktober 1813». In: Georg Merseburger (Hrsg.): «Leipziger Kalender 1913». Illustriertes Jahrbuch und Chronik, Leipzig 1913, S. 137–142, S. 138.

24 Janson, a. a. O., S. 227.

25 Ebenda, S. 226.

26 Reinhard Münch: «Des Königs Butterkrebse». Erinnerungen zweier sächsischer Leibgrenadiere aus dem Jahre 1813, Leipzig 2011, S. 53.

27 C.E.W. Columbus: «Wetter von Stannebein – Zur ‹Hölle› in Seegeritz». In: «Zu Fuß durch Leipzig». 15 Rundgänge, 14 Erkundungen, Leipzig 1996, S. 275–283, hier S. 275.

28 Boyen, a.a.O., S. 592.

29 M. Hahn: «Aus dem Bericht des Pfarrers Dr. Hahn in Plaußig». In: «Zeitgenössische Berichte über die Leipziger Schlacht», a.a.O., S. 77–79, hier S. 77.

30 Theodor Apel: «Tabellarische Zusammenstellung der Kriegsereignisse bei Leipzig im October 1813», Leipzig 1866, S. 45.

31 Boyen, a.a.O., S. 596.

32 «Wegweiser in die Umgegend und auf die Schlachtfelder von Leipzig». Nebst ausführlicher Beschreibung der großen Völkerschlacht. Reprint der Originalausgabe von 1844, Leipzig o.J., S. 78.

33 Mente, a.a.O., S. 57.

34 Bergk, a.a.O., S. 136f.

35 Mente, a.a.O., S. 59.

36 «Sachsen heute vor fünfzig Jahren». In: «Die Grenzboten». Zeitschrift für Politik und Literatur. Jg. 24, I. Semester, II. Bd., Leipzig 1865, S. 399–421, hier S. 418.

37 Füßler, a.a.O., S. 119f.

38 Ebenda, S. 125.

39 «Sachsen heute vor fünfzig Jahren», a.a.O., S. 419.

40 Münch, «Vive l'empereur», a.a.O., S. 72.

41 «Die Befreiung», a.a.O., S. 312f.

42 «Wegweiser», a.a.O., S. 121.

43 Friccius, a.a.O., S. 497.

44 Gross, a.a.O., S. 106.

45 Boyen, a.a.O., S. 597f.

46 Becker, a.a.O., S. 38.

10. Rocketeers vor Leipzig:
Der Durchbruch einer neuen Waffentechnik

1 William Congreve: «A Treatise on the General Principles, Powers and Facility of Application of the Congreve Rocket System as Compared with Artillery», Nachdruck: London 2005, S. 4.

2 Ferdinand Grautoff: «In Leipzig während der Völkerschlacht und anderes von der Franzosenzeit aus alten Familienpapieren», Leipzig 1913, S. 128.

3 James Earle: «Commodore Squib». The Life, Times and Secretive Wars of England's First Rocket Man, Sir William Congreve, 1772–1828, Newcastle upon Tyne 2011, S. 256.

4 Ebenda, S. 178.

5 Frank H. Winter: «The First Golden Age of Rocketry». Congreve and Hale Rockets of the Nineteenth Century, Washington 1997, S. 54.

6 Earle, a. a. O., S. 45.

7 Winter, a. a. O., S 14.

8 Earle, a. a. O., S. 58 f.

9 Zitiert ebenda, S. 95 f.

10 Ebenda, S. 109.

11 Zitiert ebenda, S. 113.

12 Congreve, a. a. O., S. 43.

13 Rodekamp, a. a. O., S. 113.

14 Winter, a. a. O., S. 21.

15 Congreve, a. a. O., S. 59.

16 Ebenda, S. 63.

17 Dazu: Große, a. a. O., S. 59.

18 Zitiert bei Rodekamp, a. a. O., S. 113.

19 Boyen, a. a. O., S. 596 f.

20 Earle, a. a. O., S. 180.

21 Mente, a. a. O., S. 61 f.

22 Winter, a. a. O., S. 23.

23 Ebenda, S. 50.

24 Congreve, a. a. O., S. 23.

25 Ebenda, S. 25.

26 Earle, a. a. O., S. 199.

27 Congreve, a. a. O., S. 44 ff.

28 Winter, a. a. O., S. 101.

29 Earle, a. a. O., S. 9.

30 Congreve, a. a. O., S. 31.

31 Ebenda, S. 5.

32 Earle, a. a. O., S. 237.

33 Zitiert ebenda, S. 180.

11. Tag 4 der Völkerschlacht: Dienstag, der 19. Oktober

1 Friccius, a. a. O., S. 504.

2 Ebenda, S. VII.

3 Grautoff, «In Leipzig», a. a. O., S. 133 f.

4 Vater, a. a. O., S. 64 f.

5 Janson, a. a. O., S. 229.

6 Boyen, a. a. O., S. 598 f.

7 Ahlemann, a. a. O., S. 65 f.

8 Gross, a. a. O., S. 113.

9 Poser, a. a. O., S. 148.

10 Janson, a. a. O., S. 229 f.

11 Werner, a. a. O., S. 97.

12 Münch, «Butterkrebse», a. a. O., S. 54.

13 Werner, a. a. O., S. 100.

14 Zit. in Münch, «Vive l'empereur», a. a. O., S. 72.

15 Gross, a. a. O., S. 107.

16 Werner, a. a. O., S. 96.

17 Rochlitz, a. a. O., S. 53.

18 Ebenda, S. 53.

19 Zit. in «Die Befreiung», a. a. O., S. 314.

20 Münch, «Vive l'empereur», a. a. O., S. 76.

21 Johann Gottfried Gabler: «Bericht des ehemaligen Postillons Gabler, der
den Kaiser Napoleon während der Leipziger Schlacht geführt hat». In:
«Zeitgenössische Berichte über die Leipziger Schlacht», a. a. O., S. 79–90,
hier S. 87.

22 Rochlitz, a. a. O., S. 53.

23 Werner, a. a. O., S. 99.

24 Rochlitz, a. a. O., S. 55.

25 Grautoff, «In Leipzig», a. a. O., S. 139.

26 Ahlemann, a. a. O., S. 66.

27 Mente, a. a. O., S. 108.

28 Werner, a. a. O., S. 98 f.

29 Mente, a. a. O., S. 105.

30 Friccius, a. a. O., S. 508.

31 Ebenda, S. 514.

32 Ebenda, S. 523.

33 Füßler, a. a. O., S. 166.

34 Gross, a. a. O., S. 115.

35 Werner, a. a. O., S. 101.

36 Rochlitz, a. a. O., S. 58 f.

37 Schneider, a. a. O., S. 462.

38 Poser, a. a. O., S. 54.

39 Zit. ebenda, S. 54.

40 Füßler, a. a. O., S. 203.

41 «Die Befreiung», a. a. O., S. 318 f.

42 Zit. in Münch, «Vive l'empereur», a.a.O., S. 106.
43 «Die Befreiung», a.a.O., S. 319f.
44 Boyen, a.a.O., S. 605.
45 Grautoff, «Schuldbrief», a.a.O., S. 75.
46 Mente, a.a.O., S. 112f.
47 Janson, a.a.O., S. 233.
48 Schneider, a.a.O., S. 463.
49 Münch, «Butterkrebse», a.a.O., S. 58f.
50 Boyen, a.a.O., S. 602.
51 Große, a.a.O., S. 73.
52 «Die Gefangennahme König Friedrich Augusts im 19. Oktober 1813». In: Georg Merseburger (Hrsg.): «Leipziger Kalender 1913». Illustriertes Jahrbuch und Chronik, Leipzig 1913, S. 137–142, hier S. 138.
53 Ebenda, S. 139.
54 Boyen, a.a.O., S. 603.
55 Grautoff, «In Leipzig», a.a.O., S. 147.
56 Ebenda, S. 143.
57 «Die Befreiung», a.a.O., S. 315.
58 Gross, a.a.O., S. 59.
59 Ebenda, S. 122.
60 Ebenda, S. 117f.
61 Poppe, a.a.O., S. 184.
62 Ebenda, S. 186.
63 Janson, a.a.O., S. 232 bzw. Gross, a.a.O., S. 126.
64 Poppe, a.a.O., S. 187.
65 Grautoff, «In Leipzig», a.a.O., S. 149.
66 Werner, a.a.O., S. 102.

12. Oktoberrestauration: Die Folgen der Völkerschlacht

1 «Leipziger Zeitung», a.a.O., S. 2117.
2 Große, a.a.O., S. 80.
3 Schlosser, «Unser Elend», a.a.O., S. 122f.
4 Karl August von Hardenberg: «Tagebücher und autobiographische Aufzeichnungen». Herausgegeben von Thomas Stamm-Kuhlmann, München 2000, S. 746.
5 Schlosser, «Unser Elend», a.a.O., S. 123.
6 Gross, a.a.O., S. 126.
7 Ebenda, S. 128f.
8 Friedrich Gottlob Leonhardi: «Leipzig um 1800». Kommentierte und mit

einem Register versehene Neuausgabe der ‹Geschichte und Beschreibung der Kreis- und Handelsstadt Leipzig› (1799). Herausgegeben von Klaus Sohl, Leipzig 2010, S. 25.

9 Ahlemann, a. a. O., S. 69 f.

10 Schneider, a. a. O., S. 463.

11 Füßler, a. a. O., S. 39.

12 Ahlemann, a. a. O., S. 70.

13 Grautoff, «Schuldbrief», a. a. O., S. 80.

14 Vater, a. a. O., 71 f.

15 Ebenda, S. 72 f.

16 Johann Christian Reil: «Das Panorama würde selbst der kräftigste Mensch nicht anzuschauen vermögen». In: «Zeugen des Schreckens», a. a. O., S. 85–89, hier S. 87.

17 Grautoff, «Schuldbrief», a. a. O., S. 81.

18 Große, a. a. O., S. 43.

19 Zitiert in Füßler, a. a. O., S. 38.

20 Gross, a. a. O., S. 130.

21 Degenknopf, a. a. O., S. 121 f.

22 Füßler, a. a. O., S. 129.

23 Ebenda, S. 132.

24 Titz-Matuszak, a. a. O., S. 28.

25 Diest, a. a. O., S. 215.

26 «Sachsen heute vor fünfzig Jahren», a. a. O., S. 404.

27 Jenak, a. a. O., S. 191.

28 Jochen Vötsch: «Die ‹sächsische Frage› auf dem Wiener Kongress 1814/15». In: Martin u. a. (Hrsg.): «Geschichte Sachsens im Zeitalter Napoleons», a. a. O., S. 169–184, hier S. 169.

29 Zitiert ebenda, S. 179.

30 Jonas Flöter: «Selbsterhaltung und nationales Bewusstsein». Sachsen und die Entstehung des Deutschen Bundes. In: Martin u. a. (Hrsg.): «Geschichte Sachsens im Zeitalter Napoleons», a. a. O., S. 185–194, S. 188.

31 «Sachsen heute vor fünfzig Jahren», a. a. O., S. 400 ff.

32 Große, a. a. O., S. 2.

33 Orlando Figes: «Crimea». The Last Crusade, London 2010, S. 5 ff.

34 Nipperdey, a. a. O., S. 272 f.

13. Schlachtenbummler: Vier Tage im Oktober, fast zweihundert Jahre später

1 Poser, a.a.O., S. 30.
2 Vater, a.a.O., S. 25.
3 Poser, a.a.O., S. 105.
4 Ludwig Hußell: «Die Siegesplätze der Völkerschlacht oder Ansichten der Dörfer bei Leipzig, merkwürdig geworden durch die Schlacht am 16ten bis 19ten Oktober 1813». Heft 1 (1814). In: «Zeugen des Schreckens», a.a.O., S. 91–114, hier S. 98.
5 Apel, a.a.O., S. 39.
6 Poser, a.a.O., S. 86.
7 Leonhardi, a.a.O., S. 369.
8 Zitiert nach Poser, a.a.O., S. 88.
9 «Deutschlands Denkmal der Völkerschlacht, das Ehrenmal seiner Befreiung und nationalen Wiedergeburt». Weiheschrift des Deutschen Patriotenbundes, bearbeitet von dessen erstem Schriftführer Dr. Alfred Spitzner, Leipzig 1913, S. 53.
10 Gross, a.a.O., S. 149.
11 Hocquél, a.a.O., S. 254.
12 «Deutschlands Denkmal», a.a.O., S. 59.
13 Julius Cäsar: «Bello Gallico», 89,4.
14 Leonhardi, a.a.O., S. 24.
15 Rochlitz, a.a.O., S. 62 f.
16 Poser, a.a.O., S. 83.
17 Ebenda, S. 78.
18 Carl August, a.a.O., S. 320 f.

LITERATUR

Ferdi Akaltin: «Die Befreiungskriege im Geschichtsbild der Deutschen im 19. Jahrhundert», Frankfurt am Main 1997.

«Aktenstücke für die Deutschen, oder Sammlung aller offiziellen Bekanntmachungen in dem Kriege von 1813». Erstes bis viertes Heft, Dresden 1813.

Willy Andreas: «Das Zeitalter Napoleons und die Erhebung der Völker», Heidelberg 1955.

Ders.: «Herzog Carl August und Napoleon». Leipzig 1942.

Theodor Apel: «Tabellarische Zusammenstellung der Kriegsereignisse bei Leipzig im October 1813», Leipzig 1866.

Gottfried Wilhelm Becker: «Leipzigs Schreckensszenen im September und Oktober 1813, Leipzig 1813.

«Die Befreiung 1813, 1814, 1815». Urkunden, Berichte, Briefe mit geschichtlichen Verbindungen von Tim Klein, Ebenhausen 1913.

Flodoard Freiherr von Biedermann: «Goethes Gespräche». Gesamtausgabe, Leipzig 1909/1910.

Wilhelm Bode: «Goethe in vertraulichen Briefen seiner Zeitgenossen». Die Zeit Napoleons 1803–1816, Berlin 1921.

Karlheinz Blaschke: «Sachsens Erhebung zum Königreich im Jahre 1806». In: Guntram Martin, Jochen Vötsch und Peter Wiegand (Hrsg.): «Geschichte Sachsens im Zeitalter Napoleons». Vom Kurfürstentum zum Königreich 1791–1815, Beucha 2008, S. 15–25.

«Briefwechsel König Friedrich Wilhelm's III. und der Königin Louise mit Kaiser Alexander I. nebst ergänzenden fürstlichen Korrespondenzen». Hrsg. von Paul Bailleu. Publicationen aus den K. Preußischen Staatsarchiven, Bd. 75, Leipzig 1900.

Hermann von Boyen: «Erinnerungen 1771–1813». Herausgegeben von Christfried Coler, Berlin 1953.

Heinrich Eduard Brockhaus: «Die Firma F. A. Brockhaus von der Begründung bis zum hundertjährigen Jubiläum 1805–1905». Faksimileausgabe der Erstausgabe Leipzig 1905, Mannheim 2005.

Günter Brüning: «Militär-Strategie Österreichs in der Zeit Kaiser Franz II. (I.)», Münster 1986.

Carl August: «Noch etwas über Napoleon». In: Jahrbuch der Sammlung Kippenberg, Jg. 6, Leipzig 1926, S. 320–322.

C. E. W. Columbus: «Wetter von Stannebein – Zur ‹Hölle› in Seegeritz». In: «Zu Fuß durch Leipzig». 15 Rundgänge, 14 Erkundungen, Leipzig 1996, S. 275–283.

William Congreve: «A Treatise on the General Principles, Powers and Facility of Application of the Congreve Rocket System as Compared with Artillery», London 2005.

Friedlieb Degenknopf: «Memoiren des Friedlieb Degenknopf im Jahr 1813, Feldwebel einer Compagnie Bürger-National-Garde zu Lerchenstadt», Leipzig 1827.

Hans Delbrück: «Geschichte der Kriegskunst im Rahmen der politischen Geschichte». Bd. 4: Neuzeit. Neuausgabe des Nachdrucks von 1962, Berlin 2000.

«Deutsche Blätter», 1. Jg., Nr. 1–54, Altenburg und Leipzig 1813.

Gustav von Diest (Hrsg.): «Aus der Zeit der Not und Befreiung Deutschlands in den Jahren 1806 bis 1815», Berlin 1905.

«Deutschlands Denkmal der Völkerschlacht, das Ehrenmal seiner Befreiung und nationalen Wiedergeburt». Weiheschrift des Deutschen Patriotenbundes, bearbeitet von dessen erstem Schriftführer Dr. Alfred Spitzner, Leipzig 1913.

James Earle: «Commodore Squib». The Life, Times and Secretive Wars of England's First Rocket Man, Sir William Congreve, 1772–1828, Newcastle upon Tyne 2011.

Michael Erbe: «Geschichte Frankreichs von der Großen Revolution bis zur 3. Republik», Stuttgart 1982.

Orlando Figes: «Crimea». The Last Crusade, London 2010.

Jonas Flöter: «Selbsterhaltung und nationales Bewusstsein». Sachsen und die Entstehung des Deutschen Bundes. In: Guntram Martin, Jochen Vötsch und Peter Wiegand (Hrsg.): «Geschichte Sachsens im Zeitalter Napoleons». Vom Kurfürstentum zum Königreich 1791–1815, Beucha 2008, S. 185–194.

Johannes Forner (Hrsg.): «Die Gewandhaus-Konzerte zu Leipzig». 1781–1981. 2. Aufl., Leipzig 1983.

Carl Friccius: «Geschichte des Krieges in den Jahren 1813 und 1814». Mit besonderer Rücksicht auf Ostpreußen und das Königsbergsche Landwehrbataillon. Erster Theil, bis nach der Schlacht von Leipzig, Altenburg 1843.

Heinz Füßler (Hrsg.): «Leipzig 1813». Die Völkerschlacht im nationalen Befreiungskampf des deutschen Volkes, Leipzig 1953.

Gérard Gayot: «Kaufleute aus Westeuropa auf den Leipziger Messen». Kommerzielle Interessen und internationale Konjunkturen (1750–1830). In: Hartmut Zwahr, Thomas Topfstedt, Günter Bentele (Hrsg.): «Leipzigs Messen 1497–1997. Teilband 1: 1497–1914, Köln 1999, S. 243–258.

«Die Gefangennahme König Friedrich Augusts im 19. Oktober 1813». In: Georg Merseburger (Hrsg.): «Leipziger Kalender 1913». Illustriertes Jahrbuch und Chronik, Leipzig 1913, S. 137–142.

Johann Wolfgang Goethe: «Sämtliche Werke». Münchner Ausgabe, München 2006.

Ders.: «Tagebücher». Historisch-kritische Ausgabe. Bd. V: 1813–1816. Herausgegeben von Wolfgang Albrecht, Stuttgart 2007.

Ferdinand Grautoff: «In Leipzig während der Völkerschlacht und anderes von der Franzosenzeit aus alten Familienpapieren», Leipzig 1913.

Johann Carl Gross: «Erinnerungen aus den Kriegsjahren», Leipzig 1850.

Carl Große (Hrsg.): «Die große Völkerschlacht bei Leipzig im Jahre 1813». Eine Erinnerungsschrift an Leipzigs Schreckenstage während derselben, Leipzig 1841.

Johann Gottfried Gruber: «C. M. Wielands Leben». Mit Einschluß vieler noch ungedruckter Briefe Wielands. Dritter Theil. V. und VI. Buch, Leipzig 1828.

Karl August von Hardenberg: «Tagebücher und autobiographische Aufzeichnungen». Hrsg. von Thomas Stamm-Kuhlmann, München 2000.

Janet M. Hartley: «Alexander I.», Harlow 1994.

Joseph Alexander Freiherr von Helfert: «Kaiser Franz und die europäischen Befreiungskriege gegen Napoleon I.», Wien 1869.

Lutz Heydick: «Leipzig». Historischer Führer zu Stadt und Land, Leipzig 1990.

Wolfgang Hocquél: «Leipzig – Baumeister und Bauten». Von der Romanik bis zur Gegenwart, Leipzig 1990.

Ders.: «Leipzig während der Schreckenstage der Schlacht im Monat Oktober 1813 als Beytrag zur Chronik dieser Stadt», Leipzig 1814.

A. v. Janson: «König Friedrich Wilhelm III. in der Schlacht», Berlin 1907.

Rudolf Jenak (Hrsg.): «Mein Herr Bruder». Napoleon und Friedrich August I. Der Briefwechsel des Kaisers der Franzosen mit dem König von Sachsen 1806–1813, Markkleeberg 2010.

Reinhard Köpping: «Sachsen gegen Napoleon». Zur Geschichte der Befreiungskriege 1813–1815, Berlin 2001.

Dorit Körner: «Sachsen und Preußen am Ende des Alten Reichs». In: Guntram Martin, Jochen Vötsch und Peter Wiegand (Hrsg.): «Geschichte Sachsens im Zeitalter Napoleons». Vom Kurfürstentum zum Königreich 1791–1815, Beucha 2008, S. 69–81.

Wilhelm von Kügelgen: «Jugenderinnerungen eines alten Mannes», Leipzig 1971.

Friedrich Gottlob Leonhardi: «Leipzig um 1800». Kommentierte und mit einem Register versehene Neuausgabe der ‹Geschichte und Beschreibung der Kreis- und Handelsstadt Leipzig› (1799). Herausgegeben von Klaus Sohl, Leipzig 2010.

W. Mente: «Erinnerungen aus der Leipziger Schlacht». In: «Die Grenzboten». Zeitschrift für Politik und Literatur. 23. Jahrgang, II. Semester, IV. Bd., Leipzig 1864, S. 54–65 und 104–117.

Günter Müchler: «1813». Napoleon, Metternich und das weltgeschichtliche Duell von Dresden, Darmstadt 2012.

Reinhard Münch: «Des Königs Butterkrebse». Erinnerungen zweier sächsischer Leibgrenadiere aus dem Jahre 1813, Leipzig 2011.

Ders.: «Marksteine und Denkmale der Völkerschlacht in und um Leipzig». 2. Aufl., Borsdorf 2000.

Ders.: «Vive l'Empereur». Napoleon in Leipzig. 2. Aufl., Leipzig 2009.

Thomas Nipperdey: «Deutsche Geschichte 1800–1866». Bürgerwelt und starker Staat. 5. durchgesehene Aufl., München 1991.

Alan Palmer: «Alexander I.» Gegenspieler Napoleons, Esslingen 1982.

Peter Paret: «Clausewitz und der Staat». Der Mensch, seine Theorie und seine Zeit, Bonn 1993.

Dorit Petschel: «Sächsische Außenpolitik unter Friedrich August I.» Zwischen Rétablissement, Rheinbund und Restauration, Köln 2000.

Maximilian Poppe (Hrsg.): «Chronologische Uebersicht der wichtigsten Begebenheiten aus den Kriegsjahren 1806–1815. Mit besonderer Beziehung auf Leipzigs Völkerschlacht und Beifügung der Original-Dokumente». Zweiter Band: 1813–1815, Leipzig 1848.

Stefan Poser: «Denkmale zur Völkerschlacht», Leipzig o. J.

Friedrich Rochlitz: «Tage der Gefahr». Ein Tagebuch der Leipziger Schlacht. 4. erw. Aufl., Frankfurt am Main 1988.

Volker Rodekamp (Hrsg.): «Völkerschlacht». Stadtgeschichtliches Museum Leipzig Forum 1813. 3. Aufl., Leipzig 2008.

Albert Prinz von Sachsen Herzog zu Sachsen: «Die Albertinischen Wettiner». Geschichte des Sächsischen Königshauses 1763–1932, Bamberg 1989.

«Sachsen heute vor fünfzig Jahren». In: «Die Grenzboten». Zeitschrift für Politik und Literatur. Jg. 24, I. Semester, II. Bd., Leipzig 1865, S. 399–421.

Stefan Sammler: «Die Bedeutung der Leipziger Messen für den Absatz von Lyoner Seidenwaren nach Ost- und Südosteuropa zwischen 1760 und 1830. In: Hartmut Zwahr, Thomas Topfstedt, Günter Bentele (Hrsg.): «Leipzigs Messen 1497–1997. Teilband 1: 1497–1914, Köln 1999, S. 259–270.

Sebastian Schaar: «Über den Feldzugsalltag eines einfachen sächsischen Soldaten». In: Oliver Benjamin Hemmerle und Ulrike Brummert (Hrsg.): «Zäsuren und Kontinuitäten im Schatten Napoleons. Eine Annäherung an die Gebiete des heutigen Sachsen und Tschechien zwischen 1805/06 und 1813, Hamburg 2010, S. 51–61.

Ludwig Wilhelm Gottlob Schlosser: «Erlebnisse eines sächsischen Landpredigers in den Kriegsjahren von 1806 bis 1815», Leipzig 1846.

Christian Gottlieb Schneider: «Ein Brief aus dem Jahre 1813». In: Sächsische Heimatblätter, Jg. 9, 1963, S. 458–464.

Gustav Seibt: «Goethe und Napoleon». Eine historische Begegnung. Ergänzte Taschenbuchausgabe, München 2010.

Thomas Stamm-Kuhlmann: «König in Preußens großer Zeit». Friedrich Wilhelm III. Der Melancholiker auf dem Thron, Berlin 1992.

Stendhal: «Voyages en France», Paris 1992.

Charles Maurice de Talleyrand: «Memoiren des Fürsten Talleyrand». Herausgegeben und mit einer Vorrede und Anmerkungen vom Herzog von Broglie. Deutsche Original-Ausgabe von Adolf Ebeling, Bd. 1, Köln und Leipzig 1891.

Ingeborg Titz-Matuszak: «Bernhard August von Lindenau (1779–1854) – ‹Feind der Reaction und der Revolution›». Eine politische Biographie, Bd. 1, Weimar 2000.

Roman Töppel: «Die sächsische Wirtschaft, Kriegslasten und die Kontinentalsperre». In: Oliver Benjamin Hemmerle und Ulrike Brummert (Hrsg.): «Zäsuren und Kontinuitäten im Schatten Napoleons. Eine Annäherung an die Gebiete des heutigen Sachsen und Tschechien zwischen 1805/06 und 1813, Hamburg 2010, S. 37–51.

Werner Tschacher: «Sire! À Votre entrée dans ce temple auguste, les ceindres de Charles se raniment ...». Die Funktion Karls des Großen und Aachens für die Symbolpolitik Napoleons. In: Jürgen Wilhelm (Hrsg.): «Napoleon am Rhein». Wirkung und Erinnerung einer Epoche, Köln 2012, S. 37–58.

Jochen Vötsch: «Die ‹sächsische Frage› auf dem Wiener Kongress 1814/15». In: Guntram Martin, Jochen Vötsch und Peter Wiegand (Hrsg.): «Geschichte Sachsens im Zeitalter Napoleons». Vom Kurfürstentum zum Königreich 1791–1815, Beucha 2008, S. 169–184.

«Wegweiser in die Umgegend und auf die Schlachtfelder von Leipzig». Nebst ausführlicher Beschreibung der großen Völkerschlacht. Reprint der Originalausgabe von 1844, Leipzig o. J.

Hans-Ulrich Wehler: «Deutsche Gesellschaftsgeschichte». Erster Band: Vom Feudalismus des Alten Reiches bis zur Defensiven Modernisierung der Reformära, 1700–1815, München 1987.

Peter Wiegand: «Friedrich August I. von Sachsen als Verbündeter Napoleons». In: Guntram Martin, Jochen Vötsch und Peter Wiegand (Hrsg.): «Geschichte Sachsens im Zeitalter Napoleons». Vom Kurfürstentum zum Königreich 1791–1815, Beucha 2008, S. 83–122.

Christoph Martin Wieland: «Sämmtliche Werke», Hamburg 1984.

Frank H. Winter: «The First Golden Age of Rocketry». Congreve and Hale Rockets of the Nineteenth Century, Washington 1997.

Adam Zamoyski: «1812». Napoleons Feldzug in Russland, München 2012.

Lisa Zeitz, Joachim Zeitz: «Napoleons Medaillen», Petersberg 2003.

«Zeitgenössische Berichte über die Leipziger Schlacht vom 16.–19. Oktober 1813. Zusammengestellt und erläutert von Prof. Dr. Otto Eduard Schmidt, Leipzig 1913.

«Zeugen des Schreckens». Erlebnisberichte aus der Völkerschlacht in und um Leipzig. Zusammengestellt von Thomas Nabert u. a., Leipzig 2012.

REGISTER

BILDNACHWEIS

bpk: 64 (Bayerische Staatsbibliothek), 101 (Kunstbibliothek, SMB / Knud Petersen), 105 (Kunstbibliothek, SMB / Knud Petersen), 256

gemeinfrei: 20, 280f.

picture-alliance: 11 (akg), 32 (akg), 41 (akg), 56 (akg), 173 (akg), 285 (maxppp)

Stadtgeschichtliches Museum Leipzig: 96, 121, 134, 143, 163, 183, 193, 202, 273, 335, 339, 364, 368, 399, 426, 442f., Vorsatz

ullstein bild: 72 (Heritage Images / The Print Collector), 217 (Photo12 / Fondation Napoléon), 242 (Süddeutsche Zeitung Photo / Scherl), 305 (NMSI / Science Museum), 342 (Archiv Gerstenberg), 377

WIDMUNG

Dieses Buch wäre nie entstanden, wenn mich vor anderthalb Jahrzehnten nicht Madame Marie-Thérèse Rigolé-Houillot in ihrem Auto von Frankfurt am Main nach Leipzig mitgenommen hätte. Auf dem Weg passierten wir Jena, und beim Blick auf das Ausfahrtschild rief Marie-Thérèse aus: «Ah, la bataille de Iena!» Als ich ihre patriotische Freude mit dem Verweis auf unser Fahrziel dämpfen wollte und «la bataille de Leipzig» ansprach, traf ich auf völliges Unverständnis. Leipzig? In Frankreich nie gehört. Nach Jena sind dort Brücken, Straßen und Métrostationen benannt, nach Leipzig nichts. Das hat mich nachdenklich gestimmt, und das Ergebnis des Nachdenkens ist dieses Buch. Es ist unserer Freundin Marie-Thérèse Rigolé-Houillot gewidmet.

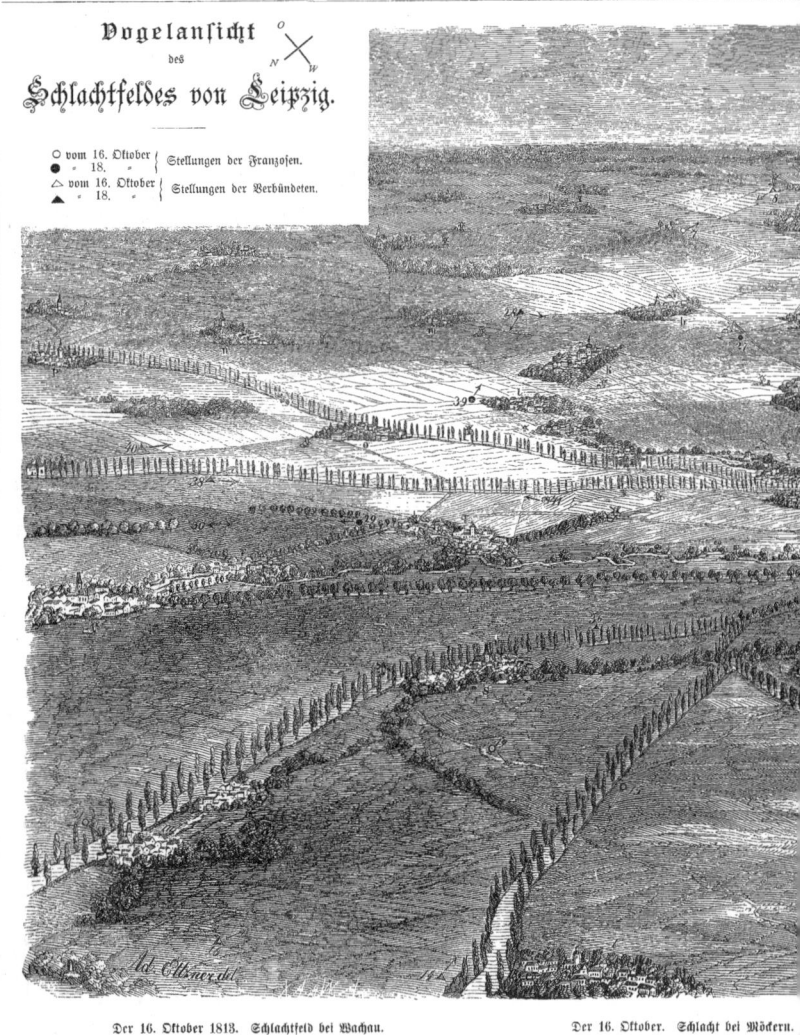

Vogelansicht
des
Schlachtfeldes von Leipzig.

○ vom 16. Oktober } Stellungen der Franzosen.
● „ 18. „

△ vom 16. Oktober } Stellungen der Verbündeten.
▲ „ 18. „

Der 16. Oktober 1813. Schlachtfeld bei Wachau.

Französische Linie.

○ 1 Victor, Herz. v. Belluno, II. Korps, 20 000 M.
○ 18 Oudinot, Herzog v. Reggio, 3. u. 4. Div. d. jungen Garde, 12 000 M.
○ 3 Augereau, Herzog v. Castiglione, IX. Korps, 10 000 M.
○ 11 Fürst Poniatowsky, VIII. Korps, 8000 M.
○ 5 Graf Lauriston, V. Korps, 15 000 M.
○ 9 Mortier, Herzog von Treviso, 2. Div. d. jungen Garde, 12 000 M.
○ 7 Macdonald, Herzog von Tarent, XI. Korps, 15 000 M.

Linie der Verbündeten.

△ 2 Prinz Eugen von Württemberg, 10 000 M.
△ 4 General von Kleist, 10 000 M.
△ 12 General Bianchi, öfterr. Reserve, 15 000 M.
△ 10 Graf Pahlen, III. 8000 M.
△ 6 Fürst Gortschakoff, 9000 M.
△ 8 General Klenau, IV. öfter. Korps, 24 000 M.

Bezeichnung der Orte.

A Wachau. a Dösen. b Marktkleeberg. c Gröbern. d Göhren. e Güldengossa. f Universitätsholz. g Lieberwolkwitz. h Groß-Pößna. i Colmberg. e Galgenberg mit Denkmal.

Der 16. Oktober. Schlacht bei Möckern.

Französische Linie.

○ 25 Marmont, Herz. v. Ragusa, VI. Korps, 18 000 M.
○ 17 Gen. Lagrange, II. Div.
○ 15 Gen. Compans, I. Div.
○ 19 Gen. Frederic, III. Div.
○ 21 General Dombrowsky, Souham, Delmas, vom III. Korps, 12 000 M.

Linie der Verbündeten.

General von Blücher, schlesische Armee, 60 000 M., als:

△ 20 Generallieut. [...]
I. preußisches Arm[...] 21 500 M.
△ 18 General von [...] 9000 Reiter.
△ 14 Generallieut. S[...] 12 000 M. Russen.
△ 16 General Graf Br[...] 18 500 M. Russen.

Bezeichnung der O[...]
k Möckern. x Wahren[...] denthal. m Groß-Wie[...]

Für die zwei Schlachten von Wachau und Möckern und das Gesecht von Lindenau am 16. Oktober, sind die betreffenden Dörfer mit lie[...]

Oktober. Gefecht bei Lindenau.

Französische Linie.

cal Bertrand, IV. Korps, 10 000 M.

Linie der Verbündeten.

ral Graf Gyulai, III. österr. Korps.

v. Hessen-Homburg, I. Kolonne und Korps.
Moritz Liechtenstein, I. österr. leichte
500 M.

Bezeichnung der Orte.

C Lindenau. n Leutzsch.

Der 18. Oktober. Schlacht und Sieg bei Leipzig.

Französische Linie. ● 33 Poniatowsky, Augereau, VIII. und IX. Korps. Oudinot, III. und IV. Div. d. jungen Garde, 30 000 M. — ● 31 Victor, Lauriston, II. u. V. Korps, 30 000 M. — ● 27 Macdonald, XI. Korps, 12 000 M. — ● 39 General Reynier, VII. Korps 10 000 M. — ● 41 Ney, Fürst v. d Moskwa, linker franz. Flügel. — ● 29 Marschall Marmont, VI. Korps, 15 000 M. (Kampf um Schönefeld.) — ● 37 General Dombrowsky, 5000 M. — ● 35 Marschall Mortier, I. u. II. Div. d. jungen Garde, 10 000 M.

Linie der Verbündeten. ▲ 34 I. Kolonne. Erbpr n̄z v. Hessen-Homburg, später General Graf v. Noftiz, 50 000 M. — ▲ 32 II. Kolonne. General Barclay de Tolly, 50 000 M. — ▲ 28 III. Kol. General Graf v. Bennigsen, 65 000 M. — ▲ 38 IV. Kol. Carl Johann, Kronprinz von Schweden, 50 000 M. — ▲ 40 Kapitain Bogue, engl. Raketenbatterie. — ▲ 30 General Graf Langeron, 30 000 M. (Sturm auf Schönefeld.) — ▲ 36 V. Kolonne. General v. Blücher, 25 000 M.

Bezeichnung der Orte. D Leipzig. a Connewitz, b Dölitz. c Thonberg. d Napoleonstein. e Stötteritz. f Probsthaida. g Meusdorf, Monarchenhügel, Schwarzenberg's Denkmal. h Holzhausen. i Zuckelhausen. k Zweinaundorf, l Mölkau. m Baalsdorf. n Engelsdorf. o Paunsdorf. p Sommerfeld. q Schönefeld. r Abtnaundorf. s Gutritzsch. t Gohlis.

die Gesamtschlacht am 18. mit stehenden Buchstaben bezeichnet. Die Pfeile deuten die Richtung der betreffenden Korps-Bewegung an.

MIX
Papier aus verantwor-
tungsvollen Quellen
FSC® C083411

Das für dieses Buch verwendete FSC®-zertifizierte Papier
Lux Cream liefert Stora Enso, Finnland.